THE FASHION DICTIONARY
新・実用服飾用語辞典
山口好文・今井啓子・藤井郁子 編

文化出版局

まえがき
——改訂新版発行にあたって——

　本書は1973年に山口好文を編者に発行して以来、版を重ねてきた。その間増補、改訂を行なったが、1989年の全面改訂からすでに10年以上が経過した。ファッションの流れは早く、それに伴って新しいファッション用語も次々に登場している。

　本書編纂にあたって、山口好文は、膨大なファッション用語を「今」という時点に立って取捨選択し、的確な今日的解釈を加えたら、ファッションに携わる人々、学生、研究者のみならず、一般の人々にとっても、便利で役立つものになるであろうとの考えのもとに作業をすすめた。用語選択の基準は、あくまでも実用本位に徹したが、最新のファッション用語はできるかぎり収載することにつとめている。また、写真とイラストも豊富に収めて、見て理解しやすいようにつとめた。ファッション感覚の重視という意味において、特に服のデザインに関しては写真を優先して掲載している。モード写真は主としてパリ・コレクションの中から選んでいる。解説にあたっては、基本的な意味の解釈に始まり、できるかぎりの語源にもふれ、類似語との区別を明らかにした。誤用され、慣用化されているものには、正しい解釈を付し訂正を加えている。

　今回の改訂新版の編集作業も、この方針を尊重したうえで、新たなファッション用語を約200項目加えた。それに伴い、死語、廃語になっているものは削除した。また、新たにデザイナー・リストを作成、内外のデザイナーを収録した。

私たちの師である山口好文は、時代の空気を如実に映し出すファッション現象を深い洞察力と鋭い観察力で捉え、たちどころに分析し定義していった。大先輩の後を引き継ぐという大きな仕事は、私たちのファッション・キャリアの総仕上げをするのに等しいことであり、自分自身への挑戦でもあった。21世紀を目前にひかえ、世界のファッション地図も様変わりしている。本書がそうした状況を把握するための一助となることを願っている。

　　　　　　　　　　　　　　　　　　　　　　　　2000年春

　　　　　　　　　　　　　　　　　　　　　　　　今井啓子

　　　　　　　　　　　　　　　　　　　　　　　　藤井郁子

本辞典の使い方

*見出し語は五十音順に配列し、日本語はひらがなを用い、外国語および外来語はカタカナで示した。
*日本語には見出し語の後に漢字のあるものは示し、外国語および外来語には原文のつづりをのせ、英語以外のものには（仏）（独）（伊）（露）を記した。
*外国語および外来語の原文は、大文字と小文字で始まるものを区別したが、大文字で始まる語は固有名詞または、固有名詞の域にとどまるものを表わしている。
*外国語および外来語が2語以上に分かれている場合は、原則的に中黒〝・〟を挿入した。また、ハイフンでつながる場合は1語とみなし、例外として、1語でも長く読みにくいものは〝・〟を入れた。
*見出し語は、一般にわが国で使用されている表記を採用した。したがって、慣用、誤用されたものも含まれているが、その際は解説文中で正してある。
*外国語および外来語の長音は音引き〝ー〟を用い、配列では音引きを除くものとした。
*清音、濁音、半濁音の順とした。
*解説文の後に付した→印は、その項目を参照という意味である。同一語義のもの、内容が直接参考になるものを表わす。また、写真の説明となる→印もある。
*巻末に索引を五十音順に配列し、見出し、および文中で語義の理解できる用語の位置を明確にした。

ご協力

石崎忠司（きもの研究家）
遠藤波津子ウェディング・コレクション
小川安朗（文化女子大学名誉教授）
須貝一男（文化女子大学教授）
中村祐三（文化服装学院教員）

〈写真ご協力〉

	André Courrèges
	Balmain
	Castillo
	Chanel
	Chantal Thomass
	Chloe
	Christian Dior
	Claude Montana
	Dan Beranger
	Donald Brooks
	Dorothée Bis
	Elisabeth de Senneville
	Emanuel Ungaro
	Emmanuelle
	Georges Rech
	Givenchy
	Guy Laroche
	Jacques Esterel
	Jacques Griffe
	Jacques Heim
	Jean-Louis Scherrer
	Jean Patou
	Kenzo
大倉　舜二	Lanvin
久米　正美	Louis Féraud
玉川　　清	Maggy Rouff
細谷　秀樹	Nina Ricci
新正　　卓	Paco Rabanne
井上　　茂	Philippe Venet
藤井　英男	Pierre Cardin
増渕　達夫	Ted Lapidus
吉田　大朋	Yves Saint-Laurent

文化学園ファッションリソースセンター

〈イラストレーション〉
曾我秀一
髙橋隆典

〈装幀・レイアウト〉
間篠秀行

ア

あい　藍
　植物の一種。また、藍で作った染料のこと。山藍や、たで藍などを腐らせて発酵させ、丸めて乾燥し藍玉を作る。これを素焼きのかめ（藍がめ）に入れて熱を加え、発酵させ（これを藍を建てるという）、布をつけて藍色に染め上げる。

あいじるし　合い印
　2枚あるいはそれ以上の布を重ねたり、縫い合わせたりする場合に、布がくい違わないようにつける印のこと。切りじつけ、チャコ、へらなどを用いてしるす。

アイテム　item
　品目の意。ドレス、スーツ、ブラウス、スカート、パンツなどの服種はいずれもアイテムである。単品のことをさしていう場合もある。

アイビー・ルック　ivy look
　アイビーは蔦（つた）という意味で、アメリカ東部の8つの名門大学（ハーバード、プリンストン、ペンシルベニア、コロンビアなど）の蔦に覆われた古い校舎にちなむ。これら名門校による運動競技連盟が1954年に結成され、それをアイビー・リーグ（ivy league）とよんだ。
　それから、これらの大学生や卒業生たちが着た服装をアイビー・リーグ・モデルと称し、アメリカン・トラディショナルとして流行を超えて定着した。その装いのことを正しくはアイビー・リーグ・ルックといい、略してアイビー・ルックとよぶ。
　スタイルの特徴は、肩はナチュラル・ショルダーか、ごく薄いパッド入りで、身頃はスリムで狭い。折返しの襟、三つボタン、細い袖、細いズボン、ボタンダウンのシャツ、レジメンタル・タイなど。

アイボリー　ivory
　象牙。象牙の色。クリームより明るく淡い黄灰色。

アイリッシュ・ツイード　Irish tweed
　アイルランド産のツイードの総称。ドニゴール・ツイードの変型で、経糸（たていと）に白糸、緯糸（よこいと）に色糸を使って綾織りにしたもの。糸は太さにむらの多い紡毛糸使いのため、野趣に富んだ表面になっている。

アイリッシュ・リネン　Irish linen
　アイルランド産の亜麻布とその製品。優良なリネンで、1987年ごろから起こった素材の高品質志向という傾向によって取り上げられた。

アイレット　eyelet
　小さい穴のこと。ひも通しの小穴、鳩目（はとめ）穴、または刺しゅう用の飾り穴など。

アイレット・ステッチ　eyelet stitch
　白糸刺しゅうのステッチの一種で、アイレット（鳩目穴（はとめ））を中心にしてかがる方法。ランニング・ステッチで下縫いした中を、目打ちで穴をあけ、周囲をロール・ステッチでかがるもので、水玉模様のよ

アイレット・ワーク

うな形を作ることができる。

このステッチのみで仕上げる刺しゅうをアイレット・ワーク（eyelet work）、または、マディーラ・エンブロイダリー（Madeira embroidery）という。

アイレット・レース eyelet lace

小さな穴をあけてまわりを巻き縫いし、大小を美しく組み合わせて模様にしたレースのこと。

アウター・ウエア outer wear

外側に着る服の総称。アウト・ウエア（out wear）ともよばれる。反対語は、インナー・ウエア（inner wear）。

アウト・オブ・ファッション out-of-fashion

流行はずれ、流行遅れという意味。

アーガイル Argyle

菱形格子、ダイヤモンド格子のこと。スコットランドのアーガイル州にちなんだ名称である。この柄は昔から男子のセーターやソックスに好んで用いられたものであるが、最近は婦人物のニットにも大いに使われる。

あき

洋服の着脱ぎをするためにあけた部分をいう。主として肩、脇、前後の襟ぐり、袖口に作られ、片玉縁、両玉縁、持出しと見返し、突合せ、ファスナー、ループつきなどで始末する。英語ではプラケット（placket）。

あきみせ　あき見せ

背広、スーツ、コートなどの袖口の飾りのあきのこと。袖先のボタンつけの位置にひだやダーツをとり、縫い目があいているように見せる。

アクア aqua

元来はラテン語で〝水〟の意。水色をいう。淡い緑みを含んだ青のこと。しばしば使われるのはアクアマリン（aquamarine）であるが、これは、宝石の藍玉の意で、色名では青緑色をいう。

アクアマリン aquamarine

藍玉。藍玉の色。明るくて鈍い青緑色のことをいう。

アクセサリー accessory

付属、付属品。服装を整えるための付属品をさす。靴、手袋、帽子、ハンドバッグ、スカーフ、ベルト、ネックレス、イアリング、ブローチ、指輪、ブレスレット、ボタンなどが含まれる。一般にはネックレス、イアリング、ブローチ、指輪など、いわゆる装身具の意味として使われることが多い。

なお、外国では服飾商品用語としてはネグリジェ、コルセット、ランジェリー類までもアクセサリーのなかに含めていう。

アクセソワール accessoire（仏）

アクセサリーのこと。→アクセサリー

アクセント accent

強調という意味。衣服のなかで線とか色とか、あるいはある部分が服を引き立たせるために強調されている場合、その部分に「アクセントがある」と表現される。

たとえば、紺無地の夏服に白い襟や白い線を使って夏らしいさわやかな季節感を伴

うアクセントをつけたりする。これは服自体にアクセントがつけられたものであるが、装いのうえで白のベルト、白の手袋、白のネックレスなどをアクセントにする場合もある。

アクリルせんい　アクリル繊維

アクリロニトリルを主成分（85パーセント以上）とする合成繊維。粗原料は石油や石炭、天然ガスなどで、これから作った青酸とアセチレン（またはプロピレンとアンモニア）を合成してアクリロニトリルを作り、それからアクリロニトリル繊維を紡糸する。

特徴は、耐久性に富む、水を吸いにくい、比重が小さくて軽い、熱加塑性がある、耐候性がある（日光や雨露にさらされても強度に変化がない）などで、用途は、冬服地、毛布、肌着、人造毛皮用など。

また、保温性が強く、ふくらみのある点が羊毛に似ているため、バルキー・ヤーンとして、編み物用に使われている。

あごぐせ　顎癖

ダーツの一種で襟ぐりにとるダーツのこと。→ダーツ

アコーディオン・プリーツ　accordion pleat

立体的にとられた細いひだのこと。楽器のアコーディオンの蛇腹に似ているところからこの名がある。主にプリーツ・スカートに用いられ、パーマネント・プリーツ加工がほどこされてあるのが普通である。

あさ　麻

亜麻、大麻、ラミー、ジュート、マニラ麻などの総称。これらの植物の繊維からとった天然繊維で、とくに亜麻を使ったものをリネン（linen）とよび、主として夏服地に用いられる。→リネン

あさのは　麻の葉

麻の葉に形が似ていることからついた名で、幾何学模様の一つ。〝麻の葉くずし〟ともいわれる。

アシッド・カラー　acid color

アシッドとは〝酸味のある〟〝すっぱい〟の意で、見た感じがすっぱいような感覚のある色をいう。アシッド・グリーンとは、熟さない果実に見られる明るい緑である。

アシメトリー　asymmetry

不均整、不均等の意味。デザインのうえで、左右が均整でなく、破調の美をねらったものがあるが、そうしたものをアシメトリーのデザインという。たとえば、ジャケットの打合せを片側に寄せたり、ドレープを片側だけに垂らしたりするデザインは、

すべてアシメトリーの効果を出したものである。一般にアシメトリーのデザインは、しゃれた粋な感覚をもっている。

アース・カラー　earth color
土の色。あらゆる土に見られる色。ベージュから薄茶を通って茶、焦げ茶に至るさまざまの色を総じていうときに使われる。

アスコット・タイ　ascot tie
スカーフ風の幅の広いタイで、襟もといっぱいに広げて結び、タイピンで留める優雅なもの。フロック・コートやモーニング・コートに用いられる。ウイング・カラーに使い、普通のダブル・カラーには使わない。イギリスのバークシャー州の一村にある有名な競馬場アスコット・ヒースに集まる、おしゃれな紳士がしていたことからこの名がある。

これに似た形のタイをスポーツシャツの襟もとやスーツ、コートの襟もとに使う。

アストラカン　astrakhan
本来はロシアのアストラカン地方にすむカラクル種の羊の胎児か子羊の毛皮をいう。表面が捲縮(けんしゅく)している点が特徴である。転じて、この毛皮に似せて織った深いパイル織りの布地もこうよぶ。正しくはアストラカン・クロス（astrakhan cloth）。→けがわ

あぜあみ　畦編み
表目の部分が畦の山のように見えるゴム編みのこと。編み地は横方向の伸縮が大きいのが特徴である。

アセテート　acetate
アセテート・セルロース・ファイバー（酢酸繊維素人絹）の略称で、半合成繊維に属する。絹に似た風合いと光沢があるので、ブラウスや裏地などに用いられる。また水きれがよく、吸湿性が乏しいためレーンコート用としても使われ、さらに熱可塑性があることからプリーツ・スカートなどにも多く用いられる。

アタッシェ・ケース　attaché case
薄い小さなトランク型の手提げかばん。スパイ映画の「007」シリーズで、主人公のジェームス・ボンドが用いたことから一躍世界的な流行となった。アタッシェとは、随行員、大使、公使館員の意味。

アタッチメント　attachment
付属品という意味。アクセサリーではとくにスカーフ、造花、ストール、宝石などをさしている。ミシン用語では、タック、三つ折り縫いなどをする場合に、ミシンに取りつける付属品をいう。

アップリケ　appliqué（仏）
はる、つけるの意味で、布地などの素材の上に別布や革などの別の素材を好みの形に切って止めつける技法のこと。装飾的な目的で行なわれるが、ズボンの膝当てなど実用面にも応用される。普通、輪郭は刺しゅうやミシンで止めつける。はり布の中心部だけ縫いつけて周囲を浮かせる技法は、フローティング・アップリケ（floating appliqué）という。

アップリフト　uplift
上に上げるという意。乳押さえのことでブラジャーと同じに使われる。とくに乳を上に上げるような型のブラジャーのことを、アップリフト型ブラジャーという。→ブラジャー

アップル・グリーン　apple green
青林檎(りんご)の色のような、黄色みを帯びた淡い緑色。

アーティフィシャル　artificial
人工的または技巧的の意味。ナチュラル（自然）の反対語で、アーティフィシャ

ル・シルク（人造絹糸）、アーティフィシャル・ファー（模造毛皮）というように使われる。

あとぞめ　後染め
普通、織り上げてから染めることをいう。糸染めとか先染めの反対語で、染めのきものはすべて後染め織物である。

アート・ピケ　art piqué
変わり織りのピケで、表面に模様を浮き出させたものをいう。

アート・フラワー　art flower
アートは芸術、美術の意で、フラワーは花。つまり造花のことをいう。

あないと　穴糸
ボタン穴をかがるときに使う糸。太めの撚りの強い絹糸で、主として毛織物の洋服の場合に用いる。

あなかがり　穴かがり
ボタン穴をかがることをいう。片止め、両止め、鳩目、鳩目つきの穴、眠り穴などの種類がある。穴の大きさは、ボタンの直径とその厚み分に3ミリぐらい加えた寸法、糸の長さは穴あき寸法の25～30倍。

アナトミー　anatomie（仏）
解剖、体の構造。首、腕、肘、膝、胴体、横隔膜など、人体部位を解剖学的にカットして構成した服のことをローブ・アナトミーなどという。ティエリー・ミュグレルやマルタン・マルジェラに多く見られた。構築的モードや未来的モードの表現によく使われるテクニックの一つ。

アニス　anis（仏）
茴香の実。芳香性の強い薬用植物の一種。香水やアニゼットとよばれるリキュールにも使われる。ソフトな緑色で、この色をアニス・グリーン、アニス・ベール（anis vert　仏）ともいう。

アニマル・プリント　animal print
動物の毛皮の模様をプリントに応用したもの。ヒョウ、シマウマ、トラ、牛、ダルメシアン犬、爬虫類などの柄が中心。

アノラック　anorak
フードつきのゆったりしたジャケットのこと。登山、スキーなどのときに、風雨よけ、雪よけ、体の保温のために着用される。本来はグリーンランドの原住民の民族服である。ドイツ語のヤッケと同じ。→ヤッケ

アパレル　apparel
衣服の総称。上着、下着の別や服の種類を問わず、すべてのものを含めていう場合に使われる。

アーバン・ウエア　urban wear
都会的に洗練された服装。アーバンとは、都市の、という意。

アフガン　afghan
本来は柔らかなウールの編み物による毛布のことをいう。普通には編み物で作られたものをいい、肩掛け、幼児のおくるみなどに用いられる。一般には極細2本どりなどで、ふんわり柔らかく編まれたものをさすことが多い。

アブストラクト　abstract
抽象的、抽象。一般的にはアブストラクト・アート（抽象芸術）の略として使われる。また、模様などをさしていう場合、非具象的な表現によるものをアブストラクト・パターンという。

アフターダーク　after-dark
ダークとは〝夕暮れ〟という意味で、夕方以後に着る装いのことをいう。つまり、カクテル・ドレス、イブニング・ドレスなどで、昼間着るデータイム・ドレスに対してできたアメリカでの言い方。

アフタヌーン　afternoon

午後という意味で、午後の外出着、社交着、日本では昼間のパーティなどに着るドレッシーな服のことをいう。特別の決まりはないが、全体に改まった感じを表わすことが必要で、アクセサリーも格式のあるものが選ばれる。

材料は絹を中心に、品のあるものがよく、デザインは、スカート丈はやや長めで、長袖が正式であるが、部分的に流行を取り入れたり、パンタロン・スーツをエレガントに作ったり、改まった感じであればショート丈もよく、自由である。一般にはアフタヌーン・ドレス、アフタヌーン・スーツなどと服の種類別によばれる。

アフリカン・ルック　African look

アフリカの民族的な装い（服、アクセサリー、ボディ・ペイントまで）から影響を受けたエスニック・ファッション。プリミティブなアフリカン・アートは1920年代にピカソやブラックに影響を与えたが、モードではイヴ・サンローランによる1967年春夏オート・クチュールの作品「アフリカン」から登場。1976年春夏の高田賢三のプレタ・ポルテのアフリカン・ルックも有名。今では民族衣装だけでなく、ワニやトラ、キリン、蛇といったジャングルの動物たちからも影響を受けている。

アプリコット　apricot

杏の色。ピンクがかった橙系の淡く明るい色。

アプレゲール　après-guerre（仏）

アプレは〝……の後〟の意であり、ゲールは戦争。つまり戦後の、戦後派といった意味。

第二次大戦後、わが国でも当時の青年の性格を表現することばとして用いられるなど、広く使われた。

アプレゲール・ファッションといえば、第二次大戦後に流行したファッションのことであり、アプレというのはこのアプレゲールを省略したことばである。

アプレミディ　après-midi（仏）

午後、昼すぎの意味で、英語のアフタヌーンと同意語。→アフタヌーン

あま　亜麻

天然繊維で麻の一種。これを織ったものをリネンといい、主として夏の紳士、婦人物の洋服地、テーブル掛け、いすカバー、ワイ・シャツ、ハンカチなどに用いられ、ざっくり織ったものはかばん、靴布、天幕などにも使われる。吸湿性があるので汗を吸いとり、さらっとした感触と丈夫であることが特質。

アマゾン　Amazon

薄地の繻子織りラシャ。梳毛糸を経に、紡毛糸を緯に用いて繻子織りにしたもので、上等の婦人服布地である。帽子にも使われる。

あまぶた　雨ぶた

ポケット口の上に垂れ下がっているふたのこと。このふたのついたポケットを雨ぶたポケットという。英語のフラップ（flap）にあたる。

あまより　甘撚り

糸の撚りがゆるいこと。このような糸を甘撚り糸という。

あみだま　編み玉

棒針、またはかぎ針で編んだものの中に綿を入れて球状に作った玉。この玉をひもの先につけたものが、主に子供の服飾に使われる。

あみぼう　編み棒

主に毛糸を編むときに使う棒状の針。竹

製、金属製、プラスチック製などのものがある。

0号がいちばん細く、号数が大きくなるにつれて太くなる。

アーミー・ルック army look

軍隊調の装い。軍服のデザインにヒントを得た男っぽい感じの装い。→ミリタリー

アーミン ermine

イタチ科のテンのことで、その毛皮をいう。テンの毛は柔らかく、色はだいたい白。多くの国に産するが、とくにシベリア産のものが優良として知られている。染色しても用いられる。

アーム・スリット arm slit

アームは腕、スリットは裂け目の意味で、腕を出す裂け目のこと。つまり、ケープなどの外衣の前身頃に縦に切れ目をつけて手を出すようにした穴をさす。

アーム・バンド arm band

腕回りに巻く布。つまり腕章のことで、とくに喪の場合に用いるものをいう。単なる腕章はアーム・バッジ（arm badge）という。

アームホール armhole

袖ぐり、または袖ぐり寸法のこと。製図上では略してAHと書く。

アーム・リング arm ring

腕輪。ブレスレットが、手首につけるものだけをさすのに対して、これは、上膊（じょうはく）にはめるものを含んだことばである。

アームレット armlet

アームホールにそって帯状につけられた、ごく短い袖。また腕輪や腕飾りのこともいう。

アーム・レングス arm length

腕の長さの意味で、洋裁用語では袖丈のことをいう。

アメジスト amethyst

紫水晶。紫水晶の色。鈍い菫色（すみれ）。正しくはアメシストと読む。

アメリカン・カジュアル

わが国で作られた用語。アメリカ風なカジュアル・ルックをいう。略してACといい、対比したヨーロピアン・カジュアルをECという。→ヨーロピアン・カジュアル

アメリカン・スリーブ American sleeve

アメリカ風の袖、という意であるが、実際には袖なしで、首の根もと近くからとくに大きくあけられた袖ぐりをいう。フランス語では、アンマンシュール・アメリケーヌ（emmanchure americaine）と単的に〝アメリカ風袖ぐり〟という。

アメリカン・トラディショナル American traditional

アメリカの伝統的の意。アメリカ東部を中心とした伝統的ファッションをさしている場合に使われる。アイビー・ルック、プレッピー・ルックなどは代表的なものである。わが国では略して〝アメトラ〟と俗称する。→アイビー・ルック、→プレッピー・ルック

アラベスク arabesque

アラビア風。唐草模様。

ア・ラ・モード à la mode（仏）

流行の、流行の線にそった、という意味。ローブ・ア・ラ・モードといえば、流

行のドレスという意味である。

アラン・セーター Aran sweater

アランとはアイルランド西方のアラン諸島の名称で、そこで漁夫が手編みで作った素朴なプルオーバーをいう。襟はラウンド・ネックかVネック。縄編みの浮き上がったダイヤ柄が特徴である。糸は生成りの脂分を抜かない水をはじく太毛糸であるため、防寒・防水に優れている。正しくは、アラン・アイランド・セーター（Aran island sweater）。→フィッシャーマン・セーター

アーリー・アメリカン・ルック early American look

アーリー・アメリカンとは、初期のアメリカの、という意。アメリカ開拓時代の風俗にヒントを得た装いをいう。主となる服装は当時の開拓者たちの着た仕事着、野良着やカウボーイたちの服などである。

このルックは、1976年、アメリカ建国200年祭にちなんでファッション線上に浮かび上がったものである。色では星条旗に見られる赤、白、紺がある。

アリゲーター alligator

アメリカ産のワニのことで、ひいてはそのワニ皮をさす。表面に箱形模様のあるもので、ごく若いワニの皮が模様の大きさなどからも好ましいとされている。主としてハンドバッグ、靴などに用いられる。

ありまつしぼり　有松絞

名古屋市緑区有松地区で作られている、木綿の絞り染めのもの。染めの技法、柄も多様で、ゆかたや手ぬぐい、へこ帯などに使用する。江戸時代からこの地方は木綿絞りが盛んで、東海道筋にあたるところから、みやげものとしてもてはやされた。

アルスター ulster

深い打合せのダブルで、襟はアルスター・カラーと称する大型のものを特徴とする外套のこと。ウエストはベルト締めにするのが本来の形であるが、バック・ベルトにすることもある。

布地はフリーズという起毛されたウール地を用いるのが本格的とされている。本来は男子用のオーバーコートであったが、最近では男女児用としても用いられる。アルスターの語源は、イギリス、アイルランド北部の地名からきたもの。

アール・ティ・ダブリュー R. T. W.

英語の「既製服」（ready-to-wear）のかしら文字をとったもの。既製服産業をさしていうときに使われる。初めてこの種の店ができたのは1792年、パリである。

アール・デコ Art Déco（仏）

アール・デコラティフ（Art Décoratif＝装飾美術）の略語で、1920〜30年までの間、ピカソなどのキュービズムの影響を受けた芸術様式の一種。

作品は近代的で、曲線より直線を好み、簡素で機能的な要素をもち、東洋調が加味される。アール・ヌーボーの歴史趣味、装飾過多の傾向に次いで生まれた。

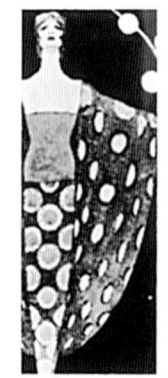

ファッション界では、ポール・ポワレや

マドレーヌ・ヴィオネが活躍、機能的でシンプルなデザインによる服を発表。体の動きによって出される服の魅力の追求をモットーとし、ドレスの動きを強調するデザインを発表した。

　服飾用語としては、主として宝石や布地のデザインに取り入れられた柄の表現法をいう場合が多い。その特徴を端的にいえば、幾何学的で非具象的なこと。これは1925年、パリで開催された国際装飾美術展（エクスポジション・アンテルナシオナル・デ・ザール・デコラティフ＝Exposition Internationale des Arts Décoratifs）が直接の影響となった。

アール・ヌーボー　Art Nouveau（仏）

　新しい芸術という意味。19世紀末にヨーロッパで起こった芸術運動である。絵画、建築、工芸、服飾などに広く影響を及ぼし、ヨーロッパ全体を一時的に風靡した。特徴としては、装飾的な曲線使いの模様であり、モチーフとしては睡蓮、葡萄の蔓、蛇、クジャクなど、動物や植物を主としたものである。プリントの柄としても流行した。

アロハ・シャツ　aloha shirt

　避暑地などで着るゆったりした男子用シャツのことで、一般に大柄のはでな柄のものを使用する。アロハはハワイ語で、親密、親切、恋慕などの意味がある。別名をワイキキ・シャツ（Waikiki shirt）ともいう。

アンクル・ストラップ　ankle strap

　靴の留めひもの一種で、足首へかかるものをいう。

アンクル・ソックス　ankle socks

　アンクルとは足首、くるぶしの意味で、足首までの短い靴下のこと。アンクレットともいう。→ソックス

アンクル・ブーツ　ankle boots

　くるぶしが隠れるくらいの短いブーツのこと。

アンクル・レングス　ankle length

　服の丈を表わすことばで、くるぶし、足首までの長さをいう。

アンクレット　anklet

　足首につける装身具。アンクル・ブレスレット。アンクル・ソックスの意もある。

アンゴラ　Angora

　アンゴラヤギの毛。一般にモヘアといわれているもの。また、アンゴラウサギの毛をいうこともある。

アンコンストラクテッド　unconstructed

　非構築的という意。服の仕立てをかっちりと堅くさせず、ゆるやかにする場合に使われることば。芯地なし、裏地なしのものが多い。→アンチ・コンフォルミスム、→デコントラクテ

アンサンブル　ensemble

　統一、調和、一式の意味。服飾用語としては、初めからいっしょに組み合わせて、調和のとれるようにデザインされたセットのことをいう。ジャケットとワンピース、ドレスとコート、ボレロとドレスなどの組合せのほか、靴とハンドバッグと帽子などの小物との調和も含まれる。

　材質では共布どうし、同素材で色違い、

同じ色や柄で厚手と薄手、無地とチェック、無地と縞、大きなチェックと小さなチェックなどの組合せがある。

また、布地は異なってもデザインで同じポケットをドレスとコートにつけたり、切替えや縁どりをそろえるなどにより、アンサンブルの雰囲気は表現できる。

組合せによる調和の美しさを目的とし、最初からデザインされて作られるべきものであるから、単独の着用やほかのものとの組合せはあまり効果がないといえる。このようにそろいの感じを出した服は正しくはアンサンブル・コスチューム（ensemble costume）で、アンサンブルはこの略語である。

アンダーウエア underwear

下着類の総称。主として肌着の意味に使われる。

アンダーシャツ undershirt

肌着用のシャツのことで、ワイ・シャツなどの下に見えないように着る。アンダーウエアの一つで、吸汗・保温用に用いる。

アンダーシャツ・ドレス undershirt dress

アンダーシャツの裾を引き伸ばしたようなごくシンプルなワンピース。ジャージーやトリコットで作られたものが多い。

アンダースカート underskirt

スカートの下にはく下ばきスカート。つまりペチコートのことである。またオーバースカートを着用する場合に、下にはくスカートのこともいう。

アンダードレス underdress

服の透けるのを防ぐためや、シルエットを出すために、ドレスの下に重ねてつける付属の下着。

アンチ・クチュール anti-couture（仏）

フランス語で、非縫製の意。サン・クチュールと同意語。→サン・クチュール

アンチ・コンフォルミスム anti-conformisme（仏）

フランス語で、非形成主義の意。新しい発想の衣服構成で、1枚の素材を体に巻きつけるようにしたり、芯地なし、裏地なし、いせ込みや伸ばしなし、切りっぱなしなどのテクニックが特徴。

1976年ごろパリ・モードで起こり、一般化した。サン・クチュール、アンチ・クチュール、デコントラクテなども同じ系列に属する。→アンコンストラクテッド

アンティーク antique

古代の、の意。古美術。時代がかったアクセサリーや、布地、衣装、家具調度品などをいう。また、時代遅れの衣服をさすこともある。

アンドロジナス androgynous

〝両性具有〟の意。アンドロジナス・ルックといえば、これまでの男とか女とかいう固定した〝らしさ〟を超越した新しい性を表現した装いをいう。たとえば、いわゆる男子服を女性が着たり、女子服を男性が着たりして従来の性の表現とは全く違った新しい美の価値観の創造をする。

アンバー amber

琥珀。蜜色に橙色がかった色のこと。

アンバランス unbalance

不均衡、つりあいのとれていないことの意味で、デザイン上では普通、左右対称のデザインが原則であるが、バランスをくずして、新鮮さ、意表をついたおもしろさを

ねらうことがある。これをアンバランスのデザインという。

アンフィッテッド unfitted

ぴったり合わないことで、体にぴったりとしない、ゆるやかな服の状態をさしていう。とくにコートの場合によく使われ、アンフィッテッド・コートといえば、しなやかでゆるやかなコートのことをいう。

アンプル・ライン ample line

全体にたっぷりとしたシルエット。フル・ライン（full line）ともいう。

アンブレラ umbrella

雨傘のことで、同じ形でも日傘はパラソルという。

アンブレラ・プリーツ umbrella pleat

洋傘のような裾広がりのスカートのシルエットを出すときに使われるプリーツのこと。六枚から八枚はぎが多く、はぎ合わせてから全体にプリーツをたたみ、ひだ山を1つおきに、表側と裏側を山にして折る方法で、このプリーツを使ったスカートをアンブレラ・プリーツ・スカートという。

アンボタン unbutton

ボタンをはずすという意味で、わざとボタンをはずして無造作な感じで着こなすとき使われることば。ボタンレス（buttonless）は、初めからボタンがないことであり、アンボタンとは違う。

イ

イアリング earring

耳飾り。耳たぶを挟むもの、ねじで留めるもの、耳たぶに穴をあけて輪を通すものなどの形式がある。ボタンのような形で耳にぴったりつくものはイアボタンとよび、垂れ下がるものはイアドロップとよぶ。

イエロー yellow

黄色。三原色（赤、青、黄）の一つで、やや橙色を帯びたものをカナリア・イエロー、わずかに緑色のかかったものをレモン・イエローなどという。

イエロー・オーカー yellow ocher

黄土色のこと。単にオーカーともいう。

イエローグリーン yellow-green

黄緑色。黄と緑の中間の色。

イカット ikat（インドネシア）

絣織物の総称。狭義にはインドネシアやマレーシアのそれをいう。フォークロア・ファッションの登場に伴ってファッション線上に浮かび上がった織物である。

いかりがた　いかり肩

肩の張っている体型。上がり肩ともいう。洋服の場合、この体型の人は肩先に向かってつれじわが出やすいので、仮縫いの際に肩先で不足分を出す方法がとられる。

いけいだんめんし　異形断面糸

合繊糸を作る際、普通の紡糸口金は円形で、繊維の横断面も円形となるが、紡糸口金の形をさまざまに変えると繊維の横断面は円形でなく、三角、五角その他の形になる。このような処理によってできた糸をいう。これを使った布地は微妙な光沢が出るのが特徴である。

いげた　井桁

柄の名称で、井の字形に組み合わせた模様のことをいう。菱井桁、井桁つなぎ、破れ井桁などがある。

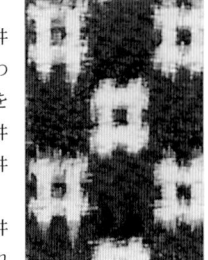

絣は井桁絣、井筒絣などとよばれているが、厳密な区分はない。

イージー・オーダー easy order

デパートなどで行なっているあつらえの方法の一つで、簡単なあつらえのことをいう。その店で決めたデザインのなかから注文者が好みの型を選び、寸法を注文者の寸法に合わせて作る方法であるが、仮縫いなしの場合が多い。布は指定のサンプル・ノートから好みのものを選ぶのが普通である。紳士服の場合は、仮縫いまでされたたくさんの服のなかから好みの布、デザイン、寸法のものを選び、採寸とともに仮縫いまですませる方法で、注文してから1週間ぐらいで仕上がる。

イージー・パンツ easy pants

楽でゆったりとしたパンツ。特徴としては、全体にゆったりしており、股上が深く、多くの場合ウエストバンドやドローストリング（引き締めひも）つきになっている。素材は主としてジャージーなどのしなやかなものが使われる。ウエストをエラスティック・バンドにしたものもある。

いしょくぞめ　異色染め

交織織物の染色法の一種で、それぞれの

繊維の染色性の違いを利用し、数種の染料を一度に使って1回の染色工程によって、経糸と緯糸を異なった色に染める方法。

いせ

ギャザー、タックなどを用いずに、ある一定の箇所へ布を縮め込むことをいう。普通、いせを入れる場所を細かくぐし縫いし、湿り気を与えてアイロンで縮める。裾広がりのスカートの裾上げ、肘ぐせ、袖山、後ろ肩のダーツ量が少ない場合に主として使う方法で、〝いせ込み〟ともよぶ。平面の布地を立体的な体に合わせて形作るために重要な手法。

いせかたがみ　伊勢型紙

伊勢の白子、現在の鈴鹿市で作られる精巧な型紙。型友禅、江戸小紋、ゆかた染めなどに用いられる。渋をたっぷり塗り込んだ美濃紙に、模様が彫り出される。突き彫り、鎬彫り、錐彫り、道具彫りなど。重要無形文化財。

イタリアン・カラー　Italian collar

V字形のネックラインの上部につけられた、襟腰が低く、襟先のとがったカラー。本来は、セーターのカラーとして考案されたものである。→カラー

イタリアン・クロス　Italian cloth

毛繻子のこと。経に綿糸、緯に梳毛糸を用いて、緯繻子組織に織った毛と綿の交織織物である。経緯とも梳毛糸を用いて純毛にしたものもあるが、これはオール・ウール・イタリアンとよばれる。普通、黒や無地物で裏地に使われることが多い。

いちまいそで　一枚袖

背広などのように袖の外側にはぎのある二枚袖に対して、1枚の布でできている袖のことをいう。スーツ、コートなどのがっちりしたデザインのものを除いては、主としてこの一枚袖が使われる。英語では、ワンピース・スリーブ。

いちまつ　市松

幾何学模様の一つ。元文寛保（1736～43年）のころ、歌舞伎役者、佐野川市松がこの模様の袴を舞台に使って流行し、市松模様の名がつけられた。

いとじるし　糸印

糸でつける印のこと。へらやルレットのきかない布、またはそれらを使うと傷むおそれのある布の場合に、普通、白木綿のしつけ糸、しろもで切りじつけにする。

いとぞめ　糸染め

織物の染色法の一種で、糸の状態のときに染める方法をいう。経糸と緯糸に異なった糸を用いた織物にほどこされることが多い。縞、格子、玉虫織りなどがそれである。先染めともいう。

イートン・カラー　Eton collar

イギリスの名門校、イートン・カレッジの制服に使われている襟で、幅の広い白い襟。男児用の外出着、通学服の襟に主として使われる。

イートン・ジャケット　Eton jacket

イギリスのイートン・カレッジの制服の

こと。前は片前三つボタンで、丈は短く、燕尾服のテール（尾）をとったような形である。イートン・カレッジは、イギリスのイートンにあり、上流社会の子弟が入学する学校として名高く、デザインも貴族的な雰囲気をもった上品なものである。このスタイルでかぶる帽子に似たデザインの帽子はイートン・キャップという。

イニシャル initial

姓名のかしら文字。姓名のイニシャルは略署名として、また品物や手芸品にほどこして所有を表わしたり、装飾とする。

イブニング・シューズ evening shoes

夜会に履く靴の総称。普通の革はあまり用いられず、金銀色の革やドレスと共布、たとえばサテン、ブロケード、ラメなどで作られる。ほとんどがパンプス、サンダル型で、一般にヒールが高く、ドレッシーなスタイルである。また宝石などを装飾に使ったものもある。男子用のものは、装飾のないプレーンな総エナメルのものが多い。→くつ

イブニング・ドレス evening dress

夜会服のこと。夜のパーティ、音楽会、舞踏会、観劇に着用する正式の礼服の総称である。胸や背を十分にあけて作られ、袖なしで、床までの丈のワンピース形式が原則とされているが、パンタロン、ショート丈のものなどでもその雰囲気に合わせて作られていれば自由である。ドレスのなかで最も装飾的で豪華であることが特徴。したがって材料も、ベルベット、ラメ、ブロケード、サテン、タフタ、ファイユ、モアレ、レース、オーガンジーなど、絹や絹風のもので光沢があり、薄手のものが多い。アクセサリーもそれらの洋服のデザインに合わせて、豪華なものが使われる。

イブニング・バッグ evening bag

夜会用のハンドバッグ。小型で、実用よりもアクセサリー的要素の強いもの。抱え型のものも、提げ手のついたものもあるが、材質は、布地、ビーズ、メッシュ、金属など、ドレッシーなものが使われることが多い。→バッグ

イブニング・ラップ evening wrap

夜会服の上に着る、ゆったりした外衣で、かっちりとボタンなどで留めるのではなく、ゆったりとはおって軽く手で押さえるようにして着用する。

イミテーション imitation

模倣、まがいもの、また人造、模造という意味。イミテーション・パール（模造真珠）、イミテーション・レザー（模造皮革）、イミテーション・ファー（模造毛皮）というように使われる。

イミテーション・カフス imitation cuffs

袖口を切り替えて、カフスのように見せかけたものをいう。

イレギュラー・ストライプ irregular stripe

不規則な縞。縞の間隔を不規則にとったものをいう。

イレギュラー・ヘム irregular hem

不規則な裾という意味で、スカートの裾線が水平でなく、三角の連続になっていたり、ジャケットの裾が左右相称ではなく、片方が長くなっていたりするものをいう。

いんかふ 印花布

中国の染め物で、中国名はイェンホワプーという。更紗の一種で、花土布（ホワトーブー）という土糊を用い、地を黒か藍にし、模様を白く抜くものとか、嗎花布（マーホワプー）といって、白地に藍模様のものもある。型さし捺染布の一種である。

インサイド・ベルト inside belt

内側につけたベルトのこと。主としてスカートのウエストラインの裏側に縫いつけるベルトのこと。またドレスの内側につけるベルトもこうよぶ。

インサイド・ポケット inside pocket

内ポケット、内かくしのこと。アウトサイド・ポケット（outside pocket）に対する語。

インターカラー Intercolor

国際流行色委員会。国際的な流行色を協議決定する機関。フランス、スイス、日本が発起人となり1963年に設立された。本部はパリにあり、加盟国は18か国。委員会は年に2回、1月末と7月末にパリで開催され、約2年先の流行色を決定する。わが国からは社団法人日本流行色協会が参加している。

インターメディエート intermediate

中間の、という意。色彩の配色用語として使われ、色相環のうえで、約90度に位置する色の組合せをインターメディエート・ハーモニーという。中差色相配色。

インチ inch

イギリス、アメリカなどで用いられている長さの単位。1インチは12分の1フィート、または2.54センチに等しい長さで、端数は2分の1インチ、4分の1インチ、8分の1インチ、16分の1インチというように計算される。フランスはセンチメートルを使う。

インディアン・ヘッド Indian head

やや厚手の平織りの木綿地につけられた商品名で、無地が多く、プリントしたものもある。主として夏服に使い、子供服、スポーツ服などにも向く。

インディアン・ルック Indian look

アメリカ・インディアンとインドの民族衣装から起こったものとがある。いずれも

エスニック・ファッション。前者は北米インディアンの格好をイメージ・ソースにしたもの。1976年秋冬プレタ・ポルテで高田賢三がテーマに取り上げてからクローズアップされた。独特の配色、幾何学的な柄、フリンジ、羽根飾り、ヘア・バンド、ビーズのアクセサリー、モカシン・シューズなどが特徴。インドの民族衣装からのインディアンは1960年代後半に現われたヒッピー運動のときに登場した。赤、オレンジ、フューシャ・ピンク、ターコイズ・ブルーなどビビッドで多彩な色、インド・シルク、インド更紗（さらさ）、インド刺しゅうなど特有の素材使いが特徴。またサリーやネルー・スーツ、マハラジャの衣装からの影響がある。

インディゴ indigo

藍からとった染料。転じて、その染料で染めた青をインディゴ・ブルー、単にインディゴとよぶ。一般には濃い紫みの青をさすが、薄い色では浅葱（あさぎ）（淡い青）から始まり、いわゆるインディゴ・ブルーまでの一連の青をいう。ジーンズが青以外にも出てきたので、とくにブルー・ジーンズをいう場合にはインディゴ・ジーンズともいう。

インドししゅう　インド刺繡

黒、金、赤、黄などといった強い色の配色で、撚りのない絹糸を用い、サテン・ステッチ、鏡を留めつけるミラー・ワーク、スカラップ・ステッチやチェーン・ステッチなどを用いて刺すのが特徴。

インナー・ウエア inner wear

内側に着る服の総称。つまり、下着のこと。反対語はアウター・ウエア。

インバーテッド・プリーツ inverted pleat

ひだ山が突合せになったプリーツのこと。一般に拝みひだ、または逆ひだとよばれているもの。裏側にはボックス・プリーツ（box pleat）ができている。

インバネス Inverness

とんび。二重回し、ケープつき外套（がいとう）。わが国では和服の上にはおるものとされているが、元来は洋服用のものである。したがって、用途によりドレス・インバネスからスポーツ・インバネスまで各種ある。

インバネスの語源は、スコットランド北部の海港の名にちなむものとされている。

インベストメント・クローズ investment clothes

インベストメントは〝投資〞の意で、投資服ということになる。つまり、買うとき多少高くともいつまでも着られ、多くの組合せができるなど、投資する価値のある服をさしていうときに使われる。

ウ

ウイグ wig
かつら。人毛または人造の毛髪で作られ、頭にかぶるもの。歴史は古く、古代エジプト時代から上流階級の人々が地位のシンボルとしてかぶり、それが18世紀まで続いた。19世紀から20世紀初頭までは、はげ隠しと考えられるようになり、おしゃれ用として用いられるようになったのは1960年代後半になってからである。

ウイング・カラー wing collar
前が鳥が翼を広げたように浮いて、後ろと横の部分が首にそった襟のこと。この襟は、元来、男子が正装のときにつけた襟をいったが、その変形が婦人服の襟にも用いられるようになった。

形や幅はいろいろなものを作ることができ、ブラウス、ドレス、トッパー・コートなどに向く。→カラー

ウイング・ショルダー wing shoulder
空高く飛ぶ鳥の翼のようなイメージが強い高く上がった肩のライン。反り上がったパゴダ・ショルダーに似ているが、肩先がストレートでシャープに上がっているのが特徴。1930〜40年代のジャケットのデザインによく見られる。

ウイング・チップ wing tip
靴の爪先に用いられる翼状の縫い飾り、または切替えのこと。ウイングは翼の意味で、鳥の翼に似た曲線で描かれる。俗におかめとよばれている。→くつ

ウインザー・ノット Windsor knot
ネクタイの結び方の一つで、結び目が太く横広がりになったもの。普通の結び方ではなく、一度一重に結んでからさらにもう一度くぐらせて結ぶ。一度一重に結んだだけで結ぶものをセミ・ウインザー・ノットという。イギリスのウインザー公が考案したものなのでこの名がある。→ネクタイ

ウインター・コットン winter cotton
冬の木綿。元来、木綿は夏素材と考えられていたが、最近では一年を通じて使われるようになった。とくに冬に木綿を着ることをさしていう場合に使われる。

ウインター・パステル・ルック winter pastel look
冬のパステル調の装い。一般に春の色とされているパステル調の淡い色を、真冬にスポーツウエアなどの色調として取り入れることをいう。

ウインター・ホワイト winter white
冬の白。一般に夏の色と考えられている白を、真冬の装いに取り入れるとき使われることば。

ウインドブレーカー windbreaker
風を遮るもの、という意。ジャンパーのこと。袖口と裾にニットやゴムをつけてぴったりさせ、前中心ファスナーあきになったものなど。元来は商品名である。

ウインドーペーン windowpane
窓枠格子。チェックの一種で、窓ガラスの枠のような感じからこの名がある。シンプルなチェックで、主として無地に色糸で配されたり、毛織物によく用いられる。→チェック

ウエスキット weskit
チョッキ風の上着のことで、ベストと同

じ。→ベスト

ウエスタン・シャツ Western shirt

ウエスタンとは、アメリカ西部の、という意で、カウボーイたちが着るウエスト丈のシャツのこと。特徴は長袖で、前身頃に多くのポケットがつき、胸ヨーク、後ろ身頃には中心に箱ひだがあり、その上を切り替えて中心のとがったヨークつきにしてあることなど。素材はデニム、ギャバジン、ツイルなどが主として使われる。別名をカウボーイ・シャツ（cowboy shirt）ともいう。

ウエスタン・ブーツ Western boots

カウボーイが履いているような、中長のロー・ヒールのブーツ。表面に唐草模様などを彫ったものが多い。別名をカウボーイ・ブーツともいう。→くつ

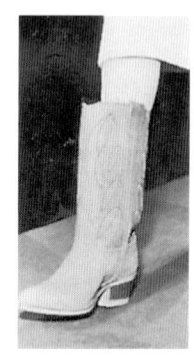

ウエスタン・ルック Western look

ウエスタンとは、アメリカ西部の、という意で、その地方で着られる服にヒントを得たルックをいう。代表的なものとして、ウエスタン・シャツというウエスト丈のシャツがある。

ウエスト waist

腹囲のことで、体の腰と肋骨の間の部分のことをさす。また、肩から腹囲線までの間を覆う服の部分のこともこうよぶ。したがってシャツウエスト・ドレスといえば、上半身がシャツ型のデザインになったドレスのこと。

ウエストコート waistcoat

胴衣、チョッキ。上着の下に着用する袖なしの胴衣で、前はシングルまたはダブル、そして襟なしが多いが、なかには襟つきのものもある。ウエスコットとつめてよばれる場合もある。ジレ、ベストともいう。

ウエスト・ダーツ waist dart

腹囲ダーツのことで、腹囲線から上へ向かって、体にそうようにつまんだダーツである。

ウエスト・ニッパー waist nipper

ニッパーとは〝挟むもの〟の意で、ウエストを細く整えるためのファンデーションの一種。1953〜55年ごろ細いウエストの流行で使われたが、しばらく影をひそめ、また1987年ごろから細いウエストの復活に伴い使われた。別名をウエスト・シンチャー（waist cincher）ともいう。

ウエストバンド waistband

スカートやスラックスの腰部につける、帯状のはぎ布のこと。俗にウエスマンともいう。

ウエスト・ポケット waist pocket

上着やコートなどの両腰につけたポケットをいう。

ウエスト・マーク waist mark

ウエストへの注目という意。細くくびれたウエストを強調したデザインをさしていうときに使われることば。たとえば、ダーツでウエストをぴったりさせたり、幅広ベルトを締めたりして表現される。1987年あたりを中心として、ボディ・コンシャス

の服が登場したが、これもウエスト・マークである。

ウエストライン waistline

腹囲線。肩から腰までのいちばん細い部分の線をいう。洋服のプロポーションやデザインの締めくくりとなるもので、採寸、仕立てにはその位置の十分な検討がたいせつである。

ウエスト・マーク

ウエッジ wedge

くさびの意味。ウエスト・ダーツを入れる場合などに、型紙をくさび形に折り込むことをいう。

ウエッジ・スリーブ wedge sleeve

袖つけ線が、くさび（ウエッジ）形に、身頃にくい込んでいる袖。袖ぐりが広いため、腕が動かしやすく、スポーツウエアなどに多く用いられる。ピボット・スリーブ（pivot sleeve）、くさび袖ともいう。→スリーブ

ウエッジ・ソール wedge sole

くさび形の靴底のことで、一般には船底形とよばれている。かかとの位置は高く、爪先に向かって低くなり、底面は床にぴったり接する。その靴をウエッジーという。→くつ

ウエット・クロス wet cloth

表面がぬれた感じの布地。表面をコーティング加工して、ぬれたようにテカテカ光らせてあるのが特徴。

ウエット・ルック wet look

ぬれた感じのルック。ビニールびきの布地など、表面がぬれたように光るものをさしていうときに使われることば。

ウエディング・ドレス wedding dress

ウエディングとは結婚式という意味で、結婚式に着る花嫁のドレスの総称である。

花嫁が着るところからブライダル・ガウン（bridal gown）ともいう。

現在、洋装の花嫁衣装といえば、純白で、イブニング・ドレスのように長いドレスを想像するほど白が決定的な色とされているが、これは古くからキリスト教徒が白、または紫の衣装を用いた、その白を使う習慣が現在に至ったものと思われる。再婚者は薄い色のついたドレスを用いる。

服の形は宗教的な儀式であるため、肌をあらわさないデザインが用いられる。ワンピース仕立てで、丈は長く、後ろにはトレーン（train）という裾をひくものもあるが、流行によって床までの丈や普通のスカート丈のものなども見られる。襟ぐりはハイ・ネック、またはきっちり詰まったものとされていたが、季節や流行により、かなり自由になってきている。本来、頭には〝実る〟という意味からオレンジの花の髪飾りが装飾としてつけられ、その上に長いベールがかぶせられたが、最近ではオレンジの花の代わりに小さな帽子風のものや、ほかの花の飾りをつけたり、ベールも小さめのものが多くなってきている。

ドレスの素材としてはサテン、レース、

タフタ、ジョーゼットなど。ベールは絹、ナイロン、チュール・レース、オーガンジーなどが用いられ、手袋、靴も白を用い、花嫁の清純さ、清楚さを表わす。

ウエディング・ベール wedding veil
ウエディング・ドレスのときに欠かせないものである。主にチュールが使われ、丈は肩くらいまで、床までのもの、または長く裾をひくものなど、さまざまある。真珠やオレンジの花の輪、共布のフリル飾りなどでベールを押さえてかぶるのが一般的であるが、ウエディング・ハットで押さえる場合もある。色は白。ブライダル・ベール（bridal veil）ともいう。

ウエディング・リング wedding ring
結婚指輪のこと。結婚式の際、新郎が花嫁の左手の第4指（くすり指）にはめる指輪で、金やプラチナの輪だけのものと、宝石をはめ込んだものとがある。新郎も新婦より贈られることがあるが、宝石のついていないプレーンなものが一般的である。結婚したカップルは、既婚者の印として、常にはめているのが常識。

ウエーブ・ブレード wave braid
波形の打ちひものこと。洋服の装飾に使われるもので、ミシンで押さえて止めつける。モーニング・コートのチョッキの襟につける白い絹縁などは、その代表的なものである。

ウエルト・シーム welt seam
伏せ縫いのこと。

ウォーキング・シューズ walking shoes
歩きやすく、履きごこちのよい靴のこと。材質は丈夫なものが使われ、ヒールは低めで、型はひも結びか、ベルトで甲の部分を調節できるものが多い。

ヴォーグ vogue（仏）
流行、ファッションのこと。同名の服飾誌がある。

ウォータープルーフ waterproof
防水の意味。ウォータープルーフス（waterproofs）と複数になると、防水加工をほどこしたコート、またはレーンコートをいう。

ウォッシュアウト・ジーンズ wash-out jeans
ウォッシュアウトとは〝洗いざらし〟の意で、数回水洗いして洗いざらしの感じを出したジーンズをいう。これは普通のインディゴ・ブルー・ジーンズとブリーチアウト・ジーンズ（漂白ジーンズ）やストーン・ウォッシュ・ジーンズ（石洗いジーンズ）の中間の感じをもっている。さっぱりした清潔感のあるのが特徴である。

ウォッチ・ポケット watch pocket
時計がくしのこと。時計を入れるために作られた、ズボンの下前にあるポケットをいう。

ウーステッド worsted
梳毛絨。経、緯とも、梳毛糸を用いて、平織り、綾織り、繻子織などにした毛織物の総称。表面のけばを切り去って、織り組織をはっきり表わしたものが多い。種類も多く、紳士背広服地、婦人服地として広く使われている。ときには縮絨起毛して地肌を隠したものがあるが、これをミルド・ウーステッドという。

ウーステッド・サージ worsted serge

ウーステッド、すなわち梳毛糸で織られたサージ。いわゆるサージのことである。→サージ

ウーステッド・シェットランド worsted Shetland

シェットランド島に産するシェットランド羊毛を用いて織り、ツイード仕上げした梳毛織物。

ウーステッド・ダマスク worsted damask

ウーステッド、すなわち梳毛糸を用いて、繻子地に紋様を織り出した織物。テーブル掛けやカーテンなど、室内装飾用に使われる。毛緞子ともいう。

ウーステッド・チェビオット worsted cheviot

スコットランドのチェビオット山地を原産とするチェビオット種の羊毛を用いた梳毛織物。手触りは粗く、耐久性がある。撚り糸を用いることから、ツイスト・チェビオット、また、ほかのスコッチ・ツイードと違って梳毛織物であることから、梳毛スコッチともいう。

ウーステッド・ヤーン worsted yarn

梳毛糸。羊毛を用いた繊維のなかで長いもの（75〜200ミリ）を平行の状態に梳きながら紡いだ糸をいい、モスリン、サージ、トロピカルなどに使われる。

うちあわせ　打合せ

身頃の左右の重ねが合ったところをいう。打合いともいう。

うちそで　内袖

二枚袖の場合に、内側になる袖の部分をいう。テーラードな仕立ての服の袖は1枚の布で裁断せずに、外側と内側に分けて2枚に裁つが、この場合の内側になる袖の部分。下袖ともいう。→にまいそで

うちひだ　内ひだ

ひだの輪の部分が内側に向かっているもののこと。外ひだに対するものである。逆ひだともいう。英語ではインバーテッド・プリーツ（inverted pleat）。

ウッド・ビーズ wood beads

木製の数珠玉。長いネックレスとしてよく使われる。

うねおり　畝織り

横あるいは縦の方向に畝を表わした、平織りの変化した組織のこと。緯または経に2本以上の糸、あるいは太い糸を入れて畝を出し、畝が横の方向に出ているものを横畝織りといい、縦の方向のものは縦畝織りという。

タフタ、塩瀬羽二重、綿ポプリンなどがこれにあたる。

ウプランド houppelande（仏）

ミディ丈からトレーンをひくこともある長い丈のケープのように広いコートで、高い襟と広い袖つき。ドレープを寄せてベルトを締める。14世紀末に生まれ、15世紀に流行した。宮廷の儀式用には毛皮が裏ばりされた。ユニセックスなもの。

うまのり　馬乗り

背広やコートの背の中央、または両脇の裾を切り開いたもののことをいう。英語でベント（vent）とよばれるもので、中央を開いたものはセンター・ベンツ（center vent）、脇を開いたものはサイド・ベンツ（side vents）という。→ベンツ

うらあみ　裏編み

普通、メリヤス編みのことを表編みといい、表編みの裏にできる編み目の編み方のこと。糸を針の手前にして、表編みと反対側から針を入れて糸をすくい出す編み方で、表編みとともに基本の編み方。→ぼうばりあみ

うらえり　裏襟

襟の裏側になる布地で、表襟に対して裏側の襟をいう。

うらがわ　裏革

靴の裏に使う革のことで、英語ではライニング・レザー（lining leather）という。主として牛、馬、メンヨウ、豚皮などが用いられ、足の保護のみでなく、靴の形を整える役目も兼ねている。

革の裏面を起毛したもの、スエード、バックスキンなどのこともいう。

うらしまおり　裏縞織り

裏が格子、縞になった織物のことで、表を無地、または霜降り地などにし、裏に格子、縞などを織り出した縦横とも二重組織になった厚手の毛織物や絹織物のこと。主としてコート、ケープに用いられる。また絹などを使ったものは洋傘に用いられる。

ウーリーかこう　ウーリー加工

繊維を細かく縮らせたあとで熱固定し、羊毛のような伸縮性、かさ高性、保温性、肌触りのよさなどを与える加工法。ウーリー・ナイロンは、この方法がほどこされた代表的なものである。

ウーリー・ナイロン　woolly nylon

ナイロン・フィラメント（連続繊維）を、細かく縮らせて熱固定し、伸縮性およびかさ高い形状とを与えた糸につけられた名称である。エラスティック織物、メリヤス地などに用いられる。

ウール　wool

羊毛、または毛織物のこと。

ウール・クレープ　wool crepe

梳毛糸を用いて、クレープ風に織った毛織物。表面は細かく縮れ、軽く、しなやかな上等な婦人服地。

ウルトラ・フェミニン　ultra-feminine

超女性的。極端に女らしさを強調したファッションをさしていうとき使われる。

ウール・ボイル　wool voile

梳毛糸で織られたボイルのこと。しなやかさと軽さが特徴で、ウール・ジョーゼット、ウール・ポプリン、モスリンなどと並んでファッション性のある素材である。→ボイル

ウール・ポプリン　wool poplin

梳毛糸を用いて平織りに織り、横畝を表わした薄地の毛織物。風合いは柔らかくしなやかな点が特徴である。

ウーレン・ヤーン　woolen yarn

紡毛糸。羊毛を用いた繊維のなかで、短いもの（25～75ミリ）を方向をそろえずにもつれるように交錯させて紡いだ糸をいう。表面にけば立ちがあり、手触りは柔らかで収縮性が強く、主としてフランネル、メルトン、フラノなどの縮絨や起毛を行なう織物に使われる。

うろこ　鱗

模様の名称。三つうろこ、五つうろこ、八つうろこなどの柄がある。

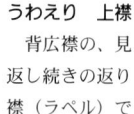

うわえり　上襟

背広襟の、見返し続きの返り襟（ラペル）でない部分のこと。小襟ともいわれる。また、きものの襟にさらにかけた共襟のこともいう。

うわぎたけ　上着丈

上着の後ろ襟つけ線の中央から裾までの長さのこと。

うわまえ　上前

衣服の打合せの上になるほう、あるいは外になるほうの身頃のこと。和服では男、女、成人、子供のいずれも左身頃が上前になるが、洋服では男子用は左身頃が、女子用は右身頃が上前になる。

うんさい　雲斎

斜線を粗く織り出した綿織物の一種。経糸(たていと)は12〜16番手で緯糸(よこいと)もだいたい同じくらいの太さの糸を使う。2種類あり、厚地物は足袋底などに用いられるが、薄地物は服地に用いられる。正しくは雲斎織り、雲斎布という。

エ

エイティーズ eighties

1980年代。1980年代調のこと。フランス語では、レ・ザネ・キャトルバン。服飾では1978年から1980年代末までをいう。1970年代末に登場したパンク運動の流れが続き、1978年ごろから構築的フォルムがこの時代を支配する。ティエリー・ミュグレルやクロード・モンタナによるパッド入りの肩がポイントの、グラマラスでハリウッド的なモードが代表。1981年山本耀司とコム・デ・ギャルソンの川久保玲、二人の日本人による黒いポベリスムなモードも現われて、これまでとは全く違ったモードへのアプローチとして注目された。

エイビエーター・ジャケット aviator jacket

エイビエーターとは〝飛行家〟の意。飛行家の着る、機能的で活動的なブルゾン。丈はウエストまでの短いもので、身頃のふくらみも適度に抑えてある。これに似たブルゾンをカジュアルな上着として町で着るようになったのは1980年代半ば。なお、〝アビエーター〟と読むのはまちがい。

エキゾチック exotic

異国風の、異国趣味の、異国情緒の、という意味。欧米で使われる場合には、東洋的なものをさしていう場合が多い。

エクステンデッド・ショルダー extended shoulder

広げられた肩。肩幅を広めにとったり、袖山タックどりの袖をつけたりして、肩幅を広く見せる場合に使われることば。

エクリュー écru（仏）

漂白していない、生の、という意。漂白していない自然のままの布地の色をいう。また、それに似た色。わが国では、生成りという色がこれにあたる。英語読みではエクルー。

エコロジー・ルック ecology look

生態学ルック。自然のなかにパターンを求めたルック。草花、木、鳥、田園風景などがモチーフとなる。

エスカルゴ・スカート

エスカルゴは、フランス語でカタツムリのこと。この語はわが国で作られたフランス語と英語の合成語。渦巻きのカットになったスカートのこと。正しくは、スワール・スカート(swirl skirt＝渦巻きスカート)とか、スパイラル・スカート（spiral skirt＝らせん状スカート）という。1973年ごろ流行した。

エスじライン S字ライン

19世紀末から20世紀初頭にかけて流行したシルエット。バストを持ち上げ前に突き出させ、ウエストは極端に細く、ヒップは後ろに丸く突き出させたラインで、側面から見るとS字形。バストを持ち上げ、ヒップまでの胴部全体を締め上げる骨入りのコルセットが用いられた。スカートはヒップから朝顔形に広がり、トレーンをひく。アール・ヌーボー・ラインでもある。

エスニック ethnic

人種の、民族の、という意。民族服または民俗服にヒントを得た、素朴で土臭い感じの装いをエスニック・ルックという。別の呼び方としては、フォークロア（folklore）ということばもある。

なお、エスニックという場合は、多分に宗教的な意味が加味される。つまり、キリスト教徒に対しての異教徒という意。したがって、同じ民族といっても、キリスト教圏外の地域のそれをいう。

エスパドリーユ espadrille（仏）

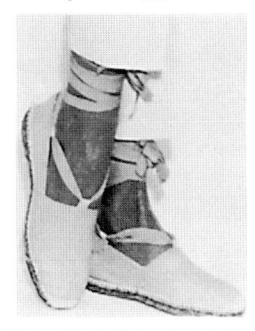

キャンバス製の素朴でカジュアルな靴で、底は麻ひもやジュートで編まれ、甲部にひもがつけられ、それを履くとき足首に何重にも巻きつけて結ぶ。元来はフランスの民族的な履き物で、海浜用として一般に履かれたものだが、現代ではリゾート用やスポーツ用はもちろん、タウン用としても広く履かれている。なお、この靴に似たものとして、スペインのアルパルガータ（alpargata）がある。

エス・ピー・エー S. P. A.（Speciality store retailer of Private label Apparel）

自社製造商品を自社の小売店のチェーンで販売するアパレルの業態。流通コストを抑えて購入者の情報を直接入手し、製造に結びつけるという利点がある。

エスプリ esprit（仏）

精気、息吹、気力などのことばが当てはまるが、精神的訴えがある場合、また気がきいている場合などにエスプリがあるというように使われる。

エタミーン étamine（仏）

薄くて光沢があり、地合いの透けた、軽い平織物。梳毛のものが多いが、木綿のものもある。ボイルに似た布地である。エタミーンとは、篩（ふるい）の意で、もともとは篩用布として用いられたので名づけられた名称で、服地のほか、旗などにも使われる。

えちごちぢみ 越後縮

新潟県小千谷市、六日町、塩沢地方で産する、苧麻を原料とする麻織物。この麻織物には、越後上布といわれる縮地風でない平織りのものと、この越後縮の2種類があり、おのおの小千谷上布、小千谷縮ともいわれ、夏の着尺地。

手つむぎした糸を使用し、いざり機（ばた）を使い、雪ざらしをするのが特徴。重要無形文化財である。また苧麻のほかに、ラミー麻を使ったものも多い。

エッジ edge

端、へり、縁という意味。主として縁の意味で使われる。

エッジング edging

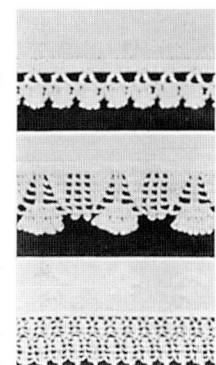

縁どり、縁飾りのこと。スリップの裾飾り、前立てや襟回りの縁飾りのこともいう。

エッチ・ライン H line

ディオールが、1954年秋冬のコレクションで発表したシルエット。バストは扁平で、ウエストやヒップも強調しない、全体にほっそりしたシルエットである。アルファベットのHを思わせることから名づけられたが、さらにそれを強調するためにウエストの位置にHの横棒を思わせるベルトを置くことも多かった。

ディオールの、一連のルーズ・フィット・デザインの端緒となったシルエット。

エッチングちょう　エッチング調

エッチングとは、腐蝕銅版という意味で、一般には銅版画のことをいう。その特徴は細い線によって表現されてあること。その調子で表現されたプリント柄のことをいうとき使われることば。

えどこもん　江戸小紋

江戸時代に裃や羽織、長着に染められた細かい模様の小紋を継承している柄。1色の型染めで、鮫小紋、武田菱、鍋島小紋などがある。

エドワーディアン　Edwardian

ビクトリア女王亡き後、王位を継いだエドワード7世の治世期（1901～10年）に流行したモードや文化をさす。ビクトリアンの重々しいモードからほっそりとエレガントなものになった。フランスではベル・エポック期、アメリカではギブソン・ガール時代と同時期。

エバーグリーン　evergreen

常緑樹の葉のような、濃い黄緑。

エバーグレーズ　Everglaze

エバーグレーズとは常に表面につやがあるという意味のことで、もとは綿布に合成樹脂を加えて熱処理をし、表面に凹凸で模様を浮き出した加工法をよんでいた。近年ではナイロンなどの化繊にその加工が広く使われるようになった。主として夏の服地用で、特徴は通気性もあり、しわになりにくく、汚れにくいことである。アメリカのバンクロフト社の特許。

えばばおり　絵羽羽織

絵羽模様になった羽織のこと。普通、絵羽織といわれるが、絵羽羽織というのが正しい。

えばもよう　絵羽模様

きもの全体を画布に見たてて絵模様を構成すること。ちょうど、きものや羽織を羽根のように広げたところに、一幅の絵が描かれていることから、この名がつけられ

た。したがって模様が縫い目などで切れることなく、全部つながっているのが特徴。染めるときは、白生地のまま仮縫いし、下絵を描き、ほどいて染めつける。

エフ・アイ・ティ F. I. T. (Fashion Institute of Technology)

ニューヨークのファッション工科大学。1944年、ファッション・ビジネスの専門職養成を目的として設立された。この種の学校としては世界第一といわれている。多くの人材を送り出している。

エプロン・スカート apron skirt

エプロンをかけた感じに着用するオーバー・スカートのこと。1枚の布に切替え線を工夫して、エプロン風にしたもの、またはスカートの上に短いエプロンをかけた感じに別布をかぶせたものもある。

エプロン・ドレス apron dress

エプロン形式で、ドレスの役目も兼ねた服のこと。普通、エプロンのように後ろあきでウエストで結ぶようになっており、スカートはゆったりしている。実用の面から、大きなポケットがつけられていることが多い。

このドレスは単独でも着用するが、ほっそりとしたワンピースの上から着用したり、ときにはドレスの装飾として縫いつけて用いたりする。

エプロン・トレーン apron train

エプロンのようにウエストに結んで、後ろに長くひく裳裾のことをいう。イブニング・ドレスなどに主として用いられる。

エポーレット epaulet, epaulette（仏）

肩章のこと。また、肩章風に切り替えた場合の表現としても使われる。

エポンジュ éponge（仏）

表面が苔、泡沫状（ムース）で、水の吸収のよい海綿質の素材。パイルのこと。フランス語でタオルは、セルビエット・エポンジュ（serviette éponge）という。

エポーレット

エメラルド・グリーン emerald green

エメラルドは宝石の緑玉のこと。その玉のようにさえた明るい緑のこと。

えもん　衣紋

昔は装束を整えて着ることをいったが、現代はきものを着たとき襟を胸に合わせた場所をさし、〝抜き衣紋〟とは、合わせた襟を高くあげて、後ろ襟を長く出すことをいう。

エー・ライン A line

1955年春、ディオールによって発表されたものでアルファベットのA形の裾広がりのシルエット。全盛期のディオールが、新しい女性美を追求しようと打ち出した、アルファベット・ライン（Hライン、Aライン、Yライン）のなかの一つにあたる。

エラスティック　elastic
伸縮性の、弾力のある、という意味で、ゴムを織り込んだ布、ズボンつり、靴下留めなどに使われる。

えりぐり　襟ぐり
前後身頃の襟のつく部分のことで、英語ではネックライン。→ネックライン

えりこし　襟腰
折り襟やステン・カラーなどの折返し線より下の部分のことをいう。

えりしん　襟芯
襟の形を作り、整えるために入れる芯のこと。

えりづり　襟吊り
ジャケットやコートなど後ろ中央襟つけの裏側につけたテープや細い鎖のこと。服をつるために用いられる。

えりづりネーム　襟吊りネーム
襟づり用の繻子(しゅす)テープに店名や商標名を織り出したもの。

えりみつ　襟みつ
後ろ身頃の襟つけのところ。主として男子服に使われる用語。

エルゴノミクス　ergonomics
人間工学的なという意味。着用され、使用されるあらゆるものに、科学的見地から、動態学研究の結果を応用したデザインが開発されている。人に優しいスタイル・アプローチの一環といえる。

エルボー　elbow
肘のこと。

エルボー・スリーブ　elbow sleeve
肘までの丈の袖、またはそれよりも少し長い袖のことをいう。

エルボー・パッチ　elbow patch
肘当て、肘の部分に補強ないしは装飾のためにつける当て布のこと。布のほかに革を用いることがある。

エルボー・ライン　elbow line
肘線のことで、製図上の肘の位置をいう。標準で袖山中央から30～31センチぐらいのところで、製図では、ELの略記号を使う。

エルメス　Hermès（仏）
皮革製品や、スポーツウエアで知られる、パリの洋品店。創立は1837年、馬具専門店として出発したが、1943年に水着を売り出し、以後、スポーツウエアも売るようになった。独特の馬具柄のスカーフや、バッグ、手袋、ベルトなどが、世界的に愛好されている。

エレガント　elegant
優美な、優雅な、上品な、という形容詞で、エレガントな女性とか、エレガントな服、というように使われる。名詞はエレガンス。

エレクトリック・ブルー　electric blue
電気の火花の青のような、冷たくさえた緑みを帯びた青色。

えんかビニリデン　塩化ビニリデン
合成繊維の一種で、一般にサランといわれているもの。合成繊維のうちで、最も比重が重く、摂氏130度で溶ける。用途は、カーペット、天幕、防虫網、いす張りなど。染色が困難なため、衣料用として使われることは少ない。

えんかビニールせんい　塩化ビニール繊維
合成繊維の一種で、塩化ビニール樹脂を繊維化したもの。テビロン、エンビロンなどの製品がある。一般に化学薬品には強いが、不燃性、吸水性がない。なお、最近では耐熱性を向上させて100度のアイロンにも耐えられるものもある。

エンゲージ・リング　engagement ring

婚約指輪のこと。婚約の印として男子側から婚約者に贈る指輪で、左手の第4指にはめるのが普通である。一般には宝石1個入りのものが多い。

エンジニアリング・カット engingieering cut

工業生産時のCADシステムの裁断がエレクトロニクス使用の複雑な計算によってなされた、人間工学的カットの場合、こうよばれる。代表的なものはリーバイス・ジーンズの丸みのあるジーンズ・パンツ・カット。

エンパイア・スカート Empire skirt

フランスのエンパイア時代（1804～18年）に流行したコスチュームのスカートのこと。ウエストラインが普通の位置より5～10センチ高く、外形はほぼまっすぐで、しかも足首まであり、ゆったりした感じをもっているのが特徴である。

エンパイア・スタイル Empire style

フランスのエンパイア時代（1804～18年）に流行したスタイル。特徴としてはハイ・ウエスト、大きくあいた襟ぐり、短い胴、ゆったりとしてストレートなスカートなどである。袖は短いパフ・スリーブや長袖、そして肩から裾へかけての長いトレーンが使われた。装飾としては、フリンジ、刺しゅう、スパンコールなどがある。

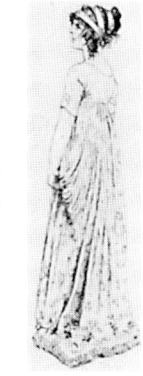

このような服のシルエットをエンパイア・ラインという。

えんびふく 燕尾服

男子の夜間用礼服のことで、英語ではスワローテールド・コート（swallow-tailed coat）という。これを略してテール・コートともいう。つまり男子用のイブニング・ドレス・コートのことである。夜間のパーティ、観劇などのときに着用し、素材は黒または濃紺のバラシア、ウーステッドなどが使われる。襟は剣襟またはへちま襟で、縁まで拝絹をかぶせ、前は燕尾形に切ってある。ズボンは上着と共布で側章に絹縁を左右に飾る。チョッキは白地のピケや絹。シャツはいか胸とよばれる胸の部分をかたく糊づけしたものか、胸ひだつきのもので、カラーは前折れ型。

タイは白地のボー・タイ。手袋は白のキッド、靴はエナメルの黒のオックスフォード型を用いる。

エンブレム emblem

紋章、記章の意。中世の盾につけられたのが起こりで、その後、学校やクラブなどの紋章として使われるようになった。とくにブレザーの胸ポケットにつけられることが多い。1987年ごろエンブレム・ブームが起こり、スポーティな服、ブルゾンやセーターなどにもつけられた。わが国では1960年代にこれをつける流行があったが、そのときはドイツ語のワッペン（wappen）ということばが一般に使われた。

エンブロイダリー embroidery

刺しゅう、繍いとりのこと。

布に描かれた模様をもととして、絹、木綿、毛糸などで刺した装飾用の繍いとりのことで、手で行なうものと機械で行なうものとがある。

刺しゅうの種類はいろいろあるが、名称は地布、材料、ステッチの種類にちなんで名づけられたり、あるいは刺しゅうの生まれた国の名などをとって名づけられてい

る。大きく2つの型に分類され、その一つは西欧の刺しゅうに属するもの、もう一つは東洋の刺しゅうに属するもので模様、色彩感覚にそれぞれの趣がある。

エンブロイダリー・レース embroidery lace

刺しゅうレース地。薄地の布に機械でレース風の刺しゅう加工をした布地のこと。ローン、ジョーゼット、羽二重などが主として使われ、ワンピース、ツーピース、ブラウスなどに用いられる。絹物ではウエディング・ドレスや外出着、ショールなどに使われる。また手芸用語としては、目の粗い布地に模様を作ったものや、チュール刺しゅうなどをいう。

エンボスかこう　エンボス加工

織物に浮き出し模様をつける加工法。金属ロールに花鳥型、木目型、幾何学模様などをつけて型押しし、これを熱処理によって固定させる。熱加塑性のあるアセテートやナイロン、ポリエステルなどの合成繊維に用いられる方法である。

オ

おうごんぶんかつ　黄金分割

線や面を2つに分割する際、最も調和のとれた比率、すなわち黄金比を得る分割法をいう。具体的にはＡ：Ｂ＝Ｂ：（Ａ＋Ｂ）になるように分割するもので、比率は、だいたい3:5、5:8、8:13になる。

ギリシア以来、理想的な尺度とされ、建築物、美術品に多く用いられている方法である。服飾デザイン上では、配色、プロポーションなどに応用することができる。

おかづけカフス

折返りや裁ち出しのカフスでなく、カフスを別に作り、袖口にとじつけたカフスをいう。

おがみあわせ　拝み合せ

前身頃の左右を重ねずに、突合せにすることで、左右にボタンをつけて留める。

おがみひだ　拝みひだ

インバーテッド・プリーツに同じ。→インバーテッド・プリーツ

オーガンザ　organza

薄地で透ける平織りのレーヨン地。綿のオーガンジーに似た風合いをもっている。ドレス、ブラウス、帽子、ネッカチーフ、トリミングなどに使われる。

オーガンジー　organdy

ごく薄手で、張りのある、透き通った平織り綿布。手触りはかためで、絹のような風合いと弾力性があり、セミの羽のように透き通った優美なもの。木綿以外に、絹（シルク・オーガンジー）、ナイロン（ナイロン・オーガンジー）、テトロン、レーヨンなどのものも作られている。用途は、服地のほか、裏地、芯地など。

おきじつけ　置き躾

布を手に持たずに、台の上に置いたまましるすしつけのことをいう。

布が厚い場合や、逆にしなやかで薄い場合に使われる方法で、ずれが少ない。重ねた2枚の布に、針を直角におろすことがたいせつ。

オーキッド　orchid

蘭の一種オーキッドのような、うっすらと赤みを帯びた、薄紫色。

オストリッチ　ostrich

ダチョウのこと。この羽毛をオストリッチ・フェザー（ostrich feather）といい、主として婦人帽や髪飾りに染色して使われる。ときには扇などにも用いられる。また、革はベルト、バッグ、財布などに用いられる。

オーセンティック　authentic

正統の。正格の。ファッション用語としては、伝統的なものをさしていう場合に使われる。

オーダー・ブック　order book

洋服の注文者の諸事項を控える注文控え帳のこと。つまり注文者の氏名、布地名、寸法、好みなどを記入するもので、記入者

が使いやすく便利に作られている。日本ではメール・オーダー（通信販売）のカタログもこうよばれている。

オーダー・メード　order made

あつらえ品のことで、注文に応じて作ることをいう。カスタムメード（custom-made）ともいう。既製品、レディメード（ready-made）の反対語。

オックスフォード　Oxford

経と緯を同じ糸数（普通は2本引きそろえ）で織った綿の平織り。ときには模様を織り出したものもある。正しくはオックスフォード・シャーティング（Oxford shirting）といい、主に夏服やシャツのようにスポーティなものに使われる。

オックスフォード・グレー　Oxford gray

黒と白に染め分けた原綿を紡いだ糸を経と緯に使って綾織りにした布のことで、黒と白の霜降りが特徴。実用的な服地として使われる。また、暗い灰色のこともいう。

オックスフォード・シューズ　Oxford shoes

底が甲部よりも出ていて、甲部をひもで締めて履く中ヒールの靴。鳩目は3～5対になっているものが多く、靴型のうちで最も一般的な短靴である。オックスフォード大学の学生が用いていたことからこの名がある。→くつ

オッター　otter

カワウソ。その毛皮は厚く、耐久性がある。色は褐色で、外見はビーバー（海狸）に似ている。アラスカ産のものや、ロシアのカムチャッカ半島に産するものが良質。用途はコートや帽子など。

オッド・ジャケット　odd jacket

オッドとは、"片方"の意で、上下そろいのスーツのジャケットでない上着、つまり、替え上着のこと。男子物をいう。

オットマン　ottoman

太めの糸を用いた琥珀織りのこと。横に太めの畝を出した、こしのある平織地。絹、木綿、梳毛などが使われる。主に婦人服地。

オート・クチュール　haute couture（仏）

オートは高い、高級なという意味。クチュールは仕立て。注文服で基本的に手仕事である。イギリス人チャールズ・フレデリック・ウォースがオート・クチュールのシステムを築いた。19世紀後半パリに高級衣装店（メゾン）をオープンし、熟練した技術をもつ職人をアトリエに抱え、上流婦人のための別あつらえ（シュル・ムジュール）の服を作った。そのうち顧客に見せる見本の服（モデル）をまとめたコレクションを作り、実際の女性（ソジ＝瓜二つ）に着せてシーズンごとに見せるようになった。1868年同業者が集まり、パリ・クチュール組合を結成。正式なパリ・クチュール組合は1911年に発足した。1月（秋冬）と7月（春夏）に、世界じゅうから集まるバイヤーやプレスそして顧客にまとめて見せるようになった。1930年代はヴィオネ、シャネル、スキャパレリといったクチュリエールが活躍し、1950年代にはディオールやバレンシアガといった偉大なクチュリエが黄金期を作った。日本人では1977年から森英恵がメンバーの一人。2000年1月現在、13メゾンが正式メンバー。メゾンは持たないが、創造性の高い服を作る若いクレアトゥールを4人招待メンバーとし、イタリアのヴェルサーチ、ヴァレンチノの2人を客員メンバーに加え、コレクションを発表している。

おとしミシン　落としミシン

縫い代を割り、その割り目に、表からかけるミシンのことをいう。また、玉縁をとったときに、玉縁のきわにかけるミシン・ステッチのこと。

オートミール oatmeal

オートミールとは割り麦のことで、割り麦柄に織られた小柄のものをいう。割り麦織りともよばれる。主としてウーステッド、チェビオットなどに応用され、経（たて）に白、緯（よこ）に黒または茶の糸を配して織り、この柄を表わすことが多い。

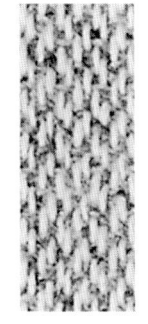

おにコール 鬼コール

コージュロイの中でも畝幅が広いものをいう。スポーティな感覚のコージュロイ。

おにちりめん 鬼縮緬

しぼが大きい縮緬。表面が荒々しい凹凸感をもっているのが特徴。本来は絹であるが、現在は化合繊のそれが多く出ている。

オニックス onyx

縞瑪瑙（めのう）のこと。いろいろの色層によって縞目ができているのが特徴。指輪やブローチの飾り石として使われることが多い。

わが国では、黒に染色されたブラック・オニックスを単にオニックスという場合が多い。

オーバーオール overall

一般にデニムなどの丈夫な織物で仕立てた仕事着用の胸当てつきズボンをさす。職工などが主に着用するが、男女児の遊び着や防寒着としても着用される。

オーバーコーティング overcoating

オーバー地の総称。防寒が目的なので、使用する布地は厚地である。

オーバーコート overcoat

すべての衣服の上に着るコートのことで、冬のコートの総称である。主として保温が目的であるため、素材は厚手の布地や毛皮が用いられるが、最近では暖房設備の発達に伴い、しだいに薄手のものが好まれるようになってきている。

オーバーサイズ・ルック oversize look

特大ルック、の意。だぶだぶで、たっぷりした形を強調した装いをいう。だぶだぶのセーター、シャツ、ワンピース、コート、スカート、パンツなどいろいろある。1974～75年ごろ流行した。また、1977年秋冬のパリ・コレクションでも見られた。

オーバーシューズ overshoes

靴の上に履く履き物という意味で、雨天のとき、防水の目的で履く防水布製、またはビニール製、ゴム製の靴をいう。一般に型はブーツ型のものが多い。また防寒用の室内履きもオーバーシューズとよぶ。

オーバースカート overskirt

ドレスやスカートなどをはいた上から重ねて用いるスカートの総称。オーバースカートに含まれる種類は多く、エプロン・スカート、パネル・スカート、チュニック・

スカートなどがある。一般に下のスカートより短めでゆったり作られているのが普通である。ショーツなどの上に着用するスポーツ用や海浜用のものは、逆にスカートのほうが長め。→スカート

オーバー・ステッチ over stitch

縫い目の上にする飾り縫いのこと。たとえば、前立ての押さえミシンの上に、布地と配色のよい別色の刺しゅう糸などでもう一度縫って、アクセントにする方法などがある。

オーバー・ストライプ over stripe

越縞（こしじま）とよばれるように、格子などの地柄の上に太く強い縞を配したものである。

オーバーナイト・ケース overnight case

小旅行用かばん。オーバーナイトとは、1泊の、短期旅行用の、という意味。

オーバーブラウス overblouse

裾をスカートの上に出して着るようにデザインされたブラウスの総称。→ブラウス

オーバル oval

楕円形のこと。美容では、うりざね形や、卵形の顔型のことをいう。

オーバル・ネックライン oval neckline

楕円形（オーバル）のネックライン。ラウンド・ネックライン（round neckline）よりもあきが深く、Uネックライン（U neckline）ともややニュアンスの異なった、微妙な形の襟あきである。→ネックライン

オーバル・ライン oval line

楕円形の、卵形の線をいう。1951年の春に、クリスチャン・ディオールが多く用いた線で、ジャケットなどの裾線、切替え線をカーブさせて楕円形の線を表わしたシルエットをいう。

また、ジャケットのウエストを強くしぼって、胸や裾を張らせ、楕円形のシルエットにしたもの。

オプ・アート
op. art

オプティカル・アート（optical art）の略。視覚芸術。視覚上の錯覚を利用して、ひずみの連続的効果をねらった幾何学的モチーフによる美術。

オーバル・ライン

1963年ごろ、ニューヨークで始まった新しい造形芸術である。まもなくこれが、テキスタイル・デザインに取り入れられて、ゆがみやひずみを加えた幾何学柄が流行した。

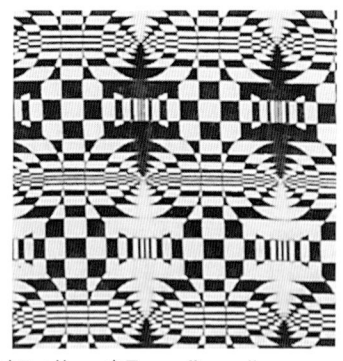

オフィサー・カラー officer collar

スタンド・カラー（stand collar）の一種で、高さは3.5センチ内外、前が突合せになり、かぎホックで留める形式のもの。オフィサーとは、将校、士官のことで、そのような階級の軍人の軍服に用いられるカラーであることから、その名があ

る。→カラー

オフ・ザ・フェース off-the-face

顔から離れていることで、帽子のブリムが上がっているものをいう。町着向きの帽子。また美容の用語としては、髪が顔から離れることを意味し、顔の輪郭をくっきり出した髪型をいう。

オフショルダー・ネックライン off-shoulder neckline

襟あきが、首のつけ根を離れ、肩までを露出したネックラインのこと。イブニング・ドレスなどによく見られるものである。

最近ではカジュアルなタウン・ウエアやリゾート・ウエアにも取り入れられている。

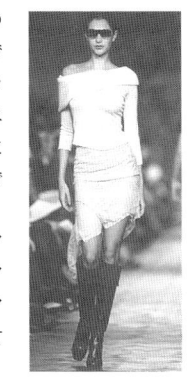

オフ・タートル off turtleneck

オフとは、離れた、の意で、タートルとはタートルネックの日本での略称。つまり、首にぴったりせず、浮きかげんに離れてゆるく立ったとっくり襟のこと。正しくは、オフ・タートルネック。まっすぐ立ったもの以外に、下に垂れ下がったものもあるが、これはロー・タートルネック（low turtleneck）という。

オフ・ネックライン off neckline

首から離れたネックラインのことをいう。抜き衣紋になった襟あきのこと。→ネックライン

オフブラック off-black

黒でない黒。つまり、真っ黒ではなく少しチャーコール・グレーに近い黒のこと。

オフ・ボディ off body

体の線から離れる、という意。服のシルエットがそのような状態になったものをさしていうとき使われる。反対語は、クロース・ツー・ボディ（close to body）。

オフホワイト off-white

白でない白。つまり、純白でなくわずかに色みのある白をいう。

オブリーク oblique

斜めという意味。

オブリーク・ライン oblique line

斜めの線という意味。和服の襟の合わせ方のように斜めになったデザインもこうよぶ。1951年パリのデザイナーたちが斜線を強調したルックを発表して、この名が使われた。スカートに斜めのタックをとったり、前の打合せを斜めにしてほっそりした感じを表現したルックである。

オブロング oblong

長方形の、という意味。横長強調のバッグをオブロング・バッグという。

オープン・カラー open collar

開襟。開き襟。ラベルの部分が身頃から続いたもの。スポーティなシャツやブラウス、ドレスに採用される。とくにこの襟の

ついたシャツを開襟シャツといい、男性のカジュアルなシャツの代表とされる。

オープン・シャツ open shirt
開襟シャツ。スポーツ用ないし夏物用。オープンカラー・シャツの略称。→シャツ

オープン・ファスナー open fastener
下部の金具の操作で、左右が離れるようになっているファスナー。ジャンパーなどの打合せ用として使われる。

オープン・フロント open front
前が開いていることをいう。たとえば、ボレロ、イブニング・ラップ、または燕尾服のように前がボタンなどで打ち合わせず、開いたままのものをいう。

オープン・フロント・スカート open front skirt
前中心があくようになったスカート。多くの場合、ボタン掛けになっている。

オープン・ワーク open work
普通ドロン・ワークとよばれる手芸の方法の一つで、透かし模様になる技法である。→ドロン・ワーク

おめし　御召
御召というのは大奥の御用品という意味だが、いわゆる御召がこうよばれるようになったのは、十一代将軍家斉が好んで、御留め縞としたことにあるといわれる。正しくは御召縮緬で、練り糸を先に染め、緯糸に糊をつけたもの（これを御召緯という）で織った、先染め織物の縮緬である。本来はしぼがある地風だが、平御召も作られ、紬糸を入れた上代御召とか、刺しゅうをしたような感じの繍いとり御召、ウール御召もある。

おもてあみ　表編み
裏編みとともに棒針の最も基本的な編み目で、メリヤス編みともいう。→ぼうばりあみ

おりえり　折り襟
背広襟のように背面から前にかけて折り返った襟の総称。剣襟、へちま襟、刻み襟などがある。

おりかえし　折返し
ズボンの裾や袖口を折り返るように作ったものをいう。

オリジナリティ originality
独創、独創力、創造力という名詞。フランス語ではオリジナリテ（originalité）。

オリジナル original
独創的な、固有の、最初のという形容詞。オリジナル・デザインといえば、デザイナーの創作デザインのことをいう。またオリジナル・デザインによって作られ、それを創作したデザイナー、または衣装店のラベルをつけた服のことをオリジナルと略していうことがある。

おりしろ　折り代
裾や袖口などの折り返る部分、またはその分量をいう。

おりテープ　織りテープ
1センチ前後の幅に織られたテープのこと。裂きテープに対して使われる。洋服の内部付属として、伸び止め、いせ込みなどに使われる。

オリーブ olive
オリーブの実に見られる鈍い黄緑色。また、オリーブ・グリーンともいう。

おりもの　織物
織機によって、経糸と緯糸とを組み合わせて平面を構成したもの。また後染めの染め物に対して、先染めした糸で織った和反物などをさす場合もある。
組織は、平織り、斜文織り、繻子織り、畝織り、斜子織り、蜂巣織り、二重織り、

パイル織りなどがある。

　また、織物の種類と用途に応じて、次のような特殊な加工をすることもできる。シルケット加工、クレープ加工、透明加工、モアレ加工、プリーツ加工、パーマネントプレス加工など。

オールインワン　all-in-one

　ブラジャーとガードル、またはブラジャーとコルセットがいっしょになったものをいう。パンティがついているものもある。→コースレット

オールオーバー・プリント　all-over print

　全面プリント。全体に柄がびっしりとプリントされたものをいう。

オールオーバー・レース　all-over lace

　模様が部分的でなく、布地の全面を連続的に覆っている機械レース地。

オール・シーズン・コート　all season coat

　四季を通じ、雨天、晴天を問わずに着られるコート。裏地が取りはずしできるようになっていて、気候により、厚地ウールや毛皮の裏をつけるようになっているものが多い。

オルターネート・ストライプ　alternate stripe

　オルターネートは〝交互の〟という意味。異なった2種の糸が交互に通っているストライプのこと。→ストライプ

オールド・ファッション　old-fashioned

　古い流行、流行遅れ、旧式の、という意味。外国では、オールド・ファッションドというように形容詞として使われるが、ドレスやマナーが、旧式である場合に主として使われる。

オールド・ローズ　old rose

　しおれた薔薇の色のこと。柔らかな、菫色がかった暗い退紅色。

オレンジ　orange

　橙のこと。橙色のこともいう。

オンス　ounce

　重さの単位。1オンスは28.4グラム弱で、16分の1ポンドが1オンスにあたる。つまり16オンスが1ポンドである。略記号は oz。

オンブレ・ストライプ　ombré stripe

　オンブレとは、フランス語で、陰影のあるとか、濃淡のある、という意。これは、1本の縞がしだいにかすれ、そのくり返しになった縞をいう。かすれ縞。ぼかし縞。なお、1本の太い縞の次に、より細い縞を配し、次々としだいに細くして変化をつけたものもある。

オンライン・ショッピング　on-line shopping

　サイバー（電脳）・メディア、ネット化社会のなかで注目される、インターネットによるファッション・ビジネスの展開方法。2002年には6000万人のアメリカの消費者がオンライン・ショッピングにかかわると推測される。ハイ・テクの進展とともに、クリック商法がますます注目される。

かいき　甲斐絹

経糸(たていと)、緯糸(よこいと)とも練り糸（石けん、ソーダなどの溶液で煮沸、柔らかくした絹糸）を用いた平織物。光沢があってすべりがよく、摩擦すると絹鳴りを発する。裏地、夜具地などとして使われる。江戸時代に甲斐（現在の山梨県）で織られはじめたことから、この名がつけられたという説もある。

かいきんシャツ　開襟シャツ

オープン・シャツと同じ。→オープン・シャツ

かいとうめん　海島綿

英語のシー・アイランド・コットン（sea island cotton）の訳語。西インド諸島原産の高級綿。細くて繊維が長く、太さにむらが少なく絹のような光沢がある。細番手使いの高級織物に使われる。素材の高級化志向に伴い、最近脚光を浴びている綿である。

ガウチョ・パンツ　gaucho pants

ガウチョとは〝南米のカウボーイ〟という意味で、彼らがはいているようなズボンのことをいう。特徴としては、幅広で丈がふくらはぎの中央くらい、つまり、ミディ丈になっていることである。したがって、ガウチョ・パンツのことを、ミディ・パンツということもある。

なお、この種の短いズボンのことをさして、フランスではパンタクール（panta-court）

とよんでいる。

カウチン・セーター　Cowichan sweater

ざっくりしたセーターで、白またはグレーの地に黒の幾何学模様を編み込んだ点が特徴である。

元来は紀元前、バンクーバー島のカウチン族が作っていたもの。1940年代の終わりごろから、1950年代初めにかけて流行した。リバイバルは1970年代の初め。その後、セーターの一種として定着している。

ガウチョ・パンツ

カウボーイ・シャツ　cowboy shirt

スポーティなシャツの一種で、長袖でカフスつき、胸に2つのポケットがつき、胸ヨーク切替え、そして後ろには中央にプリーツが入れられ、背ヨークはプリーツ止まりの部分でとがった形になっている。素材はデニム、ツイル、ギャバジンなど。もと、アメリカ西部のカウボーイが着ていたのでこの名がある。そのため、別名をウエスタン・シャツ（Western shirt）ともいう。

カウボーイ・ハット　cowboy hat

カウボーイが、日よけ、雨よけのためにかぶる帽子。クラウンが高く、ブリムの両横が軽く巻き上がっている。クラウンの部分に10ガロンの水が入るということから、テンガロン・ハット（ten-gallon hat）ともよばれる。

カウボーイ・ブーツ　cowboy boots

ふくらはぎの中央くらいの中長のブーツで、表面に彫刻や型押しで柄があったり、

革のアップリケなどの装飾性のあるものをいう。元来、アメリカ西部のカウボーイによって履かれたのでこの名がある。別名をウエスタン・ブーツともいう。

カウル・ネック　cowl neck

カウルとは、フードつきの僧衣とか、そのフードのこと。フードを下に垂らしたときドレープ状のしわが出るが、そのような感じの襟をいう。普通、布地ではバイアス裁ちにされ、前だけに垂れ下がったもの、後ろだけのもの、前後全体に下がったものがある。→ネックライン

ガウン　gown

日本では、部屋着、寝巻きをさす。法官、大学教授、聖職者などの儀式用の衣服もガウンということから、上からはおって着るものの総称にも使われる。

かえしぬい　返し縫い

縫い目がほつれないように、あるいは縫い目を丈夫にするために、一度縫った箇所を、もとの縫い目をたどってもう一度縫うテクニック。一部だけ戻る半返しと、完全に往復する本返しとがある。また、ミシン縫いの場合に、縫い始めと縫い終わりを二度縫いすることもいう。

かえしばり　返し針

返し縫いのこと。

かえり　返り

ラペルのこと。テーラード・カラーやリーファー・カラーの、刻みから下、つまり、身頃から折り返った部分をいう。こういった襟の場合、刻みから上のみを、カラーとよぶ。男子服の用語。

かえりあな　返り穴

ラペル・ホールのこと。テーラード・カラーなどのラペルの部分につけられた飾りボタン穴をいう。眠り穴といって、穴のあいていない、見せかけだけのものもある。

かえりざし　返り刺し

テーラード・カラーなどを作製する際に、表地と芯をよくなじませ、さらにラペル（返り）がきれいに返るように、芯地側からハ刺しをすること。

かえるまた　蛙股

男児ブルーマー、ズボンなどの前中央に、用足しのためのあきを作ったもの。8センチぐらい縫い残し、下前に半月形の持出しをつける。

かがくせんい　化学繊維

天然繊維に対する、人造繊維の総称。人工的に製造する繊維の名称として、かつては、アーティフィシャル・ファイバー（artificial fiber）の訳語として、人造繊維ということばが使われていたが、のちに、ケミカル・ファイバー（chemical fiber）の訳語である、このことばが採用されるようになった。

化学繊維は、天然の物質を繊維の形にした再生繊維と、人工的に合成した物質から作られた合成繊維、天然の物質に、合成した物質を化合させた半合成繊維、および、無機材料でできている無機繊維の4種に大きく分類される。

人工的に繊維を作り出そうという構想は、すでに17世紀中ごろから始まっていたが、それが実現したのは、1846年、ドイツでのことであった。シェーンバイン（Christian Friedrich Schönbein）が、木綿を硝化して、硝酸セルロース（人絹の原料）を得ることに成功したのである。それを製品化したのは、フランスのシャルドンネ伯爵（Comte Hilaaire de Chardonnet）で、1889年のパリの大博覧会に出品、1891年には日産50キログラ

ムの工場を建てた。これが最初の化学繊維である。以後、キュプラ、ビスコース・レーヨン、アセテート法人造絹糸が、実用化された。これらは、第一次世界大戦中は、ステープル・ファイバー（スフ）として、木綿やウールの代用品にまで利用された。

以上はいずれも再生繊維であるが、合成繊維が初めて作られたのは、1931年のことである。ドイツで発明された、ポリ塩化ビニール繊維が、世界初の合成繊維となったのである。1935年には、アメリカでナイロンが発明され、これは絹やウールの代わり（ウーリー・ナイロン）までつとめるようになり、合成繊維の将来を決定的なものにした。

以後、さまざまな化学繊維が作られ、今日に至っている。

かがゆうぜん　加賀友禅

石川県金沢を中心に染められる友禅模様のことで、手描き友禅。加賀百万石の城下町であったこの地方では、染色にも優れたものが残されているが、加賀友禅の誕生については謎が多く、一説には京友禅をまねて、藩主が奨励して染めさせたとか、京友禅の祖といわれる宮崎友禅がこの地に来たなどといわれているが、はっきりしない。京友禅との差は、ほとんどが絵羽模様で、花びらは一枚一枚がたんねんに描かれ、独特な色の組合せであるとか、ぼかしの手法で、水彩画を見るように手のこんだものが多いことなどである。

かがる

布地がほつれないよう、糸を同じ方向にかけてゆくこと。裁ち目かがり、穴かがりなど。

カーキ　khaki

黄緑を含んだ茶褐色。陸軍の軍服などに用いられることの多い色である。カーキとは、ヒンディー語で〝ほこりのような〟という意味。

かぎばりあみ　鉤針編み

かぎ針（レース糸、毛糸、細いひもなどを編むのに用いる、先がかぎ形になった編み針）で1本の糸を引っかけながら編む手芸のこと。

かくしじつけ　隠し鎌

折りきせのくずれを防ぐために、裏から縫い代を押さえて縫い、表に小さな針目を出す。和裁で使う。

カクテル・ドレス　cocktail dress

夕方から夜にかけて開かれるカクテル・パーティに着るドレス。イブニング・ドレスよりは略式だが、やはりドレッシーな雰囲気をもつものである。

丈は普通のドレス丈が一般であるが、イブニングのように床までの長さのものもある。

カクテル・バッグ　cocktail bag

カクテル・パーティなどの改まった席に出席するときなどに用いるバッグ。日常使うものより優雅でソフトな感じが特徴である。形は小ぶりのものが多い。→バッグ

カグール　cagoule（仏）

たっぷりしたタートルネックをフード式にかぶれるようにしたセーターのこと。元来はフードつきの半円形のケープで、11～13世紀のフランスの農民が着用したものをいった。

かけはぎ　掛け接ぎ

布と布とを突合せにし、両方の布の厚みの中間をすくって、縫い目が表に出ないようにはぎ合わせるテクニックのこと。

厚地の布のはぎ合せや、補強、繕いなどに用いられる。

かげひだ　陰ひだ

プリーツの、表から見えない部分のこと。

カグール

かざりあな　飾り穴

穴のあいていない、見せかけのボタンホールのこと。眠り穴ともいう。

かざりミシン　飾りミシン

装飾のために、布の表面からかけたミシンのステッチ。

カシミヤ　cashmere

インドのカシミール地方に産するヤギの毛で織った、綾織りの紡毛織物。絹のような柔らかい感触と光沢をもち、保温性に富んだ高級織物である。カシミールヤギは産出量が少ないため、メリノ羊毛を混紡したものも多く作られている。用途は、ドレス、スーツ、コート、セーター、ショールなど。

カジュアル・ウエア　casual wear

カジュアルは、自由とか、気まま、という意味で、カジュアル・ウエアはくつろいだ気楽な普段着をさす。

一般に、スポーツウエアやレジャー・ウエアと大きな差はなく、スポーティなくだけたデザインのジャケットやコートなどで、材質も軽いフラノ、ジャージー、ニットなどが使用される。

カジュアル・ジャケット　casual jacket

くつろいだ雰囲気のある、デザインや材質がくだけた感じのジャケットの総称。

カシュ・クール　cache-coeur（仏）

カシュは隠す、クールは心臓のことで、胸かくしの意味。前で交差させて、胸を隠して巻きつけるトップの一種。フランス革命後にはやった胸で交差させたコットンや絹のスカーフ、バレリーナの練習着として着られるジャージーやニットのものなどがある。ボディにぴったりと巻きつけることから、ボディ・コンシャスなデザインに使われる。

カシュ・プーシエール　cache-poussiere（仏）

カシュは隠す、プーシエールはほこり。ほこりよけという意味でほこりを防ぐために全身を包む長いコートのこと。英語ではダスター・コートまたはダスター。19世紀末から20世紀初頭、自動車が普及しはじめたころ、服をほこりから守るため上に着るものとして登場。男女兼用。最近はオーガンジーやチュールの極薄素材まで使われている。

カスケット　casquette（仏）

前びさしつきのキャップ。普通、帽子の山は柔らかく平らになっている。キャスケットともいう。→ぼうし

カスケード　cascade

カスケード、つまり滝のような感じに下げるひだ飾り。ドレスの一部分や襟などに

46 カスタム——かたかみ

つけて飾りとする。1930年ごろ、スカートの裾飾りとして流行した。

カスタムメード custom-made

注文服。顧客のデザイン選択、寸法に応じて作られる服のこと。オーダー・メードともいう。

かすり 絣

経糸（たていと）、または緯糸（よこいと）のところどころを固くくくって染めた糸を用いて、手織りにした柄、またはその織物のこと。

経絣、緯絣、経緯絣、絵絣、紺絣、白絣、井桁絣、矢絣、久留米絣など。仕事着、布地地として古くから親しまれてきた庶民の柄であるが、現在では、日本的な美しさが見直されて、外出着、室内装飾品などにも利用されている。

ガーゼ gaze（独）

経糸緯糸（たていとよこいと）ともに、甘撚りの糸を用いて、粗く織った薄い平織物。木綿や絹のものが一般的である。木綿で、糊抜きしたものは、とくに包帯用として使われるので知られている。英語では、ゴーズ（gauze）である。

ガーター garter

靴下留め用具。ゴム布を輪にしたものやサスペンダー式のものなどがある。ガードルやコルセットについた靴下つりは、ガーター・ソーオンズ（garter sew-ons）という。

ガーターあみ ガーター編み

棒針編みの編み方の一種で、表編みと裏編みが1段ごとに交互にくり返されているもの。表裏がなく、伸縮がきいて、メリヤス編みよりやや厚めに仕上がるのが特徴。→ぼうばりあみ

かたいれ 肩入れ

後ろ身頃と前身頃の肩の部分を縫い合わせるときに、布地をいせたり、伸ばしたりして体型に合わせる、洋裁上の技法。

かたいれ 型入れ

差込みのこと。→さしこみ

かたうら 肩裏

服の肩の部分にだけつけられる裏地。後ろは背中心の部分が8センチぐらい、袖つけの部分はアームホールの半ばよりやや下くらいまで、前身頃はウエスト位置くらいまでの範囲につけるのが普通。この仕立ては、レーンコートや、夏用の上着に用いられる。

かたがえし 片返し

縫い代を全部片方に倒すこと。

かたがみ 型紙

洋服を製作する際に、デザインに従って紙を切り抜き、布地裁断のための手がかりとするもの。原型が単に人体の平面展開図であるのに対し、型紙は、それぞれのデザインの特徴、およびゆとり分を加えたものである。

かたがみそうさ 型紙操作

標準体型用の型紙を、各人の体型に合わせて作り直す操作。大量生産の既製服のための型紙操作のことは、グレーディング

(grading) という。→グレーディング

かただい　肩台

ショルダー・パッドのこと。肩線の補正や強調のために、服の肩の部分に入れる、綿やフェルトの詰め物である。

かたダーツ　肩ダーツ

肩の部分に入れるダーツのこと。肩から胸へ向かっての自然なふくらみを出すために前身頃に入れるものと、背中の肩甲骨のふくらみを出すために後ろ身頃に入れるものとがある。英語ではショルダー・ダーツ（shoulder dart）。

かたたまぶち　片玉縁

玉縁の一種で、布の裁ち目に別布をつけて細い縁をとったものであるが、両方にとらず片方だけにとったものをいう。ポケット口などに適用される。なお、両方にとったものは両玉縁という。→たまぶち

かたはば　肩幅

横の首のつけ根（ネック・ポイント）から、肩先までの寸法。左右の肩先を結んだ寸法は背肩幅という。

かたはぶたえ　片羽二重

羽二重の一種で、経糸には生糸1本を用い、緯糸には2、3本の撚りをかけない糸を用いて織った羽二重。

ガーター・ベルト　garter belt

ウエストラインから、腰の半ばくらいまでがバンド状になり、その下に靴下つりのついたファンデーション。バンドの部分に、スパンデックスなど伸縮性のあるものを用いることもあるが、着用の主目的は、体型を整えることよりも、靴下を留めることにある。

かたまえ　片前

シングル・ブレストのこと。ボタンが一列についている打合い。両前（ダブル）に対していう。

カタンいと　カタン糸

ミシン用の木綿糸。でんぷんや、ろう質の糊の中を通してあるので、表面がなめらかで、太さも一定である。このため、ミシンに使っても目飛びや糸切れがしないようにできている。〝カタン〟は、英語のコットンがなまったものといわれる。

カーチーフ　kerchief

四角の大きな布。柄物で、首に巻きつけたり、頭にかぶったりするようなものをいう。ハンカチーフ、ネッカチーフという語は、それぞれ、手に持ったり、首に巻いたりするカーチーフという意味である。

カッシュ・モレ　cache-mollet（仏）

カッシュとは〝隠す〟、モレは〝ふくらはぎ〟。つまり、ふくらはぎを隠すくらいの着丈をいう。ちなみに、ミモレ（mi-mollet）とは、ふくらはぎ中央の丈を表わす語で、カッシュ・モレのほうが長い。英語では、ビロー・ザ・カーフ（below the calf）。→ミモレ

カッター　cutter

裁断師。既製服製作の場合は、型紙によって布地を裁断することだけがその仕事であるが、注文服の場合には、型紙操作から、ボディ上での布のドレーピングまでを行なう。

カッタウエー　cutaway

上着やコートの裾線を、ウエストラインあたりから後ろへ向かって、弧線や斜線に切ったデザイン。モーニング・コートや乗馬服に見られ、アメリカでは、モーニング・コートの意味で使われる語である。

カッタウエー・コート　cutaway coat

前裾から後ろへかけての部分が斜めにカットされているコートの総称。男子服の場

カッター——かつらき

合はモーニング・コートがこれにあたり、婦人服の場合は、ウエストラインあたりから裾へかけてカーブを描いてカットされているコートをいう。

カッター・シャツ

カラーとカフスが、取りはずし形式でなく、身頃についているシャツ。いわゆるワイ・シャツのこと。

元来、シャツのカラー、カフスは取りはずし自由のものであって、身頃についたものは、スポーツ・シャツとして用いられており、これが一般に着用されるようになったのは、第二次大戦後のことである。

カッター・シャツという語は、大正時代にカッター・ボートの選手がこれを着ていたことからつけられた、日本独特の呼称である。

カッター・シューズ cutter shoes

ごく低いヒールで、パンプス型の婦人靴。カッター・ボートに似た形のところから、この名前がついたもので、散歩、通勤、通学などに気軽に履ける歩きやすい靴である。

カッティング cutting

型紙に合わせて布地を裁断すること。「カッティングがいい」というのは、うまい裁断によって、服全体が上手に仕立てられていることをいう。

カッティング・テーブル cutting table

裁断台。長さが2メートルから6メートルぐらい、幅が95センチくらいある大きいテーブルである。

カッティング・ルーム cutting room

裁断室のこと。

カット cut

切る、裁断の意味であるが、カッティングのことを俗にカットということもある。袖口や、裾の切込みのこともいう。

カットアウト cut-out

くり抜き。服のある部分をくり抜いたデザインをさしていうことば。

カット・アンド・ソー cut and sew

ニット地やジャージーなどを使って裁断し、縫製した服、またはその技術をいう。カットソー。

カットオフ・パンツ cut-off pants

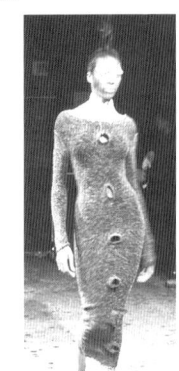

裾を切り取ったような短めの丈のパンツ。1980年代に入って流行線上に浮かび上がった。全体にゆとりがあり、短いものではふくらはぎの中央丈、流行によってそれより下までの丈になっている。一般的には八分丈のものをいう。別名をクロップト・パンツという。

カット・ワーク cut work

切抜き刺しゅうのこと。布地に刺しゅうをほどこし、その模様の中を切り抜いて、レース状にする手芸。

かつらぎ 葛城

傾斜の急な畝が表面に現われた厚手の綾織り綿布。

丈夫でスポーティな感覚をもっているため、軍服や作業着に使われるほか、スポーツウエアにも向く素材である。漂白した

ものを白葛城、カーキに染めたものを茶葛城という。

カーディガン cardigan

襟なしで前あきのジャケット。クリミア戦争で活躍したイギリスのカーディガン伯爵が、この型のジャケットを着たことからつけられた呼称である。元来は、男子用部屋着であったが、現在では、スポーティな上着として、男女を問わず着られている。わが国では、ニットのカーディガン、つまりカーディガン・セーターのことを略して、カーディガンとよぶこともある。

カーディガン・スーツ cardigan suit

V字か、U字形のネックラインをもち、前ボタン掛けのカーディガン風の上着と、共布のスカートをセットにした服で、あまりぴったりせず、気楽に着られるスーツ。→スーツ

カーディガン・ドレス cardigan dress

カーディガンの特徴を生かした、VかU字形などの襟あきで、前あき、ボタン掛けの着やすいワンピース。

カーディガン・ネック cardigan neckline

カーディガン・ネックライン。カーディガンに見られるような、ラウンド・ネック、またはVネックで、前中心のあきが突合せ、またはシングル・ブレストのボタン掛けになったもの。→ネックライン

ガードル girdle

腹部から腰部へかけての体型を整えるファンデーションの一種。同様の目的をもつコルセットのように体を固定することなく、伸縮性のある素材（スパンデックスなど）が使われているのが特徴。筒形でなく、パンティ式になった、パンティ・ガードルもある。

かなきん 金巾

天竺よりも薄い平織りの広幅綿布で、裏地、ゴムびき地、足袋底地、更紗染め地などに用いられる。

カナディエンヌ canadienne（仏）

〝カナダの女性〟という意。ヒップ丈の両前ベルト締めのコートのこと。特徴としては襟やカフスに毛皮を用いてあること。1940年代にパリで流行し、その後もスポーティなショート・コートとして一般化している。起こりはカナダの兵隊が用いたコートから。

ガーネット garnet

石榴石の意で、その石に見られる深い色調の赤をいう。

かのこあみ 鹿の子編み

棒針編みの編み方の一種で、表編みと裏編みを1目ずつ交互にくり返して、鹿の子斑のような模様を作る方法。→ぼうばりあみ

かのこしぼり 鹿の子絞り

絞り染めの一種で、絹布または綿布に、鹿の子の斑のような感じに、小さな丸形の絞りを染め出したもの。

ただし一般に鹿の子絞りといわれているのは、匹田絞りのことで、鹿の子よりやや大きな四角形に絞ったもののこと。

カノチエ canotier（仏）

カンカン帽のことで、直線的なブリムをもち、クラウンは平らになっている。もともとはボートの選手がかぶっていたところからヒントを得ている。→ぼうし

カバーアップ cover-up

水着の上から着るビーチ・ウエアの一種。

カバーナ・セット cabana set

男子や少年用の海水パンツとスポーツ・ジャケットの一そろい。同素材または色や柄をそろえてある点が特徴である。

カバーナは、もとはスペイン語でカバーニャ（cabaña）といい、海浜などのバンガロー風の家のことをいう。

カフ cuff

洋服の袖口につけられたバンド状の部分。普通、両袖にあるので、複数にしてカ

カフの種類

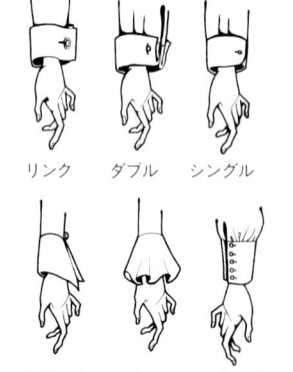

リンク　ダブル　シングル

ウイング　サーキュラー　ボタンド

フスという。また、スラックスの裾の折返しの部分や、手袋の袖も、カフスとよぶ。

カーフ calf

生後10か月ぐらいの子牛の革。柔らかく、落ち着いた光沢があり、衣料、バッグ、靴の甲革などに用いられる。カーフスキン。

カフェ・オ・レ café au lait（仏）

牛乳入りコーヒーの意で、それに似た薄い茶色。

カフタン caftan, kaftan

元来はモロッコや近東、中東の人々が着た床上丈のゆったりした衣服で、襟あきの中央にスリットが入れられ、襟回りの部分に刺しゅうがほどこされ、袖は手首へいくにつれて広がった長袖である。語源はトルコ語やペルシア語のガフタン（gaftan）から。

カフド・スリーブ cuffed sleeve

カフスつきの袖。

カーブド・ヨーク curved yoke

切替えが曲線になったヨーク。→ヨーク

カフ・ボタン cuff button

カフスにつける取りはずしのできる飾りボタン。カフ・リンクスともいう。

カーブ・メジャー curved measure

全体を湾曲させたメジャー。曲線定規のこと。曲線部分の製図に使われる。カーブ尺、なまこ尺ともいう。

カフ・リンクス cuff links

カフ・ボタンのこと。

カーマイン carmine

洋紅色。少し紫がかった透明感のある紅色のこと。

カマーバンド cummerbund

タキシードの下に、チョッキ代わりに用いる腰帯。飾り帯。腹帯。色や素材は、ボ

ー・タイとそろえることが多い。これに似た腰帯を婦人が着用することもある。

かまぶか　鎌深

後ろ襟ぐりの中央から、胸囲線までの寸法。男子服の用語。

かみどうせん　上胴線

男子服の採寸の際にはかる胸囲線のことをいう。

カムフラージュ　camouflage（仏）

変装、偽装の意味であるが、服飾上では、デザインや裁断によって、着る人の体型上の欠点をカバーすることを、〝カムフラージュする〟という。

カムフラージュ・プリント　camouflage print

迷彩プリント。兵隊が野戦で擬装するために、自然に溶け込むような迷彩の服を着るが、それに似たプリントのこと。

カメオ　cameo

イタリアの貝殻を利用して浮き彫りにした婦人用アクセサリーで、ブローチ、指輪、ペンダントなど。婦人像や花柄が代表的である。

ガーメント　garment

衣類（とくに布地を用いたもの）の総称。今日では文語的なことばで、単数の場合には外衣、複数の場合には、衣服一般をさす。

カラー　collar

洋服の襟の総称。別布でネックラインに縫いつけるもの、身頃から裁ち出したもの、取りはずしのできるものなどがある。

古代エジプト時代より、装身具の一つとしてさまざまに発達し、中世になって防寒の目的のカラーも現われた。（図は次ページ）

からアイロン　空アイロン

霧を吹いたり蒸気アイロンを使ったりしないアイロンのかけ方をいう。水分のしみを嫌う絹物などのアイロンがけなどに適用される。

からくさ　唐草

蔓草（つるくさ）のからみ合う状態を組み合わせて図案化したもの。唐草の〝唐〟は渡来した舶来品をさす日本的な慣用語で、唐草という植物は存在しない。唐草はギリシアの西洋的写実的唐草と、ペルシア中心の東洋的抽象的アラベスクの２つのスタイルに分かれる。

からげる

裁ち目が、ほつれないようにしろも（木綿しつけ糸）などで斜めにかがること。

カラコ　caraco（仏）

もとは18世紀半ばから婦人服として流行したももまでの丈の上着で、体にフィットし、裾はペプラムになったものをいう。1969年、イブ・サンローランがロートレックの絵からヒントを得てコレクションで発表した。丈はヒップまでのもので、それ以来一般化した。

また、フランスの田舎で宗教服として着られる、ヒップ丈のフィットした、しばしば袖なしの上着のこともいう。

カラー・コンビネーション　color combination

配色のこと。

カラー・サークル　color circle

色相環（略して色環ともいう）のこと。

カラーの種類

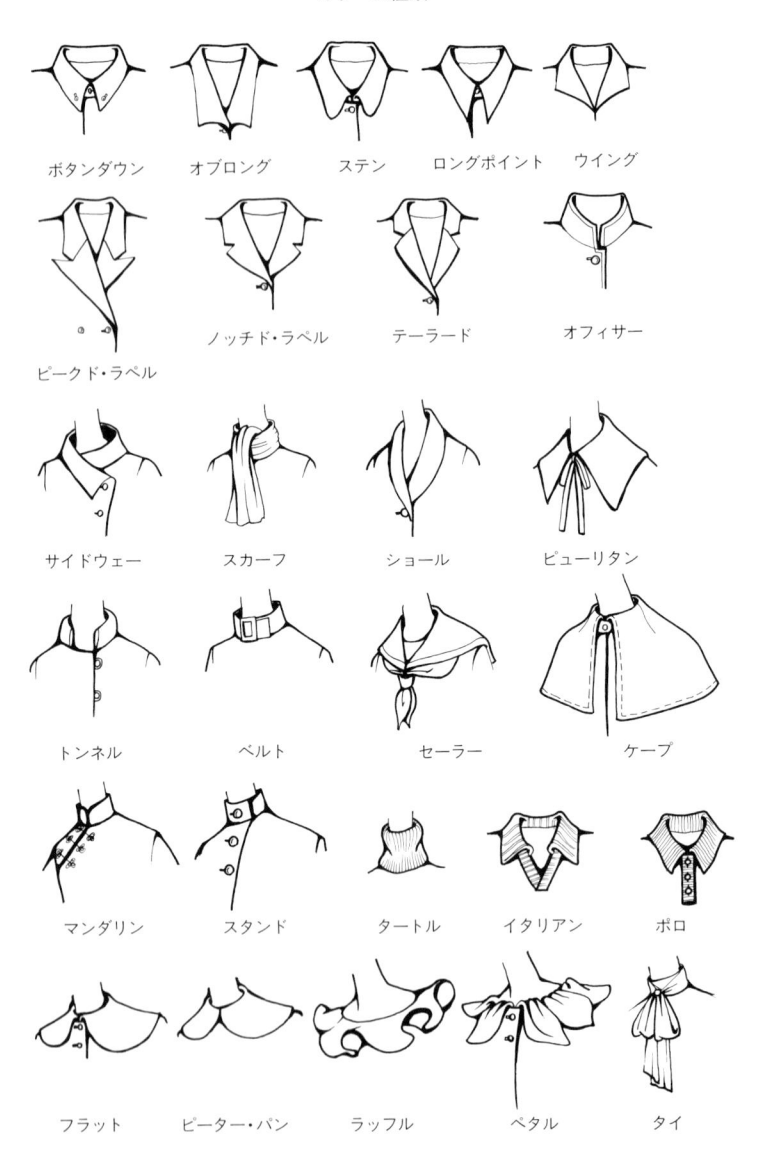

ボタンダウン	オブロング	ステン	ロングポイント	ウイング
ピークド・ラペル	ノッチド・ラペル	テーラード	オフィサー	
サイドウェー	スカーフ	ショール	ピューリタン	
トンネル	ベルト	セーラー	ケープ	
マンダリン	スタンド	タートル	イタリアン	ポロ
フラット	ピーター・パン	ラッフル	ペタル	タイ

色相の隣り合ったどうしをその中間色でつなげてゆくと一連の環を作ることができるが、その色環のこと。→しきかん

カラー・スキーム color scheme

色彩設計。服飾上では、一つの服装を美しく見せるために、色の調和を考えることをいう。

カラー・ハーモニー color harmony

色彩調和。配色が生み出す色の全体的な調和をいう。具体的な例としては、同系色の濃淡によるカラー・ハーモニーや、反対色の配色によるカラー・ハーモニーなどがある。

からみおり 搦み織り

緯糸1本、または数本織るごとに、経糸の位置を左右に転換し、緯糸を経糸でからめるように織った織物の総称。透かし目ができて通気性に富む、夏向きの布地である。絽や紗など。綟り織り、ともいう。英語では、ゴーズ・ファブリック（gauze fabric）。

カラーレス collarless

襟のないという意味。襟のないドレスのことを、カラーレス・ドレスというように使う。

かりぬい 仮縫い

衣服を仕立てるうえの一工程で、本縫いの前に、でき上がりと同じように、しつけ糸で仮に縫うこと。さらにそれを着せつけてみることも、広義の仮縫いに含まれる。この仮縫いによって、体型に合わせた補正や、デザインの修正などが行なわれるのである。

カルゼ kersey

イギリス原産のチェビオット羊毛、あるいは雑種羊毛から紡出した紡毛糸を使い、密な斜文織りの毛織物。けばのため、地の綾は隠れていて、表面には強い光沢があるのが特徴。

ウールのほか、綿や化学繊維のものもある。カルゼという名称は、これを織りはじめたイギリスのサッフォーク州の毛織物都市の名カージー（Kersey）がなまったものといわれる。正しくはカージー。婦人服地として、安価で広く利用されている。

カルソン caleçon（仏）

もとは薄手の白リネンで作られたボディと脚部の男物の下着であった。婦人の乗馬服としてとくに使用されるようになったのは17世紀ごろから。1820年には少女用のものが主で、婦人用に一般化されたのは1830年以降。現在はタイツやスリム・パンツとして着こなしの重要アイテムとなった。下着のアウター・ウエア化の代表として、トップにカルソンだけのスタイルは、カジュアルな町着にまで発展しつつある。

カレッジ・スタイル college style

カレッジ（単科大学）の学生の服装のようなスタイル。スポーティで若々しく、知的な感じのする装いである。男子服の場合は、いわゆるアイビー・ルックがその代表的なものであり、婦人服の場合は、ブレザーとプリーツ・スカートとか、シャツ・ブラウスに、タータン・チェックのスカートといった組合せが、これにあたる。

カンガルー・ポケット kangaroo pocket

カンガルーの腹袋に似た大きなポケット。衣服の前中心につけられる点が特徴で

ある。ポケット口は左右にある。主としてスポーティなジャンパーやパーカ、ワンピースなどにつけられる。

カンカン・ドレス cancan dress

19世紀末にフランスでカンカン踊りのダンサーたちが着たドレス。バスク調胴衣でぴったりと締め、スカートには何枚ものひだ飾りの重なったペチコートをつけ、大きくスカートをふくらませてある。

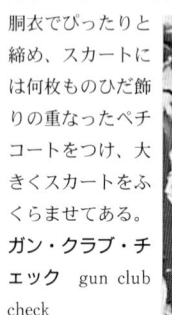

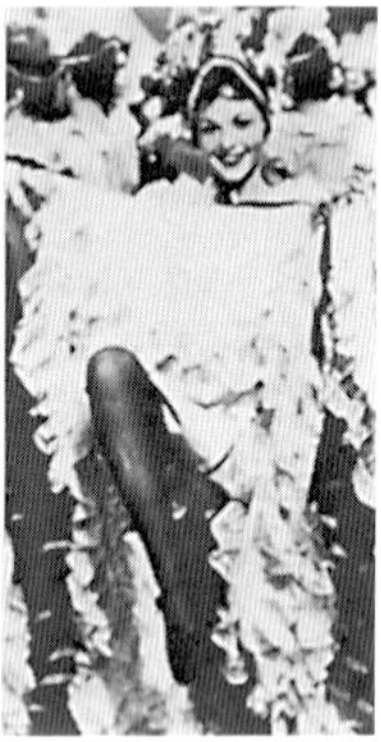

ガン・クラブ・チェック gun club check

二重の弁慶格子。1874年アメリカ猟銃クラブが専用の格子として指定したところから、この名前がつけられたといわれる。クラブ・チェックともいう。弁慶縞の1本おきにほかの色の弁慶縞を配した格子で、地織りは綾織りが多い。マニッシュ感覚のスーツなどによく使われる。

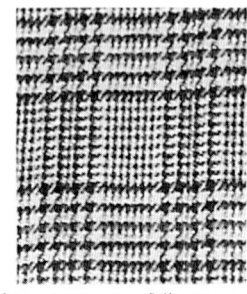

かんしょく 寒色

見た目に涼しさや冷たさを感じさせる色の総称。色相環上の青緑から青紫までの間にある色がこれにあたる。

かんどう 間道

古い縞織物の呼び方の一つ。広東、漢島、漢渡、漢唐などとも書かれる。

名称は数多くあり、代表的なものでも、吉野間道、太子間道、船越間道、鎌倉間道、鶴岡間道、日野間道、青木間道などがあげられる。

カントリー・ウエア country wear

田舎や郊外で着る服の総称。タウン・ウエア、つまり町着と対比して使われる語。旅行や散歩、また避暑地などで着用するのにふさわしいスポーティな服がこれにあたる。

ガントレット gauntlet

手袋の一種で、手首のところが広がっているドレッシーな型で、なかには肘まで覆う長いものもある。

カントン・クレープ Canton crepe

広東縮緬の原地のものに似た絹布。もちがよくて洗濯のきく丈夫な生地である。クレープ・デシンより厚地で上等。

かんぬきどめ 閂止め

止めの一種で、あき止まりや、ズボンのポケット口の上下などに丈夫にするために行なう。

ガン・パッチ gun patch

ガンとは〝銃〟のことで、パッチは〝つぎはぎ〟。ハンティング・ジャケット（狩

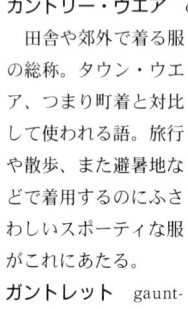

猟用の上着)の右肩につけられた銃尾を支えるための当て布をいう。素材は多くの場合、革が使われる。

かんれいしゃ　寒冷紗

織り目の粗い平織り木綿で、濃い糊づけをしてかたく仕上げたもの。一見、麻のように見える。造花材料や室内装飾用のほか、芯地としても用いられる。ビクトリア・ローン（Victoria lawn）ともいう。

キ

きがた　木型

靴を作るときに使う木製の原型。また、靴の形がくずれるのを防ぐために、靴の中に入れておく道具のこともいう。

きくかがり　菊かがり

ドロン・ワークのステッチの一種で、格子状に糸を抜き、その一つ一つの格子の中心から放射状に糸をかけて、菊の花のような形を作る技法のこと。

きざみえり　刻み襟

折り襟の部分に、V字形の刻み目の入った襟の総称。英語では、ノッチド・ラペル（notched lapel）という。これを並襟ということもある。また下襟がとがったものは剣襟（ピークド・ラペル）。

きじゃく　着尺

和服の長着1着分の長さで、36センチ幅で11.4メートル。羽織分は羽尺という。

きせ　被せ

縫い目を割らずに、縫い目より少し奥に折り山をつけて一方へ縫い代を折ること。きちんとした、折り目正しい仕立てに仕上げるのが、その主な目的である。主として和裁の技法である。

きそぬい　基礎縫い

衣服を作るうえで必要な基礎となる縫い方。手縫いのぐし縫い、かがり、まつり、ボタンつけ、ミシンでは直線縫い、曲線縫い、袋縫いなどがある。

きたけ　着丈

洋服の場合は、後ろの襟ぐり中心から、裾までの長さをいう。スカートでは、床上がり何センチというように、下からはかった長さをいう場合もある。

和服の場合は、後ろ中央の襟つけの位置から、着つけてからのきものの裾までが、着丈である。

キッカー・ブーツ　kicker boots

キックボールの選手が履く、足首までの長さのズック製ブーツ。カジュアルな靴として流行している。

キック・プリーツ　kick pleat

タイト・スカートのような細いスカートを歩きやすくするため、前中心裾に入れられたプリーツ。歩くときに蹴る（キック）という意味でつけられた名称である。

きっこう　亀甲

亀の甲羅のような模様の名称。連続してつながったものは〝亀甲つなぎ〟とよぶ。

キッチュ　kitsch（独）

俗悪な、安っぽい、という意。わざと安っぽいおしゃれをすることをいう。

キッチン・クロス　kitchen cloth

台所の布地、の意味。台所にある布地、たとえばナプキン、皿洗いのふきん（ディッシュ・ウォッシュ・クロス ＝ dish wash cloth）、食卓のテーブル・クロス、カーテン地、いす張り地などを使って服を作ることが、1977年ごろに流行したが、

それらの布地をさしていうとき使われたことば。

キッド kid

子ヤギの革。薄く、しなやかで、きめの細かい高級品。上等な靴の甲革や、手袋に使われる。

キップ kip

生後10〜18か月の若い牛、または馬の革。牛の場合、カーフよりやや肉厚で、光沢も少ない。用途は男子靴やかばん。

きなり 生成り

白くさらしていない、天然繊維に見られる自然の色。ごく淡い白に近い褐色。フランス語では、エクリュー（écru）という。これを英語ではエクルーと読む。わが国では色彩用語としてはフランス語読みのほうを使う場合が多い。→エクリュー

きはちじょう 黄八丈

東京都下八丈島で織られる黄色地の、縞、格子の織物。平織りと畝織りの2種類があり、染料は島の植物である刈安、まだみ（楢の八丈島での方言）などを使用する。薄手で光沢があることが特徴。

ギピュール guipure（仏）

ヘビー・レースの一種。絹糸で巻いたコードをギプ（guipe）といい、本来ギプで作られた浮き彫り風の模様レースのこと。通常、基布がなく、模様と模様をつなぎ合わせたレースの一種で、厚手で大柄模様が特徴。

ギブソン・ガール・スタイル Gibson girl style

1890年代にアメリカで流行した婦人服のスタイル。当時活躍した挿絵画家、チャールズ・ダナ・ギブソンの描いた女性の服装に見られるため、この名がある。上半身は体にフィットし、ハイ・ネックで、襟もとにはボーを結び、袖は袖山にタックをとったパフ・スリーブ、スカートは後ろに少しトレーンをひいた釣鐘形というのがその特徴である。

キーホール・ネックライン keyhole neckline

ラウンド・ネックの中央に、やや大きめな丸形や三角形の切込みを作ったネックライン。鍵穴（キーホール）のような形なので、この名がある。

キモノ・カラー kimono collar

直線裁ちのきものの襟をもとにデザインされた襟。高田賢三が1982〜83年秋冬プレタ・ポルテ・コレクションで、白や赤、黒の同じ襟を下に重ねてジャケットやコートの襟に使った。ベルトで締めたり、細いひもを先につけて結んでいる。

キモノ・スリーブ kimono sleeve

身頃から続けて袖を裁ち出した、袖つけ線のない袖。肩のあたりの感じが、日本のきものに似ているため、こうよばれている。→スリーブ

ぎゃくこまあみ 逆細編み

正常の細編みとは逆方向から（左から右へ）編んでいく編み方。縁の仕上げや縁飾りによく用いられるもの。

ぎゃくひだ 逆ひだ

インバーテッド・プリーツ（inverted pleat）のこと。→インバーテッド・プリーツ

ぎゃくまつり 逆まつり

裁ち目を玉縁でくるんだ裾や、見返しを

ギャザー gather

布を縫い縮めて、美しいしわを出す洋裁技法、および、そのしわ。

ギャザー・スカート gather skirt

ウエストの部分の布を縫い縮め、ギャザーを寄せたスカート。→スカート

キャスケット casquette（仏）

カスケットのこと。→カスケット

キャップ cap

ブリムがなく、頭にぴったりとついた帽子の総称。前にひさしがついたものも、これに含まれる。→ぼうし

キャップ・スリーブ cap sleeve

ひさしのように、肩先から突き出した短い袖。

キャノチエ canotier（仏）

カンカン帽。→カノチエ

ギャバジン gabardine

畝の角度が45度以上で織られた、目のつんだ綾織物。語源的には、中世のユダヤ人が着た粗末な毛織りの外套のことである。したがって、元来は梳毛織物のものをさしたが、現在では、綿ギャバと俗称される木綿のもののほか、あらゆる繊維のものが作られている。しっかりした織りの丈夫な布地で、コート、スーツ、作業服、スポーツウエアなどに広く用いられる。

キャバン caban（仏）

英語ではピー・ジャケットまたはピー・コート。船員が昔からユニフォームの一種として着ていたもの。ダブル前で開閉のできる先のとがったきざみ襟。袖は二枚袖。ストレートな形で腰が隠れる長さ。紺のメルトンなどで作られている。1962年イヴ・サンローランが初めてモード線上にのせた。

キャプリーヌ capeline（仏）

柔らかく波を打つ幅広のブリムと半球形のクラウンをもつ帽子。→ぼうし

キャミソール camisole

スリップと同型で、ヒップを覆うくらいの丈の婦人用下着。元来はコルセットを隠すのを目的としたが、現在はペチコートと組み合わせて、スリップと同じような目的に用いられる。

キャミソール・ドレス camisole dress

下着のキャミソールの裾を引き伸ばしてワンピースにしたようなスタイルのドレス。肩の部分がつりひもになって肩があらわになっている点が特徴である。主として、リゾート・ウエアに用いられる。

キャメル camel

キャメル、つまり、ラクダの毛を用いた布地のような黄褐色。駱駝色。わが国では、キャメル・ヘアのことを略してキャメルとよぶこともある。

キャメル・ヘア camel hair

中央アジア産のラクダの毛を使って織った、あるいは編んだ布地。わが国では、略してキャメルとよぶこともある。漂白、染色をせずに、そのまま用いることが多いため、ほとんどがラクダの毛そのままの黄褐色、つまり駱駝色である。毛足が長く、光沢があり、軽くて保温性に富むが、生産量が少ないため高価である。用途は、コート

地、毛布、シャツ、セーターなど。

キャリコ calico

金巾(かなきん)の一種で、薄手平織り綿布。本来は、インド産の花鳥模様をプリントした木綿地で、現在でもアメリカでは、プリントのものに限ってキャリコとよぶが、イギリスでは、白無地の薄地平織り綿布を総称して、キャリコという。

わが国では、通称キャラコ、または白金巾といっている。用途は、ホーム・ドレス、エプロン、シャツなど。

ギャルソンヌ garçonne（仏）

少年（ギャルソン）のような女の子の意。1920年代初頭に登場した新しい女性像である。ショート・カットの髪、メンズ・スタイルを取り入れた服、ショート・スカートなどが特徴。そんな格好をギャルソンヌ・ルックという。これを提唱したのはシャネルである。英語ではフラッパー・ルック（flapper look＝おてんば娘ルック）という。

キャロット calotte

布をはぎ合わせて頭にぴったり合わせた、ブリムのない椀(わん)形の小さい帽子。元来は聖職者用だが、現在ではそのデザインが婦人帽に取り入れられている。

キャンバス canvas

亜麻糸、あるいは綿糸を平織りにした、丈夫で厚い布地。テント地や画布のほか、衣料用としては、芯地や手芸用として使われる。

キャンバス・ウエア campus wear

キャンパス、つまり学校構内で着る服の意味で、通学服の総称。学校の制服などもこれに含まれ、カレッジ・ウエアよりも、意味はやや狭義である。

キャンバス・シューズ canvas shoes

甲の部分にキャンバス地を使った、ゴム底の靴の総称。いわゆる、運動靴のことである。

キューバン・ヒール cuban heel

高さは5センチぐらいで、全体に太めだが、前は底と垂直、後ろは底に向かってゆるやかなカーブを描き、やや細くなっているヒール。

キュービスム cubism, cubisme（仏）

1910年代ピカソとブラックを中心にレジェ、ドローネーたちキュービストによってくり広げられたアート運動。自然のあらゆる形を、基本的な立体ジオメトリー形態に分析した画期的な表現方法で、20世紀抽象アートの源泉となる。アバンギャルドなモードの展開の際、必ずキュービスムの影響が現われる。

キュプラ cupra

再生繊維のレーヨンの一種で、一般にベンベルグとよばれるもの。1890年フランス人ディスペイシスによって発明され、1895年ドイツ人ブロンネルにより工場生産され、1918年ドイツのベンベルグ社が新しい紡糸法を使って作り出した。

ビスコース・レーヨンに似ているが、細く強く優雅な光沢があり、しなやかなため、感触も絹に近く、薄地織物、ブラウス、下着、裏地などに使われる。水にもあまり変化しない。

キュロット culotte

ズボン式に分かれた膝くらいの丈のスカート。元来はスポーツ・スカートとしてはかれ、現在もスポーティなスカートとして着用されるが、ドレッシーな素材を使ってフレア分をたっぷりとったスタイルとなるとスポーティな感覚のカクテル・セパレーツ用のスカートとなることもある。

別名をディバイデッド・スカート（divided skirt）ともいう。→スカート

きょうい　胸囲

胸回り、またはその寸法のこと。英語では、女子の場合はバスト（bust）、男子または子供の場合はチェスト（chest）というように使い分けている。略記号はB。

キュロット

きょうど　胸度

胸囲の半分の寸法。採寸法の一つである胸度式採寸法（ブレスト・メジャー・システム）において、基準とされるもの。

ギリー　gillie

靴の一種で、ヒールは低くひもを前で交差させて、足首に巻きつけて履くようになったデザインのものもある。スコットランド語である。

きりかえ　切替え

デザイン上、あるいは実用上の必要から、別布、または共布を縫い合わせた部分、およびそのテクニック。

きりこみ　切込み

はさみで切り目を入れること、およびその切り目のことであるが、洋裁上では、布地がつれるときに、その不足分を補うために縫い代などに入れる、はさみの切り目をいう。

また、袖口などのあきを作るために入れるはさみ目も、切込みということがある。

ギリシア・ローマ・スタイル

グレコ・ローマンともいう。紀元前5～3世紀の古代ギリシア・ローマ時代のスタイル。キトンやトガ、チュニックなどこの時代の服は基本的に懸衣で特定のフォルムがなく、用途と着用者の身長に従って、さまざまな寸法の長方形の1枚の布を、裁断することなくドレープを寄せて体に巻きつけて着た。性別も無関係。この一枚布のドレープによる服は、変形しながらもいまだに生きつづけている。

きりじつけ　切り躾

木綿のしつけ糸（しろもなど）2本で、型紙どおりに縫い、布の間の糸を切って、ごく短い糸だけ残して2枚の布地を縫い合わせる印つけの技法。へらやルレットのきかない毛織物などの印つけに用いられる方法である。

きりだま　切り玉

毛糸を束ねて、輪になった部分を切って作った玉。毛糸の帽子や、ニット・ウエアの飾りとして用いられる。英語では、ポンポン（pompon）、フランス語ではボンボン（bonbon）という。→ポンポン

キルティング　quilting

布の間にネル、または綿の芯を入れて全体をミシン、または手で刺したり、部分的に綿や毛糸を入れて模様を浮き上がらせる技法。または、それをしたものをいう。

キルト　kilt

スコットランドの北部、ハイランド地方の男子の民族服で、ひだのついたタータンを、腰巻きのように右前

に巻き、バックルで留めた腰布。丈は膝がしらまで。現在でも、スコットランドの軍楽隊員によって着用されている。これを模した女子用のスカートのこともキルトという。

ギンガム gingham

　格子、または縞を織り出した、薄地の平織り綿布。堅牢染めがされているため、よく洗濯に耐え、色が落ちないのが特徴。本来は木綿で、織りも決まっていたが、現在は化学繊維のものや、変わり織りのものもある。用途は、シャツ、エプロン、婦人・子供用夏服など。

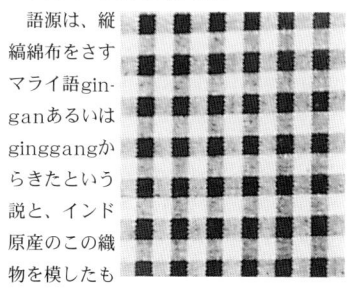

　語源は、縦縞綿布をさすマライ語gin-ganあるいはginggangからきたという説と、インド原産のこの織物を模したものが初めてフランスのブルターニュ地方のガンガン（Gingamp）という町で織られたからという説の2説がある。わが国では、ギンガム・チェックなどといって、チェックのものを主としていう場合が多い。

キルト

ク

クイック・レスポンス quick response

　顧客動向に対応した商品供給を素早く行なうために、商品の製造から客の商品購入までの情報をできるだけ早く伝達するシステム。これにより在庫のロスの減少、製造上の小ロット化、購入機会の損失を防止し、客の好みに敏速に対応することが可能になる。

クイーン・サイズ queen size

　女性の服のサイズを表わす語で、Lサイズ、LLサイズの表記に抵抗のある女性心理にそうよう美化した名称である。男性のそれをキング・サイズとよぶのに対する。

クォーター・スリーブ quater sleeve

　4分の1袖。半袖の半分ぐらいの短い袖をいう。Tシャツなどに使われる。

くげんししゅう　区限刺繍

　平織りの布地を土台布として用い、その織り目にそって、垂直、水平、斜めにステッチをし、幾何学的な線をもった模様を作り出す刺しゅう。クロス・ステッチ、テント・ステッチ、ゴブラン・ステッチ、ライス・ステッチなど。

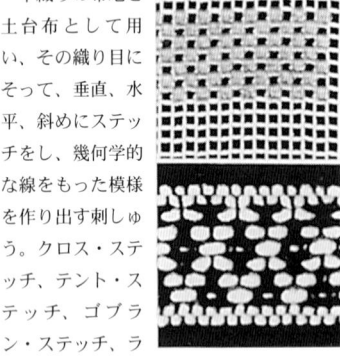

くさりあみ　鎖編み

　2本の糸でループを作り、これを鎖状につなげてゆく編み物の技法。かぎ針編み、アフガン編みの基礎編み。

ぐしぬい　ぐし縫い

　布面に直角に針を入れ、表裏の針目を同じ長さにそろえて縫う縫い方。ギャザーを寄せるときや、いせ込むときに、この方法を用いる。刺しゅうのランニング・ステッチと同じ。

　和裁では、運針という。

くせ　癖

　洋裁上では、標準体型に比べた場合に見いだされる、個人の体型における特徴。ダーツや、いせなどの技法によって修正することができる。

くちぬの　口布

　切りポケットのポケット口を構成している別布。箱ポケットの縁どり、玉縁ポケットの玉縁部分などが、これにあたる。

クチュリエ couturier（仏）

　裁断師、または男仕立てをする人のことで、英語のテーラー（tailor）にあたるが、パリ・モード界では、いわゆるデザイナー、またデザインから縫製までいっさいをする人のことをいう。ピエール・カルダン、イブ・サンローランなどもクチュリエである。

クチュリエール couturière（仏）

　女性の裁縫師。仕事の内容は、クチュリエと同じ。

クチュール couture（仏）

　裁縫、仕立て、の意味であるが、わが国では、洋裁店のことをいう場合がある。オート・クチュール（haute couture）といえば、高級裁縫の意となり、転じて高級

靴の種類

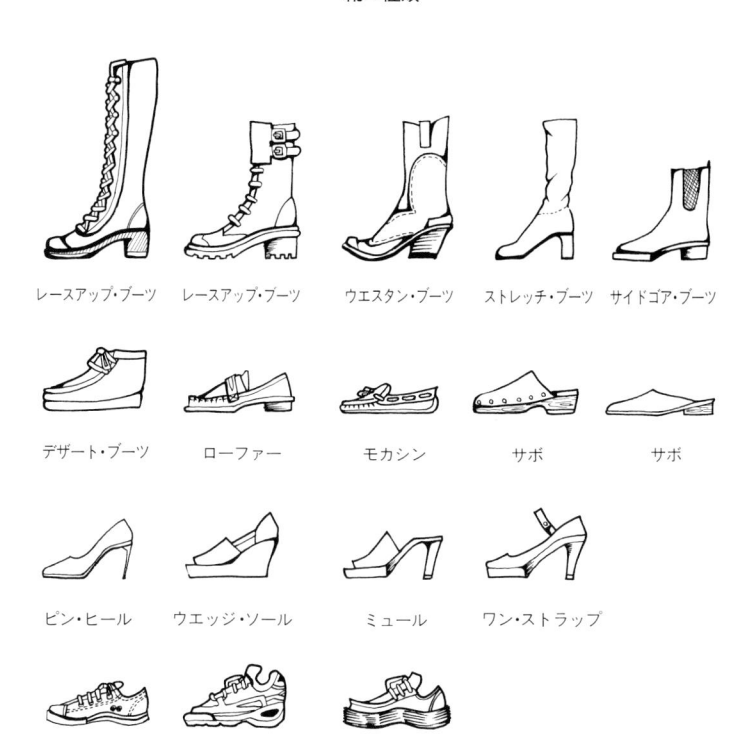

レースアップ・ブーツ	レースアップ・ブーツ	ウエスタン・ブーツ	ストレッチ・ブーツ	サイドゴア・ブーツ
デザート・ブーツ	ローファー	モカシン	サボ	サボ
ピン・ヒール	ウエッジ・ソール	ミュール	ワン・ストラップ	
バスケット・シューズ	スニーカー	ラバー・ソール		

衣装店の意味にも使われる。

　原則としては、パリ・クチュール組合（通称サンジカ）に加入している衣装店をいう。ディオール店、カルダン店などはオート・クチュールである。

くつ　靴

　洋風履き物の総称。形はくるぶしまでの浅いシューズ（shoes）と、くるぶしより長い（boots）に大別される。用途によりスポーツ・シューズ、ドレス・シューズ、レーン・シューズ、ゴルフ・シューズ、スキー・シューズなどがある。古代エジプト時代から、足の保護と装飾を兼ねて革製のものがあった。

くびまわり　首回り

　首の周囲を一周した寸法。鎖骨の突起部分から、後ろの首のつけ根を通り、首の前までの長さである。

クラウン　crown

　帽子の山の部分のこと。→ぼうし

クラーク　Clarks

　第二次世界大戦中、イギリスのモントゴ

メリー第八軍の将校たちがカイロのバザールで作らせた、砂漠のボチョン(足首までの短いブーツ)からインスピレーションを受けて、ナタン・クラークが1950年シカゴの靴見本市で発表したデザート・ブーツ。ひも結び、ゴム底、厚くてかたい革で作られている。1960年代イギリスに上陸し、モッズ族がパーカに組ませて愛用。1968年フランスの五月危機時にはユニセックスなものとなる。

クラシック・スーツ classic suit

きちんとした、オーソドックスなスーツのこと。男子服の背広とかけ離れないデザインである。テーラード・スーツと同義語である。

クラスター・タック cluster tuck

クラスターとは〝群〞という意味で、2～3本ずつ等しい間隔にとったタックのことをいう。

クラッチ・バッグ clutch bag

提げひものついていない、抱え型のバッグ。比較的小型で、手で握れるくらいの形、封筒形のものが多い。材質も革、織物などいろいろある。→バッグ

グラデーション gradation

色の漸次移行。色調の規則的で漸進的な変化が生み出す効果をいう。たとえば、明るい色から暗い色に、さえた色から、鈍い色に、また、虹のように赤から黄、黄から青というような変化があり、配色の参考などにも使われる。

グラニー・バッグ granny bag

グラニーとは〝おばあさん〞の意で、昔のおばあさんがよく使っていた、編み物のバッグに似た古めかしいバッグのこと。多くの場合、布製の袋型で、提げ手が木製になっている。わが国で第二次世界大戦後に流行したものと似たスタイルである。

グラニー・プリント granny print

おばあさんのプリントという意味で、古めかしい感じのする小花プリントのこと。

クラバット cravate(仏)

ネクタイのこと。→ネクタイ

クラフト・ワーク craft work

手工芸の作業や、手工芸的装飾加工がほどこされているもののこと。熟練した伝統工芸タッチや、手で行なったように見える機械でのハイ・テクなどがプラスされて、新しい価値を与えたり、感覚のレベルを上げるものが多い。

グラマー glamour

本来、魔法、魔力、うっとりさせる魅力、という意味であるが、心を惑わせるような女性の美しさを表わすときに用いられることばである。わが国では、さらに狭義に解釈して肉感的な女性の魅力をさしていうときに使われる場合が多い。

グランジ・ルック grunge look

手入れしていない、汚いという意味のアメリカの俗語。シアトルのグランジ・ロック・グループ「ニルヴァーナ」を代表とする、寝起きのままの汚れた感じのファッションをいう。1990年代に入ってからプレタ・ポルテのモードにも出現した、ストリート・ファッションの一つ。→ポペリスム

クラン・タータン clan tartan

格子柄の一つで、赤、黄、紺、緑、黒などを配色して、縦横の太い数本の縞を組み、それに細い線の格子を大きく配した柄。タータンというのは、スコッチ格子の総称である。

グリッター・ヤーン glitter yarn

グリッターとは〝輝き〞という意で、ラメ糸のようにキラキラ輝く糸のこと。

グリッター・ルック　glitter look

グリッターとは〝ぴかぴか光る〟〝輝く〟という意味で、そのような素材で作った服飾のことをさしていう。とくに布地や編み地にラメ糸をまぜたものなどをいう場合が多い。このような光る素材で作られた夜の装いのことはいわず、昼間の装いに限って使われることば。

ラメ入りジャージーのセーターなどはその代表である。

クリノリン　crinoline

19世紀後半に、西欧の女性が、スカートを広げるために用いた腰枠式のアンダースカートのこと。クリノリンという語は、髪の毛を意味するラテン語クリニス（crinis）からきたもので、最初は馬の毛を詰め物として使っていた。その後、馬の毛を織り込んだ布地を、鯨骨や針金などの枠につけて用いるようになったが、19世紀末にはペチコートがこれに代わるようになり、さらにスカートが細くなるに従って、使われなくなった。→フープ

クーリー・ハット　coolie hat

帽子の山から縁までが一続きになった円錐形の帽子。かつての中国の下層労働者、クーリー（苦力）のかぶった帽子に似ていることから、この名称がつけられた。→ぼうし

クリンギー　clingy

くっつく、粘りつく、という意。服が体にまつわりつくように作られたものをいう場合に使われることば。したがって、素材はしなやかで薄手のものが使われる。

クリンプ　crimp

木綿の縮緬織り。質のよい経糸を強く張り、粗悪な緯糸をゆるやかにして織った、波のある柔らかな生地。

クリーン・ルック　clean look

クリーンとは清潔なとかきれいな、新しい、汚れのないという意味。はっきりとクリアな歯切れのよいルック。いつの時代も複雑でバロックなモードの対照として現われる。

クルー・ネックライン　crew neckline

クルーとは〝船乗り〟の意で、丸襟のこと。多くの場合、ニットのプルオーバーに使われ、リブ編みで始末されてある。ボート・レースの選手が着るシャツにこのデザインがあるためこの名がある。→ネックライン

くるみぬい　くるみ縫い

縫い代を折り伏せてくるんでしまう縫い方で、折伏せ縫いともいう。袋縫いよりも縫い代がかさばらないし、丈夫である。スポーティなレーンコートやワイ・シャツ、ジーンズなどに使われる。広いほうで狭い縫い代をくるみ、表からミシンをかけて飾り縫いにすることもある。

くるみボタン

木や金属などで作った土台のボタンを芯にして、布や革、編み地などでくるんだボタン。

くるめがすり　久留米絣

福岡県久留米地方で織られる木綿紺絣のこと。寛政年間（1790年ごろ）に始められたもので、天然の藍で染められた。現在は、古い技法のものに対しては、重要無形

文化財に指定されている。

クレアトゥール・ド・モード créateur de mode（仏）

クレアトゥールとは創造する人のこと。英語ではクリエーターで、デザイナーもほとんど同じ意味。モードを作る人のことをいう。1970年代から使われるようになったことばで、それまではジヴァンシーやサンローランなどをさしていったグラン・クチュリエに相当することば。1970年代初期に現われたソニア・リキエルや高田賢三、後期のティエリー・ミュグレルやジャンポール・ゴルチエなど、自分の名前をもつ新しいジェネレーションのデザイナーのことも同様によぶようになった。最近ではスティリスト（スタイリスト）もクレアトゥール・ド・モードに含められる。

グレイッシュ grayish

灰色がかったという意味。〝グレイッシュ・ブルー〟といえば灰色みを含んだ青。

グレージュ grège（仏）

生糸色の、という意。グレーとベージュがまざったような色をいう。

グレーディング grading

類別する、段階づけることの意味。立体裁断や、平面製図ででき上がった型紙をもとに拡大したり縮小したりすることをいう。この作業は既製服業界で応用される。→かたがみそうさ

クレトン cretonne

経緯に太さの違う糸を用い、表面に凹凸を出した平織りの厚地捺染織物。光沢がなく、型染めでプリントがなされているのが普通。

元来は経に大麻糸、緯に亜麻糸を用いて織られた麻織物であったが、現在は木綿のものが多く、化学繊維のものも見られる。用途は、いす張り、ベッド・スプレッド、カーテンなど、室内装飾用のほか、服飾用としてはビーチウエアなど。

フランスのノルマンディ地方の町クレトンが主産地であったため、この名称がつけられた。

クレバネット Cravenette

クレバネットという商標の防水加工をほどこした薄手梳毛織物。なかでもギャバジンにこの加工をしたものをいう場合が多い。なお、綿との混織、化繊混紡のものもある。また、防水加工をしないギャバジンをいうこともある。この防水法は19世紀末にイギリスの毛織業者ウイリー（Wiley）が創案、特許をとった方法で、彼の私邸のあったロンドンの通りの名クレーブン街の名をとったものである。

現在では、わが国では防水の有無にかかわりなく、霜降りギャバジンをさすことが多い。略してクレバともいう。

クレープ crepe

経糸または緯糸に強撚糸を用いて織ることにより、表面にしぼを出した織物の総称。布面の細かい凹凸に光が乱反射するため、美しい光沢が出、色には深みが加わる。手触りはしなやかで、弾力がある。クレープ・デシン、クレープ・ジョーゼット、クレープ・サテンなどがこれに属し、日本の縮緬や縮も、この一種である。

クレープ・ソール crepe sole

縮れたクレープ（縮緬）状になったゴム底のこと。革靴の底やヒールに用いられる。スニーカーのように、爪先やかかとから靴底に続いているデザインの総称にもなっている。

クレープ・デシン crêpe de Chine（仏）

経に無撚糸、緯に右撚りと左撚りの強撚

糸を、2本ずつ交互に打ち込んだ、絹のクレープ。しぼ立ちが目だち、豪華で美しい。18世紀の初めごろのフランスで、中国（当時の清）の縮緬（ちりめん）を模して作られたため、この名がある。

わが国では、略してデシンともいい、また、フランス縮緬とよぶこともある。上等の服地や裏地、ランジェリーなどに用いられる。

クレポン crepon

クレープの一種で、ややしぼが粗く厚めの平織物。柳の葉のような不規則な縦ぼが出ているため、わが国では楊柳クレープともよばれる。

絹、木綿、レーヨンなどのものがあり、用途は主に婦人服地である。

クレリック・シャツ cleric shirt

クレリックとは牧師のこと。白のスタンド・カラーつきの黒い僧服のイメージからデザインされたシャツ。身頃と袖は縞をはじめとした柄物、または色物にし、襟とカフスを白にした点が特徴。

グレン・チェック glen check

大格子と小格子を交互に配したような、チェックの一種である。

グレナカート・プレード（Glenurquhart plaid）というのが正確な呼び名で、語源は、スコットランドのグレナカート家の柄という説と、やはりスコットランドのアーカートという地の谷間（グレン）で初めて織られたことからきているという2説がある。

元イギリス国王のウインザー公が好んだことから〝ウインザー格子〟あるいは、その皇太子時代の称号をとって〝プリンス・オブ・ウエールズ格子〟とよぶこともある。四季を通じて愛好されるクラシックな柄。→チェック

クローク cloak

現在ではオーバーコートの総称として使われている。元来は、クローク、つまり釣鐘形の袖なし外套（がいとう）のことをさしていた。

グログラン grosgrain

経糸（たていと）に細い糸、緯糸（よこいと）に太い糸を使うことによって、横畝を表わした平織物。本来は絹織物であったが、現在は木綿やウール、化繊などのものもある。畝は太く、肉厚で、しっかりした布地で、コート、スーツなど婦人服地のほか、帽子のリボン、ネクタイなどに使われる。〝大きな〟という意味のフランス語のグロ（gros）と、〝穀粒〟という意味のグラン（grain）が結びついてできた語である。

グログラン・リボン grosgrain ribbon

リボン織機で織られた細幅のグログラン。帽子用のリボンや、カーディガン・セーターの前立ての裏地として使われる。

クロコダイル crocodile

ワニの一種。革では最高級。省略してクロコとよばれる。ワシントン条約で国際取引が禁止されており、現在では養殖物がほとんど。

クローシュ cloche（仏）

釣鐘という意味で、その形をした帽子のこと。山が深く頭にぴったりつき、縁は下向きに下がっている。わが国ではクロッシェと誤用している。→ぼうし

クロス・ステッチ cross stitch

区限刺しゅうの最も基本的なステッチの

一つ。十文字に刺していく方法で、縦横の織り目のそろった布、クロス・ステッチ用の布地を使えば、簡単に美しく刺せる。仕上がった図柄に素朴な美しさがある。→ステッチ

クロッキー croquis（仏）

英語のスケッチにあたるが、それよりも、略画的、または速写のものをいうことが多い。服飾上では、デザインの下絵やスタイル画のことをさす場合もある。

クロッケ cloqué（仏）

ふくれ織りのこと。フランス語で水泡の意味で不規則に水ぶくれのようにふくれた感じからこの名がある。おしゃれ用のドレスやコート、イブニング・ドレス、カクテル・ドレスなどに使われる。

クロッシェ crochet（仏）

かぎ針編みのこと。またはかぎ針で編まれた編み物もいう。また、クローシュの誤用。→クローシュ

クロッシェ・ボタン crochet button

かぎ針編みで包んだボタン。

クロッシェ・レース crochet lace

かぎ針と糸を用い、編んだレース編み。

クロップト・ジャケット cropped jacket

切り落とされたような短いジャケットのこと。スペンサー・ジャケットやボックス・ジャケットは代表的なものである。また、クロップト・トップ、クロップト・シャツ、クロップト・ブルゾン、クロップト・コート（4分の3丈、8分の7丈、10分の9丈のショート・コート）などがある。クロップドという向きがあるが、まちがいである。

クロップト・セーター cropped sweater

クロップとは〝切り落とす〟という意味で、切り落とされたように短いセーターのことをいう。丈はだいたいウエスト、またはウエスト下5センチぐらいである。

普通丈のセーターは、腰骨あたりまでであるが、1970年ごろぐっと長めになり、ヒップ丈のロング物が流行し、その後、新しく登場したクロップト・セーターは逆にぐっと短めである。

クロップト・パンツ cropped pants

クロップトとは〝切り取られた〟の意で、長ズボンを中途で切ったような丈のパンツをいう。ふくらはぎ、ふくらはぎ下、くるぶし上などの丈がある。→カットオフ・パンツ

グローブ glove

5本の指の部分が一本一本分かれている手袋の総称。指が親指と他の4本の指の2つの部分に分かれているものは、ミトン（mitten）という。

クロマティック・カラー chromatic color

有彩色のこと。白、黒、灰色の無彩色を除いたすべての色。

クロム・レザー chrome leather

クロムなめしをした革。塩基性硫酸クロム塩液でなめしたもので、青色で、弾力があり、柔らかい。衣料、袋物、靴などに用いる。

ケ

けいいりょう　軽衣料

　肌着、下着、靴下などの実用衣料をいう。ほかに中衣料、重衣料がある。→ちゅういりょう、→じゅういりょう

けいちょうもよう　慶長模様

　慶長時代（桃山時代末期から江戸時代の初め）の代表的模様で、小袖全面に、染め模様と刺しゅう、箔、絞りなどで、豪華で繊細な模様をつけたもの。

けがわ　毛皮

　英語でファー（fur）とよばれているもので、柔毛で覆われた獣皮のことをいう。歴史も古く、種類は多い。原始時代にはもっぱら防寒用として使われていたが、中世に入って縁飾り、裏などに装飾用としても用いられるようになった。さらに18世紀ごろからは表に使われるようになり、現在では装飾用はもとより、防寒、おしゃれ用として広く使用されている。

　アーミン（イタチの一種）、ミンク（イタチ科で薄青色、シルバー・グレー、白、茶色など）、チンチラ、テン、キツネ、タヌキ、ビーバー、ウサギ、リスなどの毛皮がある。

ゲージ　gauge

　編み物用語で、針や毛糸の太さ、編む人の手かげんによって差異があるため、何センチ四方は何目何段になるかという、編み目の基準になる目数、段数のこと、つまり編み目の密度をさす。したがって、編み物にかかる前に、編む毛糸で試し編みをしてゲージをはかり、幅や丈、形に合わせて目数、段数を割り出すのが普通である。

　ゲージとは〝標準寸法〟〝標準規格〟の意味である。飾りミシンをかける定規金のこともいう。

けしぬい　けし繍い

　布の表に縫い目を目だたせないように返し針で小さく針目を出した縫い方。日本刺しゅうの技法。星止めと同じ。

けじゅす　毛繻子

　イタリアン・クロスと同じ。→イタリアン・クロス

けしんじ　毛芯地

　芯地の一種で、経糸に梳毛糸または綿糸を用い、緯糸にはモヘア、カシミールヤギ、馬、ラクダなどの梳毛糸を用いて平織りにしたもの。洋服の襟芯に用いる。

ゲートル　guêtres（仏）

　古代からふくらはぎの保護のために着用された。一般に軍服に用いられたが、19世紀には女性も子供も使用。膝下から足首までを覆い、底はなく、靴の上から土踏まずの下にひもを通してボタンやホック、尾錠で留める。大腿部までの長いものや幅広

テープでふくらはぎ全体を巻くものもある。日本の脚半(きゃはん)にあたる。

けぬきあわせ　毛抜き合せ

2枚の布の折り山をどちらにもずらさず、同じに折ること。表と裏、表と見返しが、毛抜きの刃のように突合せになっている場合に用いられることば。リバーシブル・コートはこの方法で仕立てられるのが普通である。

ケープ　cape

肩、腕、背を覆う袖なしの外衣。肩衣のこと。構造的には布をくり抜いたものと、肩ではいで作られたものとの2種類がある。丈も長いもの、短いもの、またはドレスの上に単独で用いるもの、ドレスやコートに取りつけたものなどがある。

ケープ・カラー　cape collar

ケープのような形をした大きな襟。→カラー

ケープ・コート　cape coat

ケープのついたコートのこと。コートの上にケープを縫いつけてあるものと、ケープを取りはずしできるようにしてあるものがある。

ケープスキン　capeskin

しなやかに仕上げた子羊、またはシカの革のこと。洗濯もできるので主として手袋などに使われる。この名は南アフリカの喜望峰ケープ・オブ・グッド・ホープ(Cape of Good Hope)からとったもので、初めはこの地方から輸出されたためにこの名がある。

ケープ・スリーブ　cape sleeve

ケープ型にフレアの入った短い袖。→スリーブ

ケープ・ドレス　cape dress

短いケープをつけたワンピース。ケープは取りつけたものと、取りはずしができるものがある。

ケープレット　capelet

肩を覆うくらいの短いケープのこと。防寒の目的としてより、多くは装飾として使われる。

けまわし　蹴回し

衣服の裾につける裾回しのこと。洋服ではコートやスカートなどの裾回りをさす。

ケミカル・ウォッシュ　chemical wash

化学洗い。化学薬品(塩素系の洗剤液)を使って表面が雪が降ったように白っぽく仕上げる加工法のことをいう。スノー・ウォッシュ(snow wash)ともいう。

ケミカル・レザー　chemical leather

化学の革、という意。合成皮革。合成樹脂などで作られた模造皮革のことをいう。

イミテーション・レザーともいう。

ケミカル・レース chemical lace

絹地に木綿糸で刺しゅうし、地になる絹地だけを薬品で溶かしたレース。現在は化合繊の糸で刺しゅうしたものもある。

ケリー・バッグ Kelly bag

19世紀中期から馬具店として有名なパリのエルメス社が独特のステッチをきかせて手作りした、台形で金の錠つきの細いベルトを締めた、ふたつきのハンドバッグ。1950年代にモナコの故グレース・ケリー王妃が妊娠中に愛用し、おなかのふくらみを隠したというエピソードからこの名がつけられた。→バッグ

けんえり　剣襟

ラペルが剣のようにとがった襟のこと。→ピークド・ラペル

げんけい　原型

下着からコートまで、すべての洋服の製図の基礎となるものをこうよぶ。一般には、ボディの原型をいう。

げんしょく　原色

色彩の配合で基本になる色のことで、一般に〝三原色〟といわれる色のことである。染料や絵の具のほうでは青緑、赤紫、黄を三原色といい、光のほうでは赤、緑、青紫のことをいう。この三原色を混合することでいろいろの色を作ることができる。俗にはでや強烈な色も原色という場合もあるが、色彩上では前記の三原色をさし、この場合は純色という。プライマリー・カラー、プリミティブ・カラーともいう。

げんろくもよう　元禄模様

江戸時代の中期、元禄期（1688～1703年）のころに流行した模様のこと。大柄ではでなものが多く、形は市松模様を代表に、格子、石畳、輪違い、鹿の子など。

コ

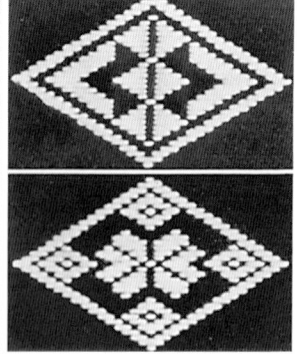

ゴアード・スカート gored skirt

ゴアはまち（襠）のこと。三角や、台形のまちをはぎ合わせて構成したスカートで、四枚はぎ、六枚はぎ、八枚はぎなどがある。→スカート

コイン・ドット coin dot

アメリカの10セント硬貨より少し大きい水玉模様。

これよりも小さいものは、ポルカ・ドット（polka dot）、さらに小さいものはピン・ドット（pin dot）という。→ドット

こうしょく 交織

異質の糸で織った織物のこと。経糸と緯糸とを別々の糸で織ったものと、経糸または緯糸に別の糸をまぜて織ったものなどがある。

ごうせいせんい 合成繊維

人工的に合成された高分子化合物（合成樹脂）から、人工的に紡糸して作られる繊維。ナイロン、ポリエステル、塩化ビニリデン、ポリエチレン、ビニロン、アクリル、塩化ビニール繊維など。石油、石炭、天然ガスなどが原料となっている。

耐久性があり、しわがつきにくく、熱可塑性（熱によって与えられた形を長く保つ性質）があり、吸水性が小さく、薬品などにおかされにくいなどの性質がある。

こうたいしょく 後退色

色彩心理上、実際の位置よりも、遠くにあるように見える色をいう。一般に明度の低い寒色が、その性質をもっている。これは、寒色は短波長色であるために、人間の目の網膜の前方で像を結ぶためである。

また、後退色は、同時に実際よりも小さく見せるので、収縮色ともいわれる。青、青紫など。

こうど 光度

一般に明度といわれていることと同じ意味で、色の明るさの度合いをいう。

こぎん 小巾

津軽地方で始められた刺し子の一種で、

小巾

もともとは生地を強補する目的だったのが、刺し目の美しさから、一種の模様、手芸品と見られるようになった。

こくさいりゅうこうしょくいいんかい 国際流行色委員会

略称インターカラーの日本語名称。→イ

ンターカラー

コーサージ corsage

胴着のこと。また、ウエストから上の部分のこともいう。なお、上半身、つまり肩や胸、ウエストのあたりにつける花飾りのこともいう。

コサック・ジャケット Cossack jacket

ベルトのない短いジャケットの一種。襟はステン・カラー、前あきはファスナーで、デザインによっては背にベルトがついているものもある。一般にジャンパーとよばれて、主として仕事着に使われる。したがって素材は、木綿や毛などのギャバジンなどのように丈夫なものが使われるが、防雨用、防寒用としてナイロンや厚手のウールも用いられる。コサック騎兵の服装からとった型といわれていることから、この名がある。

こしうら 腰裏

腰の部分に使用される裏地の総称。主として男子のズボンに使われ、ウエストから下につけられるのが普通である。最近の傾向としては、この腰裏はだんだん狭くなってきている。材質は木綿、または化繊が主である。

こしじん 腰芯

ズボンのウエスト部分に使われるもので、表地と腰裏の間に挟まれている。ズボンのウエスト部分の形を整えると同時に、はきごこちをよくする役目をもっている。

こしたけ 腰丈

ウエストラインからヒップラインまでの丈のこと。

ゴシック Gothic

フランス語ではゴチック。北フランスに発祥した12世紀後半から16世紀初めの、いわゆる中世ヨーロッパの美術様式。重厚なロマネスク様式に代わり、高い尖塔と直線的構成を特徴とする建築スタイルで、できるだけ壁面を少なくした柱と窓による直線的骨組は、天への祈りの具象化となった。ノートルダム、シャルトルなどの大聖堂が代表。服飾でいえば、男女ともに似たドレスで、違うのは長さだけ。男性は膝の長さ、女性は床まで。エナンとよばれる高い円錐形の帽子やプレーンという先の極端に長く伸びた靴をはいた。

こしまわり 腰回り

婦人服ではヒップともいい、下半身で最も太いところ、つまり腰部骨盤の位置を一周した寸法のことである。男子服では、胴のいちばん細いところ、ウエストラインをいう。

コージュロイ corduroy

ビロード織りのものを、縦にけば畝を通すためにカットしたもので、日本ではコール天とよばれる。畝幅は細いものから太いものまで各種あり、素材は主として木綿が用いられる。一般にスポーティなものや作

業服に使われるが、最近は町着などに向くプリント物なども出て、日常着として広く使われている。

ごしょどきもよう　御所解き模様

江戸時代の小袖の模様で、四季の花などに、御殿に関係のある、扇とか牛車などの模様を配してある。

ゴーズ gauze

透き通るほど薄い布地。木綿、絹、レーヨンなどを使って織られる。透かし目のない普通の平織りゴーズもある。ドイツ語ではガーゼという。また絹織り、合繊のものは、ドレス、フリルなどに使われる。

コスチューム costume

服装、衣装。それぞれの国民、階級、時代、地方などの、特有のものをさしていう場合に使われることば。なお、民族服のことはナショナル・コスチューム(national costume)。

コスチューム・ジュエリー costume jewelry

服装の装身具類の意で、模造装身具のことをいう。

コズミック cosmic

宇宙の、という意味。宇宙服にヒントを得たようなファッションをさしていうときに使われることば。

コスモコール・ルック cosmocorps look

宇宙ルック。1966年、ピエール・カルダンが発表した。宇宙船打上げが話題になっていた時期、宇宙服からアイディアを得た、大胆なデザインである。ヘルメット型の帽子、幾何学的なカット、アルミ箔のような銀色に輝く素材を使った斬新なもの。別名をスペース・ルック（space look）ともいう。

コースレット corselet

胴全体を整えるための下着。ブラジャーとコルセットがいっしょになったもので、別名をワンピース・コルセット、または俗にオールインワン（all-in-one）ともいう。材質は主としてストレッチ素材などの伸縮性のあるものが用いられる。→オールインワン

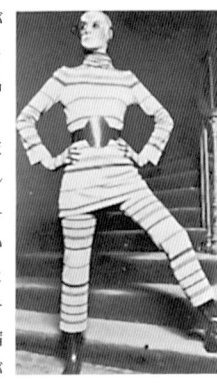

コスモコール・ルック

コーチマン・コート coachman coat

イギリスの四輪馬車の御者が着用した、大きな折り襟つきの、ウエストを締めたダブルのコート。

コットン・サテン cotton satin

綿サテンのことで、経緯ともに綿糸を用い、絹サテンのように光沢仕上げした繻子織物。ブラウス、洋服の裏地、ドレス、布団地などに使われる。

コーディネート coordinate

統合する、調整する、という意味で、服装上では、色、柄、素材など、または、靴、バッグ、アクセサリー類を調和を考えて組み合わせること。

コーティング・クロス coating cloth

コーティングとは〝覆い〟〝塗り〟の意で、防水や耐熱加工をするため、表面をパラフィン、ゴム、その他、合成樹脂などで処理した布地の総称。

コート coat

衣服のうち、最も外側に着用されるものの総称。元来は寒さを防ぐために着られたものであるが、だんだんと装飾的な要素も

強くなり、いろいろな種類のものが作られるようになった。第二次大戦までは、コートは外出には欠かせないものであったが、その後だんだんと服装が簡易化され、車などを使うことが多くなったことなども影響してコートなしでも外出できるようになってきている。素材としては、ウール、絹、木綿、化繊、毛皮などが使われる。なお、男子の背広の上着、女子のスーツの上着のことを、コートとよぶこともある。オーバーコートともいうが、わが国では略してオーバーともいう。ただし、この言い方は日本だけで通用する俗称である。

コート・ドレス coat dress

コートのように前身頃が裾まで開き、ボタン留めになったワンピース・ドレスのこと。全体の感じがコートに似ているのでこの名がある。形は体にそったものが多く、ドレスとして単独に着用したり、襟もとに毛皮などを添えてコート風に着たりする。したがってコートなしで外出することもできる。

コード・パイピング cord piping

襟回りや切替え線、ガウンやクッションの縁などを引き立たせるために用いる縁飾りの技法で、バイアス布を二つ折りにした中にコード（ひも）を挟んで仕上げる。バイアス布を洋服と配色のよいものを使うといっそう効果的になる。

コードバン cordovan

馬の尻の革で、主として高級紳士靴やブーツに用いられる。毛穴がなく、タンニンなめしで柔らかく仕上げてあり、光沢と耐久性に富んでいることが特徴。語源は、中世スペインのなめし工業の中心地であった都市コルドバ（Córdoba）からきたもの。

コード・ブレード cord braid

蛇腹ひも。主としてセーラー服のラインに使われ、このほか、婦人服、子供服の装飾に用いられる。

コードレーン cordlane

ひもを織り込んだコード織りの一種で、縦畝がはっきりしているが、組織は緻密な横畝織り。レーヨン糸を使ったものをとくにさすことがある。もともとは男子用の夏服地。

こはく　琥珀

横に畝のある平織物。厚地と薄地があり、薄地の場合はタフタともよばれる。主として婦人服に使われるが、洋傘地、袴地、肩裏地などにも用いられる。

素材は絹が多く、絹風の光沢をもつ化繊も使われる。

コバルト・ブルー cobalt blue

透明感のある深い青。わずかに緑みを帯びている。

ゴブラン Gobelin (仏)

綴織りの名。ゴブラン織りのタペストリー（綴錦）は、世界でも有名である。15世紀パリにいた染色業者ジュアン・ゴブランがこの綴織りを創作した。その後、子孫がフランス政府の援助のもとに王立工場を経営。この王室専用ともいえる独特な織物は壁掛けに絢爛豪華な美しさを誇った。

コーラル・ステッチ coral stitch

コーラルとは珊瑚の意味で、小さな結び目を作りながら、それを線状に刺していく方法。珊瑚の枝に似たステッチなのでこの

名がある。

コーラル・レッド coral red
　赤みの強い珊瑚色をいう。

コラン collant（仏）
　体にぴったり張りついたという形容詞。名詞では細いズボン、タイツ、ボディ・ストッキングのこと。

コルサージュ corsage（仏）
　コーサージのこと。→コーサージ

コル・シュミネ col cheminé（仏）
　コルとは、襟。シュミネとは、煙突。つまり、煙突のようにまっすぐに立って首から離れた、大きいタートルネックのような襟をいう。極端なものは頭にかぶる程度の大きく太いものもある。多くの場合、セーターに採用される。

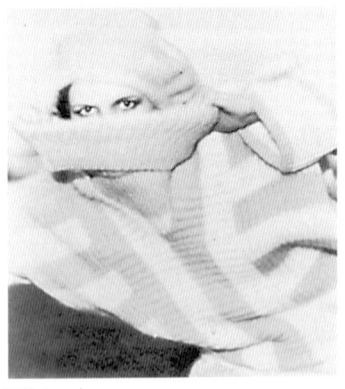

コルセット corset
　下着の一種で、胸部から腰部の体型を整えるために使われる。とくに胴を引き締めて細く見せることから発生し、この種のものと思われる型のものなどは12, 13世紀ごろからある。現在ではウエストからヒップへかけての体型を整えることが主な目的で、材料もストレッチ素材など伸縮のきくものなどが使われている。美しい線の補強のために縦にクジラの骨や鉄骨の入ったものもある。靴下つりのついているのが普通である。

コールてん　コール天
　コージュロイのことで、日本の呼び方。→コージュロイ

ゴールド gold
　金という意であるが、色彩用語では一般に茶色がかった黄をいう。

コールド・カラー cold color
　寒色のこと。→かんしょく

コレクション collection
　採集、収集などの意。服飾用語ではシーズンごとにオート・クチュールやプレタ・ポルテのデザイナーによって作られる型（モデルとよぶ）見本のこと。すなわち作品集である。コレクションは生きたマヌカン（トップ・モデルなど）に着せてショー（仏語でデフィレ）をして見せる型式と、展示して見せる型式とがある。顧客とバイヤーはコレクションを見てから注文しなければならない。主として服装に対して使われることばだが、布地のコレクション、帽子のコレクション、装身具のコレクションなどもある。

　コレクションで最も盛大なのはパリ・オート・クチュール・コレクションであるが、これは年に2回、春夏物は1月の末から2月にかけて、秋冬物は7月末から8月へかけて開催される。この期間中は、各オート・クチュールの店では世界各国から集まったバイヤー、ジャーナリスト、顧客のためにフロア・ショー形式で新作モードを見せる。パリ・コレクションのほかに、ニューヨーク・コレクション、ロンドン・コレクション、ミラノ・コレクションなどがあるが、見に来る側の便宜を考慮して、互

いに日時が重なり合わないように発表の時期をずらせている。

コロニアル・ルック colonial look
第一次大戦後にイギリス、フランスなど列強国が占領した、アフリカやアジアの諸国における植民地スタイルのこと。衣服や建築物に各占領国の固有のスタイルを応用したクラシック・ルック。

コロル・ライン corolle line
コロルとはフランス語で花冠という意味。スカートが花のようにいっぱいに広がったラインのこと。クリスチャン・ディオールが、1947年2月メゾン・オープン第1回めのコレクションでこのラインを発表。これを見たアメリカの「ハーパース・バザー」の編集長カーメル・スノーは〝ニュー・ルック〟と名づけた。

コワフュール coiffure（仏）
髪の結い型。英語ではヘア・スタイル。

コンケーブ・ショルダー concave shoulder
くぼんだ肩という意味で、肩先を持ち上げた弓なりの肩線をいう。

コンサバティブ conservative
保守的。コンサバティブ・ファッションといえば、ファッション性を主張しないベーシックなスタイルのこと。クラシック・スタイル、ブリティッシュ・トラディショナル、アメリカン・トラディショナルなどがある。

コンサバリッチ
コンサバティブ（conservative＝保守的）とリッチ（rich＝裕福な）をつなげたわが国独特の造語。保守的なファッションであるが、高価で裕福な感じをもっているものをさしていうとき使われる。

コンシール・ファスナー conceal fastener
ファスナーの一種で、かみ合わせの務歯（むし）部分が隠れるようになっているもの。取りつけたときに、1本の切替え線のように見え、洋服の仕上がりが美しくなる。ドレッシーなデザインによく使う。

コンストラクテッド constructed
構築された、という意。かっちりと仕立てた服をさしていうとき使われる。反対語はアンコンストラクテッド（unconstructed＝非構築的）。

コンチネンタル Continental
ヨーロッパ風の、という意味。とくに男子服でコンチネンタル・ルックといえば、フランスやイタリアを中心にしたモードで、アメリカン・スタイルに対していう。

コンテンポラリー contemporary
同時代の、現代の、同年齢の、その当時のという意味。

コントア・ベルト contour belt
体の線に合わせてカーブさせて作ったベルトのこと。コントアとは〝外形〟〝輪郭〟の意味である。ウエストに締める幅広のベルトや、腰骨の位置に締めるヒップボーン・スカートのベルトなどはほとんどこの種のベルトである。

コントラスト contrast
対照、対比の意味。色、形、線、素材などがお互いに対照的な扱いになっているときにコントラストの効果をねらった、という。

コントラスト・ハーモニー contrast harmony
対照の調和。主として配色上のことば

として使われる。反対色配色。対照色配色。色相環のうえでだいたい反対側にある色相どうしの組合せをいう。補色どうしはその最たるものであるが、反対側に位置する色相で約120度の圏内に入るものは対照色とみなしていい。なお、一般にはこのような色相のコントラストをいうが、そのほか、明度のコントラスト、彩度のコントラスト、トーン（色調）のコントラストもある。→色相環

コンパウンド・パターン compound pattern

複合柄。花柄とチェック、抽象柄と水玉など、2つ以上の異質のモチーフの組合せ柄をいう。別名をパターン・オン・パターンともいう。→パターン・オン・パターン

コンバーティブル・カラー convertible collar

コンバーティブルとは、変えられる、という意で、変化づけて着られる襟のこと。襟の刻みの下のボタンをかけて着ると、いわゆるシャツ・カラーになり、そのボタンをはずして、刻みから下の部分を折り曲げて着ると、オープン・カラー（開襟式の襟）になるものなどをいう。

コンビネーション combination

結合という意味だが、シャツとズボン下、シュミーズとペチコートというように上下2つのものが、機能的に結合して作られた下着の総称。

コンビネゾン combinaison（仏）

上下が一続きになった服や下着のこと。英語のコンビネーションにあたることばであるが、最近はファッション用語としては、ジャンプスーツのことをいうとき使われるフランス語。→ジャンプスーツ

コンフェクション confection（仏）

製作、仕立ての意で、とくに既製服のことをいう。ローブ・ド・コンフェクション（robe de confection）の略語。大量生産の既製服という意味で使われる向きもある。このほか、凝った流行の服、凝りすぎた服という意味にも用いられる。

コンプレックス・カラー・ハーモニー complex color harmony

複雑配色。不調和の調和ともいえる配色で、1970年ごろに流行した配色法。一般的な配色調和理論の逆をいくとらえ方がされる。たとえば、紺と藤色、濃い緑と水色、茶色とピンクなど。

こんぼう 混紡

異なった種類の繊維を混合して紡績すること。

コンポジション composition

配置、組み立てること、構成という意味。服をデザインするとき、身頃、袖、ポケット、ボタン、切替えの位置などのデザイン構成は重要である。これらを最もよい関係にまとめた服をコンポジションのよい服という。

サ

サイクル・パンツ cycle pants

サイクルとは自転車の意で、自転車競技の選手がはく脚にぴったりした膝丈のパンツ。ストレッチ素材で作られてある。これは1986年ごろからカジュアルな町着のアイテムとして流行し、ミニ・スカートやミニ・ドレスの下に重ね着としてはいたり、七分丈のロング・ジャケットと組み合わせたりして着用した。正しくはバイシクル・パンツ(bicycle pants ＝ 自転車パンツ)。別名をサイクリスト・パンツ(cyclist pants ＝ 自転車乗りパンツ)ともいう。

サイケデリック psychedelic

幻覚剤LSDを飲んだときに起こる幻覚作用によって、サイキ(心)の国へ精神世界の拡大を行なうことができるといった意味の造語。

幻覚剤によらなくても、エレキサウンド、ストロボ・ライト、映画、イラスト、香り、踊りなどで醸し出す感覚領域もサイケデリックという。

1968年ごろ、ポスターやウインドー・ディスプレー、ファッションの世界で、これが流行し、とくにサイケ調といわれて、けばけばしい原色や、蛍光塗料を使った刺激的な色が用いられた。

サイズ size

大きさ、寸法のことであるが、服飾用語としては、とくに製品(既製服、靴、帽子、靴下など)の規格寸法をいう。

サイズ・リボン size ribbon

帽子の内側、クラウンとブリムのつけ根のサイズ元(帽子のクラウンのいちばん下の部分)につけるリボン。普通、グログランのリボンを使う。

さいすん 採寸

洋服を製作する際に、体型を数的に把握するため、身体各部の必要な寸法をはかること。

さいせいせんい 再生繊維

天然繊維素、または蛋白質を一度薬品で溶解し、新しい繊維形に再生したもの。1889年フランスのシャルドンネ伯爵が人造絹糸をパリ大博覧会に出品したのがレーヨン工業化の始まりである。1891年、クロスとビバンによりビスコース・レーヨンが発明され、以後世界において画期的な飛躍を見せ、他の化学繊維を圧している。種類はビスコース・レーヨン、銅アンモニア・レーヨン(キュプラ)、ポリノジックなどがある。

さいだん 裁断

被服を構成するため、一定の計画に従って布とか革といった被服材料を切ること。ただし、単に布を切るということではなく、目的に応じてその構成を考えることもそれに含まれているので、カッティング(裁断)がいいというのは、仕立てがいいということと同義と考えられている。

裁断法としては、平面裁断、立体裁断、モールディング(ファンデーションなどのようにゆるみを入れないで体型どおりに裁つ方法)、フリーハンド・カッティング(型紙を用いない平面裁断)がある。

さいど 彩度

色の三要素(色相、明度、彩度)の一つ

で、色のさえぐあい、つまり鮮やかさの度合いをいう。一つの色相中の各色を、明度を同じにした場合、無彩色からどのくらい隔たっているかの度合いを尺度化したもの。彩度の高い色は鮮やかで、彩度の低い色は鈍い色である。最も彩度の高い色が純色である。

サイド・プリーツ side pleat

脇寄りの部分に入ったプリーツの総称。主としてスカートに用いられる。

サイド・ベンツ side vents

上着やコートの裾の両脇に入れたあきのこと。裾が狭く運動量がほしいときなどに用いる。背中央にあけたものは、センター・ベンツ（center vent）。

サイド・ポケット side pocket

脇の部分につけられたポケットの総称。主として、ジャケットの両脇につけられたものや、スカートの腰の部分につけられたものをいうことが多い。両脇につける場合も、片側だけの場合もある。

さかげ　逆毛

表面に一定方向にけばのある紡毛織りなどの布地の裁断のときに、毛並みに逆らって裁つこと。この方法によると、けばの光沢が美しく見える。けばの流れにそって裁つことは、なで毛に裁つという。

さがりがた　下がり肩

標準体型よりも、肩の傾斜が急で、肩先が下がっている肩。なで肩ともいう。

さきぞめ　先染め

織る前、糸のうちに染めること。また、その糸で織った織物。和服地では、紬、絣、御召、上布など。織った後から染める後染めに対していう。一般に先染めは織り、後染めは染めの模様になる。

さきテープ　裂きテープ

キャリコやスレーキといった布地を縦地に裂いてひも状にし、ジャケットの前端やポケット口の裏にはって、表布が伸びないようにするテープのこと。

布目に対して斜めに切ったものは、バイアス・テープという。

サーキュラー・スカート circular skirt

フレア・スカートの一種で、広げたときに裾の線が、円形、またはそれに近い形を描くように裁断されているもの。ウエストから裾にかけて、フレアの量が多く出るのが特徴。

円形に裁った布の中央に、ウエストに合わせた穴をあけて作るものと、何枚かの布をはぎ合わせて円形にするものとがある。
→スカート

サクソニー saxony

サクソニー羊毛または、ボタニー種のメリノ羊毛を使って織った、上等の紡毛織物。平織りまたは綾織りで、軽く起毛してけばを短く刈った（メルトン仕上げした）もので、手触りが柔らかく、光沢があって、弾力性に富む。男子用スーツ地などとして使われることが多い。サクソニーはドイツ語のザクセンのことで、元来、ドイツのザクセン地方のドイツ・メリノ種の羊毛を使っていたことから、この名がある。

サクソン・ブルー saxon blue

サックス・ブルーともいい、染料の藍からとった淡く明るい青色。

サーコート surcoat

ステン・カラーで、前ファスナーあき、ベルト締めにした、ヒップ下までの丈のジャンパー風ショート・コート。とくにアメリカで多く着られている、男子用コートである。

元来は、中世のヨーロッパで、男女とも

着用した外衣を、こうよんでいた。当時のサーコートは、ノー・スリーブのもの、毛皮でトリミングしたもの、紋章のついたものなど、さまざまのデザインがあり、装飾用、儀式用として着られたものである。

ささべり　笹縁

打合せや裾、ポケット口などに、バイアス布やブレードなどで、細い縁をとること。エッジング（edging）と同じ。

ササール・コート　Sassard coat

トレンチ・コートの一種で、イタリア映画「三月生まれ」（1959年）で主人公のジャクリーヌ・ササールが着たことからこの名がある。肩章、肩当て、幅広のテーラード・カラー、ベルト締めが特徴。

サージ　serge

梳毛織物の一種で、経に双糸、緯に単糸または双糸を使って、45度の右綾に織ったもの。織り上げた後、サージ加工（けばをカットして綾をはっきりさせる）がされるのが普通であるが、表裏に多少けばを残したものもある。また正則斜文織りのほか、杉綾のもの（ヘリンボーン・サージ）や、平地や繻子地で、縦縞を入れたものなどもある。

耐久性に富み、ひだをつけやすいのが特徴であるが、着ているうちに、すれて光っていき、しかも、その光沢が容易に消えないのが欠点である。

ウールのサージのほか、レーヨンやアセテートのものもあり、さらにポリエステル、ナイロン、ビニロンなどの合成繊維を使ったものは、防皺性、摩耗耐性を兼ね備え、ウールのサージの欠点を補えるものもできている。用途は、背広、コート、スカート、学生服、スーツなど。また、綿のサージや絹のサージもあり、サージとは、絹または蚕を意味するラテン語からきたことばであるため、本来は絹織物であったという説もある。→ウーステッド・サージ

さしこ　刺し子

日本海沿岸を中心に発達した、布地の補強、防寒等を目的に糸を刺したもので、一種の刺しゅうともいえる。横一に刺す方法、十の字に刺す方法などがある。なお、〝さしこ〟は東北地方での呼称が一般化したもので、本来は〝さしもの〟という。

さしこみ　差込み

布地を裁断する際に、布地の上に型紙を都合よく配置すること。型入れともいう。

ザズー　zazous

1941～44年ドイツ占領時代のフランス、とくにパリに現われた若者のモード。スイング・ジャズのファンの総称。彼らは膝までの丈の、パッドで肩を高くしたオーバーサイズの大格子柄ジャケットを、ミディ丈の細いパンツの上に着ていた。白や芥子色のソックスを履き、厚底の大きな靴を組ませた。1940年代アメリカのズート・スーツのフランス版。占領時代のフレンチ・パンクといわれ、1950年代にはやった実存主義運動の先駆となった。

サスペンダー　suspenders

ズボンやスカートがずり落ちないように、肩越しにつける一対のベルトのこと。肩の左右につるので、本来は、サスペンダーズ（suspenders）と複数形でよぶ。

サスペンダー・スカート suspender skirt

肩からつりひも（サスペンダー）でつるすようになったスカート。

サスペンダー・パンツ suspender pants

ズボンつりがついたパンツ。ズボンの丈は長いものから、ふくらはぎ下丈、膝下丈、膝上丈（サスペンダー・バーミューダ・ショーツ）がある。

サッカー sucker

シヤサッカーの略語。→シヤサッカー

サック・コート sack coat

男子の背広の上着をさす、アメリカでの呼び名。サックとは〝大きな袋〟の意味で、背広がその前身のフロック・コートに比べて、ゆるみが多いことからつけられた名称である。イギリスではラウンジ・ジャケットという。

サックス・ブルー saxe blue

サクソン・ブルーと同じ。→サクソン・ブルー

サック・ドレス sack dress

ウエストに切替えのない、ずんどう型のワンピース。1958年のパリ・コレクションで話題になり、翌年夏にはわが国でも大流行した。着ごこちがいいため、若い人から年配の人まで人気があった。

サッシュ sash

装飾のために、ウエストに巻いたり、肩にかける広幅の飾り帯。現在ではウエストに巻くサッシュ・ベルトのことをいう場合が多い。

サッシュ・ブラウス sash blouse

サッシュは〝飾り帯〟のこと。ウエストが、サッシュ風に結ばれているオーバーブラウス。

サッチェル・バッグ satchel bag

小さな手提げバッグ。旅行かばんに似た形で、サッチェルとは学童の提げるかばんのこと。

サップル supple

しなやかの意。しなやかな素材や、その素材で作られた服をさしている場合に使われる。

サッシュ

さつまがすり 薩摩絣

綿織物の一種。琉球（現在の沖縄県）で織られた木綿絣を、薩摩（現在の鹿児島県）をへて販売されたことから、この名がある。紺地に白の絣のものを〝紺薩摩〟、白地のものを〝白薩摩〟とよぶ。天文時代（戦国のころ）から、これをまねて薩摩でも織るようになった。

サーティーズ thirties

1930年代、1930年代調のこと。1930年代は、1929年の大恐慌による世界経済の厳しさのなかで始まり、1939年の第二次世界大戦の勃発で終わる。モードではバイアス・カットで名高いマドレーヌ・ヴィオネやシュルレアリズムで話題のエルザ・スキャパレリ、すでに有名だったシャネル、スポーティなモードを得意としたジャン・パトゥなどが活躍した。女性はクローシュ帽をかぶり、ミディ丈のスリムなシルエットの流動的で女らしい装い。バイアス裁ちやアール・デコ・カットが使われた。男性

はフェルトのソフト帽をかぶり、広い肩幅で、広いラベルのボールド・ルックが代表的イメージ。

サテン satin

経糸(たていと)、緯糸(よこいと)とも絹糸を用いて、繻子(しゅす)織りにした織物。やや肉厚で、手触りはすべすべしており、美しい光沢がある。イブニング・ドレス、カクテル・ドレス、ブラウス、リボン、裏地などに使われる。

原産は中国で、輸出港であった Tzuting (現在の泉州)の名が変化して伝わった呼び名がサテンである。なお、最近では絹ばかりでなく、あらゆる繊維を使ったものがある。綿を使ったものはコットン・サテンなどという。

サテン・クレープ satin crepe

繻子(しゅす)織りのクレープで、経糸(たていと)に無撚糸、緯糸(よこいと)に強撚糸を用いて織ったもの。布の片面には細かいしぼが出、もう一方の面はなめらかで、サテンの光沢と、クレープの柔らかさを兼ね備えた布地である。用途は、婦人服地、ハンドバッグ地など。

サテン・ステッチ satin stitch

刺しゅうのステッチの一種で、模様の輪郭の内側を、平らに刺して埋めるもの。でき上がりが、ちょうどサテン(繻子織物)のような感じであることから、こうよばれる。→ステッチ

サテン・ステッチ・ダーツ satin stitch dart

刺しゅうのステッチの一種で、模様の内側を下縫いして、それを芯にし、その上をサテン・ステッチで覆ってゆく技法。→ステッチ

サテン・バック satin back

裏繻子(じゅす)織り。布地の裏面が繻子織りになった綾織物のこと。

サドル・シューズ saddle shoes

サドル(馬につける鞍(くら))状の革を、甲に縫いつけた、ひもで結ぶ形式の靴。

黒白、茶白などのコンビになっているものが多い。正しくはサドル・オックスフォード・シューズ(saddle oxford shoes)という。

サファイア sapphire

宝石のサファイアのような、菫(すみれ)色を帯びた、さえた青色。

サファリ・ルック safari look

サファリとは、アフリカ探検とか、アフリカ探検隊、という意味で、その探検隊員が着ているようなスポーティな感じを取り入れたスタイルのことをいう。特徴としては、シャツ・カラー、胸や腰の大きなはりつけポケット、ベルトつき、深いプリーツ・スカートやキュロット・スカート、またはパンツなど。

1968年イヴ・サンローランがサファリ・ジャケットを発表して、初めてモード線上に現われ、ユニセックス・ファッションの代表的スタイルとして人気があった。

このデザインを取り入れた服装に、サファリ・ジャケット、サファリ・ドレス、サ

ファリ・ブラウス、サファリ・ベスト、サファリ・ショーツなどがある。

サーファー・ルック　surfer look

サーフィンをする若者たちの格好から一般化されたもの。ボンディング素材を使ったタイトでバーミューダ丈のパンツのついたジャンプスーツから、ハイ・レイヤーで段々カット、後ろは長く風になびくヘア・スタイルまで。1970年代後半に登場したスポーツ・ルック。

サープリス　surplice

儀式に聖職者や聖歌隊員などが着る短い白衣のこと。

サープリス・ネックライン　surplice neckline

きものの襟もとのように、前で斜めに重ねた襟あきをいう。セーター、ブラウス、ワンピースなどによく用いられる。サープリスとは、カトリックの僧の着る丈の短い白いガウンのことで、このデザインからきたもの。→ネックライン

サブリナ・パンツ　Sabrina pants

ハリウッド映画「麗しのサブリナ」(1954年)で主演女優のオードリー・ヘップバーンがはいた、脚にぴったりしてふくらはぎ丈のタイツ式のパンツ。

サベッジ　savage

野蛮な、粗野な、という意味であるが、ファッション用語としては、自由奔放、自由気まま、反体制的、粗削りの、という意味に使われる。1960年代後半、若い人たちの間でジーンズ・ルックが流行したが、これなどは、サベッジ・ファッションの代表的なものである。反対語はシビライズド(civilized)。

サボ　sabot

フランスの農民などが履く木靴。転じてそれに似たデザインの婦人靴をいう。底が極端に厚く、つっかけ式になった点が特徴である。→くつ

サマー・ダーク　summer dark

夏の暗色。一般に夏は薄色、または鮮やかな色を着るのが常識のようになっているが、とくに濃い色を着ることによっておしゃれを強調するときに用いられることば。代表的な色は、紺、茶、黒、ワインなどである。

サーマル・ファブリック　thermal fabric

保温性のよいハイ・テク素材の布地。ヘビー・デューティ用の体温を快適に調節できる機能的な素材。

サモン・ピンク　salmon pink

サケの肉の色のような、黄みがかったピンク色。単にサモンともいう。

サラサ　更紗

木綿地や絹地などに、人、物、花、幾何学模様などを捺染(なっせん)した布の一種。室町時代の末にインドやペルシアから渡来したもので、この語源には定説はない。ポルトガル語のサラシャとも、ジャワ語のある種の模

様染めをさすサラサの語より起こった名称という説もある。金の入ったものは金更紗といって珍重された。インド更紗、ジャワ更紗が有名。ペルシアのものは絹地にプリントした絹更紗が多い。

さらし　晒

布地を白く漂白することで、漂白した白木綿を〝さらし〟とか、〝さらし木綿〟とよんでいる。さらし布には、木綿、麻などがあり、さらし方にも、カルキを使う薬品漂白、天日さらし、新潟の雪ざらしなどがある。

サラン　Saran

合成繊維の一種で、塩化ビニリデン樹脂を液体化し、そこから紡糸したもの。耐水性、耐化学薬品性が強く、いすのシートや網のほか、服飾用としては、ペチコートなどに使われる。

サリー　saree

インドの民族衣装で、公式の席ではたいてい着用される。腰から肩に巻き、余った部分を肩から後ろに流したり、頭にかぶったりする。

サルエル　sarrouel

イスラム文化圏の民族服。足もと近くまでの深い股上で、足首で締めた長くてふくらんだフォルムのパンツ。1970年代のエスニックの流行とともに一般化した。

サロペット・パンツ　salopette pants

サロペットとはフランス語で〝上っ張り〟〝仕事着〟〝労働ズボン〟のこと。サロペット・パンツとは、胸当て布つきのズボンのことをいう。ペンキ屋のズボンに似たスタイルである。

ワーキング・ルック（working look）といって、仕事着からヒントを得た装いがカジュアル・ファッションに登場したのに伴い、その一つのスタイルとして若い女性の間で流行したもの。わが国では〝つなぎ〟という。

サロメ　salome（仏）

靴のスタイルの一種。低いヒールのパンプスにTストラップつきのもの。ベビー・ルックや少女スタイルが現われるとき必ず登場する。ハイ・ヒールのものもある。

サロン　sarong

マレー半島や、インドネシアの島々の男女の着る民族衣装で、スカート風に腰に巻きつける幅1メートル、長さ2～4メートルぐらいの筒状の腰布。ジャワ更紗などが用いられることが多い。

なお、サロン用に、日本から輸出している大柄格子の平織り綿布のこともサロンといっている。マレー語ではサロン（sarung）で〝筒〟の意。

さんかくかがり　三角かがり

ひだの止まりや、細い玉縁ポケットの両端などに補強と装飾を兼ねて行なうもので、かんぬき止めの手芸化したもの。松葉止め、ともいう。→まつばどめ

サン・クチュール　sans couture（仏）

縫製なし、の意。パリ・モード界で1976年ごろから起こってきた新しい発想による衣服構成の考え方。従来の伝統的な衣服構成とは全く逆をいくもので、芯地なし、裏地なし、いせ込みや伸ばしなし、まつりな

しの切りっぱなしなどのテクニックが採用されている。アンチ・クチュール、アンチ・コンフォルミスム、デコントラクテと同じ系列に属する。

さんげんそしき　三原組織

織物の組織のなかで基礎となる、平織り、斜文または綾織り、繻子織り、の3種のこと。他の組織はこれを変化させたり、組み合わせて作る。

サンジカ　Syndicat（仏）

パリ・クチュール組合（Chambre Syndicale de la Couture Parisienne）の通称。→クチュール

サンダル　sandal

甲の部分が、ひもやバンドだけで構成されている靴の総称。ヒールの高さには関係なく、低いものから高いものもあり、用途もカジュアルなものからドレッシーなものがある。

サン・トップ　sun top

太陽の胴衣、という意味で、胸から上の部分を大きく露出させたキャミソール型で肩つりひものないスタイル。

サンド・ベージュ　sand beige

乾いた砂の色。同じベージュでも、さらっとした冷たい感じが特徴。

サン・ドレス　sun dress

肩や、背を大きくあけた真夏に着るワンピース。海岸や、高原で、また家庭のなかで着るドレスもこの部類に入り、ボレロや、短いジャケットと合わせると町着にもなる。

サンフォライズかこう　サンフォライズ加工

防縮加工の一種。主として木綿、麻などにほどこす。できるだけ収縮して仕上げてあるため、洗濯や浸水による収縮率が、1パーセント以下にとどまるのが特徴で、この方法を考案し特許をとったアメリカのサンフォード・クルエットの名をとった名称。正しくはサンフォライズド（Sanforized）で、サンフォライズは俗称。

サンフラワー・イエロー　sunflower yellow

向日葵の花のような黄色。やや赤みを含んだ鮮やかな黄色。

サンレー・プリーツ　sunray pleat

太陽光線（サンレー）のように、上部が狭く下へ向かって放射状に広がっている細かいプリーツのこと。サンバースト・プリーツともいう。

サン・ドレス

シ

シェットランド Shetland

スコットランドの北東沖にあるシェットランド諸島に産する羊の毛、およびそれを使った羊毛糸、織物地、編み物地、レースなどを表わすことば。

その毛織物地は、一般に梳毛糸を用いた綾織り地で、ツイード仕上げがされ、柔らかく、軽く、保温性に富む、高級なものである。スーツ地、コート地などとして用いられている。

ジェード jade

宝石の翡翠の色のような黄緑色。

シェパード・チェック shepherd check

俗に小弁慶といわれる格子。縦横が同じ幅の小格子。白地に黒の配色が基本であるが、白地に茶、紺のものも多く見られる。ハウンドツース・チェック（千鳥格子）に似ているが、柄が小さく、犬の牙のようなギザギザがない。スコットランドの羊飼い（シェパード）の服の柄に取り入れられていたことからこの名がある。→チェック

シェープ shape

形態、外形、という意味だが、適当に体にそって、その部分の線を出している状態をいう。シェープト・シルエットに対してはルーズ・フィット・シルエット。

ジェラバ djellaba, djellabah

元来はモロッコの男子が悪天候のとき着用した、七分丈のゆったりしたフードつきの外套。それにヒントを得た服をいう。したがって、丈も長くなり、ドレスになったものもある。女性が着るようになったのは、1960年代に入ってからで、用途はハウス・ドレス、ホステス・ドレス、町着やリゾート・ウエアであった。フォークロア路線上でクローズ・アップされたスタイルである。

シェル・トップ shell top

上半身をほっそりと貝のように包み込むという意味で使われるトップ。袖や襟なしのブラウスを主にさしていたが、新しいものにはロー・ゲージのざっくりしたセーターもある。カシミヤやアンゴラのような軽く薄手の素材のものも多い。初秋、春など合い着として重宝され、ジャケット・インやベストとのコーディネート・アイテムとして、デザインのバリエーションが多く出されてきた。

ジェンダー・フリー gender free

ジェンダーとは性差のこと。ファッション、デザインでは、ユニセックスとよばれている。性差を超えたという意味。

しおぜはぶたえ 塩瀬羽二重

絹織物の一種。塩瀬ともいう。半襟、帯地など。密な経糸に太い緯糸を織り込んであり、布面に太い横畝が見られる。

ジオメトリック geometric

幾何学的、という意。とくに柄やカッティングが幾何学的の場合に使われることば。

シガレット・パンツ cigarette pants

紙巻きたばこのように細い、という感じのズボン。これに似たスタイルとして、ドレーンパイプ・パンツ（drainpipe pants＝下水管パンツ）があるが、シガレット・パンツのほうが細い。

しきかん 色環

色相環のこと。色相（色合いの系統的な区別）を、赤—橙—黄—緑—青—紫—赤紫というように、感覚的に等差になるように、環状に並べたものをいう。太陽スペクトルによる色に物体色である赤と紫を人工的に加えると、色相が循環することになり、しかも、色相の変化が系統的に表わせることを応用したものである。

色環は、一般に純色で表わすことになっているが、これに彩度、明度の度合いを感覚的に等差になるように並べたものを加えて立体化したものを、色立体といい、あらゆる色がこの中に配置されることになる。カラー・サークルともいう。

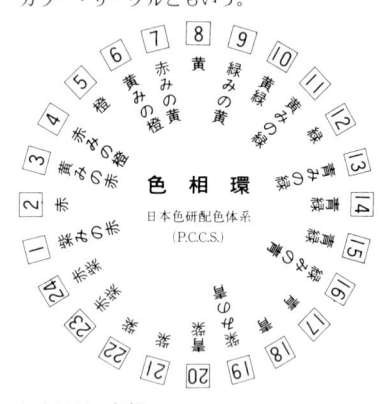

色相環
日本色研配色体系
(P.C.C.S.)

しきそう　色相

色合いのこと。光の波長の差によって生ずる色の系統の区別をいう。これを、感覚的に等差になるように並べたのが、色環である。

しきたく　色沢

物体の色を、その色相、明度、彩度だけでなく、材質の差異による光沢を考慮に入れて考える場合の判断基準をいう。

しきちょう　色調

色の明度、彩度を直観的に把握した場合の色の感じである。ビビッド・トーン（vivid tone）とか、ダーク・トーン（dark tone）というのは、色調を表現することばである。

ジグザグ　zigzag

ぎざぎざに曲がった、Z字形の、という意味。なお、ツイードなどに見られるZ字を斜めに連続させたような織り柄のことをいうこともある。

シクスティーズ　sixties

1960年代、1960年代調をいう。この10年間は若者たちの時代だった。まず、モッズ・ルックやマリー・クワントによるミニ・スカートに代表される、スインギング・ロンドンのファッション。1964年に登場したアンドレ・クレージュによるスペース・ルック。1967年ごろサンフランシスコに出現したヒッピー運動。これは翌年ヨーロッパに上陸。そしてフランスにおける1968年の五月危機。

この時期世界的に学生運動が盛んだった。ティーシャツやジーンズなどのユニセックスなヤング・ファッションが反体制のものとして台頭した。

ジゴそで　ジゴ袖

フランス語ではマンシュ・ア・ジゴ。英語ではレッグ・オブ・マトン・スリーブ。肘までギャザーやタック・プリーツでボールのようにふくらませ、肘から手首まではぴったりとタイトにした形の袖。羊の脚に似た形からこの名前がつけられた。19世紀後半流行したポピュラーな袖。1960〜70年代にリバイバルした。

ジー・ジャン

ジーン（jean＝デニム）で作られたジャンパーを略した和製英語。

ジス　JIS

日本工業規格（Japanese Industrial Standard）の略。

シース・シルエット sheath silhouette

シースは刀の鞘の意味から、本来、直線的でぴったりした形をいうが、今日では、体にタイトにフィットし、ほっそりと長く伸びた形をいう。イブニング・ドレスに多くいかされる。

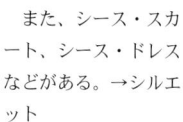

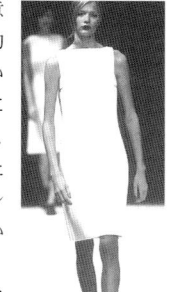

また、シース・スカート、シース・ドレスなどがある。→シルエット

シース・スカート sheath skirt

タイト・スカートの一種で、ウエストからヒップにかけての部分はぴったりと体にフィットし、裾へ向かって細くなっているもの。

シースルー see-through

肌を透かして見せることをさしていう。オーガンジーなどの透ける布地で体の美しい線を見せ、女らしさを醸し出すための方法。→トランスパランス

したぎ　下着

上着の下に重ねて着る衣服類の総称。アンダー・ウエア（肌着、シュミーズ、パンティ、ブリーフ、ブルーマーなど）、ファンデーション（体の土台を形作る下着、ブラジャー、コルセット、パニエ、ガードルなど）、ランジェリー（装飾的な下着で、スリップ、キャミソール、ペチコートなど）に分けられる。下着の形がおぼろげながらできてくるのは、4世紀ローマ帝国のころである。

したそで　下袖

二枚袖の、手の内側になる部分。内袖ともいう。→にまいそで

したまえ　下前

前あきの服の場合に、打合せの下になるほうの身頃。普通、男子服は着手から見て右、婦人服は左が下前になる。上になるほうは上前。

シーチング sheeting

本来はシーツ用としてベッドの幅に合わせて広幅に織られた平織り綿布。洋裁では、芯地や、立体裁断用布、仮縫い用布として使われる。綿のほか、麻や化繊との混紡のものもあり、プリントされたものは、カーテン地や、服地として使われることもある。

シック thick

厚い、太いなどの意であるが、洋裁用語としては、ズボンの股の部分の裏につける当て布のことをいう。股の前の部分に、前立ての力布としてつけるものを前シック、後ろ（居敷）の部分に補強のためにつけるものを、後ろシックという。

シック chic（仏）

粋な、洗練された、という意味。上品で、趣味がよく、エレガントよりも知性を感じさせる装いを表現するときに、このことばを使うことが多い。

しつけ　躾

本縫いの前の仮とじのために、しつけ糸を用いて縫うこと。仮縫いのほか、ミシン縫いのための縫い目の固定を目的とするが、型くずれを防ぐため、着用まで、ある

いはその後もしつけ糸を取り除かないこともある。

ジッパー zipper

ファスナー（正しくはスライド・ファスナー slide fastener）のこと。開閉する音が布を裂く音、ジップ（zip）に似ていることからつけられたもの。

ジップ・アップ・ジャケット zip-up jacket

ジッパー使いのジャケット。スタンド・カラーがついており、細身のシルエットが強調されるミニマルな感覚の上衣。男女を問わずに採用されるスポーティ感覚のデザイン。着こなしは、ジッパーの開閉でイン・ファッションを見せたり、中に着用したボディ・バッグや飾りベルトなどを見せることができる。

ジップ・フロント zip front

前中心ファスナーあきのこと。

シティ・ランジェリー city lingerie

下着であるランジェリーの薄手素材やレース飾り、フリルなどの特色をレイヤードの手法で重ねて見せ、アウター用に仕立てた透け感のある装いのこと。イタリアで発表されてから、刺しゅう、オパール加工など、より装飾的な手法を取り入れることにより、フェミニンなルックとして応用されるようになった。薄手のコート、ジャケットとのコーディネートが多い。

シート・シーム seat seam

ズボンの後ろ中央の縫い目のこと。シートとは座席、ズボンの臀部の意。

シード・ステッチ seed stitch

ステッチの一種で、表に出る刺しゅうの針足をごく小さくして、返し縫いをするもの。紗縫いともいう。→ステッチ

シニヨン・キャップ chignon cap

シニヨンは、フランス語で髷のこと。その髷の部分だけにかぶせるカクテル用の小さな帽子。→ぼうし

じぬい 地縫い

2枚以上の布を合わせて、印どおり縫うこと。普通は、ミシン縫いだが、ものにより手で縫うこともある。

シネ chiné（仏）

まだらな色の布地、またはニット用の糸をいう。服になった時点で霜降り効果を見せる。この方法は中国が起源。とりわけツイードやツイード・ニットに効果的。

じのし 地のし

衣類の用布を裁断する前の処理の一つとして、布目を正しく整え、耳のつれを伸ばして平らにすること。布目の曲がりを直したり、仕立てたあとでの型くずれや収縮を防ぐためにする。普通、毛織物は蒸気を利用し、木綿地は水に浸して半乾きのままアイロンをかける。絹地はしみになるので、そのまま空アイロンをかける。地直しともいう。

ジーパン

ジーン・パンツ、ジーンズの日本での略称。→ジーンズ

シビライズド civilized

文明的、文化的、という意。ファッション用語としては、都会的に洗練されたという意味に使われる。

反対語はサベッジ（savage）。1960年代後半、若者たちを中心として自由気ままなサベッジ・ファッションが流行したが、1970年代になってその逆のシビライズド・ファッションが優勢になった。

ジフ JWIF

Japan Wool-products Inspection Institute Foundation の略。日本毛織

物検査協会が、各メーカーから依頼されたウール地を検査して、合格したものにつける表示マーク。優秀な品質のものにつけられる優良ジフ、純毛であることを示すオール・ウール・ジフ（ALL WOOL JWIF）など、いろいろな種類がある。

シフォン chiffon（仏）

経糸緯糸とも同じ太さの片撚りの生糸（きいと）を用いて、粗く織った平織り絹織物。非常に薄手で、柔らかく、軽く、ドレープが出しやすいのが特徴。無地のほか、縦縞、横縞のものや、金糸、銀糸を織り込んだものもある。用途は、ドレッシーな婦人服、ベール、帽子などであるが、やや張りのある仕上げをしたものは、ペチコートや、スカーフなどにも用いられる。

シフォン・ベルベット chiffon velvet

ベルベットの一種で、経緯糸、添毛とも絹糸を用いて織ったもの。しなやかで、美しい光沢のある上等な布地で、ドレッシーな婦人服地として用いられる。

手触りや薄さがシフォンと似ているところからこの名がある。

ジプシー・ルック gypsy look

ジプシーはヨーロッパを中心に放浪して暮らす民族のこと。南ではスパニッシュ・ジプシー、東では東欧のチガーヌたちが有名。彼ら男女の服装のイメージをジプシー・ルックという。カラフルで、ブレードやフリルなどでディテールに凝ったファンタジーあふれる装いはサンローランをはじめ、高田賢三などに影響を与えた。1970年代、エスニックの流行とともに登場した。ボヘミアン・ルックともいう。

シープスキン sheepskin

羊の革。薄手で柔らかく、伸縮性に富むが、やや弱い。クロムなめしや、植物性なめしがほどこされて、手袋、ジャケット、靴の裏打ちなどに用いられる。

シフト・ドレス shift dress

シフトとは、取替え、変化、シュミーズ、という意味で、肩からまっすぐに落ちる線をもつシュミーズのようなワンピースのことをいう。着るとき、そのまま、またはベルトを締めて着用する。

しぼ 皺

縮緬（ちりめん）、御召（おめし）、クレープ・デシン、ジョーゼットなどの表面に見られる波状、または粒状の凹凸のことをいう。しぼのある布地はクレープに属する。

シーム seam

布と布とを縫い合わせたときにできる縫い目線のこと。

シームレス seamless

縫い目線（シーム）のない、という意味の形容詞。後ろ中心に縫い目線のないストッキングは、シームレス・ストッキング（seamless stocking）という。

しもふり 霜降り

霜降り地の略。霜が降ったように、布面に点々と白い色が現われている織物の総称。経緯糸とも霜降り糸（多色の繊維を撚り合わせた糸）、または杢糸（もくいと）（2色の単糸を撚り合わせた糸）を用いるか、あるいは経、緯どちらか一方に白糸、他方に色糸を用いて織る。ウールまたは、ウール風の布地に使われることが多い。

しゃ 紗

搦み織り（からみおり）の一種で、地経糸（じたていと）と搦み経糸をからみ合わせ、そこへ緯糸（よこいと）を打ち込んだ織

物。主として、絹、レーヨン、アセテート、スパンデックスなどの弾性糸が用いられる。

絹の紗は歴史が非常に古く、わが国では、正倉院御物のなかに見られ、南米ではBC2500年ごろの紗のインカ裂も発見されている。

地合いが薄く、透き目があって清涼感があり、通気性に富み、盛夏用衣料として、着尺地、婦人服地、カーテン地などに用いられる。

ジャカード　Jacquard fabric

ジャカード機（フランスの機織家ジャカールの発明）による紋織物の総称。わが国では明治6年（1873年）、フランスから輸入され、京都西陣で行なわれた。非常に複雑な織り柄ができ、ブロケード、ダマスク、タペストリーなどが織れる。今日ではニットなどにも多く利用されている。正しくはジャカード・ファブリック。なお、ジャガードというのはまちがい。

ジャカード・ジャージー　Jacquard jersey

柄を編み出したジャージー。

しゃかむすび　釈迦結び

ブレードを結んで装飾を兼ねたボタンなどの代わりに使う留め具。中国服などに見られる。別名を〝チャイナ・ボタン〟ともいう。

シャギー　shaggy

むく毛の、もじゃもじゃの、という意味。素材がそのような感じにけば立ったものをいう場合に使われる。シャギー・ウールといえば、もじゃもじゃにけば立った毛織物をさし、シャギー・ルックといえば、そのような素材で作られた装いをいう。

シャギーいと　シャギー糸

粗毛の、もじゃもじゃした、けばのある、粗い感じの糸類を称していう。

ジャーキン　jerkin

元来は、16世紀ごろに、西洋の男子が着用した袖なしの胴着のことであるが、現在では、男子用チョッキ、あるいは、ストレートな形の毛糸編みのプルオーバーのことをいう。

シャークスキン　sharkskin

サメの皮の意味だが、一般的には、毛と人絹の2種の織物の名で知られている。

ジャケット　jacket

上着。前あきで丈はヒップくらい。

西洋の男子が用いた上着で、中世から形を変え伝わってきて、19世紀後半、今日のような背広型の原型ができた。婦人用になったのは20世紀に入ってからである。

フォーマル・ジャケット、ビジネス・ジャケット、スポーツ・ジャケットなど、用途により、またデザイン、目的により多種多様のものがある。

しゃざし　紗刺し

区限刺しゅうの一種で、紗を土台布として刺すもの。中国の刺しゅうである。

シサッカー　seersucker

俗に、サッカーといい、縦縞状に縮れのある綿織物。皺織りともいう。綿繊維は濃い苛性ソーダに触れると縮むので、これを利用して加工したもの。

ジャージー　jersey

メリヤス地の総称。毛、綿、絹、化学繊維などの糸を用いて、丸編み機または縦編み機で編み、縮絨(しゅくじゅう)仕上げをほどこしたもの。伸縮性、成形性があり、布地同様に裁断縫製して使われる。またこの編み地に似せて織られた布地、ジャージー・クロス(jersey cloth)のこともジャージーとよぶことがある。さらに、プルオーバー・スタイルのニット・シャツのことも、ジャージーという。

ジャージーという名称は、初め、イギリスのジャージー島の漁夫用衣料として作られたことからつけられたものである。

シャジュブル chasuble (仏)

司祭がミサのときに着る長方形の式服をいう。これに似たデザインのジャンパー・ドレスのこともこうよぶ。

シャツ shirt

上半身を覆う、ゆったりとした衣服で、前あきで、襟、カフスがついていることが多い。素材は木綿、麻、絹、ウールなどさまざま。袖なし、襟なしの下着をいう場合もある。元来、上着の下に着るものとして発達したが、近年は上着としても用いられている。

婦人物はブラウスとして用いられ、種類も豊富にある。フランス語はシュミーズ(chemise)。

シャツウエスト shirtwaist

男物のワイ・シャツのようなデザイン・ディテールとカットをもった身頃をいう。また、そのような身頃のブラウスのことを、シャツウエスト・ブラウス、または単にシャツウエストという。

シャツウエスト・ドレス shirtwaist dress

上半身が、男子用ワイ・シャツのようなデザイン、カットになっているワンピース。襟は、いわゆるシャツ襟や開襟で、袖はシャツ・スリーブ、前立てやヨーク、ベルトなどがついているのが特徴である。

本来はテーラード風なスポーティな服であるが、ドレッシーな素材を使うことによって、モダンでドレッシーな服としてもデザインされる。

最近ではとくに一般的に好まれるワンピースのスタイルである。単にシャツ・ドレスともいう。

シャツ・オン・シャツ shirt on shirt

シャツとシャツの重ね着のこと。たとえば、普通の大きさのシャツの上にビッグ・

シャツの種類

オープン・シャツ　　ワイ・シャツ　　ポロ・シャツ　　ドレス・シャツ　　ティーシャツ

シャツ、Tシャツの上にシャツなどを組み合わせることをいう。

シャツ・カラー shirt collar
　広義には、シャツにつけられるカラーの総称であるが、そのなかでもとくにオープン・カラー（開襟）のことをいう場合もある。→カラー

シャツ・スリーブ shirt sleeve
　ワイ・シャツの袖に見られるような、袖山が低く、カフスがついて、腕を動かしやすいように裁たれた袖。

シャツ・ブラウス shirt blouse
　シャツウエスト・ブラウス（shirtwaist blouse）のこと。→シャツウエスト

シャーティング shirting
　男子用シャツ地として使われる布地の総称。素材は、木綿、麻、絹、化繊などさまざまであるが、織り目が密なものが多い。オックスフォード、ハーバードなどが、これにあたる。

シャネル・スーツ Chanel suit
　ガブリエル・シャネルが発表したスーツ。特徴はシンプルなカーディガン風のジャケットとストレートなスカートとの組合せで、ジャケットの襟ぐりから前打合せを通って裾へかけてブレードで縁どりをしたり、胸ポケットや腰ポケットをつけて、ポケット口にブレードの縁どりをしたものなどである。
　素材は柔らかでざっくりとしたツイードが使われることが多い。スポーティでエレガントな点が特色。→スーツ

シャネル・レングス Chanel length
　膝下5〜10センチくらいの範囲の着丈をいう。別名をナチュラル・レングス（natural length）。シャネルがいつも変わらず一貫して発表しつづけた丈であるためこの名がある。

シャーベット・トーン sherbet tone
　シャーベットは果汁に少量のミルクや卵白を混ぜた、さっぱりとした氷菓子のこと。苺、レモン、ミントなどの入ったその色調は淡くてクールな特徴がある。

シャポー chapeau（仏）
　帽子のこと。つばのあるものも、ないものもすべて含まれる。

ジャボ jabot（仏）
　レースその他の薄手の布地を使い、フリルやギャザーで形作った胸飾り。ドレスやブラウスの襟もと、ジレなどにつけて用いられる。ジャボという語は、本来〝鳥の餌袋〞の意で、形がそれに似ていることからつけられた名称である。

ジャポニスム Japonism（仏）
　伝統的な日本文化をデザイン・ソースにしたモードやアートのムーブメント。浮世絵形式や日本古来のシンプリシティ・デザインなどが西欧に大きな影響を与えた。

ジャーマン・ナッツ・ステッチ German knot stitch
　刺しゅうのステッチの一種で、布面に出した糸をねじり、その輪の中から糸を出して結び、玉を作るもの。
　フレンチ・ナッツ・ステッチ（French knot stitch）より、やや大きいナッツ・ステッチである。→ステッチ

シャム・ポケット sham pocket

見せかけのポケット。実用性のない、装飾ポケットで、物を入れる袋布がついていない。シャムとは、見せかけ、まがい物の意。イミテーション・ポケット（imitation pocket）ともいわれる。

シャーリング shirring

布地を一定の間隔をおいて、何段かに縫い縮め、そのしわによって立体的な模様を表わす洋裁技法。子供服、婦人服の装飾として使われる。

シャルトルーズ chartreuse（仏）

リキュールの一種シャルトルーズ酒の色のような、淡い黄緑色。正確にはシャルトルーズ・グリーンという。また、シャルトルーズ・イエローといえば、淡い緑みの黄色をいう。

シャルロット charlotte（仏）

柔らかい布製で、ブリムにフリルのようなギャザーを寄せた女性と子供用の帽子。原型はフランス革命時の女性のかぶりものだった。当時革命家のマラーを暗殺した女性であるシャルロット・コルディから名前がつけられたといわれるが、確かではない。革命後の19世紀初頭からこの名でよばれている。

シャンジャン changeant（仏）

変わりやすい、とか、さまざまに変わる、という意味の形容詞。光のあたりぐあいや布の動きによってさまざまに色が変わる玉虫調のこと。とりわけ、絹地、そのなかでもタフタの色合いをいう。

シャンタン Shantung

経糸として生糸、緯糸として玉糸（玉繭から繰り出した節のある生糸）や紬糸を使って織った、紬風の風合いをもった平織り絹布。布面に不規則な長い節が横に現われた野趣に富んだ織物で、薄手のもの、厚手のもの、光沢のあるもの、ないもの、また手触りの柔らかいもの、張りのあるものなど、種類は多い。用途は婦人服地や、室内装飾品など。

本来、中国の山東（シャンタン）省産の柞蚕糸で織られたことから、この名がある。最近では、絹のもののほか、化学繊維のもの、木綿のもの、ウールなどもある。

シャンティイ・レース Chantilly lace

17世紀初頭、フランスのシャンティイで最初に手工で作られたボビン・レース。繊細なもので六稜型メッシュ地にコードで模様を編み出したもの。18世紀にはそれまでの白麻糸に代わって、黒絹のものが作られ、宮廷や上流階級の女性たちの間で有名になった。これ以後シャンティイ・レースといえば黒レースをさす。

ジャンパー jumper

ゆるやかな胴着という意味で、ウエスト、またはそれより少し長めの丈のゆったりしたジャケットのこと。スポーツ用、仕事着として、また男性用、婦人用、子供用と、その用途は広く、最近では町で着るカジュアル・ウエアとしても愛用されている。

ジャンパー・スカート jumper skirt

チョッキと一続きになったように見えるスカート。襟あきは広くくられ、袖はないか、あっても短いものが多い。セーターやブラウスの上に重ねて着るのが普通である。ジャンパー・ドレスともいう。

ジャンパー・ドレス jumper dress

ジャンパー・スカートと同じ。→ジャンパー・スカート

ジャンプスーツ jumpsuit

上下が一続きになったスーツのことで、下の部分がズボン式になっている点が特徴である。どんなにジャンプしても裾が気にならないという意味からこの名がある。これは、スーツのなかでは最も新しい形式のもので、1967年のパリ・コレクションで発表されてから徐々に一般化しはじめた。

多くの場合、素材は伸縮性のきくもの、たとえばジャージーなどが使われる。フランス語ではコンビネゾン。

シャンブレー chambray

デニムに似た、霜降り効果の平織りの布地。経糸(たていと)に色糸を使い、緯糸(よこいと)に未ざらし糸を使って織ったものである。木綿のものが多いが、最近ではポリエステル、ビニロン、レーヨンなどでも織られる。

丈夫で肌触りがいいため、ドレス、ブラウス、ショーツ、子供服などその用途は広い。この名の起こりは、原産地フランスのキャンブレ（Cambrai）からといわれている。

じゅういりょう　重衣料

コート、スーツ、ドレスなどのこと。ほかに、中衣料、軽衣料がある。→ちゅういりょう、→けいいりょう

しゅうしゅくしょく　収縮色

視覚的に小さく収縮して見える色。寒色系の色や暗い色がこれにあたる。反対は膨張色。衣服にこの収縮色を用いると、着用者の体型がほっそりと見える。なお、視覚的に実際より後ろに見えることから後退色ともいう。黒、青、グレーなど。→こうたいしょく

じゅうぶんのきゅうたけ　10分の9丈
nine-tenth length

九分丈。ロング・ジャケットやショート・コートの着丈をいう場合に使われる。基準は服の着丈である。

しゅくじゅう　縮絨

仕立ててから狂いが出ないように、布のうちに地直ししておくこと。

または、毛織物の表面の組織を密にする操作のこと。→じのし

じゅしかこう　樹脂加工

合成樹脂の原液を織物の中に浸透させることによって、繊維に防縮性、防皺(ぼうしゅうせい)性などを与え、染色堅牢度を強化させる加工法。レーヨン、スパン・レーヨン、ベンベルグなどの再生繊維にほどこされることが多い。

しゅすおり　繻子織り

織物の三原組織（平織り、斜文織り、繻子織り）の一つ。経糸(たていと)、緯糸(よこいと)それぞれ5本以上で完全組織を作り、経糸、緯糸の交差点を少なく、まばらにすることによって、布面に経糸あるいは緯糸だけを表わしたもの。平滑で光沢に富むが、摩擦に弱い。繻子、つまりサテンが、その代表的な織物である。

シューストリング shoestring

靴のひも。細い丸ひもで、服の前あきやサイド・ベンツなどを閉じるための留め具としても、鳩目穴(はとめ)とともによく使われる。

シューツリー shoetree

靴をしまっておくときに、形がくずれな

いように中に入れておく木製の型。

ジュート jute

パキスタン原産の麻で、皮の繊維が薄茶色をしているため、黄麻ともよばれている。皮の繊維を太い糸にして、南京袋や梱包用の粗布として用いる。良質のジュートを、平織りにしたものは、いすの下張りや、マットレスの基布などに使われる。いずれも繊維がかたく、細い糸ができないため、被服材料としては使われていない。

ジュニア junior

年下の、下級の、という意味であるが、服飾上では、とくに15～18歳ぐらいまでの年齢層を、大人と区別していうときに使われることが多い。

ジュニア・スタイル junior style

15～18歳ぐらいまでの、ジュニア層向きのスタイルをいう。この年齢層の体型に合った、若々しく、かわいらしいデザインであることが特徴である。

シュニーユ chenille（仏）

シュニーユとは毛虫のこと。毛虫の毛のような感じのビロード風の糸で織ったり、編んだりしたもの。17世紀のフランスで作り出された。綿、絹、ウール、レーヨン製があり、とりわけニット物に使われる。

ジュープ jupe（仏）

スカートのこと。→スカート

ジュポン jupon（仏）

アンダースカートのこと。→アンダースカート

シュミジエ chemisier（仏）

シャツウエスト・ブラウスのこと。→シャツウエスト

シュミーズ chemise

袖なしで、腰までの丈の婦人用下着。元来は、男女ともに着用した肌着であった。しだいに装飾的になり、一時は人目につくような着方をされたが、20世紀の初めに、メリヤス性の実用的なものに変わった。ただし、体の線を美しく見せないため、とくに若い女性の間では最近ではあまり用いられていない。なお、フランス語でシュミーズといえば、男子用のシャツ、ワイ・シャツ、婦人用のいわゆるシュミーズも含んでいう。

シュランク shrunk

木綿、麻、毛などの織物に仕上げの最終段階でほどこす縮み仕上げのこと。

また、経緯ともに亜麻糸を用いた広幅の平織り地に、縮み仕上げを行なったものをいう。

シュリンク shrink

地のし、地詰めのこと。衣服を仕立てたあとに、洗濯などで縮んで狂いがこないように、布地をあらかじめ縮ませておくこと。水につける法、霧を吹きアイロンをかける法など、いろいろな方法がとられる。シュリンキングともいう。

シュルレアリズム surrealism

超現実主義。第一次世界大戦と第二次大戦の間、フランスで展開されたアートと文学の芸術運動の一つ。フロイトの精神分析から影響を受け、意識と無意識、夢と現実の世界の境界にインスピレーションの源を見つけた。アンドレ・ブルトン、ポール・エリュアールたち詩人やルネ・マグリット、サルバドール・ダリ、マックス・エルンスト、パブロ・ピカソたち画家が属し、1924年の〝シュルレアリズム宣言〟に端を発し、運動は広がった。モードでは1930年代、エルザ・スキャパレリがこれらの画家たちに要請して創作に参加させた。ダリをはじめ、コクトー、ジャコメッティ、エ

ルンストたちが、プリントや刺しゅうのモチーフ、ボタン、アクセサリー、服まで作ったことはつとに有名だ。

じゅんしょく　純色

それぞれの色相のなかで、最も彩度の高い色をいう。通常、赤、黄、青といった名称でよばれるのは、この色である。英語ではフル・カラー（full color）。

ジョギング・ルック　jogging look

ジョギングとは健康保持や体力作りを目的としたゆるい速度で走るランニングの一種で、その際着用する服のスタイル。トラック・スーツともよばれるジョギング・スーツは、長袖、ひもやゴム編みでしぼった裾のトップ（スエットやブルゾン）と、ゴム入りのウエスト、ひもを通したり、ゴム編みの裾のパンツ（トレーニング・パンツ）の組合せ。足にはスニーカー・フォルムのスポーツ・シューズ。1970年代に登場。ランニングのトップにショーツ・スタイルもある。

ジョーゼット　georgette

経、緯とも、左撚りと右撚りの強撚糸を2本ずつ交互に織り込んだ、薄地の平織り絹織物。光沢はないが、布面には経緯に優美なしぼが現われ、柔らかくて弾力性がある。絹のほか、人絹やウールのものもある。用途は、ドレッシーな婦人服、ショールなど。この名称は、元来はフランスの婦人服商、ジョーゼット・ド・ラ・プラント（Georgette de la Plante）夫人の名前からとった登録商標である。ジョーゼット・クレープ（georgette crepe）ともいう。

ショーツ　shorts

ショーツにはブリーフ、ドロワーズなどの短い下着類の意味があるが、今日では短いズボンのことをさす。一般にスポーツ用だが、目的によって長短いろいろあり、ウォーキング・ショーツ、バーミューダ・ショーツ、ジャマイカ・ショーツなどがある。

ショッキング・ピンク　shocking pink

非常に刺激的な強い調子のピンク。

ジョドパーズ　jodhpurs

乗馬ズボンのこと。膝上までゆったりとしていて、膝下から足首までがぴったりとしている。

ショール　shawl

肩掛け。防寒、防暑、装飾などを目的として、頭、首、肩など、主に上半身に掛けるもの。素材としては、布地のほか、編み

ショーツの種類

ジャマイカ　　バーミューダ　　フレア　　ショート　　ウォーキング

物、毛皮などが用いられ、正方形、長方形、三角形など、形もさまざまである。

ショール・カラー
shawl collar

へちま襟のこと。刻みがなく、丸みを帯びてウエストラインあたりまで続いたものが多い。→カラー

ショルダー・ケープ
shoulder cape

ジョドパーズ

肩が隠れるくらいの短いケープ。

ショルダー・シーム shoulder seam

前後身頃を縫い合わせたときに、肩の部分にできる縫い目線。肩縫い目のこと。

ショルダー・ストラップ shoulder strap

イブニング・ドレスや、スリップ、ブラジャーなどの肩つりひも。

ショルダー・バッグ shoulder bag

軍隊のバッグからヒントを得てデザインされた、肩から提げるバッグ。脇に抱えるように短くしたり、長さが加減できるようになっているものもある。→バッグ

ショルダー・パッド shoulder pad

肩台。服の肩の線を整えるため、あるいはその時々の流行のショルダー・ラインを表現するために、袖山の部分に、裏から止めつける詰め物をいう。

一般に背広服に使われるが、流行により婦人服にも用いられる。

ショルダー・ポイント shoulder point

製図上の前、後ろ身頃の肩先の先端。

ショルダー・ライン shoulder line

肩線。服の肩の部分のシルエットをいう。その時々の流行によって、さまざまのものが生まれる。

シリコンぼうすい　シリコン防水

アメリカで発明された防水加工の一種。油状のシリコンを溶剤で溶かした液に、繊維を浸して、平均にしぼり、高い温度で処理すると撥水性が出てくる。これは合成繊維にも防水ができる。

シール seal

アザラシの毛皮。毛は粗く、かたく、下毛がない。色は、青黒く、つやがある。上毛だけを刈り取って染色したものは、シールスキン（sealskin）とよばれ、コートやストールなどにして用いられる。また、その毛皮に似せて作ったパイル織物もシールとよばれ、ショールや室内装飾、ぬいぐるみなどの素材として使われる。

シルエット silhouette

もとはフランス語で影絵、外形などを表わす語で、服装では外形線をさすが、事実上、それは服装の型、形、姿、全体の調子、ムードなどを表わす。ルイ15世時代の政治家で悪評だったシルエット氏の黒く塗りつぶした肖像画からきたことばである。

直線的なボックス・シルエット、ロング・トルソー・シルエット、曲線的なプリンセス・シルエット、バッスル・シルエット、ドレープド・シルエットなど。

シルク・ハット silk hat

円筒形のクラウンに、両脇をやや上のほうに反らせた狭いブリムのついた帽子。色は普通、黒で、フラシ天（けばだったビロード）仕上げをした光沢のある絹を素材として使っているため、この名称がある。男子の正式礼装用、野外催し物用（競馬など）として使われるが、正式乗馬服を着たときには、婦人もかぶる。→ぼうし

シルケットかこう　シルケット加工

木綿の布地や糸を、苛性ソーダで処理することにより、絹のような光沢を出させる加工法。シルケットというのは、わが国でつけられた名称で、正しくは、考案者マーサー（J. Mercer）の名をとって、マーセリゼーション（mercerization）という。またわが国では、マーセライズ加工ともいう。

シールスキン sealskin
アザラシの毛皮。→シール

シルバー・グレー silver gray
銀ねず色。わずかに青みを帯びた、銀のような感じの明るい灰色。

シレ ciré（仏）
ろうを塗ったという意味。ビニールびきをした素材で、ウエット・ルックの素材の一つである。

ジレ gilet（仏）
ジャケットの下に着て、一見、ブラウスを着ているように見せる袖なしの胴着。前身頃にフリルやピン・タック、ボーなどのついた装飾的なフロント・ジレをいったが、最近は英語のウエストコートと同様のものをいう。

シレーヌ sirène（仏）
人魚の姿をした海の精のこと。英語ではマーメイド。膝のあたりまで体にぴったりとタイトフィットさせ、その先にフレアやキーユ（三角布をさし込む）を入れて、魚の尾びれのように広がらせたシルエット。イブニング・ドレスによく使われるシルエット。

シロセットかこう　シロセット加工
主として毛織物に耐久性のあるひだをつける加工法。スカートやズボンのひだつけに用いる。

しろも　白木綿糸
未ざらしの白い木綿糸。切りじつけや仮縫い用に使われる。甘撚りで多少けば立ってすべりが悪いので、薄手の絹物や木綿地には地質を傷めるから使われない。しろもは白木綿糸がなまってできた職人用語。

シングル single
単一の、1個の、という意味であるが、服飾用語としては、片前、シングル・ブレスト（single-breasted）の略として使われることがある。

シングル・カフ single cuff
折り返さずに、巻き合わせてボタン留めにする一重のカフスのこと。男子用ワイ・シャツなどのカフスの場合に、ダブル・カフと区別していう語である。→カフ

シングル・ストライプ single stripe
1種類だけの細い筋を、等間隔に配列した縞柄。いわゆる棒縞のことで、大名縞ともよばれる。→ストライプ

シングル・ツイスト single twist
ドロン・ワークのステッチの一種で、両端をヘム・ステッチでかがり、抜き糸の束が中央で交差するようにねじって、中央に糸を通すかがり方。波かがりのこと。

シングル・ブレスト single-breasted
片前合せのこと。上着の前合せを一列のボタンで留める形式をいう。わが国では、単にシングルと略していう。正しくはシングル・ブレステッド。

しんごしらえ　芯ごしらえ
服を仕立てる際に、シルエット作りのための芯を、ぐあいよく作り上げる工程をいう。とくにジャケットやコートなどの前身頃の芯を入れるときに、ダーツの始末をして体型に合わせ、表布となじませてはり合わせるまでをいうことが多い。

しんじ　芯地

服のシルエットを形作ったり、型くずれを防いだりするために、芯として用いられる布地の総称。綿芯地、毛芯地、麻芯地などのほか、不織布や接着芯地（糊が塗布されたもの）など、いろいろな種類があり、用途に合わせて使い分けられる。

しんしゅつしょく　進出色

色彩心理上、実際の位置よりも近くにあるように見える色をいう。一般に明度の高い暖色が、その性質をもっている。また、進出色は、同時に実際よりも大きく見せるので、膨張色ともいわれる。橙（だいだい）、赤系の色など。

ジーンズ　jeans

1850年代カリフォルニアの金鉱採掘者の作業着として実業家リーバイ・ストラウスが導入したデニムのズボン。綾織り木綿糸でしっかりと織られた厚地（ジーン）で、使うほど肌になじみやすくなる。青に染めたものはブルー・ジーンズとよばれる。第二次大戦後、アメリカの若い人たちの間で大ヒットし、その後ヨーロッパ、わが国でも普及するようになった。なお、1970年ごろから、カジュアル・ウエアとして着ることが一般的となった。

しんすえ　芯据え

前身頃に芯を入れる際、胸の張りを形作った芯地の、立体感を消さないように注意して、その上に表身頃をのせ、よくなじませてしつけをかけること。

じんぞうけんし　人造絹糸

ビスコース・レーヨンのこと。再生繊維の代表的なもので、化学繊維発明の初期に、絹を模して人工的に作られたため、こうよばれたが、現在では、レーヨンというのが一般的である。天然の絹と違って黄変しないこと、染色性がいいこと、丈夫なことと、安価なことなどの長所があるが、独特の強い光沢があるのが欠点である。ただし、最近では、初期の安物イメージをなくした、良質のものが多く作られている。

じんだい　人台

人体の模型で、衣服のデザイン、製作、陳列のとき用いる。ボディ。→ダミー

シンチ・ベルト　cinch belt

シンチとはアメリカで〝馬の腹帯〟を意味することば。馬の腹帯のような感じのごく幅の広いベルトのことをこうよんでいる。とくに幅の広いものでは、両脇の部分が体の線にそってくびれているものもある。留め具は、大きなバックルや2つ以上の鋲（びょう）、またはひもなど。とくに編上げ式にひもで閉じるようになったものが多い。このひも締め式のものを、レースアップ・ベルト（lace-up belt）とよぶ。

このシンチ・ベルトを締めるときは、ベルトの下端がウエストラインにくるように胸高にすることがポイントである。こうすることによって、ハイ・ウエストの効果が出せる。

じんべえ　甚平、甚兵衛

夏の男物、男・女児物の家庭着で、丈が膝くらいで、短い筒袖、帯は用いず、襟先と脇縫いに小さなひもをつけて着る。素材は木綿か麻が中心で、単衣（ひとえ）仕立てにする。元来は江戸末期の、袖なしの羽織の一種である。

ス

ズアーブ・パンツ　Zouave pants

　裾でつぼめて全体をゆったりとさせた、膝下丈のズボンのこと。ズアーブとは1830年にアルジェリア人で編成されたフランスの軽歩兵のことをいい、アラビア服を着た彼らがはいていた、ブルーマー型のズボンがデザイン源になっているため、この名がある。

スイング・スカート　swing skirt

　スイングとは〝揺れ動く〟という意味で、歩くたびに裾線が揺れ動く裾広がりのスカートのこと。このスタイルを表現するためには、極端なものでは全円裁ちがあるが、それ以外にバイアス・フレア、ゴア（襠）によるフレア、プリーツによるフレアなどがある。→スカート

スエット・シャツ　sweat shirt

　運動選手が汗よけのために着る長袖セーターのこと。特徴としては、綿ジャージーの裏起毛したものを使い、ゆったりとした形になっていること。プルオーバー式が一般であるが、前中心ファスナーあきのものもある。これをカジュアル・シャツとして着ることが一般化している。わが国では、トレーナー（trainer）ともいう。

スエード　suede

　ヤギ皮または子牛の皮をなめして、内面をローラーで摩擦して、短く細かいけばを一面に立てた革。けばを立てたほうが表として使われる。しなやかで、ベルベットのような感触があり、靴、コート、ジャケット、バッグ、手袋などに用いられる。

　また、表面を起毛してスエード風に仕上げた綿織物、スエード・クロス（suede cloth）のことをいう場合もある。

スカイ・ブルー　sky blue

　空色。明るい青色であるが、正確には、夏の快晴の日の正午、温帯地方北部の地で、水平面に対して30度の角度で観測したときの色をさす。

スカート　skirt

　下半身を覆う衣服。コートやドレスのウエストから下の部分のこともいう。スカートの原型は古代エジプト時代からあり、服装史上でもさまざまに変化している。

　タイト・スカート、プリーツ・スカート、ゴアード・スカート、フレア・スカートなど。（図は103、104ページ）

スカート・オン・スカート　skirt on skirt

　スカートの上にさらにスカートを重ねてはくこと。この場合、上にはくスカートは下のスカートよりも、丈が短いのが原則である。

スカート・ハンガー　skirt hanger

　スカート専用のハンガー。クリップでつるすもの、スカートについているループを掛けるものなど、いろいろな形式のものがある。

スカーフ　scarf

　元来は、衣服に付属する布片をすべて含んでいったが、今日では、長方形、または

103

スカートの種類

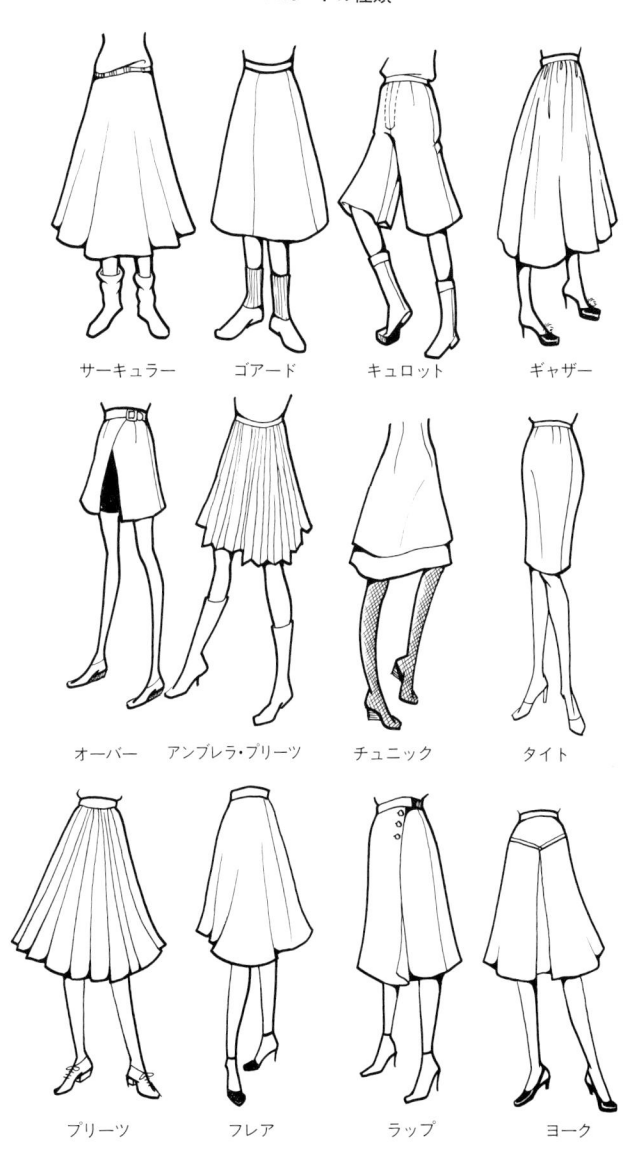

サーキュラー	ゴアード	キュロット	ギャザー
オーバー	アンブレラ・プリーツ	チュニック	タイト
プリーツ	フレア	ラップ	ヨーク

スカートの種類

スイング	ジョイント	バレル	ハーレム	マーメード・ライン
ハイ・ウエスト	ドレープド	トランペット	ティアード	マイクロ・ミニ
ベル	ヒップボーン			

正方形の布地や編み地で、頭や首を覆ったり、巻いたりして用いるもの全般をさすことが多い。

スカーフ・カラー scarf collar

襟ぐりに幅広の斜めの布を縫いつけたりして、ちょうどスカーフを巻いたような感じにする襟。→カラー

スカラップ scallop

帆立貝のことであるが、服飾上では、帆立貝の貝殻の縁に似たような一連の波形模様をいう。婦人服や子供服の襟、ネックライン、袖口、裾などの装飾として応用される。

スカラップ・ステッチ scallop stitch

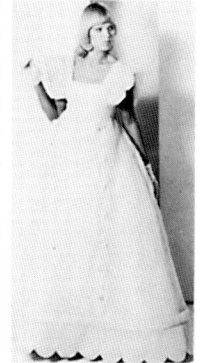

スカラップ（帆立貝のような縁）の縁どりをするときに用いるステッチの総称。代表的なものにボタンホール・ステッチ、ブランケット・ステッチなどがある。→ステッチ

スカーレット scarlet

鮮やかな赤。緋色(ひいろ)。赤でも少し黄色がかった赤。

すぎあや　杉綾

山形斜文織りで織った織物のこと。またその布面に現われた山形の織り目をいう。

この名称は、織り目が、杉の葉の形に似ていることからきたもので、英語では、ヘリンボーン・ツイル（herringbone twill）といい、これは、ニシンの骨（ヘリンボーン）に似ているということが、その由来である。→ヘリンボーン

スキー・ウエア ski wear

スキー用の服装。防水性と防寒、防風性が必要とされる。ストレッチ性のある生地で作られ、裾口を細くし、スキー靴の中にはき込めるようにしたスキー・パンツ、保温性の高いセーター、アノラック、キルティング・コートなどの防寒ジャケット、それにスキー帽や手袋などもスキー・ウエアに含まれる。またスキーをするときだけでなく、スキー場へ行くまでの服装、宿舎などでくつろぐときの服装もこうよぶ。冬のファッションのポイントの一つとして注目され、多くのオート・クチュールのデザイナーがスキー・ファッションを取り上げている。

スキニー skinny

やせこけたという意味。超細身づくりの服をさしていうときに使われることば。

スキー・パンツ ski pants

スキー用のズボン。転じて裾に鐙状(あぶみ)のバンドつきの細身のパンツ。→スターラップ・パンツ

スクエア square

製図用の角尺。直角定規。正方形。

スクエア・ショルダー square shoulder

いかり肩のことであるが、上着の肩にパッドを入れたりして、いかり肩のような、角張った感じを強調したショルダー・ラインのことをいうこともある。

スクエア・スリーブ square sleeve

アームホールの部分が、丸でなく、四角形になった袖のこと。→スリーブ

スクエア・ネックライン square neckline

正方形、または長方形に切った襟あきの総称。襟ぐりの深いもの、浅いもの、幅の広いもの、狭いものなど、さまざまの形がある。→ネックライン

スクープト・ネックライン scooped neckline

スコップですくい取った跡にできるような形の、深いラウンド・ネックライン。→ネックライン

スクランブルド・パターン scrambled pattern

まぜこぜの柄。柄のモチーフの向きが不規則になった点が特徴。

スクール・ガール・ルック school girl look

女学生ルック。清純、可憐な感じのする装い。

スケーティング・コスチューム skating costume

スケートをするときに着る服。とくに、フィギュア・スケートの公式競技の際に選手が着る衣服をさすことが多い。

スコッチガードかこう　スコッチガード加工

アメリカで開発された、弗素化合物による防水防油加工。水だけでなく油もはじき、ドライクリーニングでも、5～6回は効力を失わない。布地の風合いをそこなわず無色無臭である。

スコッチ・ツイード Scotch tweed

スコットランドに産する長毛種の羊（チェビオット羊、ブラックフェース羊、レスター羊など）の毛を手紡ぎし、その糸を手織りで、平織りまたは綾織りに織った厚手の紡毛織物。

ざっくりした風合いが特徴の民芸調の織物であるが、現在では、必ずしも手紡ぎ、手織りではない。

いわゆるツイードは、本来、このスコッチ・ツイードのことである。→ツイード

すずらんそで　鈴蘭袖

鈴蘭の花の形に似て、袖口がやや広がった袖のこと。

すそまわり　裾回り

衣服の下端の全周寸法をいう。ジャケット、スカート、コートなど、どんな種類の服にも使われることばであるが、コートやドレスの場合には、蹴回し、ともいう。

スタイリスト stylist

本来は優れた文体をもった名文家の意味であるが、服飾界用語としては次のような仕事をする人のことをいう。次のシーズンのファッションを予測し、スタイルを選定し、販売や宣伝についてのアドバイスをする。わが国では、ファッション撮影などで、衣装、小道具や全体の構成を整える人のこともいう。→スティリスト

スタイル style

〝様式〟〝型〟をさす一般的な用い方と、とくに〝服装の型〟や〝容姿、姿態〟の意味に限って用いる場合とがある。語源はラテン語のスティルス（stilus＝骨針や鉄筆などの文字を記す道具を意味した）で、著作家や雄弁家の特色ある文体、表現をさすようになり、それがあらゆる芸術について、用いられるようになった。服装の型、容姿、姿態の意味も、ここから派生したものである。

服飾用語としてのスタイルは、シルエット、ライン、ルックなどの類似語とみることができる。

スタジアム・ジャンパー stadium jumper

競技場ジャンパー。野球やサッカーの選手が競技の前後にユニフォームの上に着る防寒用のジャンパーのこと。ラグラン袖で、身頃と袖が色違いになっていて胸や背中にワッペンやチームのマークがつけられている。これがヤング層のカジュアルなタウン・ウエアとして広く着られるようにな

った。略して、スタジャンという。

スタックド・ヒール stacked heel

積みかかと。靴のヒールの部分を厚手の革を何枚も積み重ねて作ったものをいう。実際に革を重ねないで、重ねたように切込みを入れたものや、プリントしたものなどもある。

スターラップ・パンツ stirrup pants

スターラップとは乗馬のときに足を掛ける鐙(あぶみ)のこと。鐙パンツ。裾に鐙状のバンド、または持出し布がつき、それを足の裏に掛けてはくぴったりしたパンツ。スティラップ・パンツともいう。

また、わが国では一般的にスキー・パンツとよばれ、1985年の秋冬ごろから流行しはじめ、カジュアル・パンツとして町着として定着した。素材は伸縮のきくジャージーをはじめとして、さまざまなストレッチ素材、デニムやコージュロイなど。

フランスでは形が似ていることから、機織りに使う紡錘(ぼうすい)(糸巻き)という意味のフュゾー(fuseau)と単にいう。正式にはパンタロン・フュゾー(pantalon-fuseau)である。フュゾー・パンツというのはわが国で使った合成語。また、スパッツ(spats)という向きがあるが、まちがい。

スタンド stand

人台、つまり、洋服の製作用、および陳列用の、人体模型のこと。正しくは、ボディ・スタンド(body stand)という。わが国では略してスタンともいう。→人台

スタンド・カラー stand collar

ネックラインから首にそって、高く立てられた襟の総称。スタンディング・カラー(standing collar)、立ち襟、アップツー・ネック(up-to neck)、などともいう。その代表的なものとして、チャイニーズ・カラー(Chinese collar)、ハイ・ビルトアップ・カラー(high built-up collar)や、スタンド・アウェー・カラー(stand-away collar)がある。→カラー

スチール・グレー steel gray

スチールとは、はがね、鋼鉄のこと。中明度のグレーで、かたくて冷たい、クールな雰囲気のもの。

スーツ suit

同じ布地で作られた一そろいの洋服。男子服では、背広、チョッキ、ズボンの一組みで、婦人服ではテーラードな感覚の上着とスカート、またはコートなどの一そろいをいう。町着、通勤着、フォーマルなものまで、目的によって、デザインも各種ある。

スリーピース・スーツ、セパレーツ・スーツ、アフタヌーン・スーツ、カクテル・スーツ、パンタロン・スーツ、カーディガン・スーツなど。フランス語ではタイユール(tailleur)。(図は次ページ)

スティリスト styliste(仏)

布地の選択をして服のフォルムを作って一つのスタイルを作る人をさす。デザイナーに近い仕事をするが、創作はしない。アドバイスをしたり、選択したり、コーディネートをしたりする。1960年代に職業として確立した。スタイルを作る会社のことをビューロー・ド・スチルといい、マフィアやプロモスチル、ペクレルなどが有名。

ステッチ stitch

裁縫の縫い目や、編み物の編み目、手芸の刺し目、かがり目など。(図は109、110ページ)

ステッチド・プリーツ stitched pleat

ひだ山にステッチをかけ、ひだを固定させたプリーツ。ひだ山の表側だけにステッチをかけるもの、両側にかけるものの2種

スーツの種類

シャネル	ベルテッド	パンツ	スペンサー
テーラード	ペプラム	サファリ	カクテル

がある。ひだがくずれないという利点があるが、装飾を目的としてステッチをかける場合もある。

ステープル・ファイバー staple fiber

ビスコース・レーヨンを短く切って、紡績原料としたもの。第二次大戦中、ウールや綿の代用品として用いられ、わが国ではスフとよばれていた。

今日では、レーヨン・ステープル(rayon staple)といわれ、それを紡績したものが、スパン・レーヨン(spun rayon)である。

この糸で織った織物は、人絹よりも光沢が弱く、保温性もあり、手触りもよい。

すてミシン　捨てミシン

縫い代の始末法の一種で、縫い代の部分の裁ち目がほつれないように、縫い代を折らずに布端より少し内側に、ミシン・ステッチをかけること。

ステン・カラー

ステッチの種類

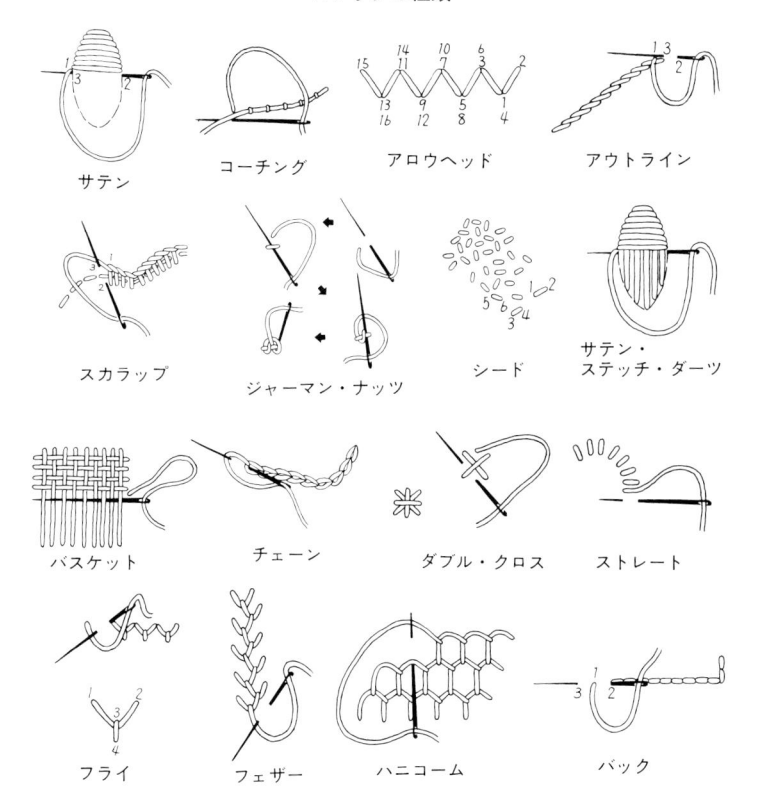

サテン　コーチング　アロウヘッド　アウトライン

スカラップ　ジャーマン・ナッツ　シード　サテン・ステッチ・ダーツ

バスケット　チェーン　ダブル・クロス　ストレート

フライ　フェザー　ハニコーム　バック

ごく一般に見られる折り返った二重襟のこと。襟腰があり、前の部分は首にそって直線的に折り返っている。この名は和製英語で語源についての説はまちまちである。英語ではターンオーバー・カラー（turnover collar）、ダブル・カラー（double collar）などとよばれる。→カラー

ズート・スーツ zoot suit

1940年代にはやった、ライオネル・ハンプトンやキャブ・キャロウェイなどスイング・ジャズのスターたちの、ステージでのスタイル。ズートはスーツの変形語。白や大格子で作られた、パッド入りのオーバーサイズの長ジャケットに、胸まで届く長くて太いパンタロンを組ませている。ボヘミアンやビートニックの流行から1940年代末に消えるが、カリフォルニアに移民してきたメキシコ人の若者たち〝チカノ〟のユニフォームとなる。大西洋を渡ってヨーロッパに上陸し、フランスのザズーに影響

ステッチの種類

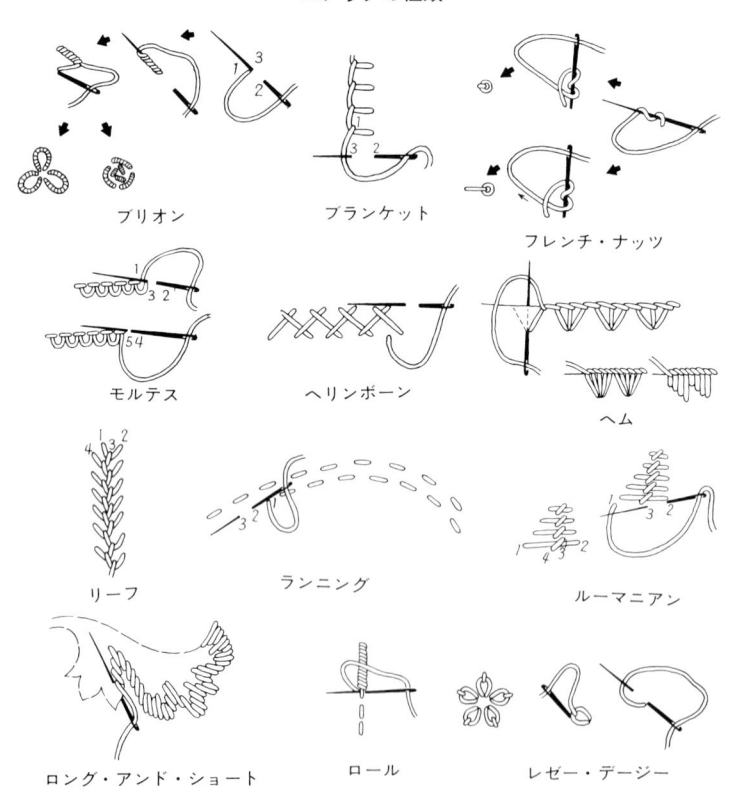

ブリオン　　ブランケット　　フレンチ・ナッツ

モルテス　　ヘリンボーン　　ヘム

リーフ　　ランニング　　ルーマニアン

ロング・アンド・ショート　　ロール　　レゼー・デージー

を与え、イギリスではエドワーディアンやテディ・ボーイにも影響を与えた。ネオ・ロマンティシズムの登場で、1980年代初期再びロンドンに現われた。

ストッキング・ブーツ stocking boots

ももまでの丈のぴったりしたブーツ。ミニ・スカートの流行により現われた。素材は柔らかい革、エナメルなど。

ストーブパイプ・パンツ stovepipe pants

ストーブの煙突のようにまっすぐな形になったパンツのこと。ヒップの下から裾までストレートになっている。

ストライプ stripe

縞、縞柄のこと。太さ、間隔、方向、配置などの違いにより、たくさんの種類がある。

ストライプの代表的なものとしては、チョーク・ストライプ（chalk stripe）、ペンシル・ストライプ（pencil stripe）、ブロック・ストライプ（block stripe）、ダブル・ストライプ（double stripe）、カス

ストライプの種類

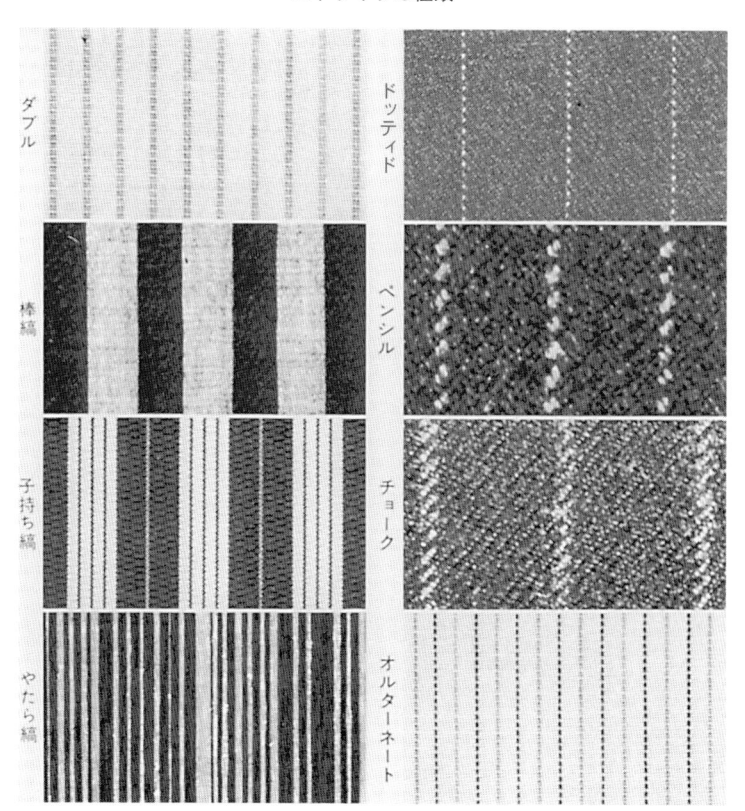

ダブル	ドッテイド
棒縞	ペンシル
子持ち縞	チョーク
やたら縞	オルターネート

ケード・ストライプ(cascade stripe)、クラスター・ストライプ(cluster stripe)、レジメンタル・ストライプ(regimental stripe)などがある。

ストラップ strap

ひものことであるが、服飾上では、イブニング・ドレスや下着（ブラジャー、スリップなど)、肩を露出した服の、前身頃と後ろ身頃をつなぐつりひも、つまりショルダー・ストラップ（shoulder strap）のことをいう場合が多い。また、靴の甲や、足首にかけてあるひものことは、シュー・ストラップ(shoe strap)という。

ストラップド・カフ strapped cuff

共布（または別布）の細いバンドをつけ、それについたボタンや尾錠で、袖幅を調節できるようにしてある袖口のこと。レーンコートや、オーバーコートなどに応用されることが多い。

ストラップ・パンプス strap pumps

飾りのないプレーンなパンプス型で、甲の部分に1本から3本ぐらいのひもを渡したデザインの婦人靴。

ストラップレス strapless

つりひもなしという意味で、ショルダー・ストラップ（肩つりひも）をつけず、肩から胸あたりまでを露出させたデザインをいう。イブニング・ドレスや、下着（ブラジャー、スリップなど)に応用されることが多い。

ストラップレス・ブラ strapless bra

つりひものないブラジャーのこと。肩のあたりをあらわにした服や、レースのような透ける布地の服の場合に用いる。→ブラジャー

ストリート・ファッション street fashion

街の中で多く見かけられる風俗のなかから、顕在化して特色がはっきりとしている装いをさしていう総称。1990年代は従来のようにデザイナー発のファッションが流行するパターンに対して、若者たちのユニークな街のスタイル情報がメディアにのって、一つのトレンドとして定着し、影響をもつという新しい動きが出てきた。ストリート・ルックに触発されるクリエーターの存在も多くなった。

ストリームライン streamline

流線形。服のシルエットの一つで、特徴は上半身がフィットし、ウエストもぴったりし、スカートの部分が自然のフレアを描くようになっていること。主としてワンピース、コートに取り入れられる。

ストリング string

英語でひも、糸、リボンなどをさす。同じようなひもでストラップがあるが、これより細いひものことをいう。最近ではボタンやファスナーの代わりにストリングで結んで開閉する服が多いが、小さな三角の布を胸と腰にひもで結んで着るビキニを、単にストリングともよぶ。

ストール stole

婦人用肩掛けのうち、長方形の細長いものをいう。

ストレッチ・ファブリック stretch fabric

伸縮性のある布地の総称。伸縮性のある糸（ストレッチ・ヤーン）を経緯（たてよこ）ともに、またはどちらか一方に使って織ったもの、また織物に伸縮加工をほどこしたものなどがある。この素

材は運動量を大きく必要とする衣服に用いられる。たとえば、水着、スキー・パンツなど。

ストレッチ・ブーツ　stretch boots
　伸縮性のあるブーツという意味で、合成皮革を使った、脚にぴったりとフィットするブーツのこと。ファスナーや留め具などがなくても脚にぴったりと合うのが特徴である。→くつ

ストレート・コート　straight coat
　ウエストの部分をしぼらず、裾もほとんど広がっていないため、肩から裾までの脇線が、垂直線のように見えるコート。

ストレート・スカート　straight skirt
　ヒップ・ラインから裾までの線が垂直なスカート。

ストレート・ステッチ　straight stitch
　普通のプレーンな縫い目の、刺しゅうにおける名称。これの長いものや短いものを組み合わせて、模様を作っていく。→ステッチ

ストレート・ティップ　straight tip
　靴のデザインの一種で、爪先の部分に、横に切替えの入ったもの。紳士靴に多く見られるデザインである。業界用語では、一文字ともいわれる。

スナップ　snap
　凸型の上ボタンと、凹型の下ボタンから成る、衣服やカバーなどの留め具。ホックまたはプレス・スタッド（press stud）ともいう。

スニーカー　sneakers
　甲にキャンバス地を使い、ゴムの裏底をつけた、いわゆる運動靴のこと。デザインは、オックスフォード型（ひも結び）のものが多い。スニーカーとは〝忍び歩く人〟の意味で、この靴で歩くと足音があまりしないことからつけられた名称である。キャンバス・シューズ（canvas shoes）、テニス・シューズ（tennis shoes）、ディック・シューズ（dick shoes）などともよばれる。→くつ

スノー・ホワイト　snow white
　雪の白。純白で目にしみるような真っ白のこと。

スパイス・カラー　spice color
　スパイスとは、香辛料、香料、薬味の意。つまり、いろいろの香辛料に見られる色の総称である。たとえば、シナモン（肉桂）、ペッパー（こしょう）、マスタード（からし）、パプリカなど。

スパゲッティ・ストラップ　spaghetti strap
　スパゲッティのような太さをした丸ひものこと。肩ひもとして使われる。

スパッツ　spats
　装飾や防寒、ほこりよけなどを目的として靴の上に重ねてはく、布製のゲートル。長さは甲から足首まで、あるいは膝下までで、靴の土踏まずの下にひもを通し、ボタン、バックル、ひもなどで脇の部分を留める。男女両用で、19世紀末から20世紀の初めにかけて流行した。なかでも白やグレーのラシャのものは、男子の礼装用に用いられていた。

スーパーポジション　superposition（仏）
　重ねること、重なりという意味。英語ではレイヤード。同じものを重ねたり、複数のものを重ねたりといろいろ。モードでは重ね着スタイルのことで、重ねたものが表から見てわかる〝重ねた効果〟を追求している。

　モードにおける重ね着は、高田賢三が1973～74年秋冬プレタ・ポルテ・コレクションで発表した〝ルーマニア・ルック〟か

スパルシアト　spartiate（仏）

細長い革ひもを交差して巻いて履くシンプルなフラット底のサンダル。古代、スパルタの市民が履いていたサンダルのフォルムからこうよばれるようになった。スパルタカスともいう。

スーパーレイヤード・ルック　superlayered look

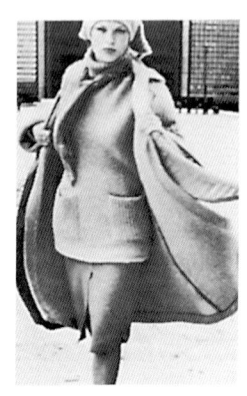

超重ね着ルック。従来のレイヤード・ルックは、概して2枚の重ね着であったが、3枚以上たくさん重ねるという方向が出てきた。これをさしていう場合に使われることば。別にマルチ・レイヤード・ルックともいう。→マルチ・レイヤード

スパンコール　spangle

金属やセルロイドなどで作った、ごく薄い円盤状の、服飾用あるいは手芸用の材料。平板なもの（パイエット paillette）、皿状のもの（キュベット cubette）のほか、花形、葉形などさまざまな形のものがあり、光の反射で美しく輝くため、夜のドレスや、舞台衣装、刺しゅう用などに用いられる。正しくは、スパングルである。

スパンデックス　spandex

ゴムのように伸縮のきくポリウレタン系の合成繊維。ガードル、スキー・パンツなどに用いられる。

スプリング・コート　spring coat

春用のコートという意味で、春や秋の、いわゆる合い着の季節に着る、薄手のコートの総称。明るい色の薄手ウールや絹、木綿、化繊などが使われ、デザインも開放的で、半裏仕立てにすることが多い。これは、日本でのみ使われる名称で、欧米では、トップコート（topcoat）といっている。

スペア・カラー　spare collar

替え襟。身頃と別仕立てにして、取りはずしができるように作られた襟。ボタンやスナップで留めたり、糸で軽くとじつけたりして用いる。

男子用ワイ・シャツの、ダブル・カラーも、この一種である。

スペース・エイジ　space age

1965年のアンドレ・クレージュによるオート・クチュール・コレクションに、この名が与えられた。小さなキャップ・スリーブのチュニックとヒップ・ハガーの細いパンツ。スクエア・トーのフラット・ブーツ、四角いブリムの帽子のスタイルで白のトータル・ルック。1966年ピエール・カルダンの秋冬オート・クチュールでもヘルメット帽を組ませたたくさんのスペース・ルックが現われた。

スペンサー　spencer

ウエスト、または腰骨の上までの短い丈でフィットしたジャケット。スペンサーとは、イギリスのスペンサー伯爵（1758～1834年）が最初の着用者であったことからの呼称。

スポーツウエア　sportswear

各種のスポーツをするときに着る競技用の服と、スポーツを見物する人が着る適当に軽快で簡便な服の、2つの意味がある。

最近は、後者の意味で、活動的な、インフォーマルな日常着として用いられることが多い。

ズボン

フランス語のジュポン（jupon）がなまってできた造語で、イギリスではトラウザーズ（trousers）、アメリカではパンツ（pants）。腰回りと2本の脚部をもつ外衣の総称。

ずまわり　頭回り

頭のいちばん大きいところ（前額部から後頭部を通って頭を一周するところ）をはかった寸法。帽子を作るときや、頭からかぶって着る服の襟あきの大きさを決めるときに必要な寸法である。英語では、ヘッド・サイズ（head size）といい、HSと略される。

スムース　smooth

両面編みのわが国での俗称。表裏ともに表目が見える。表面に畝や凹凸がなく、すべすべしているので、なめらかという意のスムースという語が使われたもの。〝スムース編み〟ともいう。正しくはスムーズというべきである。

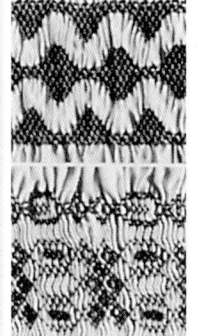

イギリスではインターロック・ニット（interlock knit）という。

スモーキー・トーン　smoky tone

煙がうっすらとかかったような色調。

スモーキング　smoking（仏）

英語の外来語としてフランスで使われるタキシードのこと。→タキシード

スモーク・グレー　smoke gray

煙のような、うっすらと紫がかったごく淡い灰色。

スモッキング　smocking

ギャザーのひだの上に、伸び縮みのきく刺しゅうをして、模様を表わす手芸。初めはヨーロッパの農民や羊飼いの着ていたスモック（上っ張り）にほどこされたことから、この名がつけられた。現在では、子供服、婦人服の装飾として応用されている。スモッキングのステッチには、ケーブル・スモッキング・ステッチ、ハニコーム・スモッキング・ステッチ、ダイヤモンド・スモッキング・ステッチなどがある。

スモック　smock

洋服の上にはおる、ゆったりとした上っ張り。もともとは、ヨーロッパの農民や羊飼いが、服の汚れを防ぐために、その上に着た粗末なシャツのことで、現代でも、子供や婦人、画家などに、遊び着、仕事着として用いられている。腰が隠れるくらいの丈で、前あき、カフスつきの長袖というのが基本的なデザインである。また、この上っ張りにほどこされることの多かった刺しゅう、スモッキングのことも、スモックということがある。→スモッキング

スモック・ドレス　smock dress

上っ張りの裾を長くしたようなワンピー

ス。胸の切替え線の下にギャザーが入れてあり、たっぷりしている点が特徴。

スライド・ファスナー slide fastener

テープにつけられた凹凸の務歯(むし)を、スライダーをすべらせることによりかみ合わせて開閉する、すべり式留め具。普通、略してファスナーという。ジッパー（zipper）、チャックともいう。

スラックス slacks

スポーティな長ズボンのこと。一般に替えズボンとしての単品物をさしていう場合が多い。背広のように上下そろいになったものはトラウザーズ（trousers）とよび、スラックスとはいわない。元来はゆったりとした形であったので〝ゆるい〟という意のスラックスという語が使われたわけだが、最近では細身のものも含めてこうよぶ。

スラッシュ slash

服に切込みを入れたあきのこと。スリットとほぼ同じに使われる。1977年秋冬のパリ・コレクションで、ギャザー・スカートにスラッシュ・ポケットをつけたものが多く見られた。

スラブ・ヤーン slub yarn

粗紡糸の一種で、繊維の束を一定の間隔で撚り込み、節のある調子にしたもの。糸の太さに変化のある点が特徴。

スラント・ポケット slant pocket

スモック・ドレス

スラントとは〝斜めの〟という意味で、斜めに切り込んだポケットのことをいう。

スリークォーター three-quarter

4分の3。七分。服全体の長さの4分の3の長さという意味を表わすことばで、ジャケットやコートの丈を表わす場合に使われる。

スリット slit

切り口。裂け目。上着の脇や、袖口、後ろスカートの裾などに入れるあき。

スリップ slip

ランジェリーの一種で、服のすぐ下につけ、服のすべりをよくし、着脱ぎを容易にしたり、シルエットを美しく出すために用いられるもの。主材は合繊でトリコット編みの、すべりのよいものが使われる。また、絹や綿ローンの布帛のものなどもある。デザイン的には、ショルダー・ストラップがつき、ドレス丈より、やや短めのものが多い。裾回りは、ポピュラー、フレア、タイトなどがあり、ドレスのシルエットに合わせたものが用いられる。スリップとは〝すべる〟という意味で、服のすべりをよくするという意味でつけられた名称である。

スリップ・ドレス slip dress

下着のスリップのようなデザインのワンピース。肩つりひもつきで、身頃は自然のAラインになっている。主としてリゾート用として着られるが、ボレロなどを組み合わせてタウン・ウエアとして着られることもある。

スリッポン slip-on

頭からかぶって着る、という意味で、軽くひっかけて着るような衣服をさすが、とくに、ひもやバックルを用いず、足をすべり込ませて履く形式の靴のことをいう場合が多い。正しくはスリップオン・シューズ（slip-on shoes）。

スリーブ　sleeve

洋服の腕を覆う部分、袖のこと。裁断上からは、ワンピース・スリーブ（一枚袖）、ツーピース・スリーブ（二枚袖）、セミ・ツーピース・スリーブに分けられ、そのアームホールへのつけ方によって、セットイン・スリーブ、キモノ・スリーブ、ラグラン・スリーブなどに分けられる。

また、長さによって分類すれば、ロング・スリーブ（長袖）、ショート・スリーブ（短い袖）、ハーフ・スリーブ（半袖）、スリークォーター・スリーブ（七分袖）などに分けられる。（図は次ページ）

スリーブレス　sleeveless

〝袖のない〟という意味の形容詞。スリーブレス・ドレス（sleeveless dress）というように使われる。

スリム　slim

ほっそりした、やせ型の意。

スリム・スカートとは、ほっそりしたひだをとらないタイト・スカートのこと。

スレーキ

厚糊づけをして光沢を出した、平織りまたは綾織りの綿織物。グレー、茶、黒、縦縞などのものが多く、男子服の裏地や、ポケット布として用いられることが多い。〝なめらかな〟という意のスリーク（sleek）からきた語である。また、ドイツのシレジア地方で初めて織られたため、シレジアともいう。

スレンダー　slender

細い、細長い、ほっそりした、きゃしゃなの意。

スレンダー・ライン　slender line

ほっそりと見せるようにデザインしたシルエットのこと。

スワガー・コート　swagger coat

肩を張らせ、ベルトなしで、裾にフレアの入った、七分丈のコート。1930年代のニュー・モードとして、世界的に流行したもので、スワガーとは〝粋な〟〝肩で風を切る〟といった意味である。

すわり

ものが正しく落ち着く状態をいう。襟のすわりがいい、袖のすわりがいい、というのは、襟や袖が、正しい位置につけられていることである。

また、すわりをよくするために用いられる合い印のことも、すわりという。

スワローテールド・コート　swallow-tailed coat

燕尾服のこと。上着の後ろの裾が、ツバメの尾（スワローテール）のように２つに分かれていることからつけられた名称である。→えんびふく

スリーブの種類

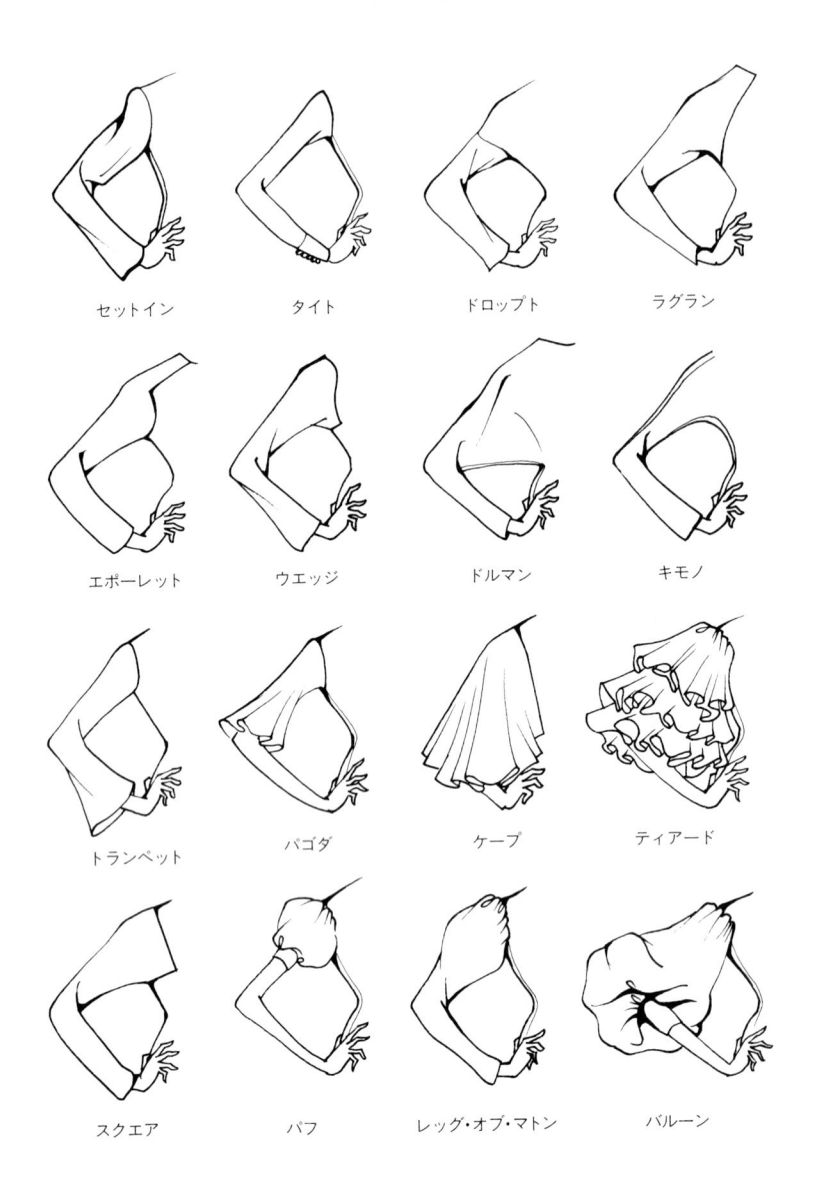

セットイン	タイト	ドロップト	ラグラン
エポーレット	ウエッジ	ドルマン	キモノ
トランペット	パゴダ	ケープ	ティアード
スクエア	パフ	レッグ・オブ・マトン	バルーン

セ

せいがいは　青海波
模様の名称。海の波をかたどった紋様で、数重の同心円状の円弧を魚の鱗(うろこ)状に重ねた幾何学的なもの。〝せいかいは〟ともいう。

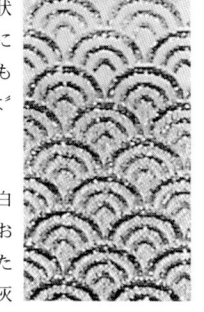

せいしょく　清色
純色と、純色に白のみをまぜた色、および黒のみをまぜた色をいう。一方、灰色を加えた色は濁色といい、清色の反対語にあたる。

セカンド・バッグ　second bag
2番めのバッグという意味で、普通のバッグの中へ入れて出かけたり、パーティなどへ出かけるとき持つ小型のバッグのことをいう。

セーター　sweater
編み物の上着の総称。プルオーバーとカーディガンがある。この語は〝汗をかかせるもの〟という意味があり、スポーツ選手がスポーツのときに汗を吸収しやすいセーターを着用していたのが起こりである。近年までスポーツ・セーターとして発達してきたが、近ごろではイブニング用のものまで広範囲に着られるようになった。セーターとスカートの組合せを現在のような婦人の一般的な服装に普及させたのは、ガブリエル・シャネルであるといわれている。

せたけ　背丈
後ろ襟ぐり中心から、ウエストラインまでの長さをいう。

セーター・コート　sweater coat
セーターの裾を思い切って長くしたようなコートのこと。ニット素材で、スポーティな感覚が特徴である。

セーター・スーツ　sweater suit
上下ともニットで、上はセーター式になった組合せをいう。多くの場合、かぶり式になっている。

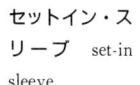

セットイン・スリーブ　set-in sleeve
原型の袖ぐりにつける袖のことで、普通袖のことをいう。→スリーブ

セットイン・ベルト　set-in belt
はめ込みベルト。ウエストを強調するため、ジャケットやドレスにこれを使う。

せぬい　背縫い
背中心の縫い目のこと。

せぬき　背抜き
背広の裏地が背中の部分だけ省いてあるもののこと。この背抜きにもいろいろあり、裏地の面積によって呼び名が変わる。ハーフ・ライニング（半裏）、ワンサード・ライニング（3分の1裏）、ワンクォーター・ライニング（4分の1裏）などが

ある。

せはば　背幅

背の幅のこと。腕のつけ根からつけ根までの寸法である。

セパレーツ　separates

スーツのように上下で組みになったものではなく、自由に組み合わせて着用するものをいう。たとえば、ジャケットと別布のスカート、ベストとスカートなどがあり、これらにセーターやブラウスを重ねて着ることもある。好みに合わせていろいろ変化が楽しめ、また簡便なことから重宝されている。とくにアメリカの婦人の間で、合理的で便利なことから急速に発達したものである。

せびろふく　背広服

男子スーツ。語源は、日本に男子服が入ってきた当時、モーニング・コートの背が細身で狭いのに対して、これは背の幅が広いことから仕立職人の慣用語として一般化したという説と、ロンドンの紳士服の店が並ぶ一角がサビル・ロー（Savil Row）とよばれるところからきた、という2つの説がある。

ゼブラがら　ゼブラ柄

ゼブラとはシマウマのこと。白と黒のグラフィックな縞柄をいう。ジャングルやアフリカン・ルックがはやるとき、必ず登場する柄である。

セーブル　sable

黒テンの毛皮。主としてショール、コート、縁飾りなどに使われる。また、黒テンのような毛の黒色もこうよんでいる場合もあり、このほか喪服のこともいう。

セブンティーズ　seventies

1970年代、1970年代調のこと。1960年代後半に起こったヒッピー・モードやジーンズ・ルックが続き、レイヤード・ルック、ビッグ・ルック、フォークロア・ルック、とヒッピー精神の流れからエコロジーの影響が強く、ナチュラル志向のカジュアルなモードが多かった。

セミ　semi

略式、また半分などの意。

セミ・イブニング・ドレス　semi evening dress

略式の夜会服。布地やデザインは、だいたいイブニング・ドレスに準ずるが、袖は必ずしもノー・スリーブでなくともよく、あまり形式ばらない晩餐会やその他の夜会に用いる。

セミ・フォーマル　semi formal

半ば正式の、という意味。男子服の場合は夜会用ならばタキシード、昼間用ならディレクターズ・スーツをいう。

セミ・ラグラン・スリーブ　semi raglan sleeve

肩線の途中から袖下にかけて、ラグラン風の斜めの袖つけになった袖のこと。一枚袖のものもあり、肩から袖先まで、袖山線に縫い目の入った二枚袖のものもある。ラグラン・スリーブの変形である。

セームかこう　セーム加工

起毛してセーム革のような感じにする仕上げ加工。主に木綿地に行なう。

セームがわ　セーム革

シカの皮を、動・植物油でなめしたもので、高級手袋、衣料、ガラスふきなどに用いられる。

セーラー・カラー　sailor collar

セーラーとは水兵の意味で、水兵服についている襟のことをいう。イギリスで1900年ごろから少年、少女の間に水兵服が流行しはじめ、それが日本にも移り、現在でも

女子学生の制服にこの襟が多く用いられている。ミディ・カラー（middy collar）ともよばれる。→カラー

セーラー・ハット sailor hat

水兵帽。クラウンは低く平らで、ブリムは上に巻き上がっているもの。古くはブリムが平らなものもあった。主として麦わらで作る。型も素材も現在はいろいろあり、単にセーラーともいう。→ぼうし

セーラー・パンツ sailor pants

水兵が着用するパンツのこと。いわゆるセーラー・ズボンをいう。腰ではぴったりしており、膝から下が非常に広がっている。この形をした一般のズボンもセーラー・パンツとよばれる。

セーラー・ブラウス sailor blouse

セーラー・カラーのついた、腰のあたりまでの丈のゆったりしたブラウスのこと。ミッドシップマン（midshipman）の着用しているブラウスをまねて作ったブラウスで、ミディ・ブラウス（middy blouse）ともいわれる。ミッドシップマンとは、イギリスの海軍少尉候補生のこと。アメリカでは、海軍兵学校生徒のことである。→マリニエール

セーラー・ルック sailor look

水兵服の感じを取り入れた装い。セーラー・カラー、ゆったりしたジャケット、プリーツ・スカートなどが特徴。別名をマリーン・ルック（marine look）ともいう。なお、またの呼び名をミディ・ルックともいう。→ミディ・ルック

セル

和服用の梳毛織物で、縞や格子柄が多く、単衣（ひとえ）として男女ともに使われる。現在ではウールの和服地は日常着として一般化し、広く用いられているが、第二次大戦以前では唯一の和服用の毛織物であった。

語源はサージをセルジとよんだところから起こったという。

セルフ・ベルト self belt

スカートやズボンと共生地で作られたベルトのこと。ズボンの脇で調節するベルトもいう。

セルロース cellulose

植物の主成分の有機化合物で繊維素のこと。綿、麻や、木材パルプが原料のレーヨンもこれから成っている。

セレクト・ショップ select shop

1990年代後半から日本で使われだした専門店に対する呼称。選定された商品ぞろえで特色を出す店のこと。特定のブランドやスタイルを選ぶ顧客の存在がクローズアップされた結果として、個性化時代の服飾専門店の名称となった。

センシュアス sensuous

感覚的。女らしさを強調したファッションをさしていうときに使われることば。

せんだいひら　仙台平

宮城県仙台市で織られる、琥珀（こはく）織りの絹袴地。浸（し）め緯糸（よこいと）で織る。精好（せいごう）仙台平ともいう。重要無形文化財に指定。

センター・シーム center seam

背中心の縫い目のこと。

センター・ベンツ center vent

上着やコートの裾の後ろ中央に入れた切込みのこと。動きやすくするためのものであるが、プリーツをたたんだりして装飾も兼ねていることもある。センター・ベントと読むのが正しい。わが国では馬乗りという。→ベンツ

ソ

そううら　総裏
身頃、袖とも全体に裏布をつけたもの。また、つける方法のこと。冬物や量感を出したいものにつける。

そうたけ　総丈
首のつけ根から床までの寸法のこと。この場合、靴の高さも含まれる。つまり靴を履いてはかるのが普通である。着丈はこの総丈から床上がり寸法を引いたもの。

そうもよう　総模様
きもの全体に模様が平均に配されたもののこと。

ソックス　socks
くるぶしくらいまでの短い靴下のこと。足首までの丈のものは、アンクル・ソックス（ankle socks）、または、アンクレット（anklet）といい、膝下の丈のものは、ニーハイ・ソックス（knee-high socks）という。

そで　袖
衣服の腕を覆う部分の総称。→スリーブ

ゾーディアック　zodiac
十二宮。かに座、さそり座などの星占いの図盤をいう。

そでうら　袖裏
袖の裏布のことで、袷仕立てにし、袖のすべりをよくするためにも用いる。布地はデシンなどのすべりのよい薄手の化繊が多く使われ、婦人物は、色も表布と同色、同系色の薄い色などが使われる。男子服は、身頃と袖の裏布が異なるのが普通であり、縞の綾織り、サテンなどが使われる。

そでぐり　袖ぐり
身頃の袖つけのくりのことで、アームホールと同じ。

そでしん　袖芯
袖に入れる芯のこと。普通は袖口に入れ

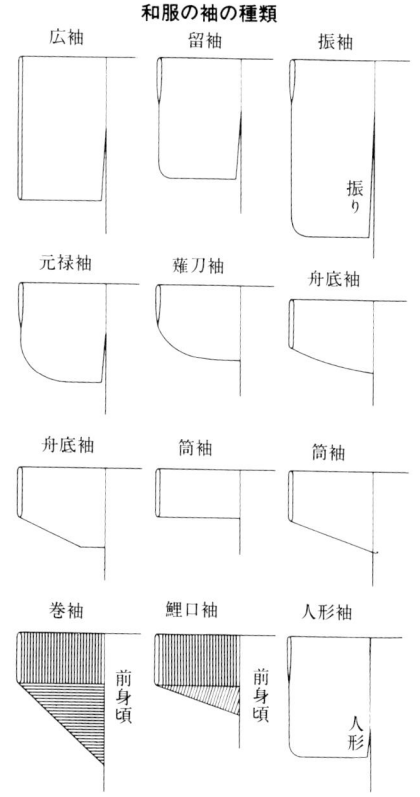

和服の袖の種類

広袖　留袖　振袖

元禄袖　薙刀袖　舟底袖

舟底袖　筒袖　筒袖

巻袖　鯉口袖　人形袖

る芯のことをさし、スレーキやキャリコなどを使用する。また袖山をふっくらさせるために、袖山のあたりに入れる芯のこともいう。

そでたけ　袖丈
袖の長さで、洋服では肩先から手首までのこと。長袖をはじめ、七分袖、半袖、三分袖など、長さによって名称も変わる。

そでつけ　袖つけ
袖の縫いつけ目。袖と身頃を縫いつけることをいう。

そでまくら　袖枕
パッドの一種。綿をガーゼか目の粗い布で包んで作り、身頃の袖つけ線の部分につける。

そでやま　袖山
袖の山のいちばん高い点をいう。また身頃に袖をつけるとき、その袖つけ線のことも袖山という。

そとひだ　外ひだ
ひだ山が外側に向いているものをいう。

ソニア・ドローネー　Sonia Delaunay
ウクライナ出身の女流画家。1884～1979年。1905年パリに絵を学びに来て、1910年フランス人画家ロベール・ドローネーと結婚。彼女の絵はロベール同様に〝同時性（シミュルタネ）〟を求め、ジオメトリックな形を使った抽象画であった。1912年から服やアクセサリーを作ってモード分野に進出し、1923年にはブティックもオープン。1925年有名な布地メーカー、ビアンキーニ・フェリエ社と組み、同時性の絵をテキスタイルに応用。同年オート・クチュールのジャック・エイムのために、コートの裏のパッチワークも手がけた。また、ジャン・パトゥ、スキャパレリの服のデザインにも協力した。

ソフィスティケーテッド　sophisticated
都会的に洗練された、という意味。

ソフト・エナメル　soft enamel
表面にしわを出した柔らかな感じのエナメル革をいう。正しくは、クリンクルド・パテント・レザー（crinkled patent leather）。

ソフト・カラー　soft collar
シャツの襟で、糊を全く使わないか、または薄く使って柔らかく仕上げたもののことをいう。

ソフト・プリーツ　soft pleat
はっきりとひだを押さえていないひだのこと。つまり、ひだ山がアイロンで押さえられていないので、アンプレスト・プリーツ（unpressed pleat）ともいう。

そもうおりもの　梳毛織物
梳毛糸（羊毛繊維で紡績作業のとき、短繊維や雑物を取り除いた糸）を使用した織物で、ギャバジン、サージ、ウーステッドなどがその代表的なもの。

毛織物としては比較的薄地で、平滑で、組織がはっきり見える。

ソール　sole
靴の底革のことで、中底と外底がある。ウエッジ・ソール、ラバー・ソールなど。材質は牛革、ゴム、フェルト、コルクなどがある。→くつ

ソンブレロ　sombrero
山が高く、縁の広い帽子のこと。元来スペイン、メキシコ、南アメリカ地方で用いられたもので、麦わら製、フェルト製のものがある。

アメリカのカウボーイの用いるソンブレロは、普通、テンガロン・ハット（ten-gallon hat）とよばれる。→ぼうし

タ

ダイアゴナル　diagonal

元来は柄の名称で、斜めの綾や太い綾のものをいうが、このような柄に織られたものをダイアゴナル・ウーステッドといい、単にダイアゴナルともいっている。

タイガー・プリント
tiger print

黄褐色の地に黒い縞柄模様が特徴のトラの毛皮の柄をモチーフとしたプリント。毛皮は、現在ワシントン条約で規制されている。

タイ・カラー　tie collar

タイはネクタイのことで、ネクタイとカラーを同時に兼ねた形のものをいう。多く婦人の衣服に用いられる。初めは婦人の乗馬服などのスポーツウエアにつけられていたもの。→カラー

タイ・シルク　Thai silk

タイ国の伝統的な手工芸絹織物。節の多い不均一な手繰り糸で織られ、紬風の風合いがある。パステル調の感じをもった紅、藍、緑、黄褐色などの明るい色調と、金糸銀糸による独特なタイ模様が特徴となっている。これは1946年、アメリカ人ジェームズ・トプソンがタイから持ち帰り、展示して大好評を得、有名になった。服地、ネクタイ、室内装飾品など広範囲に用いられている。

またネクタイ類に用いる絹織物のこともタイ・シルク（tie silk）という。

タイダイ・デニム　tie-dyed denim

絞り染めデニム。染めむらになっているような感じが魅力とされている。

タイツ　tights

体に密着するように作られた服。活動が自由なため、主として舞台などで使われていたが、現在では防寒をも兼ねた日常用として広く用いられている。普通、腰から下のもので、ストッキングの役を兼ねたものが多いが、最近ではシャツの役も同時にもったボディ・タイツとよばれる体全体を包むものもある。色は各色あり、素材は木綿、ウール、化繊などで、伸縮性のある布地とメリヤス編みのものと2種類がある。

タイト・スカート　tight skirt

体にぴったりそったスカート。最も基本的なスカートとして、わが国ではストレート・スカートをも含めてタイト・スカートとよんでいる。→スカート

タイト・スリーブ　tight sleeve

ぴったり合った細い袖。一般に手首までの長さのぴったりしたものが多いため、機能上、袖口にスリットを入れたり、スナップやボタンあきをつけたりする。フィッテッド・スリーブ（fitted sleeve）ともいう。→スリーブ

タイト・フィッティング　tight fitting

ぴったりと体に合わせることをいう。

タイピン　tiepin

ネクタイを留める小さな留め具のことで、装飾としても使われる。

タイ・ベルト　tie belt

バックルや尾錠を使わず、端を結んで締めるベルトのこと。

タイユール tailleur（仏）

男の裁縫師のこと。ひいては男仕立てのスーツやドレス、または男仕立て風のスーツやドレスのこともさす。

現在ではもっぱらスーツの意味に使われることが多い。英語のテーラー（tailor）、あるいはスーツ（suit）にあたる。

タイロッケン tielocken

ベルトつき男子用コートの一種。イギリスのバーバリー社がデザインした、ダブルでボタンなしのレーンコートの一つ。ボタンの代わりにベルトで締め、ときにはベルトの前後2か所、身頃に1か所と尾錠のついた変形もある。

タウン・ウエア town wear

町着のこと。町の雰囲気に合わせてきりっとした感じのある服をさす。服種としては、スーツ、ワンピース、アンサンブル、コートなどいわゆる重衣料が中心となるが、デザイン感覚がきちんとしたものであればセパレーツのものも含まれる。最近ではかなりくだけた感じのタウン・ウエアが一般的なものとなっている。

ダウン・ジャケット down jacket

ダウンとはカモやガチョウなど水鳥の綿毛をいい、この羽毛を詰めてキルティングした防寒用のジャケット。元来は、スキーや寒冷地での実用的な防寒着であったが、1970年代後半ごろから若者の間で町着として着るのが流行した。なお、袖なしのものをダウン・ベスト（down vest）という。

ダウン・ベスト down vest

羽毛入りベスト。→ダウン・ジャケット

タオル towel

湯上がりタオルのように織った布地を総称してタオルとよぶ。輪奈織という輪を出していく織り方で、片面だけに出したものを片面タオルといい、このほか、両面タオル、2色の色糸で交互に模様を表わした風通タオルなどがある。主として浴用タオル、パジャマ、シーツなどに使われ、木綿が多い。

タキシード tuxedo

男子用の夜間半礼服。つまり、略式の夜会服で、型は背広型、片前または両前になっていて、襟は大きく腰の線まで折り返っている。へちま襟か剣襟で、ラペルには拝絹地をかぶせる。布地はバラシア、ウーステッドなどが主で、色は黒や濃紺。夏には白を用いることもある。ズボンは絹縁の側章を左右1本ずつつける。

一般にアメリカで使われる語で、イギリスではディナー・ジャケット（dinner jacket）とよばれる。フランスではスモーキング。起こりは1880年ごろ。19世紀末、ニューヨークのオレンジという所にあったタキシード公園のクラブ員が、会合の際、着用して一般に広まった。

タキシード・カラー tuxedo collar

男子の夜会服の一つであるタキシードにつけられた襟のこと。婦人服の場合に使われるタキシード・カラーとは、和服の羽織の襟と同じように、まっすぐに裾まで平らく折り返った襟のことをいう。前のあいた

だきじわ　抱きじわ
ジャケットやコートなど袖つけの下近くにできるしわのこと。運動量として必要なしわである。

だきわた　抱き綿
袖ぐりの形を整えるために入れる綿のことをいう。

ダーク　dark
暗いという意味。暗い色に用いる形容詞。

だくしょく　濁色
濁った色のこと。純色に灰色が混入した色である。地味で、渋い色調である。反対語は清色。

ターコイズ・ブルー　turquoise blue
ターコイズはトルコ石のことで、その石に見られる明るい緑青色をいう。

たすきじわ　襷じわ
前後身頃の首つけ根から袖つけのほうに向かって出る肩のしわのこと。前肩の伸ばしが足りない場合と、ネック・ポイントが寝すぎている場合に多く出るしわである。

ダスター・コート　duster coat
ほこりよけのコートのこと。軽い布地で作られ、形はほこりがたまらないように、あまり切替え線などの入らない、すっぽりとした感じのものである。

これは20世紀の初めに、オープン・カーに乗るとき、服をほこりから守るために着用されたもの。その後、自動車とは関係なく、気軽に着られるようになった。正しくはダスター、またはダスト・コート、ダスト・クロークという。

タータン　tartan
今はタータンといえば格子柄と解釈されているが、元来は格子柄に織られた綾織物をよんでいた。

発生は古く、主として用いられるようになったのはスコットランドで、各氏族（クラン）で独自に色や格子柄を決めたり、礼装用に柄を使い分けるなどしたことから発展した。

タータンをコートのような肩掛けに作り、下にキルトとよぶスカートを組み合わせて着用した。当時は、梳毛、紡毛のいずれも毛であったが、現在では木綿や化繊なども使って、この美しい柄が広く使われるようになった。→チェック

たちあわせ　裁合せ
布の不足がおこらないように、またはむだのないように、裁断する前にする作業のことで、布を広げて型紙を配列する。付属布の予測をすることもたいせつ。

たちえり　立ち襟
スタンド・カラーのこと。→カラー

たちきり　裁切り
布地の端を切ったままの状態でおくこと。つまり、縫い代の始末の場合など、端ミシンやかがりなどをせず、切りっぱなしのままでおくこと。フェルトやフラノなどの、ほつれにくい布地などに用いることが多い。

ダーツ　dart
つまみぐせ。平面である布を立体化して衣服の形を作るためにとる、投げ槍の形に似たつまみのこと。ショルダー・ダーツ、ウエスト・ダーツ、サイド・ダーツ（脇ダーツ）、ゴージ・ダーツ（あごダーツ）などその種類は多く、表現しようとするデザインやシルエット、または体型により、その形や場所が変化する。

タック　tuck
縫いひだ。1本、またはある間隔をおい

て数本を、縦や横につまみ縫いする飾りの一種。タック分は、深さの2倍に1～2ミリのゆとり（布地の厚さで加減）を加えたものを1本分として用意する。

タックイン　tuck-in
ブラウスやセーターなどの裾をスカートやパンツの中にたくし込んで着ることをいう。タックイン・ブラウスとは、裾をたくし込んで着るアンダー・ブラウスのこと。

ダックじん　ダック芯
経緯ともに亜麻糸を用いた厚地の平織物の芯。コートの前芯やスーツの襟の芯などに用いられる。

タッサー　tussah
野蚕絹糸で織られた丈夫で軽い絹織物。野蚕絹糸は生糸よりやや不均整な繊維で、硬質で褐色みを帯びており、漂白しにくい。一般的な色は淡褐色で、夏服地として用いられることが多い。

シャンタンやポンジーもタッサーの一種である。またポプリンの変種で横畝効果を出した綿織物もタッサーといい、夏の婦人服などに用いる。

タッセル　tassel
飾り房。絹、人絹、ウールなどの糸を撚った装飾用の房である。カーテン、クッション、ショールなどの端につける。

タッターソール・チェック　tattersall check
乗馬格子といわれる格子柄、およびその柄の織物のこと。主として白地に、赤と黒や黄と茶など2色使いで、約1.5インチ（3.8センチ）四方の格子柄である。起こりは、18世紀イギリスの騎手、リチャード・タッターソール（Richard Tattersall）が、ロンドンに創設した馬市で、馬にかけた毛布の柄から。主としてチョッキ、スポーツ・シャツなどに用いられる。最近ではブレザー、スカート、パンツ、コートにも使われている。

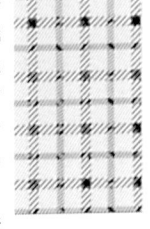

ダッフル・コート　duffel coat
両前合せで、ショール・カラー、フードがついた短めの丈のコートで、ボタンの代わりにトッグルという浮き形のボタンとひもの組合せで前を留める。

ダッフルとはベルギー産の粗末なウールのコート地のことで、北欧の漁民が用いていたが、第二次大戦で、イギリス海軍が、軍隊用のコートとして取り入れたところから一般化した。スポーティなコート。

たていと　経糸
織物用語で、織物の基本となる経と緯の糸の経の糸のことをいう。最も簡単な織物である平織りの場合、この経と緯の糸を交錯することで織られるわけで、この本数、交錯の方法を変化させることでさまざまの織物ができ上がる。

たてじ　縦地
織物の経糸の方向をいう。一般に耳に平行しているのが縦地であり、直角になっている方向を横地とよんでいる。縦は横よりも伸びが少ないため狂いが少なく、丈の方向をこの方向に裁つことが多い。

たてまつり　縦まつり
縫い代を縫い目を目だたせずにしっかり固定する場合のまつり方で、折り山の端をすくい、その位置で表布を小さくすくう。

針目が縫い進む方向と平行に出るのでこの名でよばれる。裏つきの服の袖口や袖つけ、襟つけの折り端などに用いられる。→まつり

タートルネック turtleneck

とっくり襟。首に柔らかく巻きついて、高く折り返したものをいう。タートルは海亀のこと。→カラー

たなじわ　棚じわ

背にできるしわで、後ろ首から背にかけてちょうど棚のような感じに出るため、この名がある。襟ぐりを全体に下げて、肩の上部を落として補正する。

タバード tabard

ゆったりとした直線裁ち、またはそれに近い形をした上着で、特徴は両脇があき、前後身頃がパネル状になっていること。襟なしで、袖なしか、やや肩先から横に突き出た形のごく短い袖がついている。元来は13～16世紀にかけて騎士たちがよろいの上に着たものであるが、それにアイディア源を求めたものが、1976年ごろ流行した。なお、この形でドレス丈になったものはタバード・ドレスという。着用の際には重ね着とし、ウエストにひもをつけて結んだり、ベルトを締める。

また、19世紀に男女によって着られた、厚手の粗末な布地で作られた短いケープのこともいう。

ターバン turban

インド人が頭に巻いている布のこと。このスタイルに似ていることから、ターバン風の婦人帽子をターバンとよんでいる。布は柔らかい薄地のもので、しわづけの美しさを見せる。→ぼうし

ターバン・スカーフ turban scarf

普通の四角なスカーフを工夫によってターバン式に頭に巻きつけるもの。

ダービー・ハット derby hat

かたいフェルト製でクラウンが丸い山高帽。イギリスでいうボーラーのアメリカでの呼び方で、多少の違いはボーラーよりもブリムがやや狭く、反り方がゆるめのものが多いこと。ダービー競馬の創始者ダービー伯の名にちなむ。

タブ tab

衣服につけた垂れ、または垂れ飾りのこと。子供服などの垂れ袖、つまみひも、帽子の耳覆いなどや、ときには輪にした垂れひものこともいう。衣類の片側につけ、締め具の一部として、または装飾用として用いられる。

タフタ taffeta

薄地の琥珀織りのことで、横の方向に畝のある平織物。無地、格子、縞柄が多く、ネクタイ地や婦人服地に使われる。張りがあることが特徴で、婦人服のなかでもとくにカクテル・ドレスやイブニング・ドレスなどに使われることが多い。したがって素材も絹、それに似た効果をもつ化繊が主である。このほか、経緯に異なる色糸を使って玉虫の感じを出した、玉虫タフタなどもある。

タブリエ tablier（仏）

前掛け、エプロン。

ダブル double

両前打合せのこと。ダブル・ブレスト（double-breasted）の略語である。

ダブル・カフ double cuff

袖先に縫いつけたカフを二つ折りにし、拝み合せにして、4つのボタン穴を、カフス・ボタンで留めて着る。ドレッシーな感じになる。別名をフレンチ・カフ（French cuff）ともいう。→カフ

ダブル・クロス double cloth

二重織り。2枚の織物が重なって表裏両面使える布のこと。

ダブル・ジャージー double jersey

二重編みにされたジャージーのこと。

ダブル・ステッチ double stitch

2本並べてかけるミシン・ステッチのことをいうが、大きいクロス・ステッチと小さいクロス・ステッチの組合せをいう場合もある。

ダブル・スリーブ double sleeve

二重になっている袖のことで、長袖の上にもう一枚フリル袖を重ねてつけたりする。また長袖の上に半袖を重ね着できる袖のことをよぶときもある。

ダブル・フェース double faced

二面の、という意味。この意味から表裏両面とも使えるもののことをさす。ツーフェース、リバーシブルなどともいう。

ダブル・ブレスト double-breasted

両前打合せのことで、ボタンが2列に並ぶ。DBとも略し、単にダブルともいう。正しくは、ダブル・ブレステッド。

タペストリー tapestry

綴織り。木綿、絹、毛、その他の糸で絵画的な柄を織り出した厚手の手織りまたはそれに似た機械織りの布地。本来は壁掛けや家具の覆いなどに使われたものであるが、靴やバッグにも、また最近では服地としても使われる。フランス語ではタピストリー。

タペストリー・プリント tapestry print

綴織りのように、横に細いかすれが全体に入ったプリント柄のこと。重厚な感じでありながら、プリント柄なので軽快感がある。典雅な美しさが特色。

ダマスク damask

亜麻を使って、平織り、または綾織り地に大きな織り模様を出した紋織物。主としてテーブル・クロスやカーテン地などに使われる。

たまぶち　玉縁

布の裁ち目に別布をつけて、細く作る縁のこと。別布は主としてバイアス地を使う。玉縁ポケットの口の始末、玉縁ボタン穴、裾の始末などにも使われる。

また、一重仕立てのカラーや、ケープレットなどの外回り、つまりエッジングにも用いられる。パイピングとは異なるものである。

たまぶちあな　玉縁穴

玉縁の方法で作るボタン穴のこと。穴かがりよりも柔らかい感じで目だたないため、多くは婦人服のコート、ジャケット、ドレスに使われる。

たまぶちポケット　玉縁ポケット

玉縁の方法でポケット口を作るポケットのこと。おとなしい感じにでき上がるので婦人服に多く使われ、とくにコート、スーツ、ドレスに用いられる。この場合、両玉縁にしたものと、片側だけ玉縁にした片玉縁のものと2種類がある。→ポケット

たまむしおり　玉虫織り

玉虫の羽のように、光線や動きによって色が変化するためにこの名がついた織物。経と緯の糸の色を変えて、経糸に紫、緯糸に青といったふうに織ると、紫の強い色になったり、青の強い色になったり微妙に変化する色の美しさが特徴である。細番手の

糸で密に織られ、主に光沢のある絹や化繊が使われる。

ダミー dummy
模造品、にせ物という意味。人台、マネキン人形のことをいう。

ダル dull
鈍い、さえない、などの意で、彩度の中くらいの色に使う形容詞。したがってダル・カラーといえば、鈍い色、さえない色のことをいう。

タン tan
黄褐色のこと。また、日焼けした褐色の肌の色もこういう。

ダンガリー dungaree
本来はインド産の粗製の綿布であるが、現在では薄手デニムのことをいう。デニムと糸使いや組織は同じであるが、経糸（たていと）にさらし糸か未ざらし糸、緯糸（よこいと）に染め糸を使う点がデニムと逆である。

タンク・トップ tank top
男子の着るアンダーシャツに似た上衣で、Uネックラインで深めのアームホール、肩の部分がランニング・シャツ式になっている。タンクとは水槽（すいそう）のことで、ダーツなどで形づけずタンク状に筒形になっているのでこの名がある。なお、最近ではバリエーションとして、短い袖をつけたもの、襟ぐりの詰まったもの、ベルトをつけたものなどもある。丈もボレロ丈のものから腰骨丈のものなどいろいろある。もとはカジュアル用であったが、最近では用途は広く、素材によってはイブニング用にも使われる。1960年代後半から流行線上に現われ、今日に至っている。フランスではデバルドゥールとよぶ。

たんざくあき　短冊あき
前身頃のあきや、袖口のあきを、短冊形に仕立てたものをいう。この布のことを短冊、または短冊布という。

たんし　単糸
撚り合せ、または引きそろえの作業をしていない糸のこと。つまり紡績されたままの糸のことをいう。これに対して2本の糸を撚り合わせたものを双糸（そうし）という。

だんしょく　暖色
暖かい感じを与える色のこと。赤、橙（だいだい）、黄の系統の色が代表的な暖色である。暖色は、多く進出色、膨張色であり、感情を興奮させ、積極的で活動的な気分を誘発する作用をもつ。英語はウォーム・カラー（warm color）という。

ダンディ dandy
しゃれ者、ハイカラ者、伊達（だて）男などの意味。しゃれた男っぽい感じの装いをさしていう場合に使われる。

ダーンドル・スカート dirndl skirt
ゆったりしたギャザー・スカートのこと。ダーンドルとはチロル地方の農民の婦人服のことで、体に合った上着と、ゆったりしたギャザー・スカートを組み合わせたもので、この服から出た名である。

チ

チェスターフィールド chesterfield

　元来は男子用の片前比翼仕立てのコート。刻み襟（ノッチド・ラベル）で、上襟にベルベットをかけたものが多い。色はほぼ紺、黒、濃いグレーに限られ、柄は織り柄程度である。語源は19世紀、イギリスの第六代チェスターフィールド伯が初めて着用したことにちなむ。

　20世紀になって両前でも作られ、色も一般のコートと同じくさまざまのものが使われるようになった。これに似た婦人用のコートもいう。

チェスト chest

　胸、上胴のこと。主として男子服で使われる。

チェック check

　格子柄の総称。織り出されたものとプリントされたものがあり、格子の大きさや形によってさまざまな名称がある。なお、格子柄の布地のことを単にチェックとよぶことがある。（写真は下）

チェビオット cheviot

　イギリス種の羊の一種。毛は密生して白く柔らかで、弾力に富んでいる。主としてチェビオット・ヒルズ（イングランドとスコットランドの境にある山地）付近に産し、スコッチ織物の原料となる。スコッチ織物は背広服、スポーツ・ジャケット、トッパー・コート地に用いられる。また、チェビオットのツイードをチェビオット・ツイードという。

チェリー・ピンク cherry pink

　サクランボのピンク色。桜の花の色から派生した色名ではなく、実に見られる色。果物や野菜からとった色名は1960～70年ごろから使われるようになった。

チェンジ・ポケット change pocket

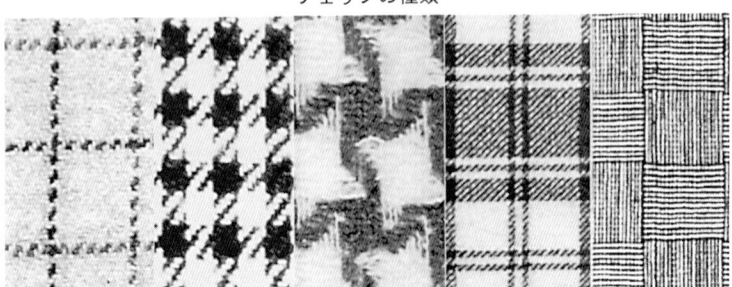

チェックの種類

| ウインドーペーン | シェパード | スター | タータン | ブロック |

小銭や切符を入れるポケットのこと。右側のサイド・ポケットの中に小さなポケットをつけたものと、サイド・ポケットの上部にフラップをつけて、サイド・ポケットよりも小さめに作る場合がある。

チェーン・ステッチ chain stitch

でき上がりが鎖のように見える刺し方。線を作ったり面を埋めたりする、基本的なステッチであるとともに、服飾でいせ込みをする場合などにも利用される技法。→ステッチ

チェーン・ベルト chain belt

鎖のベルト。金属製のものをはじめとして、革製、プラスチック製、またはそれらを組み合わせたものなどがある。

チェーン・ホール chain hole

鎖穴のことで、チョッキの前端中央あたりに懐中時計の鎖を通すためにあけた穴をいう。

ちからボタン　力ボタン

厚地の布などにボタンをつける場合、表ボタンつけの糸で同時に、裏側につける小さなボタンのこと。布地を傷めず、丈夫にするためにつけられるボタンである。

ちどりがけ　千鳥掛け

ほつれやすいウール地や、スカートの裾上げ、裏つきの場合の袖口や、裾の始末などに用いる、止めを兼ねた飾り縫いのことをいう。

ちどりごうし　千鳥格子

ハウンドツースのこと。模様が千鳥の形に見えることから。→ハウンドツース

チノクロス chino cloth

綿綾織物の一種。密に織られて丈夫なことが特徴。カーキ色や明るいベージュに染められて、主としてカジュアルな服（とくにパンツ）に使われる。元来はイギリス製の布地で、第一次大戦のとき中国に輸入された。これをフィリピン駐屯のアメリカ陸軍が夏の軍服地として買いつけた。〝チノ〟とはスペイン語で中国という意。

1950年代後半から男子や少年のカジュアルなパンツ地として使われ、その後女性や子供の服地としても用いられるようになった。この布地で作られたパンツはチーノーズ（chinos）、または単にチノという。わが国では俗にチノパンとよぶ。

チープ・シック cheap chic

安くてシックなこと。感覚的にシックでありながら、値段が安いものをいう。これは、1975年アメリカで発刊された若者向けのショッピング・ガイド・ブック「チープ・シック」が起こりである。経済的、合理的なおしゃれの提唱から生まれたことばである。

チャイニーズ・カラー Chinese collar

立ち襟の一種。つまりスタンド・カラーに属するもので、マンダリン・カラー（mandarin collar）ともいう。首にそって高く立った襟で、かつて中国の官吏をマンダリンとよんでいたが、そのマンダリンが着用していた服の襟からとられた名である。→カラー

チャコ

洋服を仕立てるとき、布に印をつけるために用いるチョーク。毛織物などのへらのつきにくいものや、へらを使うと切れるおそれのある布などに使う。英語のチョーク

(chalk)のなまったもの。

チャコール・グレー charcoal gray

チャコールは木炭のことで、黒に近い薄墨色、または消し炭色をいう。

チャック

開閉具の一種で、ジッパー、ファスナーともいう。金属製のものやナイロン製のものがあり、ジャンパーの前あき、スカートのあきなどに多く使われている。日本での言い方。

ちゅういりょう　中衣料

いわゆる単品（ジャケット、ブラウス、シャツ、スカート、パンツなど）のことをいう。ほかに、重衣料、軽衣料がある。→じゅういりょう、→けいいりょう

ちゅうかんしょく　中間色

原色と原色とを混合した2つの色の中間の色である二次色をいう。普通には、彩度の低い、ぼんやりとした色のことをいう場合が多い。

チュチュ tutu

バレリーナがつけるギャザーで波立たせたふわっとしたスカート。膝とくるぶしの中間ぐらいの丈のロマンティック・チュチュと、腰のまわりをわずかに巻くだけのクラシック・チュチュがある。チュールやオーガンジーなどの薄く、張りのある生地が使われる。チュチュはキュキュ（cucu）とかキュルキュル（culcul）のなまったもので、小さなお尻という意味である。

チュニック tunic

ヒップ・ラインまたはそれよりも長めのオーバーブラウスやジャケット、コートをいう。フィットしたもの、ウエストでギャザーをとったもの、ベルト締めにしたものなどがある。語源はラテン語のチュニカ（tunica）で、下着の意味。古代および中世に着用されたチュニカ、またはこれに類似した衣服をも含めて英語でチュニックと総称している。

カトリックの助祭、副助祭の僧服、司教がミサ聖祭を行なうときの外袍（がいほう）の下に着る服、軍服などもいう。

チュニック・スーツ tunic suit

ヒップ・ライン、またはそれよりも長めのジャケットと、ほっそりしたスカートの組合せによるスーツのこと。

チュニック・セーター tunic sweater

ヒップ・ライン、またはそれよりも長い丈のほっそりしたセーター。1987年ごろ、4分の3丈（七分丈）とか、8分の7丈（八分丈）のそれが流行し、着こなしとしてはこれにミニ・スカートを組み合わせるのがファッショナブルとされた。

チュニック・ドレス tunic dress

長い丈のオーバーブラウスを組ませたツーピース・ドレスで、シルエットはほっそりしている点が特徴である。下はスカートの場合もワンピースの場合もある。また、そのようなシルエットのワンピースのこともいう。

チューブ・ライン tube line

チューブとは管という意味。管のように細身のシルエットのこと。上から下まで同じ細さで、細長いイメージのもの。たばこのように細くてまっすぐなシガレット・ラインや鉛筆のように細身のペンシル・ライ

ンと同じシルエットである。

チューリップ・ライン tulip line

チューリップの花と茎のようなシルエット。1953年、クリスチャン・ディオールが発表したものである。上半身がふっくらとしたチューリップの花の形をしており、ウエストをぴったりフィットさせ、スカートは茎のように細いのが特徴である。肩線はなだらかで、胸もふくよかになっている。

チュール tulle

ごく薄い網状の布。素材は絹や木綿もあるが、最近ではナイロンがほとんどである。ベールとして、またドレスや帽子などの装飾として用いられる。チュール地に模様を表わしたレースをチュール・レースという。

チュール・レース tulle lace

チュール地に刺しゅうしたレース。チュールとはパリ郊外のチュール市で生まれた繊細優美な亀甲形の網地である。図柄は花模様や唐草模様が多く、ドレッシーな感じで、ウエディング・ドレス、イブニング・ドレス、ベール、スカーフなどに用いられる。

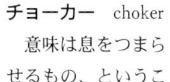

チョーカー choker

意味は息をつまらせるもの、ということ。まるで息がつまるように首のつけ根にぴったりとついた襟巻きや襟飾りのことをいう。

一般には、首にぴったりつくネックレスのことをいう場合が多い。

チョーク・ストライプ chalk stripe

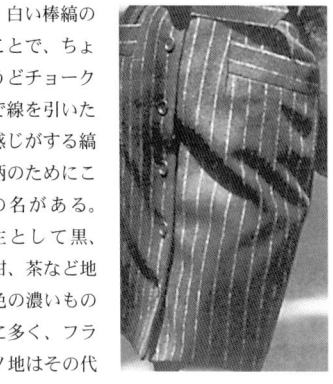

白い棒縞のことで、ちょうどチョークで線を引いた感じがする縞柄のためにこの名がある。主として黒、紺、茶など地色の濃いものに多く、フラノ地はその代表。→ストライプ

チョーク・ホワイト chalk white

一般的に石灰石から作った人造白亜をチョークという。マットな白。1965年に発表されたアンドレ・クレージュのスペース・ルックにこの白が使われた。

ちょま 苧麻

ラミー（ramie）とよばれているもので、イラクサ科の多年草からとった繊維。原糸の太さがそろっていて細いので、盛夏用の高級ワイ・シャツ地や和服に用いられる。別名を苧、また中国で多く産出されることからチャイナ・グラス（China grass）ともいう。

ちりめん 縮緬

高級絹織物の一つ。強く撚った生糸を緯糸にして、右撚り、左撚りを交互に織り込み、織り上げてから精練をすると布面にしぼが出る織物。

一越、二越、鶉縮緬、繍いとり縮緬、絽縮緬などがある。代表的な産地は、丹後、長浜地方。

チルデン・セーター Tilden sweater

チルデンは1925年ごろ活躍したアメリカのテニスの名選手の名前。彼が好んで着たのでこの名がある。Vネックの長袖セーターで、前身頃の左右に縦に縄編みをとり、襟ぐりと裾に赤や青などのストライプが入っているのが特徴。テニス・セーターともいう。

チロリアン・テープ Tyrolean tape

アルプス山脈のチロル地方の民族風な刺しゅうをした飾りテープ。子供服、婦人服の装飾に使用したり、手芸用に用いたりする。

チロリアン・ハット Tyrolean hat

アルプス山脈チロル地方の男女のかぶるフェルト帽。コードと長い羽根で飾り、後ろブリムの上がったスポーティな帽子である。→ぼうし

チンチラ chinchilla

ペルーなど南米に産する小動物の名で、グレーがかった真珠のような色をした長い毛をもっており、高級毛皮の一つである。主にストール、コートに使われる。またチンチラの毛のように、波状のけばをもった紡毛織物もこうよぶ。用途は婦人、子供のコート地が主である。

チンツ chintz

更紗。平織りの綿織物で、はでな色調の花や鳥の柄をプリントしてある。夏のドレス、カーテン、家具カバー、クッションなどに用いられる。語源はヒンドスターニー（ヒンディー語）のチント（chint）で、広幅の華やかな色柄の捺染織物である。

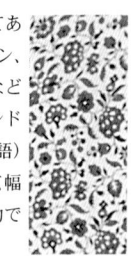

ツ

ツイギー・ルック Twiggy look

イギリスのファッション・モデル、ツイギーによって1967年ごろ世界の若い女性たちの間に流行した装いのこと。特徴はミニ・スカート、ボーイッシュなカットの髪型など。ツイギーとは〝小枝のような〟という意味があり、彼女はその名のとおり細くやせた体型であった。

ついたけ 対丈

着る人の背丈に合わせ、おはしょりなしで着られる長さのこと。

ツイード tweed

スコッチ　　　ドニゴール

ざっくりした感じの紡毛織物のこと。スコットランド特産のスコッチを手で紡いで、手織りにしたホームスパンがツイードの始まりである。原料によってサクソニー・ツイード、チェビオット・ツイード、ハリス・ツイードなど種類も多く、最近では梳毛ツイードもある。暖かそうな感じとラフな感じが特徴で、男女のコート、替え上着、ジャケット、スーツ、スカートなどに多く使われる。

ツイル twill

綾織り、斜文織り、またはその織物のことをいう。

ツイン・セーター twin sweater

一般にアンサンブル・セーターとよばれているニットの組合せ。

半袖、または袖なしのプルオーバーとカーディガンの組合せが多い。ツインとは〝双子〟という意味。新しくはツイン・セットという。

つきあわせ 突合せ

布の裁ち目と裁ち目を、あるいは折り山と折り山を合わせること。たとえば、あきで重なりをもたないものを突合せという。

つきじわ 突きじわ

後ろ襟ぐりの下にできるしわ。襟ぐりが十分でなく布にたるみができる。たるんだ分は襟ぐりでくって補正する。

つけさげ 付下げ

きものが仕立て上がったとき、模様が逆さまにならないよう考慮され、染められているもの。絵羽模様の染めのように仮縫い

はされない。この模様のきものは訪問着よりも略式の装いになる。

つづみボタン　鼓ボタン

ちょうど鼓のような形に、2つのボタンをつけたもの。カフス・ボタンの代わりに使ったり、男子ジャケットで、打合せが一つボタンのときなど、表と裏にこの形にボタンをつけ、どちらも使えるようにする。

つづれおり　綴織り

錦の一種で、いろいろな色糸を使って織り上げた高級絹織物。帯、ハンドバッグ、室内装飾品、劇場の緞帳(どんちょう)など。木綿、羊毛の一般向きのものもある。

ツーピース　two-piece

上、下別々に分かれて作られている服の総称であるが、一般には、上、下共布で作られている場合をいい、別布の場合はセパレーツとよんでいる。

また、スーツとツーピースの区別ははっきりした線は引きにくいが、堅い感じのものをスーツといい、くだけた柔らかい感じのものをツーピースといっている。

つま　褄

袷(あわせ)や綿入れの長着の、裾の左右両端の部分のこと。

つむぎ　紬

くず繭(まゆ)や真綿を手で紡いだ絹糸で織った織物。日本古来から伝わる素朴な感じのもので、不規則に出る糸の節に特徴がある。縞柄が多く、最近では和服地だけでなく、ネクタイなどにも使われる。以前は普段着であったが、最近ではとくに手織りのものは、高級品とされている。色も、草木染め風の渋いものが多い。

つめえり　詰め襟

胸もとで開かない、詰まった襟のことで、日本の男子学生服についている襟がその代表的な形。

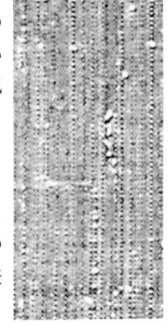

つりテープ　吊りテープ

スカートをつるしておくために、ベルトの内側の両脇につけるテープのこと。また、布の伸びを防いだり、いせたりする目的で用いるテープのこともいい、身頃の前端、襟の折返り線、ポケット口などにつけられる。

テ

ティアード・スカート　tiered skirt

段々になったスカートのこと。フラウンス（ひだべり飾り）などでいく段にも横にくぎったものや、タイト・スカートをいく段にもくぎって、しかも下にいくほど段の幅を狭くしたものなどもある。→スカート

ティアード・スリーブ　tiered sleeve

横にいくつか段をつけた袖。→スリーブ

ティー・シェープ　T shape, tee shape

T字形。直線裁ちで、身頃がアルファベットのTの字のようになる服の形をさしていうとき使われることば。特徴は、袖が肩線の延長線上につけられてあり（肩下がりをつけない）、アームホールが大きめで、ウエストのシェープがなくストレートになっていること。ブラウス、シャツ、ドレスなどに採用される。

別名をシンプル・シェープともいう。

ディー・シー・ブランド(DC brand) designer's and character brand

Dはデザイナー、Cはキャラクターのかしら文字。デザイナーの個性と感覚を強く打ち出した商品につけられたブランド。多くの場合はデザイナーの名前がそのままブランド名になっているが、そうでないものもある。

ティーシャツ　T-shirt, tee shirt

丸首やVネックの機械編みのスポーツ・シャツのこと。全体の形がT字形に似ているところからこの名がついた。多くは半袖で、かぶって着る。素材は木綿、化繊、毛、と各種ある。→シャツ

ティーシャツ・ドレス　T-shirt dress, tee shirt dress

ティーシャツの裾を引き伸ばしたようなシンプルなニットのワンピース。1950年代後半に発案され、着やすさとカジュアル性が一般に受け入れられて、今日に至っている。

ディッキー　dickey

飾り胸当てのこと。襟と前身頃だけで作られたもので、後ろ身頃はない。スーツやセーター、カーディガンの下に着て、一見ブラウスを着ているように見せかける小物である。

ティップ　tip

先端、端という意味で、服飾では帽子の山の上部、靴の爪先のこと。またフィンガー・ティップ・レングス（finger tip length）といえば、腕を下げた場合の指先までの丈をいう。

ディテール　detail

細部という意味。全体的なことをいうシルエットなどに対して、カラー、切替え線などの細部のことをさす。

ディナー・ジャケット　dinner jacket

アメリカでいうタキシードのこと。イギリスでの呼び名。イブニング・ジャケットともいう。→タキシード

ディナー・スーツ　dinner suit

正式や公式でない晩餐会に婦人の着用するスーツの総称。袖のあるテーラードのジャケット、または袖のあるボレロを組ませたシンプルなデザインのディナー・ドレスをいうこともある。材料は主として豪華な絹、レースなどを用いる。また男子のタキ

シードのこともこうよぶ。

ディナー・ドレス dinner dress

　晩餐会に着用するドレスのこと。時間的には夜に着られるものであるが正式の晩餐会、舞踏会などに着られる豪華なイブニング・ドレスと違い、友人の家庭での夕食や、レストランなどの夕食の際に着るものなどで、くつろいだ感じの見られるものである。形もイブニング・ドレスのスカートのように、大きく張ったものは用いられず、肩や背もあまりあらわさず、長袖や七分袖、丈は床まで、または普通丈のものもある。

ディバイデッド・スカート divided skirt

　ディバイデッドとは分割した、とか分離したという意味。二股に分かれてプリーツが入っている、膝丈またはミディ丈のスカート。広いショーツ状だが、一見スカートに見えるのでスカートに分類される。1880年ごろ自転車用として現われた。2つの世界大戦間にスポーツ・ウエアとレジャー・ウエアとして、ポピュラーになった。キュロット・スカート、スプリット・スカートともいう。→スカート

ティー・ピー・オー T・P・O

　時間（time）、場所（place）、場合（occasion）の各かしら文字をとって作られたことばで、装いのルールをいうときに使われる。欧米では服装を、時と場所と場合に応じてふさわしい着分け方をすべきであるという考え方が一般的であるが、わが国では、季節によって着分ける習慣はあったが、それがはっきりとしていなかった。そこで欧米並みに着分けようという考え方を普及させるために使われだしたのが、このことばである。

　1960年代後半には従来の装いのルールを踏みはずして、自由に着るという反体制的な考え方から、このT・P・Oという考えは一時無視される傾向にあったが、1970年代に入ってまた復活した。しかし、古いルールとしてのT・P・Oではなく、新しい時代の新しい生活様式に合致したそれである。

ディープ deep

　深い、または濃いという意味で、ディープ・カラーは濃い色。

ディレクターズ・スーツ director's suit

　モーニングを昼間の正式礼装とすると、これは昼間の準礼装というべきものである。背広型の黒の上着（主として片前のもの）に、共布または薄い色のチョッキを合わせ、ズボンはモーニング用と同じ縞ズボンを組ませる。ディレクターとは管理者、重役の意味。

ディレクトワール Diréctoire（仏）

　フランス革命直後の五執政官で組織した執政政府時代（1799〜1804年）のモードや家具の様式をいう。革命時代にはギリシア風スタイルがはやり、高い胸を強調、多くはトレーンをひいたが、そのスタイルは続き、モスリン病時代とよばれたほどトランスパランスな薄物の服が好まれた。18世紀末から19世紀初めにかけて2つの奇抜で斬新なモードが出現した。アンクロワイヤブルとメルベイユーズ。アンクロワイヤブルは男性モードで、あごの近くまで巻いたネクタイ、極端な幅広ラペルのジャケットという誇張したイギリス・スタイル。女性モードのメルベイユーズはモスリンの袖なしロング・ドレスでトレーンつき。足もとは素足にサンダル。冬でもこのスタイルだった。ディレクトワール期の伊達男と伊達女である。

ティント　tint
明清色の意。純色に白を混入した明るい色に使われる形容詞。

テクスチャー　texture
組織、材質、織り、生地。とくに布地では風合い、地合いなどをさす。

テクノ・ファブリック　techno fabric
テクノロジカル・テキスタイルともいうが新しいテクノロジー（科学技術）を使った合成繊維のこと。伝統と新しさとのブレンドが多い。不織布、ストレッチ、エンボス、ラテックス、デボレ、ライクラ、PVC、マイクロファイバー、ネオプレンなど。

デコルテ　décolleté（仏）
襟を大きくくった、あるいは首筋や胸のあらわな服を着た、という意味。また衣服の襟をくった部分のこともさし、一般には大きくくれた襟あきのことをいう。

また、正式なイブニング・ドレスにローブ・デコルテという名のものがあるが、これはとくに首筋や胸を大きくあらわにしたデザインである。この服を単にデコルテともいう。

デコレーション　decoration
飾り、装飾、装飾品。または勲章のことをいう場合もある。

デコントラクテ　décontracté（仏）
楽な状態、の意。非構築的な服の作り方をさしていうとき使われることば。新しい発想による衣服構成法で、従来の伝統的な衣服構成法とは全く逆をいくもの。芯地なし、裏地なし、いせ込みや伸ばしなし、まつりなしの切りっぱなし、ダーツなし、などが特徴である。

このデザイン発想は、1976年ピエール・カルダンによって創案され、にわかに一般化した。英語では、アンコンストラクテッド（unconstructed）という。なお、これに類するフランス語として、サン・クチュール（sans couture ＝縫製なし）がある。

デザイナー　designer
工業、商業、服飾などのデザインの各分野において、デザインを担当する専門家をさす。

デザイナーの役割は、その携わる造形活動に関して、いっさいの計画、設計を行うことで、用途、機能、経済性、加工技術などの諸条件を総合したうえで、斬新で美しい意匠を創造することである。したがって、デザイナーにはその分野に関する高度の専門的知識と優れた感覚とが要求されることになる。

服飾デザイナーの仕事は、製作する衣服のスタイルを決定し、布地選び、色や形の具体的なイメージを絵姿にまとめることがその主なものであるが、製作の段階にあっても、裁断、仮縫い、縫製などについて、直接にまたは間接に指導にあたることはまれではない。

デザイン　design
図案、下絵、設計。ものを作ることの計画をすることであるが、服飾に限らず、工芸、建築、彫刻、産業、商業など、あらゆる分野の造形の基礎を考案し、実際化すること。

デッサン　dessin（仏）
下図、素描。また、絵、図案、意匠などの意味ももつ。

テディ・ベア　teddy bear
おもちゃのぬいぐるみの熊。転じて、そんな動物のぬいぐるみの素材をいう。ボア状の模造毛皮や毛足の長い布地など。この布地で服を作るのが1987年ごろ流行した。

テトロン　Tetoron, tetoron

石炭、石油、天然ガスを原料として合成されるポリエステル繊維の、日本での商品名。エステルともよばれる。1941年、イギリスで発明された。イギリスではテリレン（Telylen）、アメリカではデークロン（Dacron）の商品名で工業化されている。

この繊維の特徴は、強度が大で、張りがあり、吸湿性が小さく、ぬれても乾きが速く、熱可塑性が大きく、高温で処理すると型くずれしないことなどで、その性質によってパーマネント・プリーツ、ウォッシュ・アンド・ウエアの効果が得られる。帯電性が大きいために汚れやすいのが欠点であり、防電加工される。

薄地のドレス、ブラウス、下着類、靴下などのほか、カーテン、ホース、ロープ、タイヤ、コード、漁網、絶縁テープなどに用いられている。綿、麻、レーヨンなどと混紡して利用されることも多い。

デニム　denim

木綿の厚地の綾織物。経に濃紺の糸、緯に白の糸を使って織った霜降りのような感じのものが代表的なものである。丈夫さを買われ主として子供のズボン、作業服、スポーティなものに使われる。現在では化繊のものや毛のものなど日常着としてこの織り組織を広く活用している。初めて作られたのがフランスの町ニム（Nîmes）であり、当初は〝ニムのサージ〟という意味でセルジュ・ド・ニム（serge de Nîmes）とよばれたものが、その後、単にド・ニムといわれるようになったのが、デニムの起こり。

デニム・ジャージー　denim jersey

一見デニム風に見えるが、編み地になっているもの。

デニール　denier

繊維の太さを表わす単位。1デニールは、糸の長さ450メートルに対して、重さが0.05グラムの場合の太さをいう。したがって同じ長さで、重さが増えるとそれだけ糸は太くなり、デニールの数も多くなる。→ばんて

テーパード・パンツ　tapered pants

テーパードとは、先がしだいに細くなったという意で、裾へいくにつれて細くなったパンツのこと。

デバルドゥール　débardeur（仏）

本来の意味は荷揚げ作業者であるが、彼らが着るランニング式のシャツをいう。英語のタンク・トップ（tank top）。→タンク・トップ

テープ　tape

幅を狭く織ったひも状の布のこと。洋裁では、幅8ミリ～1.5センチぐらいの平らな細長い布のことをいい、素材には主として木綿が使われる。

このような織りテープのほか、布を適当な幅に手で裂いた裂きテープもこうよぶ。主にジャケットやコートの前端などにつりテープとして使う。

テープ・メジャー　tape measure

テープ状のものさしのこと。洋服を作る場合の採寸に使うもので、1メートル50センチが標準の長さ。単位はセンチやインチである。

デュベ　duvet（仏）

鳥などの綿毛やうぶ毛のこと。綿毛入りの羽根枕や羽根ぶとん、羽毛入りジャケットやコートも同じようにデュベとよぶ。英語ではダウン。

テーラー　tailor

洋服屋、洋服店、裁縫師のこと。主とし

て男子服を注文で仕立てる店、またはその裁縫師をいう。

テーラード・カラー tailored collar

一般に背広に見られるような襟型の総称。この襟は18世紀のフランス革命後、男子服に用いられたのが初めとされ、近年には婦人服にも用いられるようになった。その名のように男仕立てのようなコートやスーツによく合い、きっちりしたスマートな感じのする襟である。襟の形は、あき止まりの高さ、ラペルの幅や形、刻みの高さや形、上襟の形、あるいは前の打合せがダブルやシングルなどにより、いろいろと変化して流行のもとになる。→カラー

テーラード・スーツ tailored suit

男子の背広服のような堅い感じのする、男仕立てに作られたスーツの総称。布地も男子服地的なもの、つまりフラノ、ツイード、ギャバジン、ウーステッドなどが適している。また、テーラード・カラーがつけられているスーツのことも一般にこうよぶ。→スーツ

テーラーメード tailor-made

テーラーの作った、またはテーラーの仕立てたような、という意味。

テリー・クロス terry cloth

一般にタオルとよんでいる織物のこと。

テール・コート tail coat

燕尾服のことで、スワローテールド・コートの略。→えんびふく

てんかいず 展開図

フレア分やギャザー分を入れるために、型紙を開いた図をいう。

テンガロン・ハット ten-gallon hat

カウボーイ・ハットと同じ。→ぼうし

てんじく 天竺

生綿糸で織った平織物、風呂敷、テーブル・クロス、芯地などに使う。生(き)天竺と晒(さらし)天竺がある。初めインドから輸入されたので、インドの古い呼称である天竺という名がつけられた。正しくは天竺木綿。

テント・シルエット tent silhouette

肩から裾にかけてゆるやかに外側に開いた、三角形のテントのような感じのシルエット。1958年、イブ・サンローランが発表した〝トラペーズ・ライン〟を基本としたシルエットであるといわれている。このシルエットを取り入れたアイテムにはテント・コート、テント・ドレス、テント・シャツ、テント・チュニックなどがある。

てんねんせんい 天然繊維

動植物などの自然物からとった繊維のこと。木綿、麻は植物繊維、ウール、シルクは動物繊維である。紡績などで生地に織ら

れて、染色され布地として生まれる。

てんびょうがら　点描柄

モチーフの表現を、点、または点に近い線によって表わした柄のこと。→ポワンティリズム

ト

トー toe

靴の爪先。流行によって、先がとがったり、丸くなったり、角張ったりする。

ドイリー doily

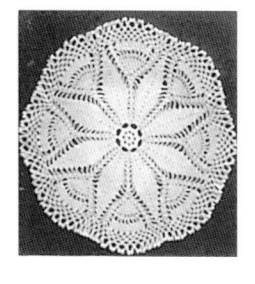

テーブル用の小さな敷物のこと。小さなナプキン、レース編みのもの、刺しゅうをあしらったものなど、いろいろある。

どううら 胴裏

きものの胴の部分につける裏布のこと。

トゥエンティーズ twenties

1920年代、1920年代調のこと。第一次大戦後、女性たちはある程度の自由を獲得した。1920年代初期ウエストを締めつけていた骨入りのコルセットが消え、伸縮性のある素材のものに代わる。ドレスは細いチューブ・ライン、肩幅は広め、胸は平たく、細い腰と長い脚を見せるため、スカートはショート丈になり、初めて膝を出した。ヘア・スタイルはギャルソンヌ風のショート。この時代からパンタロンもはかれ、マニッシュなモードも出現。ダンスの流行で服のフォルムも変化し、背中を見せるスタイルが現われる。1920年代の女性のアイドルはグレタ・ガルボでモダンな女性のプロトタイプとなる。1925年アール・デコ展が開催され、その影響も強い。

とうざん 唐桟

桟留（さんとめ）に、異国という意味をつけて唐桟留といい、詰めて唐桟とよんだ。薄くすっぺりした布面の綿織物で、絹のようなつやがある。唐桟縞とよばれる細かい織縞が特徴で、青系統の縞と、赤系統の紅唐桟がある。

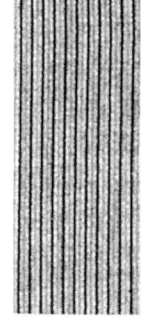

どうたいがたじんだい
動態型人台

腰掛けたり、車いすに乗るときなどの人間の動作に合わせて、人体の各部分が変化するプロセスを計測し、一定のパターンを割り出し、これを原型として動態時の形で標準化したもの。バリア・フリー・ファッションのデザインの根源的パターンとして注目される。これに対して立ったままの従来の人台はスティル・ボディという。

ドゥドゥーヌ doudoune（仏）

キャンピングや登山のときに着る暖かい綿入りキルティングのジャケットやコートのこと。もともと綿や羽毛が詰めてあったが、今では合繊の詰め物をしたナイロンやポリエステル製。1950年代初期フランスのスポーツ用品メーカー、モン・クレー社がアルピニスト向けに作った、ウエストをひもで締める上下続きのコンビネゾンで、羽毛を入れ、太い横縞柄にキルティングしたものが原型。

トゥルニュール tournure（仏）

英語ではバッスル。〝フォー・キュル（偽の尻）〟という意味で、1820年代に使われはじめたことば。また〝プーフ（分厚いクッション）〟ともいう。ドレスの下の背の部分につけてスカートの後ろ腰の張りを強調するために使った詰め物のこと。このシルエットは前面はストレートだが、スカートの後ろ腰が誇張されたバック・ポイントのもの。1880年代にはやった。1940年代に、バレンシアガによってカムバックした。

トーク　toque

クラウンだけの婦人用帽子。ときには細いブリムがついていたりする。ドレープも可能なソフトな素材で作られている。羽根やジュエリー飾り、ベールもつけられた。1920〜50年代には、ポピュラーなスタイル。16世紀には男女ともにかぶった。→ぼうし

ドスキン　doeskin

主に男子の礼服に用いられるもので、俗に繻子ラシャとよばれているもの。表面にわずかに繻子目が現われた光沢のある布で、無地物が多い。素材は毛が主。

トータル・ルック　total look

トータルとは〝全体の〟という意味で、全体的にある目的をもって統一された装いのことをいう。組み合わせる服はもちろんのこと、帽子、ハンドバッグ、靴、ベルト、アクセサリー類に至るまで、同じ色や同じ素材で統一したり、また同じでなくても何かの共通性のあるものでまとめたりしたものである。

ドッグ・カラー　dog collar

チョーカー（首のつけ根にぴったりついた首飾り）の一種で、犬の首輪に似ているのでこの名がある。デザインもいろいろあって、豪華なものでは幅広で宝石などを全体にちりばめたもの、首の中央にあたる部分に装飾をつけたもの、垂れ飾りをつけたものなどがある。

トッグル・コート　toggle coat

トッグルとは〝留め木〟という意味で、トッグル・ボタンを使ったスポーティなコートのこと。ダッフル・コートもこの種のものである。

トッグル・ボタン　toggle button

トッグルとは、〝留め木〟という意味で、ちょうど魚釣りの浮きのような形をしたボタンのこと。主としてダッフル・コートに使われることが多い。

ドット　dot

点という意味で、服飾では水玉模様をいう。水玉の大きさによってピン・ドット（pin dot）、ポルカ・ドット（polka dot）、コイン・ドット（coin dot）など

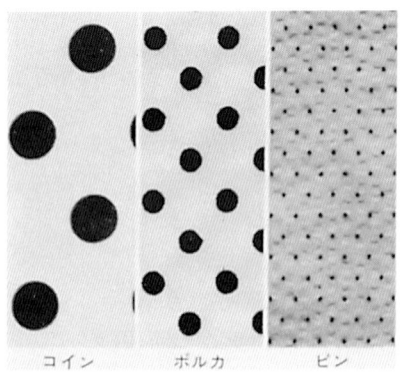

コイン　　ポルカ　　ピン

各種の名がつけられている。

ドット・ボタン　dot button
ドットとは〝点〟の意。金属製の小さな2つ一組のボタンで、押して留める。作業服、スポーティな服に使われる。

トッパー　topper
トッパー・コートの略語。また、トップ・ハットの俗語で、シルク・ハットと同じ。→トッパー・コート

トッパー・コート　topper coat
腰丈のフレアが入ったショート・コート。略してトッパーともいう。

トップ　top
頂点、極点、最上端などの意味で、洋裁では服の上半身や単品の上衣をさす。その他、長靴などの履き口、繊維の束、長い羊毛繊維の糸、18世紀末に流行した頭飾りなどのこともいう。

トップぞめ　トップ染め
紡績工程中、梳毛して太い篠状にした玉に、巻いた状態(トップ)で染色したもの。堅牢度が高く、色みに深さがあるのが特徴である。

トート・バッグ　tote bag
きわめて大型の実用バッグで、原型はショッピング用のペーパー・バッグのように上部があき、2つの提げ手がついている。これを革やその他の素材で作ったもの。内側には物入れ用のファスナーつきの袋がついたものが多く、また外側には傘を支えるひもがついたものも多い。トートとは〝運ぶ〟という意。→バッグ

ドニゴール・ツイード　Donegal tweed
アイルランドのドニゴール地方で作られる、節糸が不規則に入った平織りのホームスパンのこと。スポーティな味があるため、カジュアルなジャケットやコート、またはスカート、パンツとして用いられる。アイリッシュ・ツイードの一つ。ドネガル・ツイードはまちがい。→ツイード

トパーズ　topaz
宝石の一つ。黄玉。茶がかった黄色のこともいう。

ドビー・クロス　dobby cloth
ドビー機で織られた、表面に細かな凹凸感の模様のある紋織物の総称。

トブラルコ　Tobralco
一般にヘアコードとよんでいる織物。イギリスのツータル・ブロードファースト・リー社(Tootal Broadhurst Lee Co.)の商標名である。→ヘアコード

トマト・レッド　tomato red
トマトのような黄みの感じられる赤。野菜や果物がモチーフに使われるようになったのはシュルレアリズムのアーチストたちから(1930年代)だが、最近はエコロジーの影響もあって頻繁に登場する。

ドーム・シルエット　dome silhouette
ドームとは半球状の円屋根のことで、スカートのヒップにそのような丸みをもたせたシルエットのこと。

ドーム・リング　dome ring
半球状に盛り上がった形の指輪のこと。

とめそで　留袖
既婚女性の正式の礼服で、普通、江戸褄と同義語に使われる。黒地五つ紋つきで、白の下着を重ね、丸帯か袋帯を締める。(写真は次ページ)

ともぬの　共布
色、模様、地質が全く同一の布。

ドライ・クリーニング　dry cleaning
乾燥洗濯のこと。つまり水洗いせず、乾燥したままベンジンなどで汚れを洗う方式で、毛、絹などの布地を傷めやすいもの、

留袖

型くずれを防ぎたいもの、形の凝った衣服などの洗濯に向く。

トラウザーズ trousers

男子または少年のはくズボンのこと。最近では男子ズボンの感じを取り入れた婦人用のパンツをいう場合にも使われる。

トラッド trad

イギリスの俗語で、トラディショナル（traditional）の略語。伝統的な服や装いをさしていうとき使われる。この反対語として〝モッズ〟（mods）がある。

トラペーズ・ライン trapeze line

台形のシルエット。フル・シルエットの一種で、裾へ向かって大きく広がっている点が特徴である。このシルエットは1958年、サンローランがディオール店にいたころ発表した。そのリバイバルが1973年の春夏にも見られるなど、しばしば登場している。→フル・シルエット

トランスパランス transparence（仏）

透明さ、透けて見えること、という意味の名詞。形容詞はトランスパラント。英語ではトランスペアレントだが、シースルーのほうがぴったりする。シフォンやオーガンジー、チュールなどの薄物素材の透けて見える布地で作られた服を表現するときに使われる。1968年、イヴ・サンローランの画期的なシースルー作品が発表されて以来、よく登場することば。

トランペット・スカート trumpet skirt

楽器のトランペットのような形をしたスカートのこと。腰のあたりまで体にそい、そこからフレアとかプリーツなどのゆとりや、広がりをもたせてある。→スカート

トリコ tricot（仏）

編み物。英語ではニット。編み針で手編みしたものから機械編みまで、編み目のものを総称する。

トリコット tricot

トリコット機で編まれた縦メリヤスのことをいう。横メリヤスに比べて幅の広いものができ、裁断、縫製に適し、下着から外衣まで広く活用されている。編み地はほつれにくく、伸縮性があり、風合いが柔らかいことなどが特色。ナイロンやベンベルグなどの下着に用いるものも単にトリコットとよばれる。フランス語のトリコ（tricot＝編み物）からきている。

トリコロール tricolore（仏）

フランスの国旗の三色旗。赤、白、紺の3色の配合をこの名でよぶ。

トリミング trimming

装飾、飾り。パイピング（縁縫い）や細いひだなどの縁どりのことをいう場合もある。トリムと同じ。

トリム trim

装飾、飾り、の意。トリミング（trimming）と同じ。主として、手芸的な飾りをほどこす場合に使われることば。これを形容詞化して使う場合、トリムド（trimmed）という。たとえば、シャツ・ブラウスに刺しゅうなどをして装飾性をもたせたシャツのことは、トリムド・シャツなどという。

トルソー　torso（伊）

人体の胴の部分（頭、手足を除く）のこと。ロング・トルソー（long torso）といえば、胴長のシルエットで、トルソー・ブラウス（torso blouse）とは体にフィットし、ヒップ、またはヒップの下までの丈のブラウスのことをいう。また、胴の部分だけの人台の呼称でもある。

ドルマン・スリーブ　dolman sleeve

身頃から続いた袖で、袖ぐりが深くゆったりして、手首で詰まった長袖、またはこれに似た袖のことをいう。トルコ人の用いるドルマンという外套の袖からきたものである。ドルマン・スリーブの変形は多く、袖ぐりの浅いものや、まちを入れて運動量を出したものまでいろいろの形がある。→スリーブ

トレアドール・パンツ　toreador pants

トレアドールとはスペインの闘牛士を意味し、そのズボンに似ているのでこの名がついた。脚に密着した膝より少し下までの長さのパンツ。1953年ごろ、マンボ・リズムの流行とともに一般化された。

ドレス　dress

衣服、衣装、服装などの総称。一般には婦人服のことをいう場合が多い。なお、ワンピース・ドレスの略として使用されることもある。一般にいうドレスには、上下一続きになったワンピース・ドレスと、上下別々になったツーピース・ドレスとがある。また、ドレスは単に外側の衣服というのみではなく、装飾用としてデザインされた優雅な装いとか、あるいは男子の正装、礼服などをさすこともある。

ドレス・アップ　dress up

着飾る、盛装する、夜会服を着る、などの意味で、衣服を改めることをいう。また、服を改まった晴れ着のように着ることもいう。

ドレス・シャツ　dress shirt

男子の礼服に着るワイ・シャツのこと。胸をU字またはV字形に切り替え、かたく糊づけし、プリーツかタックがとってある。→シャツ

ドレス・シューズ　dress shoes

夜会などの社交的な会合に出席する場合、正式な服装にそえて履く靴のこと。婦人物ではパンプス型が多い。

ドレス・ダウン　dress down

本来の意味は、厳しくしかる、むち打つ、であるが、ファッション用語としては、ドレス・アップ（正装する）の反対語として〝くだけた装い〟という意味に使われる。タウン・ウエアのドレス・ダウン化といえば、従来のタウン・ウエアの感覚よりもややカジュアルな要素をもってきた、という意味になる。

ドレス・トラウザーズ　dress trousers

男子の正装用ズボンのこと。燕尾服、タキシード用に着用するものである。黒または濃紺の上着と共布を用い、脇縫い目に燕尾服は2本、タキシードは1本の絹縁をつ

ドレスメーカー dressmaker

婦人服裁縫師、仕立師のこと。またテーラード仕立てに対して、女性らしく柔らかい感じの仕立ての服をいうときに用いられる。たとえば、ドレスメーカー・スーツ、ドレスメーカー・コートなどという。

ドレスメーキング dressmaking

婦人服を仕立てること。または単に洋裁の意味にも使われる。

ドレッシー dressy

服装に凝った、着飾った、はでなどの意味であるが、一般にはスポーティに対する反対語として用いられる。その場合は、柔らかい感じの服をさしてドレッシーな服などという。

ドレッシングガウン dressing-gown

男女とも用いるゆったりしたガウンのことで、部屋着の一種。へちま襟でキルティングをしたものが多い。

トレーナー trainer

訓練する人の意であるが、わが国ではスエット・シャツのことをいう。スポーツ選手が競技の前後に着るティーシャツ型の厚手裏パイルの綿ジャージーやテリー・クロス製。トレーニング・パンツと同色同素材のもののセットのことをいう場合もある。

いまや本来の運動着よりもカジュアルなタウン・ウエアとして着られるようになった。→スエット・シャツ

ドレーピング draping

人台に布を当ててデザインしながら裁断をすること。

ドレープ drape

垂れ布、自然に出た布のたるみのこと。布を優美に、ひだになるように垂らしかける、またはゆったりとひだの入った布で覆う、あるいはこの方法で衣服をデザインするなどの意味もある。イブニング・ドレス、アフタヌーン・ドレス、カクテル・ドレスのデザインに用いられることが多い。

ドレープド・ネックライン draped neckline

ドレープをとって、ゆったりとさせた襟ぐり。全体にドレープを入れたもの、肩の片方からドレープを流したものなどがある。しなやかでソフトな素材を使うため、女らしくドレッシーな感じが表現できる。→ネックライン

トレーン train

列、連続、ひきずり、裳裾。婦人の礼服の裾を長くひいた飾りのことをいう。公式の夜会などのときは、その出席者や主催者により、トレーンの長さが決められる場合もある。イブニング・ドレス、ウエディング・ドレスなどはよくトレーンがひかれている。

トレンチ・コート trench coat

トレンチとは〝塹壕〟という意味で、塹壕用防水外套、またはその型のコートのこと。特徴としては、スポーティなデザインで、右肩に共布の二重覆いがつけられ、ポケットが多く、全体にゆったりしたもので、ベルト締めになっていること。素材は

ギャバジンに防水加工したものが多く、色はベージュ、紺などが好んで使用されている。レーンコートと合いコートの兼用として男女ともに着用される。

この名の起こりは、第一次大戦のときに、イギリスの兵士が長期塹壕戦で用いたことによる。

トレンド trend

傾向、動向の意。ファッション・トレンドといえば、流行の全体的傾向をいう。わが国では、トレンド商品ということばが使われるが、これは流行の先端をゆく商品という意味に使われている。形容詞はトレンディ（trendy）。流行的なという意である。なおトレンド・セッター（trend setter）とは、次に来る流行を予測する人や流行を先取りするものをいう。

ドローストリング drawstring

引き締めひも。ウエストやヒップの位置で衣服の中に細いひもを通し、引き締めてその部分をフィットさせ、その上または下の部分をたっぷりとさせる場合に使われる。そのようにしたブラウスなら、ドローストリング・ブラウスといい、ワンピースなら、ドローストリング・ドレスという。

ドローストリング・ネックライン drawstring neckline

襟ぐりを輪に縫い、その中にひもを通して結び下げにした襟ぐり。襟ぐりの下に自然のギャザーが出るのが特徴である。なお、この襟ぐりはひもの調節によって襟あきを大きくも少なくもできる点も特徴である。多くの場合、ペザント・スタイル（農民スタイル）のブラウスやドレスに採用される。フォークロア路線に伴って1960年代後半に流行し、その後、最近に至るまでしばしば取り入れられている。

ドロップ・ショルダー dropped shoulder

ドロップとは〝落ちる〟という意味で、正常の袖つけ線よりも、袖つけ線を腕のほうに落とした肩をいう。下げた袖つけ線から、ひだどりした袖や、パフ・スリーブなどをつけたり、コートやスーツなどで袖つけ線だけを落とした普通の袖をつけることもある。正しくはドロップト・ショルダーという。

トロピカル tropical

サマー・ウーステッドの一種。地の薄いプレーンな平織りで、男子の替えズボンなどによく使われる。色はグレーなどの無地や、霜降り風のものもあり、主として毛が使われるが、スポーツ・シャツなどには化繊も多い。単に〝トロ〟とよぶこともある。

ドロワーズ drawers

下ばきの一種。保温を主にした半ズボン風のゆったりしたもので、丈は三分丈、五分丈、膝下丈などいろいろある。わが国ではなまってズロースという。

トロンプロイユ trompe-l'oeil（仏）

だまし絵の意。元来は美術用語であるが、ファッションでは、目を欺く効果のことをいう。たとえば、襟なしセーターの襟もとの部分に襟を編み込んで襟つきセーターのように見せたり、セーターの後ろ身頃に本をブック・バンドで締めて垂れかけたような編込み模様を入れたりするなど。

なお、トロンプルイユと書く向きがあるが、フランス語により近く表記するためには、どちらかというと〝ロ〟のほうがいい。

ドロン・ワーク　drawn work

ドロンとは〝引く〟という意味で、糸を抜いてする手芸。緯糸（よこいと）または経糸（たていと）、あるいはその両方を布から抜き、残った糸はいろいろなステッチでグループに集めてかがる、すき間のできる刺しゅうのこと。糸の集め方やステッチのかけ方によっていろいろのデザインが生み出される。オープン・ワーク、菊かがり、シングル・ツイストなどの技法がある。ブラウスの飾りやテーブル・クロスなどに使われる。

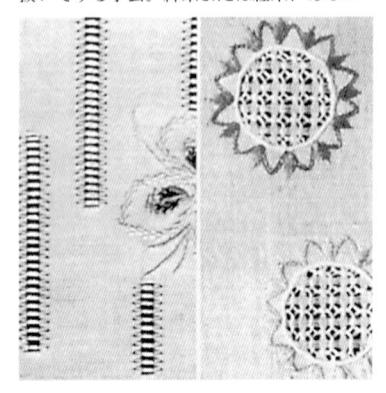

トワル　toile（仏）

本来は薄い亜麻布のこと。また、木綿や芯地などの仮縫いに使われる布地をいうこともある。

トーン　tone

調子のこと。とくに色の調子をいう場合によく使われることばで、ライト・トーンといえば明るい色調をいう。色の三属性（色相、明度、彩度）である明度と彩度の2つがからみ合ったもの。

トーン・オン・トーン　tone on tone

同系統の濃淡による配色のこと。たとえば、紺と水色、茶色とベージュなど。ごく自然な素直な配色なので、だれからも好まれる。

トング　thong

紀元前3000年のエジプトが起源のサンダルで、パピルス繊維や棕櫚（しゅろ）の葉で作られた。ローマやアフリカ、中国、日本にもあり、きわめてシンプルな2本のひもがついた草履のような形の履き物。1950～60年代インドシナやベトナムからゴム草履のフォルムでヨーロッパへ上陸。1970年代にはヒッピーたちが愛用した。今ではミニマリズムなサンダルとしてよりポピュラーになっている。

トーン・コントラスト　tone contrast

色調対照。色調対比。明度の高い色調と明度の低い色調との組合せ、彩度の高い色調と彩度の低い色調との組合せ、明度の高い色調と彩度の高い色調との組合せなどをいう。1977年秋冬の流行配色法として注目された。

ナ

ナイトガウン　nightgown
ウエストを締めない、ゆったりした長い寝巻きのこと。ナイトドレス（nightdress）ともいう。わが国でいう寝巻きの上にはおるガウンはこれではなく、ドレッシングガウン（dressing-gown）にあたる。

ナイト・キャップ　night cap
寝ている間に、髪の毛が乱れないように、かぶって寝る帽子。ネットや編み物で作られ、頭にぴったりフィットするものが多い。かつらの愛用された18世紀ごろには、室内でかつらを脱いだときに、代わりにかぶる、かぶり物として用いられた。

ナイトシャツ　nightshirt
膝下くらいまでの丈の、シャツ型の寝巻き。本来は、男児用、男子用であったが、現在では、男女ともに用いられている。

ナイフ・プリーツ　knife pleat
一方方向にたたまれた、ひだ幅の狭い立体的なプリーツ。ひだ山の感じが、ナイフの刃のように細く鋭いという意味でついた名称。

ナイロン　nylon
合成繊維の一種。石炭から作ったナイロン樹脂を溶かし、小さい穴のあいた口金を通して紡糸したものが、ナイロン繊維である。合成繊維のうちで、最も歴史が古く、1938年に、アメリカのデュポン社で発表されたが、婦人靴下の素材として、たちまちのうちに絹を凌駕（りょうが）し、化学繊維時代の幕を開いた。

比重が小さいため、軽い、保温性がよい、しわになりにくい、摩擦に強い、汚れが落ちやすい、染色性がよい、など多くの長所をもつが、高温では軟化、溶融し（150度以上のアイロン不可）、日光に当たると、やや黄変する。

用途は広く、靴下をはじめとして、下着、ドレスその他、ほとんどの衣料全般にわたっている。また、熱可塑性をもつため、パーマネント・プリーツ加工、ウーリー・ナイロン加工など、さまざまな加工が可能である。

ナイロン・ファスナー　nylon fastner
ファスナーの一種で、ナイロンあるいはテトロンで作られている。軽く肌触りがよく、さびないし、吸湿性が少ない。テープと同色に作られていて、サイズ、色数ともに多いので、布地の色彩に合わせて使いやすい。

ナイロン・メッシュ　nylon mesh
メッシュとは網の目、または網状に編まれたものの意で、ナイロンを素材としたもののこと。

ながあみ　長編み
かぎ針編みの一種で、針に糸を1回かけて、2回に分けて引き抜く編み方。細編みよりも長く、仕上がりは柔らかいので、広く使用される。

なかおもて　中表
2枚の布を合わせる場合に、両方の布の表が内側になるようにすることをいう。

なかとじ　中綴じ
洋服の裏地をつける際に、表と裏がずれないように、縫い代どうしを粗い針目でゆるくとじ合わせること。

なしじおり　梨地織り

斜子織りや繻子織りなどの変化組織に他の組織を加えたり、異なった2種以上の組織を組み合わせたりすることによって、布の表面に砂をまいたような外観を作る織物組織および、その組織で織られた織物。ちょうど梨地塗り（砂子を上掛けした塗り壁）のように見えるため、この名がある。絹や合繊のものが多く、婦人、子供服地、裏地、夜具地、カーテン等に使われる。また、この組織をもったものとして、ほかにアムンゼン（amunzen）、モス・クレープ（moss crepe）、オートミール・クロス（oatmeal cloth）、バラシア（barathea）などがある。

ナチュラル　natural

自然の意。服装や、髪型の自然な感じを形容するのに使われる。反対語はアーティフィシャル（artificial）。

ナチュラル・カラー　natural color

自然色ということであるが、とくに布地の未ざらしのままの色、すなわち薄い茶色をさす場合が多い。

ナチュラル・ショルダー　natural shoulder

パッドを入れず、肩の自然な線を生かした服の肩線のこと。

ナチュラル・レングス　natural length

自然の丈。膝下5〜10センチの範囲にある着丈のことをいう。別名をシャネル・レングス（Chanel length）ともいう。

なっせん　捺染

俗に型付け、型染め、プリントなどとよばれる染色法の一種。捺染糊を繊維品に印捺して、型または模様を染色する。

捺染には、捺染糊を繊維品に直接印捺してその部分を染色する直接捺染、あらかじめ地染めされた繊維品に抜染剤を含む捺染糊を印捺して、その部分を脱色または異色に染色する抜染、あらかじめ繊維品に染着を防ぐ薬剤を含む捺染糊を印捺したのち地染めして模様を出す防染などの様式がある。また手工業的な手捺染と、捺染機を用い、大量生産できる機械捺染がある。

ナッピー・ツイード　nubby tweed

節糸を使ったツイード。表面に不規則な節やこぶが出た、素朴な感じのするものである。

ナッピング　napping

布地の表面を起毛して、けばを立てる仕上げの工程のこと。

ナップ　nap

布地の表面を起毛して立てさせた、けばのこと。

ナップ・クロス　nap cloth

起毛によって、布の表面にけばを立たせた毛織物の総称。モヘア、フラノ、メルトンなどが、これに属する。

ななこ　斜子

平織りの変化組織の一つで、経糸、緯糸を2本以上を引きそろえて並べて織ったもの。織り目は細かい市松模様のように見え、普通の平織りよりも、つやと柔らかい味がある。その絹織物は羽織や帯地などとして用いられ、洋服地としてはオックスフォード（oxford）、バスケット・クロス（basket cloth）などがある。

ななめじつけ　斜め躾

地厚な毛織物や、すべりやすい絹織物を仕立てるときに、2枚の布がずれないようにかけるしつけで、表側の針目は斜めに、裏側の針目はでき上がり線に直角に刺すものをいう。

ナポレオン・カラー　Napoleon collar

ナポレオンや、同時代の男子服に見られ

る襟型で、折返りのある立ち襟に、大きなラペルのついた襟。コートやスーツに使われる。1970年ごろこの襟が流行した。

なみぶとけいと　並太毛糸

9〜11番手の単糸を、4本撚り合わせた毛糸。極太毛糸より細く、中細毛糸より太い。丈夫で、編み直しがきくのが特徴で、スポーツウエアや、子供用の編み物に使われることが多い。甘撚りの並太毛糸は、柔らかくふんわりしており、部屋着などを編むのに適している。

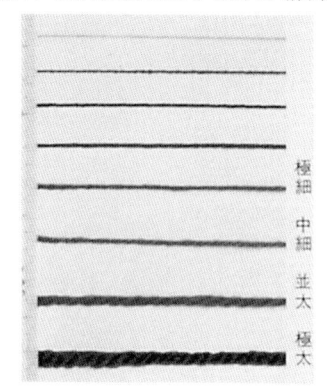

ナロー　narrow

幅の狭い、細いという意味の形容詞。ナロー・スカートといえば、ほっそりしたシルエットのスカート。ナロー・ドレスといえば、体にそった細身のドレスのこと。

二

にげる　逃げる

　服の縫製の際に、袖、襟などが正しい位置についていないため、よじれたり、はずれたりして、体の線になじまないとき「袖が逃げる」「襟が逃げる」などという。また全体的に、服が体になじんでいないときにも、このことばを使うことがある。

　また、ジャケットなどの前丈が長すぎるため、打合せが裾で開いてしまい、うまく重ならないこともいう。

にしき　錦

　いろいろの色糸を使って織り上げた厚地の絹紋織物。帯地、能衣装、表具地、室内装飾品などに使われる。

にしじんおり　西陣織

　戦前までは、主として京都西陣を中心に、その周辺で織られた織物を総称していたが、現在では、他県でも生産されており、西陣工業組合の規定の検印の押されたものをいう。

　主な織物の種類に、御召、綴、金襴、錦があり、帯地、花嫁衣装、能装束などに使われる。京都の機業の起源は奈良時代以前だが、西陣とは室町時代、応仁の乱のとき、山名宗全が西に陣をしいた所で、その後その付近一帯のことをさしていうようになった。

ニー・スラックス　knee slacks

　膝までの丈のスラックス。

ニー・ソックス　knee socks

　膝下までの長い靴下。元来は1900年代初頭に少年たちがニッカーズをはいたときに用い、後に1920～30年代には少女もはくようになり、1940年代に入っては一般の子供用として普及した。大人の女性がはくようになったのは、1960年代になってからである。そのきっかけは、1965年のパリ・コレクションで、アンドレ・クレージュがミニ・スカートと組み合わせて注目を浴びたことから。別名をニーハイ・ソックス（knee-high socks）、さらに略して、わが国ではハイ・ソックスともよぶ。

ニッカーボッカーズ　knickerbockers

　膝下までの丈で、裾口をベルト締めにした半ズボン。基本の形は、ゆったりと幅広で、裾の部分にギャザーまたはダーツをとって絞り、ベルト布についたボタンか尾錠で留め、垂れこみを膝下に垂れ下げたものである。ロング・ソックスと組み合わせて着用される。

　17世紀ごろからオランダではかれていたものであるが、19世紀のアメリカの歴史家、ワシントン・アービング（1783～1859年）が、著書の『ニューヨーク史』の中に、オランダ移民の服装として紹介したこ

とから、大流行した。ニッカーボッカーズとは、19世紀初めニューヨークに住んでいたオランダ移民の呼び名である。当時、ヨーロッパやアメリカで自転車が一般に普及しはじめ、自転車乗り用ズボンとして愛用されたため、ペダル・プッシャーズ（pedal pushers）または、バイシクル・ニッカーズ（bicycle knickers）ともよばれた。その後、ゴルフ、スキー用など、スポーツウエアとして広く用いられているが、ゴルフ用のゆったりとしたものは、プラス・フォアーズ（plus fours）ともいう。

ニッティング knitting
編むこと、編み物のこと。

ニット knit
編む、という意味であるが、わが国では、ニッティング・グッズ（knitting goods）、またはニッティング・ウエア（knitting wear）の略として、編まれた素材や、ニット・ウエアのことをさす。

ニット・ファブリック knit fabric
編み織物のこと。ニッテッド・ファブリック（knitted fabric）ともいう。

ニート neat
すっきりした、さっぱりしたなどを意味することば。

ニート・ドレスといえば、ごてごてした飾りのないさっぱりとした、品のいい服装ということである。

にどぬい 二度縫い
補強の必要なところなど同じところを2度縫うこと。また、少し離して2度縫うこともある。

ニードル needle
針の総称。

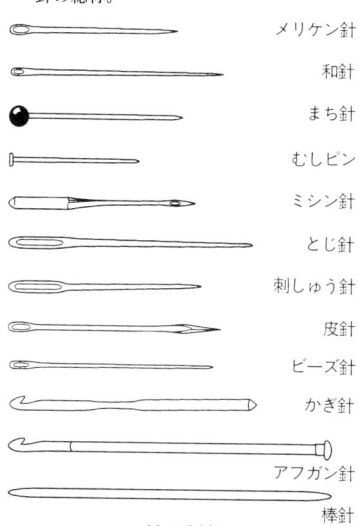

メリケン針
和針
まち針
むしピン
ミシン針
とじ針
刺しゅう針
皮針
ビーズ針
かぎ針
アフガン針
棒針

針の種類

ニーハイ・ブーツ knee-high boots
膝までの丈のブーツ。脚にぴったりとしたもので、ファスナーあきのものや編上げ式のもの、またはエラスティック素材（伸縮のきく素材）のものなどがある。わが国では、1969年ごろから1971年へかけて、大流行した。

にほんししゅう 日本刺繡
日本の伝統的な刺しゅう。釜糸（撚って

いない糸）や金・銀糸を用い、刺しゅう台や角枠を用いて刺す。飛鳥時代の繡い仏から服飾手芸として発達してきた。基本技法は、平繡い、割り繡い、刺し繡い、菅繡い、まつり繡いなど。

にまいそで　二枚袖

腕の外側にあたる部分と内側にあたる部分の、2枚の布によって構成されている袖。外側の部分を外袖、または上袖、内側の部分を内袖、または下袖という。ジャケットやコートなどの袖として用いられることが多い。

ニュアンス　nuance（仏）

気持ち、意味、調子などの微妙な差をいい、服飾では、雰囲気を表わすときにいうことば。

ニュー・クチュール　new couture

オート・クチュールのような作りの服をさしていうとき使われることば。しっかりした構築的な仕立て、格調の高さ、上品な優美感などが特徴。この語が使われるようになったのは1987年ごろからで、1950年代のオート・クチュール全盛期のモードの復活によって現われた。

ニュートラル・カラー　neutral color

あいまいな色という意味で、無彩色や、彩度、明度の低い色、たとえばベージュなどをさす。

ニュートラル・トーン　neutral tone

中間色。一般には無彩色のことをいう。つまり、白と黒とさまざまのグレーのことをさす。

ニューヨーク・コレクション　New York Collection

アメリカ・ファッション・デザイナー協議会（CFDA）が1962年に発足してから、既製服業界のなかでデザイナー・コレクションが開催されるようになった。多くは七番街を中心に展開されていたが、パリよりも日程が早く設定されるようになり、グローバルな位置づけになってきた。リアル・クローズ（現実感のある服）の中心地として影響力をもっている。

ニュー・ルック　New Look

本来は、新しいモードという意味であるが、とくに、1947年にクリスチャン・ディオールが発表した新しいシルエットの呼び名としてアメリカで使われている語。その特徴は、女らしいなで肩、細いウエスト、裾幅の広いロング・スカートなどで、1940年代前半までのいかり肩にショート・スカートというマニッシュなスタイルの後、初めての女性らしいシルエットとして歓迎され、ディオールの名を世界的なものにした記念すべきシルエットである。

ニー・レングス　knee length

膝までの長さ。ドレスやコート、スカートなどの丈を表わす場合に使われる。なお、ニーハイ・レングス（knee-high length）ということばもあるが、これは床からはかって膝までの高さという場合に区別して使われる。つまり、ブーツ、ソックスの長いものをさしていう場合に使われることば。

ヌ

ぬいしろ　縫い代
　縫い合わせのために、でき上がり寸法より外側に、余分に設ける布の部分。

ぬいしろのしまつ　縫い代の始末
　縫い代の端の裁ち目がほつれてこないよう、また見た目に美しいようにする細工。かがり、ブランケット・ステッチ、千鳥掛け、端ミシンなどで裁ち目を押さえる、ピンキングをする、玉縁でくるむ、などの方法がある。

ぬいとり　縫取り
　織物の模様を作るとき、絵緯糸（地の緯糸よりやや太い色糸）を幅全体に通さず、必要なところだけ通して織る方法。刺しゅうのような感じになる。

ぬいもん　縫い紋
　無地の羽織や長着に、白糸、色糸、金糸、銀糸など好みの色で家紋を縫いとったもの。染抜き紋より略式になる。

ぬきえもん　抜き衣紋
　襟の後ろを背中のほうへ落として、襟を抜いて着ること。

ぬのめ　布目
　布地の、経糸、緯糸の織り目のこと。地の目ともいう。布目を通す、というのは、とくに縦の布目のことをさす。

ネ

ネクタイの結び方

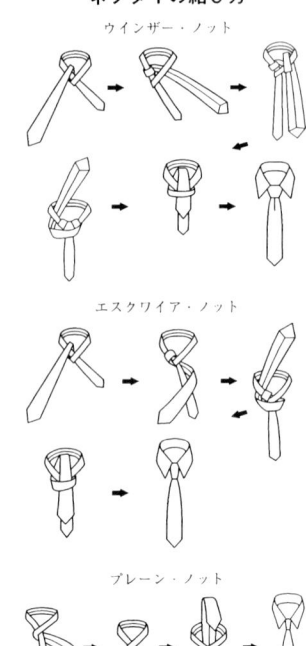

ウインザー・ノット

エスクワイア・ノット

プレーン・ノット

ネオプレン Néoprène（仏）

テクノ・ファブリックの一つ。合成ゴムの商標名でデュポン社製。酸化メタル、または硫黄で加硫処理を受けたポリクロロプレンから作られる。特殊用途の合成ゴムとして電子ケーブル、ゴム・ベルト、その他接着などに広く用いられている。

ネオ・ポペリスム néo-paupérisme（仏）

新貧乏主義の意。1960年代後半に起こった新しい着装概念の一つで、一口にいえば、従来のおしゃれは着飾って社会的地位のシンボルとする面が強かったのに対して、その逆をいこうとするのがこれである。したがって、なるべく低価格のものを身につけ、しかもみすぼらしい、汚れた感じをわざと強調し、貧乏なイメージを表現するのが特徴である。その代表的なスタイルとしては、つぎはぎのジーパンをわざと洗いざらしの感じを出すため、むらにブリーチ（漂白）し、裾をほどいて房状にしたものなどがある。

ネオン・カラー neon color

蛍光色のこと。蛍光灯のにじんだような鋭い雰囲気の色。とりわけ赤とブルー、黄色など。SFの世界の夜の気分がある。フランス語ではフリュオレサン（fluorescent）、省略してフリュオともよぶ。

ネクタイ necktie

首、または襟回りで前で結ぶ帯状の布の総称。単に〝タイ〟ともいう。普通、男子物をいうが、これに模した婦人用、子供用のものもこうよぶ。フランス語では、クラバット（cravate）。

ネクタイ・ピン tiepin

ネクタイの結び目につける、飾りピンのこと。わが国ではタイ・ホールダー（tie holder）のことを、一般にネクタイ・ピンとよぶことが多い。

ネグリジェ négligé（仏）

ドレッシングガウンの一種で、薄手の柔らかな布地で作られた、優美なデザインの部屋着、化粧着のこと。ナイトドレスの上にはおるのが本来の着方であるが、最近で

は、寝巻き兼部屋着として用いられることが多い。

ネグリジェとは〝むぞうさな〟〝打ち解けた〟という意味で、かつては、儀式用以外の服の総称として用いられていた語。

ネッカチーフ neckerchief
首に巻く、正方形の布。首に巻くカーチーフという意味で、男女ともに用いられる。

ネック neck
首のことであるが、洋裁では首のつけ根回りの寸法のことをさす。

ネックウエア neckwear
首のまわりにつけるものの総称。ネクタイの類、スカーフ、替えカラーなど。

ネック・シーム neck seam
襟と身頃を縫いつけたときにできる縫い目線。

ネックバンド neckband
襟腰の部分のこと。台襟。

ネック・ポイント neck point
洋服の製図上で、襟ぐり線と肩線とが、ぶつかる点のこと。

ネック・ホール neck hole
頭を通して着るときの、衣服の首回りのあき。

ネックライン neckline
襟ぐり線のこと。首から胸、背、肩にかけて、服の作り出す線をいう。（図は次ページ）

ネックレス necklace
首飾りの総称。古代より身体装飾のポイント。ロング・ネックレス、首にぴったりつくチョーカー、よだれ掛け状のビブ、鎖に何かの飾りをつけるペンダントなどの種類がある。

ネット net
綿、絹、レーヨン、ナイロンなどで作った網目が均等なレース状の編み物のこと。縦編み組織の二枚筬を用いたトリコット機で編成する網目状の編み地。メッシュともよばれ、亀の甲のように六角形に区切られた網目をいう。

ネービー・ブルー navy blue
イギリス海軍の制服に見られる、やや紫色を帯びた濃い青。植物染料インディゴ（インディゴ藍）で染めた色が標準である。なお、さらに幅広く考え、次のような範囲の青をいう場合もある。暗い赤みの青から暗い緑みの青までの範囲にある青。

ネーム name
ネーム・ラベル（name label）の略。洋装店の店名を織り出した小布片で、洋服の裏に縫いつけられているもの。

ねむりあな　眠り穴
ボタンホールの一種で、鳩目穴をあけず、切り目の両端をボタンホール・ステッチでかがっただけのもの。眠っている目のように見えるから、この名称がある。→あなかがり

ネルー・カラー Nehru collar
インドの故ネルー首相が愛用した詰め襟の服のカラーを模したもの。

ネルー・ジャケット Nehru jacket
1947〜64年までインドの首相だったパンディット・ジャワハーラル・ネルーが愛用したスタンド・カラーで、シングル・ブレストの長くて細身のジャケットのこと。伝統的にインドの王侯貴族が着用する服で、ラジャ・ジャケット、ラジャ・コートともいう。通常上質の絹地で作られているが、ネルーが好んで厚地の白木綿を着用していたのが始まり。1960年代アメリカの雑誌「アメリカンヴォーグ」に取り上げられ、メンズ・モードで流行した。

ネックラインの種類

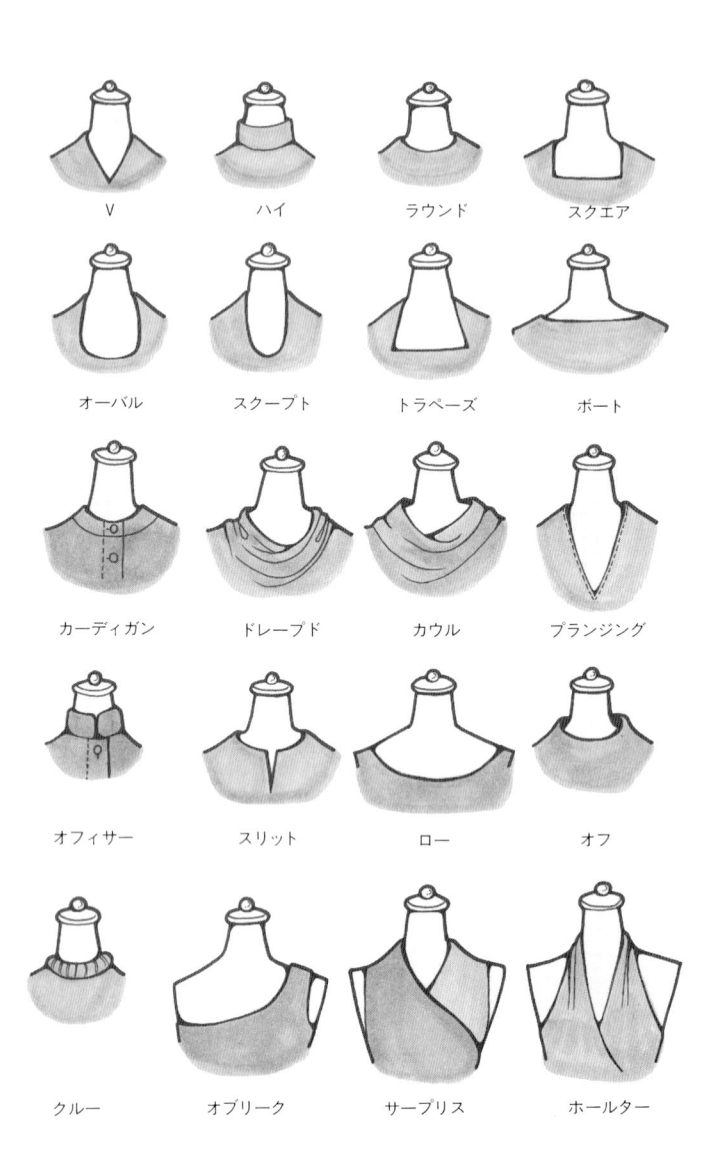

V	ハイ	ラウンド	スクエア
オーバル	スクープト	トラペーズ	ボート
カーディガン	ドレープド	カウル	プランジング
オフィサー	スリット	ロー	オフ
クルー	オブリーク	サープリス	ホールター

ネンスーク nainsook

薄地の平織り綿布。光沢が強く、手触りの柔らかな上等の布地で、白地や薄い無地のものが多く、ランジェリー、ブラウス、幼児服などに使われる。本来はインドで織られていたもので、ネンスークとは、ヒンディー語の〝目の喜び〟という意味のことばからつけられた名称である。

ねんねこばんてん　ねんねこ半纏

幼児を背負った上に着るもので、綿を入れて防寒を兼ねる。春秋には袷仕立てにする。江戸時代には幼児を〝ねんねこ〟といった。

ノ

ノイル noil

ノイル（絹紡工程中にできる短繊維）を含んでいる紬紡糸、または絹紬紡糸を経緯に用いて織った絹織物。平織り、または綾織りで、ノイルによる節やまだらの現われている素朴な布地である。

春夏の婦人服地として使われる。最近では絹ばかりでなく、シルク風の風合いをもつ化繊でも作られる。

のしめもよう　熨斗目模様

のし袋に水引きをかけるように、きものや羽織の真ん中横一文字に模様を置いたもの。男の子の祝い着や産着に用いる。

ノスタルジック nostalgic

郷愁の、懐旧的な、という意。ノスタルジック・ファッションといえば、大まかに分けて2種類あり、一つは過去に懐かしさを求めるレトロスペクティブ・ファッションと、もう一つは自然への懐かしさを求めるナチュラル・ファッションとがある。→レトロスペクティブ

ノッチ notch

切り目、刻み目の意味で、テーラード・カラーの刻みなどがその例。合い印のために型紙に入れる切込みもいう。

ノッチド・ラベル notched lapel

ノッチド・ラペル・カラー、つまり、刻みの入った襟のこと。並襟または菱襟のこと。背広襟が代表的。→カラー

ノット knot

糸やひも、ネクタイなどを結んだ結び目のこと。

ノーティカル・ルック nautical look

ノーティカルとは〝航海の〟〝船員の〟という意で、海洋調のルックのこと。船員の服がルーツになったファッションである。たとえば、セーラー・パンツ、デッキ・パンツ、ピー・コート、セーラー・ジャケットなどが主なものである。これに類する語で、マリーン・ルック（marine look＝海のルック）があるが、意味はかなり近いが、ノーティカル・ルックのほうが幅広い内容をもっている。セーラー・ルック（sailor look）はさらに狭く、水兵の服を中心にいう。

ノのじあや　ノの字綾

綾織物の、綾の方向の一つで、表から見た場合に、右上から左下へ向かって、ノの字のように走っているものをいう。サージ、ギャバジンなど、ほとんどの綾織物に見られる綾である。

ノーフォーク・ジャケット Norfolk jacket

背中や胸にプリーツを入れ、背部のウエスト位置（あるいは前まで）にベルトを取りつけた、スポーティなジャケット。本来は、ニッカーボッカーズと合わせてスポーツウエア、とくに狩猟用の服として着用された。ノーフォークの語源としては、イギリス東部の州名からという説と、ノーフォークという人の名からという説とがある。

ノー・ブラ・ルック no-bra look

ブラジャーなしのルック。胸を柔らかく自然に見せるために、ブラジャーを全くしないか、してもソフトなものをすることをいう。

ノーブル noble

気品のある、上品なという意味。

ノマード nomad

遊牧民。遊牧民の服飾にヒントを得たデザインをさしてノマード・ファッションという。

ノーマル normal

標準の、普通の、という意味。反対語はアブノーマル（abnormal）。普通のウエストラインのことを、ノーマル・ウエストラインという。

ノーマル・レングス normal length

ノーマルとは〝普通の〟〝標準の〟という意で、普通丈、標準丈のことをいう。膝下約5センチ丈。別名をナチュラル・レングス（natural length）、シャネル・レングス（Chanel length）ともいい、また、モダン・レングス（modern length）ともよんでいる。強いて区別をつけるならば、ノーマル・レングスとは、ミニやロンゲットの流行の後、ファッション全体が落ち着いた大人の女らしさの追求へと向かった1971年ごろ、新しく見直された着丈をさしていう。

ノワール noir（仏）

黒い。黒。

ノンシャランス nonchalance（仏）

むとんじゃく、投げやり、という意味であるが、服飾用語としては、さりげなさ、むぞうさ、気どりのなさ、という意味に使われる。シンプルな服をさりげなくむぞうさに着ることを〝ノンシャランスに装う〟などという。

ハ

バイアス bias

織物の布目（経糸と緯糸の交錯する90度の角度）に対して斜めに裁つこと、および、斜めに裁った布地。とくに布目に対し、45度の角度に裁ったものは正バイアスといい、一般に使われているバイアスは、ほとんどこれである。織物は布目にそって使ったときには、ほとんど伸びがないが、バイアス使いにすると、約1割も伸び、柔軟性も増す。この性質を利用して、フレアを多く出したり、ダーツなしで、シルエットを出したりすることができる。

バイアス・スカート bias skirt

布をバイアス使いにして裁ったスカートの総称。

形としてはスリムなものからフレアのものまでいろいろあるが、一般的にフレアをいかしたものが多い。体によくなじみ、柔らかな裾線の波が出るのが特徴である。バイアス裁ちを強調して見せるため、チェックを使うことが多い。

バイアス・テープ bias tape

布地を、布目に対し45度の角度に裁って作った細いテープのことで、バイアス地の伸びる性質を利用して、曲線部分の縁どりや見返し、玉縁などに利用される。

ハイ・ウエスト high waist

自然のウエスト位置よりも、高いところにとったウエストラインのこと。切替えで明示せず、シルエットだけで高いウエストラインを表現している場合も、ハイ・ウエストとみなしている。→ウエスト

ハイ・ウエスト・スカート high waist skirt

普通のウエストラインより上に、ウエストの位置をもってきたスカート。エンパイア・スカート（Empire skirt）ともいう。→スカート

ハイ・ウエスト・パンツ high waist pants

パンツのウエストから上の部分に、持ち出すか切り替えて幅広のバンド状の布をつけたもの。

パイエット paillette（仏）

英語ではスパングル。輝く素材で平たい小片のもの。ドレッシーな服に使われる。ドレスをパイエットで埋めるには時間とお金がかかるが、今ではパイエットを簡単に留めつけたバンドや布が存在する。→スパンコール

バイオレット violet

紫色。一般には菫の花の色に似た、青みがかった紫色をいう。また、さらに範囲を広くとり、青みの赤紫から赤みの青までに属する色をいう場合もある。

バイ・カラー bicolor

2色の意。配色で2色だけしか使わないものをさしていう場合に使われる。

ハイク haik

白地に金属製の糸で刺しゅうした、北アフリカやアラビア地方の婦人が用いるベールのこと。戸外に出るときにかぶる。

ハイ・ゲージ high gauze

〝ゲージ〟とはメリヤス地の細かさの単位で、数の多いゲージ。細い糸で編まれたニットをさしている場合に使われる。別の言い方として、ファイン・ゲージ（fine gauze）がある。

はいけん　拝絹

　燕尾服やタキシードなど、男子用のフォーマル・スーツの襟にかぶせた別布のこと。身頃の部分とは別の、サテン、ファイユなどといった絹地が使われることが多い。英語では、フェーシング・シルク（facing silk）という。

はいけんじ　拝絹地

　燕尾服、タキシード、フロック・コートなどの襟の見返しに用いるサテン、ファイユなどの絹地のこと。

ハイ・ショルダー　high shoulder

　いかり肩、上がり肩のことであるが、第二次大戦直後に流行した、パッドを入れて角張らせ、いかり肩風に見せたシルエットのことを、とくにこうよぶこともある。

ハイ・ソックス　high socks

　ニー・ソックスと同じ。わが国での呼び方。→ニー・ソックス

ハイ・テク　high-tech

　ハイ・テクノロジーの略。すなわち高度先端技術のこと。モードでは先端テクニックを駆使した機能的な美しさや感覚のものをさす。

ハイ・ネック　high neck

　襟をつけず、身頃から裁ち出しで、首のまわりにそって高くせり上がったネックラインのデザインのこと。正しくは、ビルトアップ・ネックライン（built-up neckline）、レーズド・ネックライン（raised neckline）で、ハイ・ネックというのは俗称。→ネックライン

ハイパーフェミニン　hyper-feminine

　ハイパーとは〝過度に〟とか〝非常に〟の意で、非常に女らしいという意。

ハイ・ヒール　high heel

　後ろの高さが、床から６～９センチぐらいのヒール、および、そのようなヒールのついた靴。一般に、かかとの高い靴を総称していう場合もある。

パイピング　piping

　バイアス・テープを使って、布の端がほつれないように始末する方法、布端や切替えの縫い目に、布や革を細く挟みつけたり、カラーやカフスの外回りなどを装飾的に始末するのに用いる。パイプ状に太さを出すときは、毛糸やコードを芯に用いて丸みをつける。

ハイ・ファッション　high fashion

　流行に敏感な一部の人々が、大衆よりもさきがけて身につけるファッションのこと。トップ・ファッション（top fashion）ともいう。

ハイモ　hymo

　毛芯地の一種。粗毛を用いた弾力のある平織りの毛織物である。

パイルおり　パイル織り

　布面に、パイル、つまり別糸を使った輪奈や添毛のある織物の総称。地糸を起毛したけばの出ているものは、パイル織りとはいわない。

　経糸に地糸と別の糸を用いてパイルを組織したものを経パイル、同じく緯糸に地糸と別の糸を用いてパイルを組織したものを緯パイルという。

　また、パイルの先端を切ったものをカット・パイル（cut pile）、切らずにループ状に残したものを、アンカット・パイル（uncut pile）、またはループ・パイル（loop pile）という。カット・パイルには、ビロード、コール天などがあり、ループ・パイルとしてはタオル地などがある。

　パイル織物の一般特徴は、厚みがあり感触が柔らかく保温性があり、表面摩擦の

抵抗が大きいため、丈夫であるなど。

ハイ・レッグ　high leg

高い脚の意であるが、これは女性の水着やレオタードなどの裾のカットを表わす語で、脚のつけ根ぎりぎりまで極端に高くカットしたデザインをいう。1987〜88年の水着はこのカットの絶頂期。セクシーな点と脚を長く見せる点がポイントである。

ハウス・ドレス　house dress

家庭用の働き着。洗濯のきく木綿地などが使われ、働きやすいデザインのもので、ワンピース型のものが多い。ホーム・ドレス（home dress）とも、また、欧米では家事を午前中にすますため、モーニング・ドレス（morning dress）ともいう。

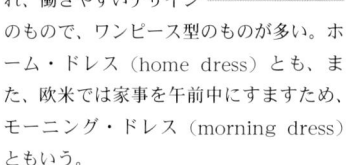

ハウス・マヌカン

英語のハウスとフランス語のモデルという意味のマヌカンとを合わせた日本だけで使われる造語。ブティックで自社の服やアクセサリー類をモデルの代わりに身につけ、客に着こなしのアドバイスをして販売する女子店員のことをいう。これと同じ職種にファッション・アドバイザー（fashion adviser）があるが、商品は身につけない。

パウチ　pouch

きんちゃく型の小さな手提げ式の袋物。柔らかな革や布地を使ったものが多い。最近では編んだものもある。バッグのデザインとしては最も基本的なものであり、クラシックな感じがある。もとは、財布のことをいった。

ハウンドツース　hound's-tooth

濃淡2色で構成された、同幅の細かい格子縞。黒と白、茶と白といった組合せが伝統的なもので、格子の一つ一つが、猟犬のきばのように見えるため、この名がある。わが国では、千鳥格子ともよんでいる。正しくはハウンズツース。

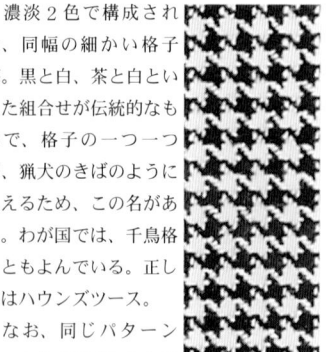

なお、同じパターンを、3色で構成したものは、ガン・クラブ・チェック（gun club check）という。

パーカ　parka

フードつきで、ゆったりしたジャケット。シャツ風のスタイルのものや、かぶり式のものなどが多く、裏に毛皮をはったものもある。スキー・ウエアや、登山などの防寒を兼ねたスポーツウエアであるが、防水地を使ってヨットやボート用としたものもある。もともとは、アラスカの原住民の着た、毛皮の上着である。

パーカ・フード　parka hood

パーカについているフードのような形の帽子。後頭部がとがり、下端の広めのバンド状のひもを首に巻いて結ぶようになっているもの。

バーガンディ　burgundy

赤葡萄酒。赤葡萄酒色。単にワインともいう。

バギー・パンツ　baggy pants

袋のようにだぶだぶのパンツ。ヒップラインまで腰にフィットし、その下がストレートに落ちる。なお、腰ポケット、カフスなどの男物のデザインを取り入れたこの種

のパンツのことは〝バギー・トラウザーズ〟と区別してよんでいる。

バゲット　baguette（仏）

棒、棒パンのこと。ファッション用語としては棒パンのように横長形のハンドバッグの型をさす。フェンディが発表したファスナー使い、スパンコール使い、パール使いなど、素材や装飾に手のこんだ手法で作り上げたものが人気をよんでいる。

パゴダ・スリーブ　pagoda sleeve

パゴダとは〝仏塔〟という意味で、その形のように袖つけはぴったりしていて、袖口へ向かって広がったものをいう。一重のものから、何重にもなったものまでいろいろある。

また、このシルエットのワンピース・ドレスなどもある。→スリーブ

はこひだ　箱ひだ

ひだの折り山が、裏では突合せになり、表ではひだが一方向にたたまれていないで箱のような形に1つずつ独立しているように見えるプリーツ。インバーテッド・プリーツ（inverted pleat）を裏返したようなものである。ボックス・プリーツ（box pleat）、拝みひだともいう。→プリーツ

はこポケット　箱ポケット

切りポケットの一種で、ポケット口に、別布または共布の口布をつけたもの。ジャケットやチョッキ、コートなどの胸や腰につけられることが多い。

英語では、ウエルト・ポケット（welt pocket）という。

バーサ・カラー　bartha collar

ケープのような形の、肩から下がる大きな襟。18世紀の初めに流行した、バーサという幅の広いレース製の婦人用襟飾りに似ているところから、この名称がある。ケープ・カラー（cape collar）ともいわれている。

はざし　ハ刺し

表地と芯とをよくなじませるため、斜めじつけをくり返して、ハの字形に刺す洋裁技法をいう。テーラード・カラーのラペルの芯ごしらえなどに応用される。

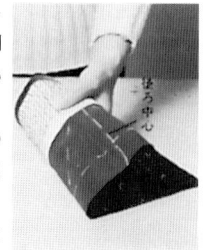

はしミシン　端ミシン

割り縫いにした縫い代の裁切りを細く折って、その折り山にミシンをかけること。あまり厚地のものには適さない。

パジャマ　pajamas

寝巻きの一種で、上着とズボンとで、一そろいになったもの。正しくはパジャマズである。もともとは、インドやペルシアで着られていた、ゆったりした、足首までの丈の長ズボンのことで、19世紀ごろから、現在のような寝巻きをさすことばになった。デザイン、材質はさまざまで、就寝時のほか、部屋着としても着られる。ピジャマ（pyjamas）とかスリーピング・スーツ（sleeping suit）ともよばれることがある。

なお、このデザインを取り入れたイブニング・ドレスや、ビーチウエアなどを、パジャマ・ルックという。

バージン・ウール　virgin wool

織物にする前の羊毛。

バーズアイ　bird's-eye

細かいダイヤモンド形の中央に小さな円形を配し、ちょうど鳥の目（バーズアイ）のように見える織り柄を表わす織物組織お

よび、その組織で織られた織物の総称。日本名は、鳥目織りである。

綿、麻、ウールなど、いろいろな繊維に応用されるが、綿、麻などの場合は、吸水性が大きいことが特徴で、タオル地、おむつ、食卓布などとして使われる。梳毛織物としては、スーツ地などが代表的なものである。また、この組織に似た小さな市松柄をジャカード機で作り出した編み物も、バーズアイとよばれている。

バスク　basque（仏）

英語ではペプラム。ウエストからヒップを覆った服の一部分。布の垂れをいう。婦人服だけでなく紳士服にも用いる。16世紀に現われたことばで、〝布を集めて一つにする〟というイタリア語のバスチールやプロバンス地方のことばの〝ざっと縫う〟とか〝服を短くするためにプリーツを入れる〟という意味のバストから生まれた。プールポワン（ルネサンス期の男性の上着）の身頃の下につけた布片をさすこともある。第二帝政期には、燕尾服の燕尾もバスクとよばれた。

バスク・ベレー　Basque béret（仏）

一般に親しまれている、最も代表的なベレー帽。バスク地方（ピレネー山脈西部の一地方）の農民がかぶっていたことからこの名がある。

バスケット・ステッチ　basket stitch

色糸刺しゅうの代表的なステッチの一種で、正方形や菱形の格子を糸で作ったり、さらに、糸と糸の交差点をクロス・ステッチで止めてゆくもの。→ステッチ

パステル・カラー　pastel color

パステル（顔料の粉末を棒状に練ったもの）で描いたような、白のまざった、柔らかい淡い色の総称。パステル・ピンク（pastel pink）、パステル・ブルー（pastel blue）などが、その代表的なものである。

バスト　bust

上半身、胸部のことであるが、とくに、胸のふくらみのある大人の女性のそれをいう。男性や子供の胸部の場合はチェスト（chest）ということばが使われる。

また、洋裁用語としては、バスト・サイズ（胸囲寸法）の略語としても用いられている。

バスト・ポイント　bust point

製図上で、胸のいちばん高いところ、つまり乳首の位置を表わす点。BP と略して書かれることが多い。

バスト・ライン　bust line

胸囲線。女子の胸のいちばん高いところを一周する線で、婦人服裁断上の基本線として採寸されたり、製図上の参考とされたりする。略記号は BL。

パスマントリー　passementerie（仏）

英語ではパスメントリー。服を装飾するために使われる手織りしたもの全般をさす。それは打ちひもや飾りひも、房、ポンポン、モールなどで、金、銀、絹の糸やビーズで作られている。今では昔ほどの豪華さはなく、カーテンや家具のカバーなどに使われることが多い。

バスローブ　bathrobe

入浴後、素肌に直接着て、体の湿り気を吸い取らせたり、化粧着として着用するコート型の室内着。水気を吸い取りやすいタ

オル地などが使われ、ボタンをつけずに、ひも結びにするものが多い。

バタフライ・スリーブ butterfly sleeve

ケープのようにフレアを出した袖で、長さは肘、または手首までである。

パターン pattern

模型となる型の意味であるが、服飾上では、テキスタイル・デザインにおけるくり返し模様の、一つの造形単位をいう場合と、洋裁用型紙(とくに市販の既製パターン)をいう場合とがある。

パターン・オン・パターン pattern on pattern

柄の上の柄、という意味で、織り柄がある上にさらにプリント柄をあしらったものや、またある種の柄の上にさらに柄をのせたものなどをいう。その二重効果という複雑な味が特徴である。コンパウンド・パターンともいう。

パターン・ミックス pattern mix

柄の混合。2つ以上の異質の柄を同時に使うこと。たとえば、水玉と格子と花柄などのミックスなど。

パターン・メーカー pattern maker

デザイナーのデザインした絵から型紙をおこす仕事をする人のことで、デザイナーと縫製メーカーの中間にある。デザイン画を十分に把握し、合理的に縫製できるよう工夫する。

はちすおり 蜂巣織り

布面に菱形あるいは長方形の凹凸が一面にあり、蜂の巣のように見える織物の総称、およびその織物組織。経糸(たていと)と緯糸(よこいと)の浮きを加減して布面を盛り上げたり沈ませたりすることによってこの効果が出る。吸水性がよく、肌触りがさわやかで、シーツやタオル用に使われることが多い。

はちぶんのななたけ 8分の7丈 seven-eigthth length

八分丈。ロング・ジャケットやショート・コートの着丈をいう場合に使われる。基準は服の着丈である。

バッグ bag

袋、かばん、手提げ、財布など袋物の総称。(図は次ページ)

バック・サテン・ジョーゼット back satin georgette

表がジョーゼットで、裏がサテンになった両面織物。主にドレッシーな婦人服地。

バックスキン buckskin

本来は、メキシコや南米に産する小さいシカの皮のことであったが、現在では、雄ジカの皮や、羊、牛など一般をいう。表皮は傷が多くて使えないため、もっぱら裏皮を用いる。丈夫で柔らかく、靴、ベルト、手袋、ジャケットなどに使われる。

バック・ストラップ back strap

後ろについたひも、ということであるが、靴のかかとの部分にかけられるベルトや、チョッキやズボンの背中のゆるみを調節する尾錠つきベルトのことをいう場合が多い。

バック・フルネス back fullness

背中のゆったりしていること。トッパーやテント・コートなどで、前身頃はストレートで後ろ身頃がたっぷりしているものをさす場合に使われる。フレアを入れたも

バッグの種類

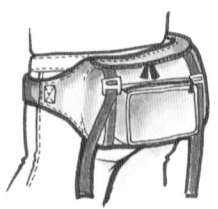

ボディ・バッグ

シャネル・バッグ

ケリー・バッグ

ポシェット

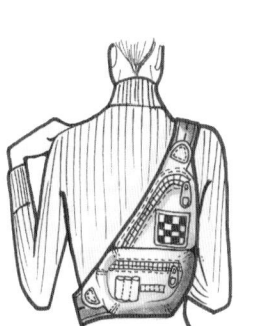

ワンショルダー・リュック

ショルダー・バッグ

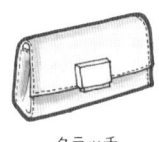

クラッチ

ウエスト・ポーチ

トート・バッグ

ビーチ・バッグ

の、ギャザーを入れたもの、プリーツを入れたものなどいろいろある。

バックラム　buckram

目の粗い、かたい仕上げの綿、麻などの織物で、本の装丁、婦人帽などの芯地に使われる。

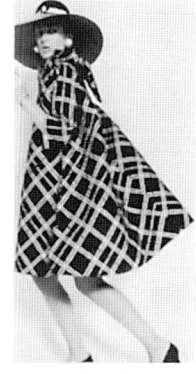

バック・フルネス

バックル　buckle

ベルトや靴などの留め具。その形式には、一般に尾錠とよばれている、中央に歯状突起のついたシンチ・バックル（cinch buckle）、突起のない、スライド式の、トレンチ・バックル（trench buckle）、ベルトの両端につけた金具をかみ合わせるクラスプ（clasp）などの種類がある。

バックレス　backless

背部、後部のない、という意味で、バックレスのドレスといえば、イブニング・ドレスや、サン・ドレスのように、背中を露出したデザインをいい、バックレス・パンプスといえば、かかとにひもを引っかけて履く、バック・ストラップ・シューズ（back strap shoes）のことになる。

バッスル・シルエット　bustle silhouette

ヒップを誇張するため、バッスル（さまざまな材質でできた腰当て）で、スカートの背部を極度にふくらませたシルエット。16世紀から19世紀末にかけて、このシルエットはたびたび現われたが、代表的なものは、18世紀末のキュ・ド・パリ（cul de Paris）といわれるものによるそれと、19世紀末に流行した、馬の毛や鳥の羽根を詰めたクッションや、針金の枠によるそれである。

パッチ・ポケット　patched pocket

はりつけポケットのこと。衣服の表に切込みを入れず、別布で作ったものをのせたポケットの総称。

パッチワーク　patchwork

パッチワークは英語だが、フランス語としても使われている。〝パッチ〟はつぎはぎ用の布片、〝ワーク〟は仕事のこと。パッチワークは布だけでなく、革もあれば毛皮やニットもあり、最近ではプリント柄にまでなっている。太古の昔から存在した。当時は布がなくて動物の皮や毛皮を用い、一つの面積にするために集めた皮片をつぎはぎした。この手法は今も世界じゅうで使われている。とりわけ18世紀の建国時代から続いているアメリカのものは、ジオメトリックな布片を使い、国のアートとまでいわれるほど。パッチワークがモード線上に現われたのは1960年代後期からで、ヒッピーの時代。

パッチワーク・プリント　patchwork print

つぎはぎ式にプリントされたもの。さまざまの違った図柄が入りまじっている点が

特徴。

パッディング padding

詰め物のこと。パッドと同じ。→パッド

ハット hat

つばのある帽子の総称。帽子の種類としてキャップ（cap）やボンネット（bonnet）と区別している語であるが、現在では帽子一般をさすこともある。カノチエ（canotier）、クローシュ（cloche）、ブルトン（breton）などがこれに含まれる。→ぼうし

パッド pad

衣服のシルエットを整えるために入れる、詰め物のこと。衣服に付属してつけられているものと、あとから必要に応じて使われる、補助的なものとがある。

代表的なものとして、肩線を好みの形に整えるショルダー・パッド（shoulder pad）や、バストの形を整えるため、ブラジャーの中に入れるバスト・パッド（bust pad）などがある。

バットウイング・スリーブ batwing sleeve

コウモリの羽に似た袖。アームホールが極端に大きく、ウエストからすぐ袖に続いたような形になり、袖口で急に細くなった袖である。ドルマン・スリーブの極端なものをいう。

コウモリの羽の形に似ているのでこの名がある。一般に袖つけがないものをいうが、袖つけ線があってもこの形をしたものならこうよぶ。

パット・デレファン pattes d'éléphant（仏）

パンタロン・ア・パット・デレファンのこと。英語では、ベルボトム・パンツ。長いのでパット・デフと略していうことが多い。ぴったりとフィットしたパンツの膝下からフレアなどで広がるフォルムが象の脚を思わせることからこの名がつけられた。1960年代後半から1970年代のヒッピー時代にはやったパンツ。1970年代モードの代名詞でもある。

ハット・ピン hat pin

帽子が落ちないように、または装飾として、帽子に留めるピンのこと。宝石やスパングルなどをつけたものもある。

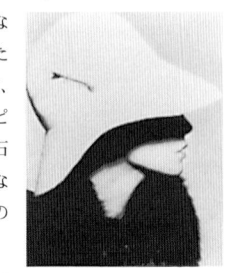

バティスト batiste

柔らかい薄地の軽い平織りの織物で、創製者であるフランスの機織家バティストの名をとったもの。綿が大部分で、ランジェリー、ブラウス、夏のドレス、幼児服、ハンカチーフなどに用いるが、絹、毛のものもある。

バティック batik

ジャワ更紗のこと。インドネシアで作られるろうけつ染めの綿布で、野趣のある模様、渋みのある色は夏のドレスなどに好まれる。

パテント・レザー patent leather

クロムなめしをした、牛革やヤギ革にエナメル塗料を塗布し、硬質で光沢のあるものに仕上げた革。耐水、耐久、装飾などの効果が与えられ、靴、バッグ、ベルトなどに使われる。

はとめ　鳩目

ベルトや靴、衣服のあきなどにあける、ひも通し用の小穴のこと。布地や革などに鳩目のみで穴をあけ、その周囲を穴かがり

の方法でかがったり、鳩目金を打ち込んだりして作る。なお、この鳩目金や、穴をあける鳩目のみのことも、俗に鳩目ということもある。

バトル・ジャケット battle jacket

戦闘用ジャケットという意味で、第二次大戦中、アメリカ軍人の着たそれを思わせるようなジャケットをいう。デザインは、ステン・カラーで、シャツ・カフス、たくさんのポケットがつき、ウエストをベルトで締めるようになった、ぴったりした短い丈というのが一般的である。

パナマ・クロス Panama cloth

夏の婦人服、背広服地で、梳毛を使って平織りまたは綾織りにした薄地織物の一種。パーム・ビーチ（Palm Beach）ともいう。木綿のものは帽子の芯地にも利用される。

パナマ・ハット Panama hat

中米に産するパナマ草の繊維を編んで作る帽子。植物繊維を使った帽子としては、最高級のもので、柔らかく、しかも耐久性がある。さまざまのデザインのものが作られ、夏季用の帽子として広く使用されている。→ぼうし

パニエ panier（仏）

スカートを広げるための、腰枠形式の下スカート。18世紀に西洋の婦人の間で流行したもので、その形が鳥かごに似ていることから、パニエとよばれた。木綿、ウール、絹などの布を土台として、これに細いテープを縫いつけ、その中にクジラのひげを通したもので、形は釣鐘状であった。パニエは年代とともにだんだん大きなものとなり、1740年ごろには周囲が5メートルもあるものとなった。しかし、18世紀末、フランス革命以後、不自然に体型をゆがめるものとしてすたれた。

最近では、スカートの腰の部分を張らせるため、サランなどで作られたものがある。→フープ

ハニコーム・スモッキング honeycomb smocking

蜂の巣状のスモッキング。ひだ山を2本ずつ合わせて2度ずつ返し縫いしながらしわづけをするものをいう。

バニティ・ケース vanity case

化粧品などを入れる、箱型のバッグ。ふたの裏には鏡がつき、中は平たい箱棚に分かれ、整理しやすくなっている。

パネル panel

身頃やスカートに縦にはめ込んだ切替え布や、装飾を目的として、上からつるした別布をいう。

切替え布の場合は、服の中心部にはめ込んだものをセンター・パネル（center panel）、脇にはめ込んだものを、サイド・パネル（side panel）という。さらに、その切替え線のことを、パネル線などとよぶ。

上半身からつるしたパネルは、イブニング・ドレスやパーティ・ドレスなど、ドレッシーな服に見られるもので、肩からつるしたり、背中につけたりする。また、スカートの部分に重ねるなど、さまざまな使い方がある。

パネル・スカート panel skirt

スリムな土台の上に、さらに前後、左右

などに別布を重ねたスカート。

パネル・ドレス panel dress

パネルとは、長方形の飾り布のことで、これをつけたワンピースのこと。ウエストからエプロン式につけたもの、バストのあたりからつけたものなどがある。なお、スカートにつけたものは、パネル・スカートという。→パネル

パネル・プリント panel print

パネルとは〝はめ込み板〟の意で、柄を四角な区画の中におさめたプリント。リゾート・ウエアによく利用され、色は多色で、明るく、鮮やかである。

バーバリー Burberry

元来はイギリスのバーバリー社製の防水加工した綿のギャバジン、または、その素材で作ったレーンコートのことをいうが、最近ではそれに似た素材、またはレーンコートを広くよぶようになった。

そのレーンコートは、普通、男子物をさす場合が多いが、婦人物もある。デザインの特徴は、ステン・カラー、ラグラン・スリーブのゆったりしたスタイルである。

バー・ピン bar pin

横棒状のブローチ。多くの場合金属で作られ、中央に飾りがつけられたものもある。シャネルが好んで使ったものは、中央に大きめのパールを装飾とした金属のバー・ピンである。これを〝シャネルのバー・ピン〟とよんでいる。

パーフェクト perfect

ブルゾンの一種。原型はドイツで、ナチス時代のオートバイ乗りが着たもの。アメリカで生産され、1937年からイタリア移民の息子ジョン・D・パーフェクトの名がついた。1953年マーロン・ブランドが映画のなかで着て有名になり、ロッカーやブルゾン・ノワール族のユニフォームとなる。黒革製でエポーレット、ドット・ボタンで開閉する襟、銀のファスナーの打合せ、裾に銀のバックル留めのベルトがついている。

ハーフ・コート half coat

半コート。ショート・コートよりもさらに丈が短く、ウエストとヒップの中間くらいのものをいう。

バブーシュ babouche（仏）

アラブの国でよく履かれる、かかと部のないフラットで柔らかいスリッパ状の靴。革や布地で作られ、その甲には金、銀糸やビーズ刺しゅうがしてある。西洋では室内履きとして履いていたが、今では外出にも履くようになった。

ハーフ・スリーブ half sleeve

肘くらいまでの丈の袖の総称。

パフ・スリーブ puff sleeve

袖口や袖山にギャザーを入れてふくらませた袖の総称。主に、短い袖の場合をいい、長袖のパフ・スリーブは、ビショップ・スリーブ（bishop sleeve）ともいう。→スリーブ

はぶたえ 羽二重

経緯（たてよこ）に無撚の生糸を使って織った、平織り絹織物。経糸を織機の筬羽（おさば）に二重に通すことから、この名称が生まれたといわれている。薄手で軽く、品のいい光沢があって、肌触りが柔らかい。洋服地としては、ブラウス、ドレス、スカーフなどのほか、裏地としても使われる。

ハーフ・ベルト half belt

ウエストの一部、脇や、背につけられたベルト。共布か、作りつけになっていて、スポーツ・ジャケットの後ろにしばしば使われる。

ハーフ・ミット half mitt
　指先の部分がない手袋。

ハーフ・メード half made
　半できの、という意味であるが、服飾上では、部分的に仮縫いの状態にしており、買い手のサイズに合わせて仕上げる既製服をいう。仮縫いにされている部分は、袖丈、裾、ウエストなど。

パフりぶん　パフり分
　パフとは〝ふくらませる〟ということで、袖山などをふくらませる分量を示す俗語である。

パープル purple
　紫色。青と赤を混合してできる、赤みの強い紫色で、青みの強いバイオレットとは別色である。

バブル・スカート bubble skirt
　バブルとは、泡の意で、丸くふくらみ裾がつぼまったスカート。別名をバルーン・スカート（balloon skirt ＝風船スカート）ともいう。

バブル・パンツ bubble pants
　バブルとは、泡の意で、泡のようにふくらませたパンツのこと。裾をしぼってあり、丈はブルーマーより長く、くるぶし丈のものもある。別名をバルーン・パンツ（balloon pants ＝風船パンツ）とか、ブッファン・パンツ（bouffant pants ＝ふくらんだパンツ）ともいう。

バブル・ライン bubble line
　バブルとは泡、あぶくの意。泡のように全体を丸くふくらませて裾つぼまりにしたシルエット。1987年春夏に出現。別名をバルーン・ライン（balloon line ＝気球のシルエット）ともいう。
　このラインを取り入れたドレスはバブル・ドレス、ジャケットはバブル・ジャケット、スカートはバブル・スカートという。なかでも若い女性の間で流行したのはバブル・スカートである。

パーマネント・プリーツ permanent pleat
　永久的なプリーツという意味で、連続的な着用や、洗濯によって伸びたり、消えたりしない、半永久的に効果の続くプリーツをいう。もともとは合成繊維に、その熱可塑性を利用してつけたものだが、現在では、ウールや綿織物といった熱可塑性のない織物にも、パーマネント・プレス加工をほどこすことによって、同じ効果が与えられるようになっている。ウールの場合のその加工は、とくにシロセット加工とよばれている。

バーミューダ・ショーツ Bermuda shorts
　膝上丈の半ズボン。木綿のストライプや格子柄、プリント模様などで、色彩も原色的なはでなものが多く、リゾート用として、最近ではくだけたタウン・ウエアとしてはかれる。アメリカの避暑地、バーミューダからつけられたもの。バーミューダ・パンツ、ウォーキング・ショーツともいう。もとは脚にぴったりしたものであるが、最近は流行によって幅広のゆったりしたものもある。→ショーツ

パーム・ビーチ Palm Beach
　経緯にモヘア撚糸（または緯に綿糸）を使った平織り、または綾織りの軽い織物。さらっとして涼しく、手触りのしゃきしゃきした夏服地で、ポーラに似ているか、そ

れよりやや柔らかいものである。夏の背広地、婦人服地などとして使われる。パーム・ビーチというのはアメリカのフロリダ州の避暑地名で、かつて、ここが夏のファッションの中心地であったことからつけられた名称である。本来はアメリカのグッドオール・サンフォード社の登録商標であった。わが国では、俗にパンピースといっている。

ハーモニー harmony

調和。和合。服装においては、ドレス、帽子、その他のものが働き合ってムードを調和させ、統一されている状態をいう。

バヤデール bayadère（仏）

インドの踊り子のこと。また、その衣装に見られるような2色から5、6色までの鮮やかな多色の縞。インド・ブームが起こった1970年代ヒッピー期に現われてはやった。今では縦縞ばかりでなく、横縞もあればオブリーク（斜め）縞まである。ヌレエフの振り付けによるパリ・オペラ座のバレエ「バヤデール」は有名で、1960年代に上演された。

バラシア barathea

畝織りか斜文織りから誘導した組織で織った布面に、粒状か短い切れ切れの畝が現われて見える毛織物。絹物もある。ネクタイ用、ドレスやスーツ用のもの、軍服や制服に用いるものなど、織り糸によって分けられる。

パラシュート・スカート parachute skirt

三角形の布を何枚も縦に縫い合わせ、裾にフレアを入れて、パラシュート（落下傘）を広げたような形にしたスカート。

パラソル parasol

洋風の日よけ傘で、雨を防ぐアンブレラ（雨傘）とは区別される。ただし、アンブレラもパラソルもともに "太陽の楯" という意味のラテン語から生まれたもので、元来は、同じ、日よけ傘を意味するものであった。今日のパラソルは、麻、絹、木綿、テトロンなどが用いられる。柄の長さが約40センチで、アンブレラ（45センチぐらい）より短い場合が多い。→アンブレラ

パラッツオ・パンツ palazzo pants

パラッツオとはイタリア語で宮殿という意味で、宮殿ではいてもぴったりするような豪華な感じのパンツのことをいう。特徴は全体にゆったりとして、裾が極端に広がっていること。これをはいて立ったとき、床までの丈のイブニング・ドレスを着ているような感じに見える。

バランス balance

平衡、つりあい。洋服の左右または上下などのデザイン的なつりあいをいうときに使う。

バリア・フリーしょうひん バリア・フリー商品

障害をもつ人から、その障害（バリア）を取り除くように考えられた商品をさすが、一般には障害者や高齢者、寝たきりの人たちのために考え出される機能性重視の専用品のこと。

パリ・コレクション Paris Collection

　毎年1月と7月に発表されるオート・クチュールと、3月と10月のプレタ・ポルテとがあり、パリ・クチュール組合が組織している。1960年代中期まではパリ・コレクションといえばオート・クチュールだったが、1970年代になってプレタ・ポルテが加わり、今では両方をさす。プレタ・ポルテということばが生まれたのは1950年代で、それまではすべて既製服（コンフェクション）とよばれ、オート・クチュールが出した流行を取り入れ、大量生産していた。プレタ・ポルテが初めて組織されたのは1973年。イヴ・サンローランの社長ピエール・ベルジェの提唱によって、サンローランをはじめ、ディオール、ソニア・リキエル、高田賢三、カール・ラガーフェルドたち8人を集めてグループ・モード・エ・クレアシオン（GMC）が結成された。同年11月にはクチュリエのプレタ・ポルテとGMCを含めたクレアトゥール・ド・モードとが統合され、3月と10月に8～10日間にわたってショーまたは展示によるコレクション発表を行なってきた。さまざまな会場で行なわれていたが、1994年からルーブル宮とチュイルリー公園の地下に作られた4つのホールをもつカルーセル・ド・ラ・モードの常設会場がメインとなり、会期中には世界じゅうのプレスやバイヤーが集まる。

ハリス・ツイード Harris tweed

　スコットランド北岸のアウター・ヘブライズ諸島産の手織り紡毛ツイードで、ツイードのうちでいちばん高価な高級品とされている。組織は2分の2綾か杉綾で28インチ幅、織り糸にケンプ（羊毛中の粗毛で、普通は取り除く）をまじえて独特の風合いをもたせている。スーツ、オーバーコート、スポーツウエアなどに用いる。

　ハリス・ツイードの名称は、ヘブライズ諸島のなかでも大きい島である、ハリス島からきている。イギリスではこのハリス・ツイードを保護するために、ハリス・ツイード協会を設立して援助している。→ツイード

パルカ parka（仏）

　パーカのこと。→パーカ

バル・カラー bal collar

　バルマカン・カラー（balmacaan collar）の略。俗にいうステン・カラーの一種で、上のボタンをはずすと、ノッチド・ラペル（notched lapel）にもなるもの。襟腰のあるものと、ないものとがある。バルマカン（コートの一種）の襟として知られている。

バルカン・ブラウス Balkan blouse

　ヒップの上くらいまでの丈で、裾のバンドのところでブラウジングされ、襟ぐり、袖口などにもギャザーの入った、全体にゆったりとしたシルエットのブラウス。バルカン戦争のころ（1913年ごろ）に流行したことから、この名がある。

バルキー・ルック bulky look

　かさ高な装いをさしていう。とくに太い糸でざっくりと編まれたセーターやジャケットや、厚地の服を表現していう場合に多く使われる。

パール・グレー pearl gray

　真珠のような輝きのある明るい灰色。

パルトー paletot（仏）

正しくは〝パルト〟と読む。ゆったりしたヒップ丈のハーフ・コート。フレアを入れたものが多い。英語のトッパー・コートにあたる。

パルドゥシュ pardessus（仏）

〝の上に〟の意味。一般的に紳士用外套、すなわちオーバーコートのこと。1810年に現われたことばで、寒さから体を保護するため、他のすべての服の上に着るもの。このことばは19世紀にはクラシックなものであれ、ファンタジーなものであれ、婦人用のいちばん上に着る服をさしたが、20世紀初頭から紳士用コートのみに使われるようになった。フォルムは基本的にテーラード・カラー、シングルかダブル・ブレスト、膝丈、あるいは膝下までの長さで、シルエットはストレートである。

バルマカン balmacaan

いわゆるバル・カラー、正しくはバルマカン・カラー（上襟のほうが下襟より幅の広い刻み襟）がつき、ラグラン・スリーブで、全体にゆったりしたシルエットのオーバーコート。本来、男子用だったが、現在では婦人用のコートにも、このデザインが取り入れられている。バルマカンというのは、スコットランドの地名である。

バルーン・スリーブ balloon sleeve

肘から上が気球のように、大きく丸くふくらんだ袖。19世紀の婦人服に見られる袖で、これに似た形の袖をいう。別名をメロン・スリーブ（melon sleeve）。→スリーブ

バルーン・ドレス balloon dress

バルーンとは気球、風船の意で、そのようにたっぷりとふくらみをもったワンピースのこと。身頃がふくらみ、裾がつぼまり、ミニ丈になっているのが特徴。ひと口にいえばブルゾンを引き伸ばして長くしたようなワンピースのことである。

バルーン・ライン balloon line

風船、気球のように丸くふくらんだシルエット。服種としては主にスカートに取り入れられ、それをバルーン・スカートという。1987～88年ごろ流行した。別名をバブル・ライン（bubble line ＝泡の線）ともいう。

パレオ paréo（仏）

タヒチの伝統的な女性の装いで腰巻きスカートのこと。1枚の長方形の布地を腰のまわりに巻きつけて着用。布の大きさや巻き方によってミニ丈からロング丈まである。同じようなものにアフリカの女性の腰巻き、パーニュがあるが、これは胸の上まで巻いて着る。

バレット barrette（仏）

髪留め、ヘア・ピン、棒状の飾り、細長い宝石という意味。べっこうや宝石飾りのついた細長い形のもので、髪をまとめたり、留めたりするときに使う。これをつけたヘア・スタイルのことをバレット・ヘアという。

ハーレム・スカート harem skirt

ウエストにギャザーを寄せてふくらませ、裾をさらにギャザーで内側に折り込むように縮めて、全体を円錐形にしたスカート。ハーレムとは、回教国の後宮のことで、そこにいる女性たちのはいているズボンに似ていることから、この名がある。→

スカート

ハーレム・パンツ harem pants

だぶだぶのズボンで、足首のあたりにギャザーをとり、ぴったりと締めたもの。ハーレムとは、回教国の婦人部屋とか婦人部屋の妻妾(さいしょう)の意で、そこで着用されたのが起こりである。1960年代の後半、欧米では家庭着のファッションとして取り上げられ、最近ではリゾート用やカクテル、イブニング用としても幅広く採用されるスタイルとなっている。

バレル・スカート barrel skirt

ウエストにダーツや、ギャザー、タックなどをとって、ヒップのあたりをふくらませ、裾へ向かって細くしたスカート。上下でつぼまり、真ん中がふくらんでいるため、バレルすなわち樽(たる)の形に似ていることから、この名称がつけられたもの。→スカート

バロック・スタイル baroque style

17世紀のイタリアの建築様式に対する名称に始まり、転じて一般にルネサンス時代からロココに至る間の、17世紀ヨーロッパの活動的、誇張的、装飾的な美術様式をバロックという。バロックの元の意味は〝異様、怪奇〟である。この時代はヨーロッパのモードが地方的なものから国際的なものに移っていく時代であり、17世紀末になるとフランスがモードの中心となる。

婦人の服装は、下着を何枚も重ねて腰のまわりにふくらみを出し、胸を広くあけ、レースのついたカラーやフリルを装飾とした、しなやかな、ゆったりした感じのものである。

ハンカチーフ handkerchief

手や顔をふいたり、手に持って装飾とする小型の布。中世から近世にかけて婦人用頭巾として使われていたカーチフ(kerchief)が、手に持って使われるようになって、手、つまりハンドとカーチフが組み合わされてできた語である。かつては、扇子や手袋同様、服の一部としての装飾が主な用途で、形も正方形のほか、丸形や三角形などいろいろあった。今日では礼装の際、胸ポケットに入れるもの以外は、手ふき、汗ふき用の実用品で、形も正方形がほとんどである。

ハンカチーフ・ヘムライン handkerchief hemline

ハンカチーフの真ん中をつまんでぶら下げたときにできるような、ギザギザしたスカートの裾線のことをいう。イブニング・ドレスや、カクテル・ドレスなど、ドレッシーな服に応用されることが多い。

ハンカチーフ・リネン handkerchief linen

上等のハンカチーフに使われる、ごく薄手の平織り麻地。最近素材の高級志向から、シャツやブラウスにも使われるようになった。

ハンガリアン・ステッチ Hungarian stitch

長い糸、短い糸を交互にサテン・ステッチのように刺して、地を埋めるステッチ。キャンバス刺しゅうのステッチとして使わ

れるものの一つである。

パンク・ファッション punk fashion

パンクとは〝ちんぴら〟の意。1970年代の半ばごろ、ロンドンの若者たちが考え出した奇抜なファッション。たとえば、髪をはでな色に染めたり、刈り上げて部分的に残したり、黒の革ジャンパーに鋲を大げさにつけたりなど。

はんごうせいせんい　半合成繊維

アセテート、トリ・アセテート・エチール・セルロースなど。天然繊維素であるセルロースに酢酸を結合させて酢酸繊維素を作り、それを糸にしたものである。

はんたいしょく　反対色

色相環のうえで、ちょうど向かい合った位置にある色をいう。普通、色環では補色どうしを向かい合わせているため、反対色は、互いに補色関係にあることになる。

たとえば、マンセルやオストワルトの表色系では、赤と青緑、黄と紫、橙と青とが反対色となり、それぞれは補色どうしである。

ただし、一般に反対色といっているのは、必ずしも色彩学上のものでなく、心理的に反対のイメージを与えるものをさしていることも多い。

パンタクール panta-court（仏）

丈の短いパンツ。短いズボンという意味のフランス語の造語。

丈は多くの場合、膝下からくるぶしの上あたりまでの間のもの。ガウチョ・パンツはその代表である。

バンダナ bandanna, bandana

本来は大きな四角形の木綿のハンカチで、赤または紺地に独特の柄が黒か白かで表現されてある。バンダナとは、ヒンディー語のバンドニュ（bandhnu）からきたもの;で、意味は〝絞り染め〟のこと。したがって、柄は丸い絞り染めや縞が中心であったが、更紗柄もある。19世紀の後半から20世紀初頭へかけて労働者が頭にかぶったり首に巻いたりして一般化したが、その後、婦人のスカーフとして使われるようになった。

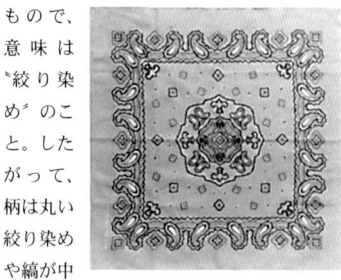

パンタロン pantalon（仏）

ズボンのこと。イギリスでいうトラウザーズ（trousers）、アメリカでいうパンツ（pants）と同じ。わが国では裾広がりズボンのことをスラックスと区別してパンタロンという傾向があるが、必ずしも裾が広がったものばかりをいうわけではない。裾広がりのパンツは、ベルボトム・パンツという。

ハンチング hunting (cap)

鳥打ち帽のこと。正しくはハンチング・キャップ。クラウンが平たく、前にひさしのついたキャップで、クラウンの部分が、四枚はぎ、六枚はぎなど、いろいろなスタイルのものがある。本来は、狩猟（ハンチング）用にかぶる男子用の帽子であったが、今日では、婦人帽にも、このスタイルが取り入れられている。→ぼうし

パンツ pants

アメリカでいわれるズボンの総称。丈の長いものから短いものまでいろいろある。わが国では下着のパンツやズロースのことをいうが、本来はこの意味はない。

パンツ・スーツ pants suit

ボトムにパンツを組み合わせたスーツ。紳士服の形態だったが、1960年代にサンローランが発表してから婦人服のなかでもキー・アイテムとなった。ジャケットのシルエットに合わせて各種のパンツ・ルックがある。

ばんて 番手

糸の太さを表示する単位。長さと重さの関係によって決められ、その計測法には恒長式と恒重式の2つの方法がある。恒重式番手法は、一般に紡績糸に適用されるもので、細い糸ほど番手数が大きい。恒長式は、繊維および、絹糸、レーヨン糸、合繊のフィラメント糸に適用され、太い糸ほど番手数が大きくなる。恒長式の場合は、デニール、テックスで表示されるのが普通である。

パンティ panties

脚の部分がごく短く、腰にぴったり合った短い下ばき。

パンティ・ガードル panty girdle

パンティとガードル（靴下つり）が組み合わされたもので、コルセットと同じように腹部から腰にかけての体型を整え、ストッキングをつる目的もある。

パンティ・ストッキング panty stockings

パンティとストッキングが一つながりになっているもの。ミニの流行以後、急激に開発が進んだ。タイツよりも薄く、ソフトで、安価で、無地物、柄物ともに、多くの人の間で重宝がられている。

パンティ・ホーズ panty hose

俗にいうパンティ・ストッキングのこと。パンティとストッキングが続いているもの。

ハンティング・ドレス hunting dress

乗馬服の一種で、ダブル・ブレストの燕尾服になったもの。布地は緋ラシャで、チョッキはタッターソール、下は白地キュロット、それに、白いシルクのライディング・クラバットというのが正式のスタイルである。イギリスでの、狐狩りなどに着用するもの。

バンド・カフ band cuff

パフ・スリーブや、ビショップ・スリーブなど、袖先にギャザーを寄せた袖につけられるカフスで、細いバンド状で、ボタン留めにしたり、先を結んだりする形式のもの。幅の狭いもののみに使われる名称で、幅広の場合は、普通のカフスになる。

ハンドクラフト・ルック handcraft look

手作りの感じを出したルック。とくにベルト、ハンドバッグ、装身具などに取り入れられる。

ハンド・ステッチ hand stitch

ミシンなどの機械を使わない手縫い、または、手刺しゅうのステッチのこと。

ハンドバッグ handbag

手回り品などを入れて持つ、婦人用小型手提げかばん。

ハンドワーク handwork

手仕事、手細工。洋裁用語としては、ミシンを使わない、手縫いによる仕立てをいうことがある。

バンプ vamp

靴の爪皮。足の甲を覆う部分のこと。

パンプス pumps

甲の部分が浅くくられ、ひもや留め金を

用いずに足をすべり込ませて履く靴の総称。本来は、舞踏用として履かれたものであるが、今日では、タウン用、通勤用としても履かれる一般的な靴となっている。

　男子用としても、黒エナメルで、グログラン・リボンのついた、イブニング用のパンプスがある。

パン・ベルベット　panne velvet

　ベルベットのけばを寝かせて、強い圧力をかけて表面をなめらかにし、光沢を強調したもの。単に〝パン〟ともよばれる。ヒッピー時代に流行した素材。

はんもう　反毛

　布地の裁断くずや、糸くずを機械で処理して、もとの原毛の状態に戻したもの。綿のものは製綿など、毛のものは、フェルトや紡毛織物などの原料として使われる。

ヒ

ピエ・ド・プール pied-de-poule（仏）

〝雌鳥(めんどり)の足〟の意で、その足形に似た格子柄をいう。英語のハウンドツース（hound's-tooth）にあたる。日本では、千鳥格子といっている。→ハウンドツース

ビエラ Viyella

フラノの一種。毛を55パーセント、綿を45パーセント使って混紡糸とし、綾織りにしたごく薄手の織物。元来はイギリスの綾織物の商標名であるが、最近では一般に使われている。しなやかで軽く、ふんわりと暖かいという風合いが特徴で、シャツ、パジャマ、ドレスなどに使われる。

ソフトな感覚を強調するため、起毛したものもある。

ビキニ・スタイル bikini style

小さなブラジャーと小さなパンティのセットによる水着の型。

ひきぬきあみ　引抜き編み

かぎ針編みの編み方の一種で、前段の編み目に針を入れて糸をかけ、そのまま一度に引き抜くもの。

ビキューナ vicugna

南米アンデスの高原地帯にすむラクダ科の動物ビキューナの毛を用いた紡毛織物。品質はきわめてよいが、生産量がごく少ないので、毛織物のなかで最も高級なものとされている。手触りは柔らかく、光沢と弾力性があり、しかも丈夫である。用途は、コートや礼服など。良質の羊毛と混紡、または交織されているものもあるが、わが国ではビキューナの毛は全く入らない、羊毛だけのものも、ビキューナとよんでいる。

ピークド・ラペル peaked lapel

剣襟。下襟の先が上へ向かって鋭角にとがった形になっているカラー。男子の礼服や、ダブル・ブレストの背広などの襟に多く見られるものである。

ビクトリアン・チンツ Victorian chintz

ビクトリア女王時代（19世紀後半）の壁紙やいす張りに見られる、写実的な表現による更紗(さらさ)。モチーフは薔薇(ばら)の花が多い。ヨーロピアン・チンツの一つ。

ピケ piqué（仏）

布面に縦畝や、小柄の模様を浮き出させた、縦横二重織りで、木綿が普通であるがウール・ピケなどもある。夏服によく使われる。柄を織り出したものは、わが国ではアート・ピケ（art piqué）と一般によばれる。

ピーコックかくめい　ピーコック革命

1960年代後半から1970年代にかけて起こったヒッピー・ムーブメントのなかから出てきた、紳士服の装飾的な古典的スタイル運動。クジャクが羽を広げるように、紳士も美しくあるべきだとする時代の色調であった、サイケデリックな装いで身を飾ろうというもの。

ピーコック・ブルー peacock blue

クジャクの首や胸のあたりの羽毛に見られるような、緑色がかった、鮮やかなブルーのこと。

ピコット picot

編み物やレース、リボンなどの端についた、ループ状の縁飾りのこと。編み物などで編んだものを布端などにつける場合もある。→かぎばりあみ

ピー・コート pea coat

アメリカの水兵が着ている両前のヒップ丈のコート。脇線はストレートで、並襟、垂直な両ポケット、後ろ裾のベントが特徴である。色は紺が多い。

ひしえり　菱襟

ノッチド・ラペルのこと。

ビー・シー・ビー・ジー B.C.B.G.

フランス語ではベー・セー・ベー・ジェーで、ボンシック、ボンジャンル（Bon Chic Bon Genre）の略字。貴族やブルジョワジーのもつ上品さ、またはよい趣味の人たちや物をさす。N.A.P.（Neuilly Auteuil Passy の略語。ヌイイ・オートイユ・パッシーの上品でシックな地区やそこに住むパリジェンヌのこと）はB.C.B.G.の格好をしている。イギリス版のB.C.B.G.はスローン・レンジャーとよばれ、スローン地区に住む貴族やブルジョワジーをさす。アメリカ版のB.C.B.G.はプレッピー。プレッピーはアメリカ東部の名門校の学生たちのこと。

ピー・ジャケット pea jacket

ピー・コートと同じ。→ピー・コート

ビスケット・ベージュ biscuit beige

クラッカーやクッキーの総称がビスケット（フランス語ではビスキュイ）で、その色に似た薄い茶色、ベージュ色のこと。

ビスコース viscose

ビスコース・レーヨンともいう。木材パルプ、コットンリンダーその他の植物をセルロース原料として、苛性（かせい）ソーダと二硫化炭素で処理し、水やアルコールに溶解する化合物ビスコースを作る。この溶液を細孔から押し出し、酸性液中で紡糸したもの。長繊維レーヨン・フィラメント糸とこれを裁断した短繊維レーヨン・ステープル糸がある。1891年イギリス人のC・F・クロス、E・J・ビバンらによって発明され、1912年ごろから良質の糸の製造に成功、現在レーヨンの大半がこの方法によって作られている。

ビーズししゅう　ビーズ刺繍

ビーズを糸に通し、布に留めつけながら、模様を作り出す手芸。

ピースダイ piece-dyeing

後染めのこと。染色法の一種で、織物を織ってから染める法をいう。

ピース・ミックス piece mix

服の単品を混合するという意。服をいろいろ同時に組み合わせて、ファッショナブルな着装効果をあげる場合に使われることば。最近では、3点以上組み合わせることが多い。

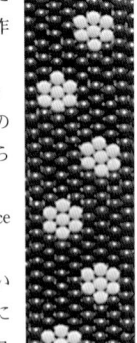

ピーター・パン・カラー Peter Pan collar

フラット・カラーの一種で、襟先が丸く、襟幅が5～8センチぐらいのもの。襟

腰はないのが普通であるが、少しあっても、平らな感じがするものは、これに含まれる。かわいらしい感じの襟で、子供服や少女服に多く使われる。ジェームズ・バリーの童話の主人公、ピーター・パンが、このカラーのついた服を着ている、ということからつけられた名称である。→カラー

ビーチウエア　beachwear

日光浴や、海辺での遊び、休息などのためにデザインされた服の総称である。ビーチ・コート(beach coat)、ビーチ・ケープ(beach cape)、サン・ドレス(sun dress)、カバナ・セット(cabana set)、そして、ムームー(muumuu)などがこれに含まれる。

ただし、泳ぐための水着のことは、ビーチウエアとはよばない。

ビーチ・ケープ　beach cape

水着の上にはおる、海浜用のケープ。

ピッグスキン　pigskin

豚革。毛を除いたあとの毛穴が大きく、目だつのが特徴。丈夫で柔らかく、バッグ、手袋、靴の裏革、ジャケットなどに使われる。中南米産のものは、ペッカリー(peccary)といい、きめが細かく高級品である。

ヒッピー・スタイル　hippie style

ヒッピーとは一定の職業をもたず、反体制的な社会思想をもち、自然にかえることをモットーとする若者の集団で、1967年ごろからサンフランシスコを中心に生まれたもの。彼らの服装は風変わりなもので、髪は長く、インディアン風のヘア・バンドをしたり、わざとボロを着たり、はだしでいたりする。このような服装にアイディアを得たものをヒッピー・スタイルという。

ヒップ　hip

臀部、腰部のことであるが、洋裁用語としては、腰回り、つまり腰のいちばん太い部分、およびそこを一周した寸法をいう。Hと略記される。

ヒップスター　hipster

ヒップの周囲に、心地よくフィットさせるようカットし、幅広のベルトで支えるパンツやスカートのこと。1960年代に生まれたスタイル。腰骨にひっかけて着用するとヒップ・ボーン、腰骨につり下げるように着たヒップ・ハガーも同じもの。

ヒップ・ポケット　hip pocket

ズボンの後ろ側の、ヒップの位置につけられたポケット。ピストル・ポケット(pistol pocket)ともいわれる。

ヒップボーン・スカート　hipbone skirt

腰骨で支えるスカート。ヒップ・ハガー・スカートともいう。ミニ・スカートの流行と同時に起こった。→スカート

ヒップ・ライン　hip line

腰の最も太いところを水平に一周した線。

ひとこしちりめん　一越縮緬

経に生糸、緯に右撚りと左撚りの強撚糸を1本ずつ交互に織り込んだ縮緬。一越と

は、織物の緯糸1本のことをいう。細かいしぼがあり、薄手で、縮緬のなかでも高級品とされている。

ひとめゴムあみ　一目ゴム編み
表編みと裏編みを1目ずつ交互に編んで作るゴム編み。

ピナフォア・ドレス　pinafore dress
ピナフォアとは前掛け、エプロンの意味で、エプロンのような形をしたワンピースのことをいう。一般にエプロン・ドレスといわれているもの。

ビニール・コーティング　vinyl coating
布地や編み地の上にビニール加工したもの、またはその技術のことをいう。

ビニロン　vinylon
ポリビニール・アルコールを原料とする合成繊維の、日本における一般名。1939年に、日本で初めて開発された合成繊維で、アメリカでの名称はビナル（vinal）である。

粗原料は石炭と石灰で、それから作ったアセチレンを直接原料として作ったポリビニール・アルコールから紡糸して繊維としたもの。耐摩擦性、弾性があり、吸湿性は低く、乾きが速い。これらの性質を生かして、耐久性を要する学生服地、作業服地、子供服地などに使われることが多い。

ビーバー　beaver
北アメリカ、カナダ、シベリアなどに産するビーバー（海狸）の毛皮。かたい粗毛を抜いて、柔らかい綿毛だけを残したものが使用される。色は褐色で、手触りは柔らかく、光沢があり、しかも耐久性がある。用途はコート、ジャケット、ストール。トリムなどに使う。

ビーバー・クロス　beaver cloth
ビーバーの毛皮に似せて作られた毛織物。経緯ともにメリノ種の紡毛単糸を使い、斜文織りか繻子織り、または二重織りにして、織り上げてから、縮絨、起毛、剪毛をして、さらにけばを経糸の方向にプレスして寝かせる、いわゆるビーバー仕上げをしたもの。

地合いは密で、けばは長く、地厚で、手触りは柔らかい。ウールのほか、最近ではアクリル混紡のものもある。主な用途はコートである。

ビビッド　vivid
いきいきとした、潑剌とした、強烈な、鮮やかな、という意味の形容詞で、鮮やかで若々しい色を表現するときなどに使われる。ビビッド・トーンといえば、最も彩度の高い色調をいう。

ビブ　bib
子供の衣服を汚さないように、首に結んで胸に掛ける、よだれ掛けのことであるが、婦人服の場合には、このよだれ掛けのような感じに、胸から上につける胸飾りをいう。

また、エプロンの胸の部分も、同じくよだれ掛け風なので、ビブとよぶ。

ビブ・カラー　bib collar
よだれ掛け風に、前のほうが長くなっている小さな襟。ワンピースやブラウスの上に装飾的に着用される。

ビブ・ヨーク　bib yoke
よだれ掛け風に、胸もとで大きく円を描いたような形のヨークをいう。

ひもボタン　紐ボタン
ひもを組んで作ったボタンのこと。被布や中国服に使われる釈迦結びも、その一種である。

ビュスチエ　bustier（仏）
本来は肩ひものないブラジャーの意。現

在はこの形をしたひもなしのキャミソール風トップをいう。これが1970年代後半ごろから流行しはじめ、リゾート用ばかりでなく町着としても着られるようになった。

1987年、マドンナの東京公演で彼女が着用していたことから、若い女性たちの間でいっそう流行した。

これが発展して、ビュスチエ・ドレスとなったり、ビュスチエ・コンビネゾン（bustier combinaison＝ビュスチエのジャンプスーツ）となっている。

ピューリタン・カラー　Puritan collar

本来、17世紀にアメリカのニューイングランドへ移住したピューリタン（清教徒）たちの服装に見られた、糊づけされた白い幅広の襟のことをいったが、今日でも、これに似た、襟先が直角に近い形の、白いフラット・カラーをこうよんでいる。→カラー

ひょうじゅんすんぽう　標準寸法

体型や年齢によって定められた、製品の規格寸法、サイズをいう。既製服、靴、帽子、靴下などに応用されている。

ひよく　比翼

コートやジャケットなどに見られるあきの仕立て方の一種で、上前の、ボタン掛けの部分を二重にし、ボタンが見えないようになっているもの。

英語では、フライ（fly）という。

ひらおり　平織り

経糸と緯糸を、それぞれ1本おきに、交互に上下に交錯させた織物の織り方、およびその織物。織物組織のうち、最も簡単なものであるが、地合いが平らで、丈夫な組織となるため、服地として広く応用されている。

比翼

ピラミッド・ライン　pyramid line

ピラミッドのシルエット。肩から裾へ向かってピラミッドのような形に大きく広がったもので、Aラインやトラペーズ・ライン（台形）よりもさらに広がりが大きいものをいう。アイテムとしては、ピラミッド・コートが代表的である。

ビリヤード・グリーン　billiard green

ビリヤード、つまり玉突きの台に張るフェルトの色のような、黄色みを含んだ、濃い緑色。

ピリング　pilling

摩擦によって布地の表面にできる毛玉。

ピルボックス　pillbox

携帯用の浅い丸薬容器、ピルボックスの形に似た婦人帽。クラウンの頂上は平らで、ブリムはなく、水平、または前のめりにかぶる。アフタヌーン・ハットとして用いられることが多く、ベールをつけてかぶることもある。→ぼうし

ひろいめ　拾い目

編み物用語で、前に編んだ目や、作り目から拾う目のこと。裾や襟ぐりの縁編みを編むときに使う。

ビロード　天鵞絨

ベルベットの、わが国での呼び名。ポル

トガル語のベルード（velludo）、あるいはスペイン語のベルード（vellude）のなまった語といわれる。→ベルベット

びんがた　紅型
沖縄で産する伝統的な染め物。1枚の型紙を使って、多様な色や、ぼかしを摺り染めするもの。布はもともと芭蕉布（ばしょうふ）や麻を用いたが、木綿などもある。地色によって階級分けがあり、黄色が最高で、白、赤、水色と続く。

ピンキング　pinking
布端を鋸（のこぎり）の歯のようなギザギザに切ること。これによって、布のほつれてくるのを防ぐことができるため、縫い代始末の方法として用いられる。また、ピン・タックの技法を応用した手芸のことも、ピンキングという。歯がギザギザのはさみのこともいう。

ピンクッション　pincushion
クッション形をした針刺しのこと。丸形、四角形、腕にはめるものなどがある。

ピン・ストライプ　pin stripe
ピンで突いて縞模様にしたような、ごく細い縞。

ピン・タック　pin tuck
布地を一定の間隔をおいてつまみ、その折り山から1～2ミリのところを縫う装飾的な洋裁技法で、その間隔が、ごく狭いものをいうことが多い。もともとは、ピンキングという手芸から始まり、ミシンの導入によって、洋服の装飾的アクセントとして、応用されるようになった。

ビンテージ　vintage
本来当たり年のワインのことをさすが、ファッション用語として、古いジーンズなどにも使われはじめた。〝古くて価値のある〟とか〝由緒正しい〟といった意味が強い。プロトタイプ（原型）としての完成度が高いと評価されるものによく使われる。

ピン・ドット　pin dot
ピンの頭ぐらいの大きさの、非常に小さな水玉模様。→ドット

ピン・ヒール　pin heel
フランス語ではタロン・エギーユ。ハイ・ヒールのヒールが針の先のように細いもの。普通のハイ・ヒールの高さは床から7センチだが、ピン・ヒールは10センチ以上の高さのものが多い。ピン・ヒールが現われたのは1950年代。イタリアの靴屋がメタルの軸を導入したのち、1960年代に流行し、1990年代にカムバックした。→くつ

ピンヘッド　pinhead
ピンの頭を並べた感じの点々柄で、白黒や濃淡の配色、その他の色物もある。柄の大きさはバーズアイ（鳥目織り）よりもさらに小さい。また毛織物のバラシアのことをこうよぶこともある。

フ

ファイユ faille（仏）

横畝のあるシルクの布地。グログランに似ているが畝が細い。シルク以外に、ウール、木綿、レーヨン、アセテートなどでも織られる。ドレス、ブラウス、スーツ、スプリング・コートなど、ドレッシーな感覚の服に使われる。

ファー・クロス fur cloth

毛皮まがいの布地。織り地も編み地もある。普通、パイル織りになったものが多く、柄物はプリントや型押しによって表現される。

ファゴティング fagoting

布と布を、糸やリボン、ブレードなどを使い、装飾的なステッチでかがる手芸。レース的な効果を出すことができ、ブラウスの胸もとの装飾や、飾りヘムなどに応用される。インサーション（insertion）ともいう。

ファスナー fastener

テープについた凹凸の歯を、スライダーでかみ合わせることによって開閉する、すべり式留具。正しくは、スライド・ファスナー（slide fastener）で、ジッパー（zipper）ともいう。チャックというのは、わが国独自の呼び名である。

ファッショナブル fashionable

流行の、当世風の、また、流行を追うということを表わす形容詞。

ファッション・アドバイザー fashion adviser

ファッションのアドバイスをする人の意で、企業内でファッション情報を収集分析し、バイヤーやデザイナーなどにアドバイスをする人のこと。また、小売店で顧客に着こなしや組合せのアドバイスをして商品を売る、プロの販売員のことをいう場合もある。

ファッション・エディター fashion editor

雑誌、新聞、ラジオ、テレビなどで服飾を担当する編集者。ファッションの動きを敏感にとらえ、流行の現象や、流行のデザインを取捨選択し、公正な立場で報道の仕事をする。

ファッション・コーディネーター fashion coordinator

ファッションの調整者。ファッション情報の収集・分析をして、適切な情報をマーチャンダイザー、バイヤー、デザイナー、販売員などに提供し、指導や教育をする人。広くは、一次メーカーから二次メーカー、そして小売業界まで一貫して調整の仕事をする。多くの場合、わが国では二次メーカー、デパートなどの小売業に属している。最近では、ファッション情報社に属したり、フリーの人もいる。

なお、わが国ではファッション写真の撮影のために、小物類を集めて着装させる人のことをいうむきもあるが、これはまちがいで、この人のことはスタイリストというべきである。

ファッション・サイクル fashion cycle

流行の周期。流行は、ある装いが人気を得て上昇し、そして忘れ去られ、その次にくるものに席を譲る。この生成、発展、消滅の波をいう。この波は形を変えて再び現

われ、1シーズンで消えるものもあれば、10年間も続く場合もある。衰退の段階は必ずあり、常にくり返されるが、そのままの姿で再現されることはない。

ファッション・ショー fashion show

新しい流行の服や服飾品を展示、公開したり、モデルが身につけて公開すること。

ショーの形式は舞台で行なうステージ・ショーと、床を歩くフロア・ショーがある。現在ではほとんどがステージ・ショーの形式で行なわれている。

ファッション・トレンド fashion trend

ファッションの傾向。そのときに動いているファッションの方向。そのときの基本的ラインをさす。

ファッション・バイヤー fashion buyer

流行服飾品の買いつけをする人、仕入係のこと。

パリ・コレクションには毎回、世界じゅうからバイヤーが集まり、標準サイズの作品や、トワル（布で作られた型紙）の買いつけをする。売れるかどうかという鋭い感覚と、商才が要求される。

ファッション・ビクティム fashion victim

ビクティムとは犠牲、えじき、いけにえという意味で、流行のファッションに浸りきって、そのえじきになってしまっている人のこと。

ファッション・ビジネス fashion business

モードの創出から伝播までのルートに携わる、あらゆる職業のこと。繊維メーカー、既製服メーカー、問屋、デパート、小売店、専門店など。それらは技術の開発研究、経営管理、販売促進、市場調査などの業務がある。ほかに創作部門、宣伝部門などで、デザイナー、モデリスト、コーディネーター、コンサルタント、コマーシャル・デザイナー、コピーライターなどが加わる。

ファッション・ビジネスは衣料産業だけにとどまらず、美容産業も含まれる。化粧品の製造、販売、宣伝、販売促進業務もファッションによって大きく左右される時代である。最近では、インテリアの分野までファッション・ビジネスのなかに入ってきた。情報産業とファッション・ビジネスの分野は、しだいに広い範囲にわたってきている。

ファッション・フォーカスト fashion forecast

ファッション予測。

ファティーグ・ルック fatigue look

ファティーグとは〝作業〟という意味で、作業着にヒントを得た機能性をポイントとした装いのことをいう。オーバーオール、スモック、エプロン・ドレス、ファーマー・シャツ、ジーンズなどはこの中に属するスタイルである。これはワーキング・ルック（working look）、またはワーキング・ウエア・ルック（working wear look）ともよばれる。

ファド fad

一時的にぱっとはやって、すぐに消える、気まぐれ（ファド）的なファッションのこと。

ファブリック fabric

繊維製の布類の総称。織物、編み物、レース、網地から、フェルト、不織布なども、これに含まれる。

ファー・ライニング fur lining

コートなどの中に、保温や装飾のためにつける毛皮の裏地。取りはずしのできるものも多い。

プア・ルック poor look

貧乏ルック。→ポペリスム

ファンシー fancy

変種の、気まぐれな、という意味で、風変わりなもの、凝ったものを表現する形容詞。ファンシー・クロス（fancy cloth）といえば変わり織りであり、ファンシー・ベスト（fancy vest）といえば、装飾性の強いチョッキのことである。

ファンデーション foundation

ファンデーション・ガーメント（foundation garment）の略語。洋服のシルエットを美しく出すために、体型を整えることを目的としてつける下着。ブラジャー、ガードル、コルセット、オールインワンなどが、その代表的なものである。

フィギュラティブ figurative

絵画の、という意味。フィギュラティブ・プリントといえば、絵画調のプリントということで、近年流行したもののモチーフは、動物、人物、果物、鳥、野菜、風景など。

フィギュラティブ・ジャカード figurative Jacquard

絵画調の柄を織り出した織物のこと。モチーフは、動物、鳥、人物、果物、野菜、風景などが中心。

ブイ・ゾーン V zone

Ｖ字形の地帯という意味で、背広服の前打合せのＶ字形になっている部分をいう。

フィッシャーマン・セーター fisherman's sweater

フィッシャーマンとは、漁夫の意。漁夫たちが着るセーターのことで、たっぷりとしたかさ高の手編みで、色は生成り。太い縦に入れられた縄編みの柄が特徴である。型としてはプルオーバーもカーディガンもある。元来はアイルランドの漁夫たちが着ていたもので、1960年代の後半にこのスタイルが一般に流行した。もとは毛糸で手編みだったものが他の合繊糸などを使い、機械編みとなり、いまやカジュアル・セーターとして男子にも婦人にも広く着られるようになった。アラン・セーターともよぶ。正しくは、フィッシャーマンズ・セーター。

フィッター fitter

仮縫い師。フィットは〝合わせる〟という意味で、本縫いの前に、体型に合わせて、仮に縫う、つまりフィッティングをする人のことをいう。

フィッティング fitting

衣服を体に合わせることで、一般に服を着てみること（試着）や、仮縫いのことをいう。

フィッティング・ルーム fitting room

仮縫い室、試着室のこと。

フィット fit

服が体にぴったり合うこと。ある部分が体の線にぴったりそっていることも、フィットという。

フィット・アンド・フレア fit and flare

上半身が体の線にそってぴったりと合い、ウエストから裾へかけて、スカートの部分がフレアを出すシルエット。

フィニッシャー finisher

衣服ができ上がったあと、仕上げをする

人のこと。

フィニッシュ finish

仕上げのことで、洋裁上では、裾や袖口など、最後に仕立てる部分、または、最後のアイロンによる工程をいう。

また織物の場合は、織り上げたあとになされる縮絨（しゅくじゅう）や起毛など、最後の工程のことをいう。

フィニッシング・ボード finishing board

仕上げ用のアイロン台。脚のついた、細長いもので、平らなアイロン台では仕上げのむずかしいもののアイロンがけに適している。一般に〝馬〟〝仕上げ馬〟とよばれている。

フィフティーズ・ルック fifties look

1950年代調ルック。これには次の2つがある。①1950年代のアメリカの若者たちの間で流行したファッション。髪型ならポニー・テール（女性）と、リーゼント・ヘア（男性）。服では革ジャンパー、アロハ・シャツ、サブリナ・パンツ、落下傘スカート（パラシュートのように大きく広がるフレア・スカート）など。これが1980年代にリバイバル。②パリのオート・クチュールのモード。1947年、クリスチャン・ディオールが〝ニュー・ルック〟を発表し、全世界のファッションをリードし、Aライン、Hライン、Yライン、チューリップ・ラインなど、いわゆる〝ライン時代〟をきずいた時代のファッション。ディオール以外にもバレンシアガ、ピエール・バルマン、ジャック・ファト、ジヴァンシーなどが活躍し、オート・クチュールの黄金期であった。この当時のモードが1987年ごろから再認識され〝ニュー・クチュール〟ということばさえ使われた。

フィラメント filament

連続した長い繊維のこと。

フィレ・レース filet lace

ニッティング・シャトルを使って編んだ四角、または菱形の網目のネットに、いろいろなステッチで模様を作り出したレース。フィレとはフランス語で、網のことをさす。

フィンガーティップ・レングス fingertip length

指先までの長さ。腕を下ろしたとき、指先までの長さになるようなジャケットの丈をいう場合に使われることば。

フェア・アイル・セーター Fair Isle sweater

フェア・アイルとは、スコットランドのフェア島のことで、そこが原産のセーター。特徴は柔らかいミックス糸を使い、鮮やかな色の糸で伝統的な幾何学模様を編み込んであること。丸ヨークとカフスつき。プルオーバーとカーディガンがある。現在はそれに似たセーターをこうよぶ。

フェイク・ファー fake fur

模造毛皮。主にパイル織物のけばを伏せつけて毛並みをつけ、動物の毛皮に似たものの総称である。けばを寝かせたり、縮らせたり、長さを工夫したりして、いろいろな毛皮に似たものを作ることができる。イミテーション・ファー（imitation fur）ともいう。

フェーシング facing

見返し、見返し布のこと。

フェズ fez

赤いフェルト製の椀形の小さな帽子。回教徒がかぶっている。モロッコの首都フェズからこの名が生まれたとされる。

フェルト felt

獣毛（羊毛、ヤギ毛、ラクダ毛、ウサギ毛など）の繊維を、その縮絨（しゅくじゅう）現象を利用

して互いにからみ合わせて、布状にしたもの。保温力があり、裁ち目がほつれにくいのが特徴で、衣料、帽子、スリッパ、手芸材料として使われるほか、断熱材、吸音材などとしての用途もある。

フォアインハンド four-in-hand

結び下げネクタイ。下端の剣先の角度が90度の、最も一般的なネクタイのことである。バイアスにカットされたシルクが使われることが多い。

フォアインハンドとは、〝4頭を一手にする人〟という意味で、昔、四頭立ての馬車の御者が、手綱をさばきやすいように、蝶タイやボヘミアン・タイの代わりにこのネクタイを結んだということから、つけられた名称である。

フォー・カマイユ faux camaïeu（仏）

フォーは〝偽りの〟という意、カマイユは単色画のこと。つまり、訳すと〝単色画まがい〟ということになる。これは配色用語として用いられ、実際には多くの色を使ってあるが、遠くから見ると単色に見えることをいう。同系色、または類似色だけでまとめた配色である。編み物、ニット、織物などに使われる。

フォークロア folklore

民族、という意。民族衣装にヒントを得たような、素朴な感じのするファッションをさしていうときに使われることばがこれである。俗に〝フォーク調〟といわれるもの。その代表的なものに、ジプシーの装いにヒントを得たジプシー・ルックがある。

フォーティーズ・ルック forties look

1940年代調の装い。1945年の終戦を境として、その前半は第二次大戦中、後半は戦後である。そのころの装いの特徴はミリタリー調であり、肩パッドの入ったいかり肩、ウエストをしぼったスタイルで、丈は膝までのショートである。→ミリタリー

フォービスム Fauvism

野獣派。20世紀初頭フランスに起こった絵画運動。1905年サロン・ドートンヌの一室に集められた若い画家たち（ドラン、ルオー、ブラマンク、マチスなど）の作品を見た批評家のルイ・ヴォークセルが「レ・フォーブ！」といったことばが由来。それはバーミリオン・レッド、プルシアン・ブルー、グリーン、黄色などの強烈な色彩による平塗りと大胆なデフォルマシオンの個性的な表現だった。1908年ごろまで続いた。その後起こったキュービスムと並ぶ、20世紀初期を飾る双璧の絵画運動。

フォーマル formal

正式の、公式の、という意味で、主に社交の場についていわれることば。欧米の社交の場は、フォーマルなものとインフォーマル（略式の）とが分かれており、服装もそれによって区別される。

フォーマル・ウエア formal wear

正式のレセプションやパーティに着る服のことである。しかし、最近はフォーマルとインフォーマルの間の区別も、しだいになくなる傾向にある。

フォーマル・ドレス formal dress

正式の社交の場に着る衣服の総称。日本での正礼装にあたる。夜ならば、男子の場合は燕尾服、女性の場合は、襟あきを大きくして肌をあらわにしたイブニング・ドレスが、これにあたる。

フォーム form

形、形状、体裁。

フォーレスト・グリーン forest green

森林の緑の意で、常緑樹に見られる暗い青緑のこと。

ふくごうがら　複合柄

2つ以上の柄がミックスされたものをいう。大きなチェックの中に小花柄、大きなペーズリー柄の中に小さな水玉柄など、異質の柄を同時に使うところにその効果が表われる。

ブークレ　bouclé（仏）

表面に糸の輪が出た織物、または編み地。ウール、レーヨン、木綿など、または交織で作られる。ブークレとは〝巻き毛〟とか〝輪〟の意味。毛糸にもブークレの糸がある。

ブークレ・ヤーン　bouclé yarn

ブークレとはフランス語で、〝輪にした〟という意味。つまり、糸のところどころにループやカールされた部分のある、変わり糸のことをいう。

ふくろあみ　袋編み

袋状になる編み方。ひも、スカートの裾や、ベルト通しなどに利用される。

ふくろぬい　袋縫い

縫い代の裁ち目がほつれないように、いったん外表にして布端近くで縫い合わせ、次に中表にして本来の場所を縫う。

ふくろぬの　袋布

服の一部を切って作る、切りポケットの内側に物入れ部分としてつける袋。特殊な袋地を使ったり、裏地、ビロードなどが用いられる。

ブーケ　bouquet（仏）

生花、または造花を束ねて作る、花束のこと。帽子やドレスのアクセサリーとして使う小さな花束も、ブーケの一種である。

ふじぎぬ　富士絹

経緯(たてよこ)に、絹紡糸を使った平織り絹織物。風合いは羽二重に似ているが、腰はもっと強く、独特の光沢がある。精練だけした自然色のものは、特有の黄みが残り、その味を好んで、そのまま漂白せずに使われることも多い。

和服の裾回しや、洋服地、裏地などとして用いられる。この名称は、明治39年（1906年）ごろ、この織物を創製した富士ガス紡績（富士紡の前身）が、自社の社名を冠したのが、始まりである。

ブーケ

ふしょくふ　不織布

ノン・ウォーブン・ファブリック。繊維を織る、編むの工程をへないで、すなわち糸にしないで繊維のまま作る布の総称。古くはフェルトとタパ（梶(かじ)の木の皮から作った紙に似た布）がある。ほとんどの不織布は熱可塑性の物質。ドイツのフェルト業者が毛くずなどを利用して接着剤で固め、安価なフェルトを作ったのが始まり。1932年アメリカで熱可塑性のウェブを溶融して接着したものを開発。1952年アメリカでナイロンとビスコース・レーヨンをニトリルゴムで接着したペロン（アメリカ・ペロン社の商標）が作られ、芯地に利用された。最新のものではアメリカのデュポン社が開発した紙のようなチベクがある。モードにおいては表には見えない芯地やライニングに使われているが、最近では服地としても使われはじめた。

ふせどめ　伏せ止め

かぎ針で、1目ずつ鎖を編みながら止めていく方法。肩、襟ぐりなどが伸びないた

ふせぬい　伏せ縫い
縫い代を一方に返して、裁ち目の端を、表に小針を出して止めつける方法。

ふせめ　伏せ目
伏せ止めのこと。

ふためゴムあみ　二目ゴム編み
裏編みと表編みを、2目ずつ交互に編んで作るゴム編み。

ブーツ　boots
くるぶしから上以上をカバーする深靴の総称。防寒用、防水用、乗馬用、作業用といった実用的なものから、おしゃれ用まで、いろいろの種類がある。→くつ

プッシュアップ・スリーブ　push-up sleeve
セーターなどの袖を、上にたくし上げた状態、および、そのような感じに作った、肘から上はゆったりとし、下はぴったりとした袖のこと。

ブッファン　bouffant（仏）
フランス語で〝ふくらんでいる〟という意味。袖や身頃やパンツなどがふくらんでいるとき使われることば。

ブティック　boutique（仏）
英語の、ショップ（shop）にあたることばであるが、とくにオート・クチュールの場合、そこに属する小売販売部および、その売店をいう。

また、しゃれた製品を売る個性的な、小規模の洋品店のことを、わが国では一般にブティックとよぶ。

フード　hood
頭から、顔や首の一部を覆うようになっている、頭巾風のかぶり物。コートやジャケットなどの一部として付属していることが多いが、帽子として独立しているものもある。→ぼうし

フートル　feutre（仏）
フェルトのこと。帽子の素材で、これで作った帽子をシャポー・ド・フートルとよぶ。フェルト帽のことをシャポー・ムー（柔らかい帽子）ともよぶ。

フープ　hoop
スカートのふくらみを出すために用いる、針金や木製などの枠。16世紀の半ばごろから用いられ、パニエ、クリノリン、ファージンゲールなどさまざまな形と材質のものができたが、19世紀後半に、スカートをふくらませるスタイルの流行が終わるとともにすたれた。現在、わずかになごりとして残っているのは、サランなどで作り、スカートを軽く張らせるパニエ（pannier）のみである。

フープ・イアリング　hoop earring
大輪の輪のイアリング。金属やプラスチックなどで作られる。別名スレーブ・イアリング（slave earring）。アフリカやインドなどのアクセサリーからヒントを得ている。

フープ・スカート　hoop skirt
フープを入れてふくらませたスカートの総称。16世紀ごろから始まり、18世紀には全盛期を迎えた。それぞれの時代により、フープの形式が異なるため、フープ・スカートの形も変化し、スカートそのものには、特別のデザインはない。19世紀後半にすたれた。

フューシャ・ピンク　fuchsia pink
アメリカ原産のフクシア（ツリウキ＝釣浮草）の花の色に似た、青みを含んだ、鮮やかな濃いピンク。

フュゾー　fuseau（仏）
紡錘、紡錘形の意。その形のように先細になったパンツのことをいう。フュゾー・

パンツというのは日本での造語で、フランス語でいうならパンタロン・フュゾー（pantalon fuseau）である。→スキー・パンツ、→スターラップ・パンツ

フューチャリズム futurism

未来主義。きわめて人工的な感覚が特徴である。たとえば、プラスチックや金属で服を作るなど。1970年ごろ、この感覚のファッションがあった。

ブラ bra

ブラジャーの略語。→ブラジャー

フライ fly

比翼のこと。フライ・フロント（fly front）といえば、比翼仕立ての前あきのことである。→ひよく

ブライダル bridal

花嫁の、婚礼の、という意味の形容詞で、ブライダル・ベール（bridal veil）といえば、結婚式に花嫁がかぶるベール、ウエディング・ベール（wedding veil）のことである。

ブライダル・ガウン bridal gown

結婚式に花嫁が着る衣装。→ウエディング・ドレス

ブライド bride

花嫁。新婦。結婚式から、最初の結婚記念日（1年め）までの期間の既婚婦人は、ブライドに含まれる。

プライマリー・カラー primary color

原色のこと。→げんしょく

ブラウジング blousing

ブラウスをスカートの中へたくし込んで着たときにできるようなふくらみを、わざとウエストラインの上に作ったもの。普通、ボディのほうに、このふくらみを出し、ウエストラインから下はタイトな感じに作る。

フランス語では、ブルザン（blousant）である。

ブラウス blouse

上半身を覆う、ゆったりした胴衣で、丈は一般にウエスト、またはそれより下までのもの。裾をスカートやパンツの中にたくし込んで着るものは、タックイン・ブラウス（tuck-in blouse）といい、外側に出して着るのは、オーバーブラウス（over-blouse）という。

ブラウズド・ライン bloused line

上半身をふくらませたシルエット。ワンピースの場合は、ウエストをフィットさせ、上半身をたっぷりとふくらませ、スカートの部分は自然のストレート型かフレア型になる。ツーピースの場合は、ブルゾンとスカート、またはパンツの組合せとなるのが一般的。

フラウンス flounce

ひだべり飾り。フリルよりも幅が広い。

フラウンスド・ドレス flounced dress

フラウンスとはひだべり飾りのことで、それが裾についたワンピースをいう。

フラゴナール

Jean-Honoré Fragonard

ジャン・オノレ・フラゴナール（1732～1806年）は18世紀後半に活躍したフランスの画家。イタリア留学後、宮廷の生活描写をはじめ、享楽的な風俗をテーマに恋愛遊戯の場面を連作。当時の風俗を軽妙な筆致で現わし、名声を高めた。18世紀ロココ時代の自由奔放な風潮を反映した彼の絵は、モードにおいてロコ

コ・スタイルのロマンティシズムが語られるとき必ずあげられる名前である。

ブラシエール brassière（仏）

袖なし、または袖つき、丸首の短い胴着のこと。13世紀末ごろ、ブラ（腕）から派生したことば。14〜17世紀ごろまでは複数で使われ、男女共用のキャミソール・タイプのナイトウエアをさし、1843年ごろには薄手コットンやウール製の、後ろで開閉する幼児用の薄いシャツのことをよんだ。かぶって着るブラジャー・タイプの胴着もこの名でよばれる。

ブラジャー brassiere

ブラジャーは、ブラシエール（brassière 仏）の英語読み。乳房を保護し、胸の形を整えるための、婦人用のファンデーション。丈の短い、普通のショートライン・ブラと、ウエストライン近くまである、ロングライン・ブラの2種に分けられる。

種類としては、バンドー・ブラ（幅の狭い、ごく一般的な基本形のブラジャー）、ストラップレス・ブラ（肩つりひものないブラジャー）、ローバック・ブラ（背中を露出するドレス用の、背部の下がったもの）など。アップリフトともいう。

プラストロン plastron

ドレスやスーツの胸もとからのぞかせる、レースやフリルなどで飾った胸当てのこと。取りはずしのできるものと、ブラウスの一部になっているものとがある。ディッキーやフロント・ジレも、この一種。

また、男子服の場合は、ドレス・シャツなど、飾りのあるシャツの、胸の部分のことをいう。

ブラック・タイ black tie

黒いネクタイ。服飾用語としては、タキシードの略礼装を意味する。これに対してホワイト・タイは燕尾服を意味する。パーティなどの招待状に書かれてある。

ブラッシュド・デニム brushed denim

綾織りの木綿地デニムを起毛したもの。作業着から、最近ではカジュアル・ウエアにも用いられる。

フラット・カラー flat collar

襟腰が全くないか、あるいはごく低くて、ネックラインからすぐ折り返る形の襟の総称。ピーター・パン・カラー（Peter Pan collar）や、セーラー・カラー（sailor collar）、イートン・カラー（Eton collar）などが、これに含まれる。→カラー

フラット・ヒール flat heel

高さが1〜1.5センチぐらいの、ごく低く、平たいヒール。紳士靴、子供靴、婦人のスポーツ靴などに使われる。

フラップ flap

ポケットなどの切り口につけられた雨ぶたのこと。

フーラード foulard

柔らかく肌触りのいい、綾織り絹織物。元来はインド産で、白地に藍や黒の水玉模様がオーソドックスな柄であったが、現在ではその他さまざまな模様のものがある。ドレスやブラウス、スカーフ、ネクタイなどに使われるが、とくにこの布で作ったスカーフを、フーラードということがある。

フラノ

毛織りフランネルの略称。→フランネル

フラメンコ・ドレス　flamenco dress

スペインのジプシーの踊り、フラメンコを踊るとき、ダンサーが着る服に似たワンピース。特徴は大きく広がるスカートの裾に何段ものフリル飾りがあること。これに似たものとして、ルンバ・ドレス（rumba dress）がある。

ブランケット　blanket

毛布。14世紀、イギリスの織物業者トーマス・ブランケット（Thomas Blanket）が初めて使ったのでこの名がある。

ブランケット・ウエア　blanket wear

毛布のような布を使った服。ブランケットはイギリスの織物業者トーマス・ブランケットの名に由来する。表面処理で暖かくボリューム感のある毛布やふとんのような中綿生地を使ったものや起毛ニットまで、見かけよりは軽くでき上がっている。

ブランケット・ステッチ　blanket stitch

縁飾りやアップリケの周囲を止めるときのステッチで、針目の間隔の粗い、ボタンホール・ステッチをいう。毛布（ブランケット）の縁の始末に使われたので、この名称がある。→ステッチ

プランジング・ネックライン　plunging neckline

Vネックよりもさらに深い襟あき。極端なものはウエストライン近くまで、くり下げたものもある。プランジングとは〝突っ込む〟という意で、突っ込むように深くあけたような形になっているためこの名がある。→ネックライン

フランスししゅう　フランス刺繍

欧風刺しゅうのうち、色糸を用いて刺すものをいう。いわゆる色糸刺しゅうのわが国における俗称である。

フランスちりめん　フランス縮緬

フラット・デシン。クレープ・デシンのこともいう。→クレープ・デシン

ブランド　brand

銘柄、商標。ファッション製品のブランドは老舗のメゾン名、アパレル会社名、デザイナー名など多岐にわたる。ブランド・エクイティはブランドのもつ財力、ブランド・バリューはブランドの総合的な価値をさす。

フランネル　flannel

経緯に紡毛糸を用い、平織り、または綾織りにしてから、軽く縮絨（フェルト化）し、起毛した織物。けばは短いが、組織は密で、手触りが柔らかく、温かみと弾力性がある。光沢はない。

無地のほか、白とグレー、白と黒、白と焦げ茶などの霜降りになったものも多い。縞、格子などもある。元来は経緯とも紡毛糸を用いるが、経に梳毛糸を用いたものは、梳毛フランネルという。

フリース　fleece

表面を起毛した厚地で重い紡毛織物や、ペットボトルを再利用した合繊加工の軽量素材。元来は刈り取った一枚続きの羊毛をさした。アウター・ウエアからインナー・ウエアまで、その保温性と軽さがデザイン・バラエティを広げている。楽しい色彩やジャージー、パイルのストレッチ性もこのフリース・ウエアの特色となっている。

フリーズ　frieze

粗い羊毛を使い、平織りか綾織りにした二重織物。表面は粗い巻毛状のけばで覆われており、手触りはかたく、やや重い。保温性に富み、オーバーコート地として使われる。もともと、オランダのフリーズランド原産のため、この名がある。

現在はアイルランドで大量に生産されて

ブリーチ bleach

漂白。繊維に含まれている色素を化学的に破壊して無色とし、布地を白くすること。また、毛髪の色を抜くことも、ブリーチという。

ブリーチアウト bleach-out

漂白する、の意。デニムや別珍、コール天などをわざと漂白したものが中心となる。その状態をさしていうとき使われることば。洗いざらしはウォッシュアウト。

ブリーチズ breeches

もものあたりは太く、膝から下を脚にそわせて細くしたズボンの総称。

乗馬用のものをライディング・ブリーチズ(riding breeches)、狩猟用のものをハンター・ブリーチズ(hunter breeches)、大礼服用のズボンを、コート・ブリーチズ(court breeches)などという。

プリーツ pleat

ひだ。規則的に布をたたむ洋裁技法、および、こうしてできたひだのことをいう。

その折り方により、さまざまの形のものができる。代表的なものとしては、アコーディオン・プリーツ(accordion pleat)、ボックス・プリーツ(box pleat)、ソフト・プリーツ(soft pleat)、インバーテッド・プリーツ(inverted pleat)、サンレー・プリーツ(sunray pleat)などがある。

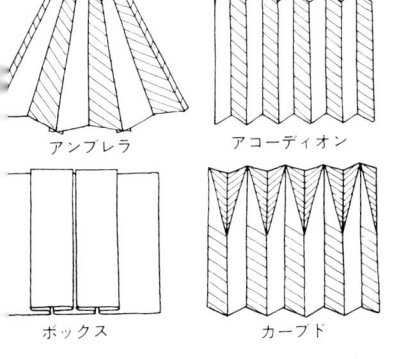

プリーツ・スカート pleated skirt

2つ以上のひだがあるスカートの総称。ひだの位置によって、サイド・プリーツ・スカート(side pleated skrit)、バック・プリーツ・スカート(back pleated skirt)、オールアラウンド・プリーツ・スカート(all-around pleated skirt)などに分けられ、ひだの形式によって、アコーディオン・プリーツ・スカート(accordion pleated skirt)、ボックス・プリーツ・スカート(box pleated skirt)などの呼び名がある。→スカート

ブリーフ briefs

正しくは、ブリーフスで、男女ともに用いる、腰部にぴったりとして股下の部分のごく短い下ばきをいう。わが国では男物にしか使われない。

プリミティブ・カラー primitive color

原色。プリミティブとは〝基本的〟という意で、基本色、つまり原色という意に使われる。別の言い方としてプライマリー・カラー(primary color)の語がある。→げんしょく

ブリム brim

つば。帽子の縁のこと。これのある帽子を、ハット(hat)という。

フリュオ fluo (仏)

フリュオレサンス(fluorescence)の略語で、英語ではネオンのこと。蛍光色をさす。

プリュム plume (仏)

鳥の羽毛のこと。羽根は20世紀前半の

アンブレラ　アコーディオン
ボックス　カーブド

女性のおしゃれにたくさん使われた。ときには軽やかなストールやボアとして毛皮にとって代わり、帽子の装飾の最も重要な位置を占めた。いちばん求められるのがオストリッチ（ダチョウ）の羽根。キジの羽根や普通の養鶏場のコックも悪くない。

フリル　frill

ひだべり。幅の細い布の片側にギャザーやプリーツをとって、衣服の端につけ、布の他の端をひらひらさせた縁どり飾りのこと。袖、裾などの装飾として使われる。ラッフル（ruffle）に似ているが、幅が狭く、ギャザーやプリーツが細かいのが特徴である。

フリンジ　fringe

房べり飾りの一種。マフラー、カーテン、テーブル掛け、服などの縁の始末と装飾を兼ねる飾り。方法としては、布地の経糸を利用して、ばら房、束ね房にしたものと、別糸を利用してつけた房などがある。

プリンセス・スタイル　princess style

ウエストラインに縫い目がなく、上半身とスカートが一続きに裁断され、縦の切替え線によって体の線にそったシルエットを出したスタイルをいう。19世紀末、イギリスの王女アレクサンドラが好んだことから、この名がある。

プリンセス・ライン　princess line

プリンセス・スタイルのシルエットをいう。すなわち、縦の切替え線によって、胸から腰にかけての細さを強調し、スカートを裾へ向かって広げたラインである。また、その縦に入れた切替え線のこともいう。

プリント　print

型紙を当てて染料をなすり、布地に模様を染め出す方法、すなわち"捺染"のこと。また、この染め方で模様をつけた布地の総称でもある。

フル　full

ゆるやかな、たっぷりした、という意味の形容詞。フル・スカート（full skirt）といえば、フレアやギャザーのたっぷり入った量感のあるスカートのことであり、フル・ライニング（full lining）といえば、総裏仕立てのことである。

フルー　flou（仏）

形容詞で服に使うときは、ふわっとした、軽やかな、という意味。このことばはタイユール（英語ではテーラー）に対する

もので、柔らかい服の仕立て方法をさす。このカテゴリーに属するのはシャツ、ネグリジェ、ローブ、アンサンブル。

フルーの仕立ては17世紀末には女流クチュリエに、18世紀初頭にはシーツやタオルを扱う女性に、構築的なコルセットなどを除いて扱ってよいという許可が与えられた。構築的なものは独占的に男性の仕事と決まっていてタイユールが扱うものとされた。オート・クチュールのメゾンには必ず2つのアトリエがあって、一つはフルー、もう一つはタイユールである。

プルオーバー pull-over

前後にあきがなく、頭からかぶって着る上着。とくに、この形式のセーターのことをいう場合が多い。略して〝プル〟ともよばれる。

フル・シルエット full silhouette

全体にゆとりのある、ゆったりとして量感のある衣服のシルエットの総称。

これに対して、体にぴったりとした細いシルエットは、シース・シルエット（sheath silhouette）という。

フル・スカート full skirt

ギャザーやフレアをたっぷりとって、裾幅を広くした、全体にゆったりとしたスカートの総称。

ブルゾン blouson（仏）

身頃をふくらませ、ウエストをベルトやタックでぴったりさせたブラウスや上着のこと。ジャンパーのこともフランス語ではブルゾンという。袋に玉を入れるという、ブルーゼ（blouser）からきたことば。

ブルゾン・スーツ blouson suit

身頃を柔らかくふくらませた短い丈のジャケットと、共布のスカートとの組合せ。

フル・ドレス full dress

フォーマル・ドレス（formal dress）のことで、とくに男子用のそれ、つまり、白のネクタイに燕尾服といった服装のことをさす。

ブルトン breton

後ろブリムよりも幅の広くなった前ブリムを上に折り返した帽子。ブリム全体を折り返したものもある。フランスのブルターニュ地方の農民がかぶっているところから、この名称がある。→ぼうし

フルファッションド・ストッキング full-fashioned stocking

成型靴下。フルファッション機により、編み目を増減させて脚の形に合わせて横編みで編んだナイロン・ストッキングをいう。編んでから二つ折りにして、縫い合わせるので、後ろにシームが入っているのが特徴。ナイロン・ストッキングには、ほかに、シームレス・ストッキング（seamless stocking）と、トリコット靴下（縦編みしたトリコット地を裁断）とがある。

フルフル frou-frou

服のきぬずれの音の意。一般的にはフリル、ラッフル、リボン、レースなど、ふわ

ふわした飾りのことをいう。フルフル・スタイルといえば、そんな飾りがついたロマンティックな服のこと。

フランス語であるがそのまま英語としても使われる。

ブルーマー　bloomers

正しくはブルーマーズ。裾口にゴムを入れてしぼった、ゆったりした膝丈のズボン形式の下衣。女性解放運動家アメリア・ブルーマー（1818～94年）によって考案された、スカート代わりの下衣であったが、その後、婦人、子供の運動着や下着として着用された。

なお1988年、バルーン・ライン流行に伴い、ふくらんだショーツという意味でカジュアル・ウエアとして流行した。

フル・ライニング　full lining

総裏仕立てのこと。

フル・レングス　full length

服の総丈（後ろの襟ぐり中央から裾までの長さ）のことであるが、スカートやドレスの長さを表現することばとして〝フロア・レングス〞（床すれすれまでの丈）の意味にも使われる。

フレア　flare

ゆらめく、朝顔形に開く、という意味で、服飾上では、布地をバイアス裁ちや、はぎ合せにすることによって、波形に作られた衣服の部分をいう。

フレア・ショーツ　flare shorts

裾がゆったりとしたフレア式になったショーツのこと。→ショーツ

フレア・スカート　flare skirt

ウエストから裾にかけて広がり、朝顔形のシルエットをしているスカート。バイアス・フレア、ゴアード・フレアなどがある。→スカート

ブレザー　blazer

背広型の軽いスポーツ用ジャケット。本来はフラノを使ったものであったが、現在では、ジャージーや木綿などを使うこともあり、デザインも流行によって、少しずつ変化している。ポケットに、所属クラブや、大学のワッペンをつけることもある。

もともとは、ケンブリッジ、オックスフォード両大学の対抗ボート・レースのとき、ケンブリッジ大学の選手が、深紅のジャケットを着ており、これが観戦者に、燃えるような色に見えたため、〝燃え立つもの〞という意味でつけられた名称であるといわれている。

プレス　press

アイロンや、プレス機によって布地のしわを伸ばしたり、形を整えたりすること。報道関係、ジャーナリズムの意味にも使われる。

ブレスト　breast

体や衣服の、胸の部分をいう。また、採寸のときにはかる、胸の最も高い部分の一周、つまり、胸囲のこともいう。

ブレスト・ポケット　breast pocket

胸ポケット。ジャケットやスーツの上着、シャツなどにつけられる。

ブレスト・ライン　breast line

バスト・ライン（bust line）のこと。胸のいちばん高いところを一周した線のことをいう。

ブレスレット　bracelet

腕輪。とくに手首にはめるものをいい、上膊部（じょうはく）にはめるものはアームレット（armlet）。

古代より、腕、首、指などを飾るため、ブレスレット、ネックレス、指輪は男女の別なく用いられていた。

プレタクチュール　prêt-à-couture（仏）

プレタ・ポルテとオート・クチュールの合成語。オート・クチュール仕立ての格調高い服をプレタ・ポルテ式に機械縫いを導入して価格を安くし、入手しやすくしたもの。1977年にピエール・カルダンが使ったことば。

プレタ・ポルテ　prêt à porter（仏）

高級既製服。英語のレディ・ツー・ウエア（ready-to-wear）すなわち〝着るために用意された〟というのが本来の意味。

1950年代初期当時のパリの有名既製服メーカーのヴェイルやランプラールがニューヨークの既製服に影響を受け、帰国後、広告キャンペーンの際自社のブランド名とともに〝プレタ・ポルテ＝Prêt à porter〟のことばを初めて使った。文法的には不適正（正しくは Prêt à être porté ＝着るために用意された）だが、それまで使われていたコンフェクションと区別してよりプレステージの高い雰囲気をもつ。

わが国でも既製服メーカーや洋裁店が、高級既製服を売り出す場合はプレタ・ポルテという。

プレッピー・ルック　preppie look

アメリカ東部の名門大学を目ざす名門私立高校をプレパラトリー・スクール（preparatory school）といい、略してプレップ・スクールともいうが、そこに通う学生のことをプレッピーと俗称する。プレッピー・ルックは彼らのしているベーシックで伝統的な装いのこと。アメリカン・トラディショナルの典型。本物志向の保守的ファッションである。たとえば、ブレザー、ボタンダウン・シャツ、カシミヤのセーター、ポロ・シャツ、キルト・スカートなど。これに似たものがフランスのベー・セー・ベー・ジェー（B.C.B.G.）である。→アイビー・ルック

ブレード　braid

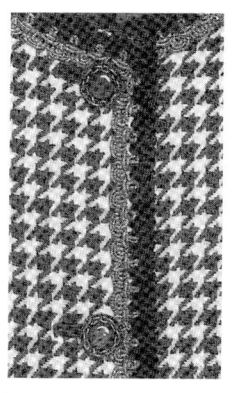

平ひも。一定の幅をもったひも状のテープで、さまざまな材質、形態のものがあり、縁飾りや、ブレード刺しゅう、ブレード・レースなどに使われる。

プレード　plaid

格子縞のこと。一般にチェックよりも大柄で、色数の多い（3色以上）ものをさすことが多い。

また、とくにタータン（tartan）をさすこともある。

フレーム　flame

炎の色のような、鮮やかな赤みを帯びた橙色（だいだい）。

プレーン　plain

簡素な、飾らない、という意味で、衣服の場合は、飾りがなく、あっさりしていることを表現するときに使うことばである。

フレンチ・カフ　French cuff

ダブル・カフの別称。→ダブル・カフ

フレンチ・スリーブ　French sleeve
袖つけ線がなく、身頃から裁ち出された袖。長さは短いものから長袖まで、各種ある。腕の上げ下ろしが楽なのが特徴。日本のきものの袖に、肩のあたりの感じが似ていることから、欧米では、キモノ・スリーブ（kimono sleeve）という。

フロア・レングス　floor length
コートやドレスの丈を表わすことばで、まっすぐに立ったときに、ひきずらない程度の床すれすれまでの長さをいう。

ブロークン・ストライプ　broken stripe
ブロークンとは〝壊れた〟という意。縞が途中でとぎれたものをいう。みだれ縞、とぎれ縞。

ブロケード　brocade
錦（にしき）。ジャカード織りの一種、花模様や、葉模様、波などのやさしく上品な織り柄を浮き立たせたり、色のコントラストをつけたり、絹を使ったり、金銀ラメを入れて織るなどした豪華な布地。イブニング・ドレスやコート、カクテル・ドレスなどを作るのに使う。化繊でも織られている。

ブローチ　brooch
衣服の胸や襟につける、飾りのある留めピン。

フロック・コート　frock coat
昼間の男子用正式礼服で、上着は四つボタンか、六つボタンのダブル・ブレスト、丈は膝までで、襟には拝絹（はいけん）をかぶせてある。布地はオックスフォード・グレーか黒のバラシアか、ウーステッド。チョッキは上着と共地、または薄色のもの。ズボンは黒とグレーのストライプ。シャツはウイング・カラーのいか胸かひだ胸で、ネクタイはグレーのシルク。ときにはアスコット・タイも用いられる。これにシルク・ハット、グレーのスエードかトナカイ革の手袋である。

19世紀後半には、このフロック・コートが、男子のビジネス・ウエアとして一般的なものであった。

ブロック・チェック　block check
2色を交互に配して、縦横同じ幅の、碁盤の目のような形を作った格子。市松格子、碁盤縞ともいう。

ブロード
綿のブロードクロス（broadcloth）の略語。→ブロードクロス

ブロードクロス　broadcloth
薄地で密に織られた毛織物の一種。平織りまたは綾織りで、縮絨（しゅくじゅう）起毛したもの。表面に光沢があり、ベルベットのような風合いをもっている。広幅に織られたため、この名がある。または、経緯に同じ太さの糸を使い、経糸のほうを少し密に織った平織り綿織物。経緯の密度の差により、布面に細い横畝が現われているのが特徴。ポプリン（poplin）に似ているが、それよりも織り糸が細く、密度も高い。細い番手の上質綿糸を使い、シルケット加工をほどこしたものは手触りも柔らかく、絹のような光沢がある。

用途は非常に広く、ワイ・シャツ、ブラウス、パジャマ、ショーツ、ドレスなどが、その主なものである。なお、ブロードと略してよばれることが多い。

ブロード・ショルダー　broad shoulder
肩パッドを入れ、自然の肩線よりも広く見せるように作った服の肩の線。

プロバンサル・プリント　Provencal print
南フランスのプロバンス地方で生産される小花やペーズリー柄を配した綿更紗（めんさらさ）風のプリント。インド更紗が起源といわれ、木

版捺染のもの。現在ではスクリーン捺染で作られている。この地方では服地としてだけではなく、インテリアにまで広範囲に使用されている。

プロポーション proportion

割合とか、均衡という意味であるが、人体についていう場合は、体の一部を基準として、その他の部分が、これとどのような割合になっているかを示す指数をいう。

基準にされる部分は、頭高（頭頂からあごまでの長さ）、手、脚の長さなど、いろいろあり、また一つの基準に対し、対象となる体部も身長ばかりでなく、肩幅、胴長など、さまざまである。

たとえば、頭高が20センチで、身長が160センチの場合、八頭身というが、この割合ならば必ず、美しいプロポーションであるとはかぎらない。この場合は、身長のどの部分を8等分しているかによって、プロポーションのよさが決まるのである。そして、プロポーションのよしあしは、時代や、見た人の印象によって変わってくるものである。

プロモート promote

促進する、奨励する、昇進させるの意。セールス・プロモーションは販売促進。

フローラル floral

花の、植物の、という意で、フローラル・プリントは花柄。これを捺染したものをフローラル・プリント（floral print）という。

フローラル・パターン floral pattern

花模様。

フロント front

前。前身頃。また、体の正面、または首につけるものや、衣服の前面にあるアクセントのこともいう。

フロント・ホック・ブラ front-hook bra

留め具を前につけた使用しやすいブラジャー。

へ

ヘアクロス　haircloth

経糸に綿糸、緯糸に馬毛やモヘアを使って、かたい平織り、または繻子織り、搦み織りにした布地。馬巣織り。主に、洋服の前芯地として用いられるが、夏の服地として使用されることもある。また牛毛と羊毛を混紡した、綾織り起毛の厚地毛織物をヘアクロスということもある。

ヘアコード　haircord

イギリスのツータル・ブロードファースト・リー社が創製した織物で、登録商標はトブラルコ（Tobralco）。

縦の方向に低い畝を表わし、綿のものが多いが、レーヨン物、ポリエステルやビニロンの混紡もある。さらりとした涼しい感触で、夏の家庭着、子供服、シャツ、ブラウスなどに用いられる。

ベア・ショルダー　bare shoulder

あらわな肩。肩を露出したデザインをさしていうときに使われる。服種としては、キャミソール・トップ、キャミソール・ドレス、ビュスチエ、ビュスチエ・ドレスなど。肩先から落ちた襟あきや襟をベア・ショルダー・ネック、ベア・ショルダー・カラーという。

ペア・スタイル　pair style

2つのものがそろいになっているスタイルのこと。全体が全く同じものと、装いの部分が同じものや、同じ感覚のものとがある。親子や、恋人どうしなど、お互いの親近感を高め、楽しい雰囲気を出すために統一する。

ベア・トップ　bare top

バストから上の胸、肩、背部などを露出すること。イブニング・ドレス、カクテル・ドレス、サン・ドレスなどに多く応用される。

ベア・バック　bare back

あらわな背中。ブラウスやワンピースで背中の部分を大きくあけたスタイルをいう場合に使われることば。

デザインとしては、ホールター・ネックラインのものと、肩つりひもつきのもの、Xストラップ（背中でX字形に交差したひも）が代表的なものである。なお、このスタイルの服がリゾート・ウエアやイブニング・ウエアばかりでなく、タウン・ウエアにも着用されたところにファッション的な意義がある。

ベア・ミドリフ　bare midriff

あらわな横隔膜の意。おなかの部分を露出したデザインの服をいうときに使われることば。主としてリゾート・ウエアに採用される。

ヘアライン　hairline

髪の毛一筋くらいのごく細い縞。ヘアライン・ストライプともよばれる。主として梳毛地に使われる。

ヘアリー　hairy

毛の多い、毛深い、という意。素材の表面がけばだっているものをさしていう場合に使われる。モヘアやアンゴラ、ラムなどの柔らかでけばだつ糸を

使った素材や、織り上げたり、編み上げた後で起毛したりするもののこともいう。

ベア・ルック bare look

あらわなルック。肌を露出する面を大きくした装いのこと。ベア・ショルダー（bare shoulder＝あらわな肩）、ベア・アーム（bare arm ＝あらわな腕）、ベア・ミドリフ（bare midriff ＝あらわな胴の中央）、ベア・バック（bare back＝あらわな背中）などの、デザイン表現がある。

ペザント・スカート peasant skirt

農民のスカートという意で、たっぷりとしたギャザー・スカートで、特徴としては鮮やかな色使いの刺しゅうバンドの飾りがあるものが多い。ヨーロッパの農村の婦人たちの素朴な感じのスカートをアイディア源としたもので、フォークロア路線のファッションに伴って現われたものである。

ペザント・ルック peasant look

ペザントとは〝農民〟という意味で、アメリカやヨーロッパの農民が着る服装にヒントを得た装いをいう。フリルやギャザー、スモッキングやプリーツなどをあしらい、簡単な裁断で技巧を凝らしたものが多く、スカートはギャザー・スカート、袖はパフ・スリーブといったように、田園調の雰囲気をもった服装である。素材も木綿の小花模様のプリントやギンガムなどが多い。

ページボーイ・スタイル pageboy style

小姓スタイル。中世の小姓がしていたようなヘア・スタイルのことをいう。ひと口にいえば〝内巻きのおかっぱ〟スタイルである。

ベージュ beige（仏）

明るい灰色のかかった黄色、または明るい鈍色系のタンニン色をいい、漂白も染色もしていない羊毛のような色である。英語読みではベージ。

ベスト vest

チョッキのこと。アメリカでの呼び方。丈が短く、体にぴったりつき、袖のないもので、スーツの下、あるいはブラウスやセーターの上などに着ることが多い。

イギリスでウエストコート（waistcoat）とよんでいるもののこと。ウエスキットともいう。

ベスト・スーツ vest suit

チョッキのような袖なし、襟なしジャケットとスカートの組合せ。流行によって、ベストの丈はウエスト丈からチュニック丈までいろいろある。下にプルオーバーやブラウスなどを着て、いろいろ着方の変化が楽しめる。

ベスト・ドレッサー best dresser

着こなしの巧みな装いをする人のこと。ベストは〝最上〟、ドレッサーは〝装う人〟の意味で、単に服装のうえばかりでなく、人間的にも教養があり、感じのよい人に使うことばである。

ベースボール・キャップ baseball cap

野球選手がかぶっているような、長いひさしつきの帽子。カジュアルな帽子として1971年ごろ流行した。

ベースボール・ジャケット baseball jacket

野球選手や野球監督が試合の前後に着て

いるジャンパーのこと。襟とカフスにニットがつけられてあり、全体にゆったりした身頃になっているのが特徴。

ペーズリー　paisley

勾玉(まがたま)に似た模様。スコットランドの同名の町から生まれた生地で、その独特の柄がいつの世にも喜ばれる。

とくにネクタイ、ブラウス、スカートなどによく使われる。〝ペズレー〟と読むのはまちがいである。

ベー・セー・ベー・ジェー　B.C.B.G.（仏）

ビー・シー・ビー・ジーのこと。→ビー・シー・ビー・ジー

ペダル・プッシャー　pedal pushers

婦人用のスポーツ用半ズボンのこと。自転車に乗るのに便利なように作られたズボンで、ふくらはぎ程度の丈で、ペダルを踏みやすいように全体に細く仕上げられている。正しくはペダル・プッシャーズ。

ペチコート　petticoat

婦人下着の一種。スリップのウエストから下だけのようなもので、丈はドレスの下から見えないようにやや短め。19世紀までは、シュミーズの上に3枚のペチコートを重ねていたが、19世紀の半ばに流行したスカートの広がったクリノリン・スタイルによって、ペチコートは単に下着だけでなくスカートのシルエットを強調する役目をももつようになった。

現在では、盛夏などブラジャーとペチコートで、スリップを略したり、自由に着られている。したがってすべりのよい薄地の化繊、またはかたく張りのあるナイロン・メッシュ、汗を吸収するコットン・クレープなど、その素材も目的によって多様である。同様に形も直線裁ちでウエストにゴムを入れた簡単なものから、ドレスのシルエットに合わせたものまで、さまざまのものがある。

へちまえり　へちま襟

ショール・カラーのこと。→ショール・カラー

ペッカリー　peccary

野生の豚の革のこと。主にメキシコに産するものが使われ、用途は主として手袋。ワイルド・ボアー(wild boar)ともいう。

べっちん　別珍

英語のベルベティーン（velveteen）のこと。また唐天(とうてん)、綿ビロードともいわれ、経(たて)を二重織りにして、経糸を切り、けばを表面に出した木綿の布地である。主に子供服、婦人服、作業服などに使われる。

ヘッド・サイズ　head size

頭回り寸法のこと。帽子をかぶって落ち着く耳の上あたりから、軽く頭を一周させてはかる。

ベッドフォード・コード　Bedford cord

縦に畝のある織物。紡毛糸のものをウー

ルン・ベッドフォードといい、綿糸のものをコットン・ベッドフォードとよんでいる。いずれも縮絨加工をしているために丈夫で、作業服、乗馬ズボン、スポーティなものに使われる。アメリカのニュー・ベッドフォードから産したので、この名がつけられた。

ヘッド・ベール head veil

後ろに垂れるようにかぶるベールのことをいう。

ペニョワール peignoir（仏）

16世紀にス・ペニエ（髪を梳く）という動詞から派生したことば。髪を梳く際、体に巻いて着た化粧着をさした。19世紀初頭、男女ともに風呂上がりに着る木綿の丈の長い、袖のついた服をペニョワールとよぶようになった。英語ではガウンやバスローブ。19世紀後半、室内着もさし、これは絹やレースなどの上等な素材で作られた。現在ではペニョワール・スタイルとして外出着もある。

ベネシャン Venetian

繻子綾ともよばれ、縦に強い感じのする斜文織りの布地のこと。素材は毛、綿、化繊、絹などが使われ、それらの交織のものもある。やや厚地で光沢があり、背広、ズボン、または形のきちんとしたデザインの婦人服などに用いられる。

ペーパー・ドレス paperdress

紙で作ったドレス。近ごろのペーパー・ドレスは上質の紙でプリントのものもあるし、発色も美しくなった。遊び着やパーティ・ドレス、または作業着などに作られる。1回着ればあとは捨ててしまう現代的な扱いの服の代表。

ヘビー・デューティ・ウエア heavy duty wear

厳しい自然条件にも労働の酷使にも耐える、頑丈な装いのこと。耐久性と実用性に富むため、ユーティリティ（機能服）、ワーク・ウエア、スポーツ・ユニフォームなどの目的でデザインされている。

ベビードール・ルック babydoll look

幼児服に見るような甘いかわいい雰囲気のワンピース・スタイル。

ベビー・ピンク baby pink

明るい淡紅色。女の赤ちゃんの衣類や寝具などに使われる、甘く、優しい感じの色をいう。

ベビー・ブルー baby blue

明るく淡い青。男の赤ちゃんの衣類や寝具に使われるさわやかな感じの色をいう。

ベビー・ボンネット baby bonnet

ボンネット型をした赤ちゃん用の帽子のこと。柔らかい毛糸や、長着と共布で作り、小さな刺しゅうをあしらったりする。主におしゃれを兼ねて頭の保護のためにかぶる。

ペプラム peplum

ジャケットやブラウスなどの、ウエストから下のフレアの入った部分のこと。ウエストに切替え線を入れたものも入れないものもいう。また、スカートの裾のひだ飾りのこともいう。

語源は、古代ギリシアの婦人が身にまとった丈の長い衣服、ペプロス（peplos）からきている。

ペプラム・スーツ peplum suit

ウエストから裾へかけて、フレアやプリ

ーツで張り広げたジャケットを組ませたスーツ。→ペプラム、→スーツ

ヘム　hem
へりのこと。布、きものなどの縁、また〝へり縫いをする〞〝へりをとる〞などの意味。一般にはスカートの裾のことをさし、裾線、縁線のことをヘム・ラインという。

へやぎ　部屋着
室内で着る服のこと。とくに私室で下着の上にはおって、着替えまでの間や、くつろぐときに着るゆったりした軽やかな衣服。裾までの丈の長いものが多く、ネグリジェもこの一種である。

ベランぼうすい　ベラン防水
イギリスのインペリアル・ケミカル・インダストリーズ（ICI）社で発明された恒久防水法。主に木綿に加工される。

防水物質の表面付着ではなく、繊維分子の化学的変化によって防水される。特徴は、通気性があり、汚れにくく、洗濯に強いなど。

ヘリオトロープ　heliotrope
香料を作るのに用いるヘリオトロープ（キダチルリ草）の花の色。薄紫色。

ペリューク　perruque（仏）
かつらのこと。英語ではウイグ。人毛かつらや合成繊維による人造毛かつらがある。古代エジプト時代からあり、はげを覆い隠したり、髪の色やヘア・スタイルを瞬時に変えたい人のためのアクセサリー。つけ毛やかもじ、ヘア・ピースといった部分かつらもある。

ヘリンボーン　herringbone
杉綾のこと。語源はニシンの骨という意味で、その形に似ていることからこの名がある。主として織りとして使われ、杉綾や模様に織ったものをヘリンボーン・コート地などという。ほかにフィッシュボーン（fishbone）や、アローヘッド（arrow head）、フェザー（feather）ともよばれ、さらに綾の方向が上下していることからアップ・アンド・ダウン（up and down）ともいう。

ヘル
ロー・サージのことで、日本特有の呼び方。→ロー・サージ

ベール　veil
頭や顔を保護したり、覆ったり、飾ったりするものをいう。主としてチュール、ネット、レースなどの薄くて軽い布地が使われる。

ベールは、目的、用途、使い方、時代、民族などによっていろいろの種類がある。帽子の飾り、またはベールだけで帽子の代用として使われる場合は、アフタヌーン・ドレスやカクテル・ドレスのようなおしゃれ着、半礼装のときに多く用いられる。顔を半分以上覆うものの場合は、食事のときに形を美しく整えて上に上げる。

なお、ベールの種類はブライダル・ベール（またはウエディング・ベール）、モーニング・ベール、ヘッド・ベール、マウス・ベール、ノーズ・ベール、カリプトラ、ヤシュマックなどがある。

ペール　pale
淡い色に用いる形容詞。ペール・カラーといえば、淡い色をさし、ペール・ブルー

といえば淡い青をいう。

ベル・エポック Belle Époque（仏）

美しい時代、という意味。過去のよき時代を懐かしい情をこめていうときに使われることばで、その時代とは、19世紀末から、第一次大戦前（1914年）までの間のことをいう。芸術上では、数多くの新運動が起こり、モード界でも、新しい気運が見られた。

パリでは、ポワレやドゥーセを中心とするデザイナーによって、ひき裾のない丈のドレスが流行となり、アメリカでは、風俗画家のチャールズ・ギブソンの描いた美人画が一世を風靡し、それが流行した。

この時代の服装は総じて、ロマンティックで非常に華やかな点が特徴である。ツーピース形式の服が生まれたのもこの時代である。

ベルギーは　ベルギー派

1990年代から注目されるアントワープ王立美術学校出身のデザイナーたち。パリ・コレクションに登場したマルタン・マルジェラ、アン・ドムルメースター、ドリス・ヴァン・ノッテン、ウォルター・ヴァン・ベイレンドンクなど。山本耀司や川久保玲の影響を受けながら、前衛的な活動を続けている。〝アントワープの6人〟とよばれるデザイナーは、ドリス・ヴァン・ノッテン、アン・ドムルメースター、ダーク・ビッケンバーグ、ダーク・ヴァン・シーン、ウォルター・ヴァン・ベイレンドンク、マリナ・エー。

ベルクロ Velcro

オランダのベルクロ社製のテープ状布製の留め具の商標名。ファスナーや従来の留め具と同様にスニーカーをはじめとしてあらゆるものに、装飾性を兼ねて使用されている。

ベル・スカート bell skirt

釣鐘形をしたスカートのこと。19世紀末から20世紀初期に出現したもので、初めはかたい布で裏打ちして形を整えたが、1950年ごろのものは、スカートにダーツを数多く入れたり、パニエを使ったりして形づけた。→スカート

ベル・スリーブ bell sleeve

釣鐘形をした袖のこと。袖つけは普通で袖口で開いたもの、または袖口はカフスやゴムを入れて締めたものなどがある。五分袖くらいの長さの袖に多い。

ベルテッド・スーツ belted suit

ベルト締めのスーツ。共布のベルトばかりでなく、革やビニールその他の素材のベルトを使うものもこうよぶ。→スーツ

ペール・トーン pale tone

ごく淡い色調。いわゆる薄色のなかでも、とくに白っぽい色調をいう。

ベルベット velvet

布面がパイル、または輪奈（輪状の毛）で覆われた、柔らかい感触のパイル織物。

日本では、慶長から慶安（1596～1651年）のころ、ポルトガルかオランダからの輸入品を模して織りはじめたといわれ、戦前は天鵞絨とよんでいた。

主として絹であるが、レーヨン製や裏に木綿を使ったものもある。色は濃紺、黒、えび茶、緋、白などが多く、イブニング・ドレス、アフタヌーン・ドレス、子供服、ショールなどに用いられる。

ベルベット・ウール velvet wool

ビロード風に織った毛織物のこと。婦人服、コート地などに使われる。

ベルベティーン velveteen

綿のビロードのことで、別珍ともいう。

1750年、フランスのリヨンでホンロベールという人が初めて織ったといわれ、美しい色つやと柔らかい感触をもっている。婦人服、子供服、足袋、下駄の鼻緒などに用いられる。

日本では明治29年（1896年）、鳥取県倉吉で初めて織られ、明治から大正初期にかけては、唐天とか絹天とよばれていた。天は天鵞絨の天である。

ベルボトム・パンツ　bell-bottom pants

裾が釣鐘形に広がったズボンのこと。わが国ではこの形のズボンのことをフランス語のパンタロンとよんだが、正式にはパンタロンとは、裾が広がっていないものもすべて含んだズボンをさすことばである。フランス語でとくに裾広がりのズボンをいう場合にはパンタロン・エヴァゼ（pantalon évasé）という。→パンタロン

ヘルメット　helmet

頭を保護するためにかぶる帽子の総称。またその形をした帽子もこうよぶ。昔の兜もこの種に入り、現在では鉄製のもので、工事をするときやバイクに乗るときにかぶったりする帽子をいう。この型を取り入れた婦人帽もこうよぶ。

ベレー　béret（仏）

帽子の一種で、ブリムがなく頂点に小さな細い尾がついているものもある。主にフェルトなどの毛織物で作られ、顔型、髪型、またはかぶる人の個性に合わせて形を好みにくずせるのが特徴。だれもが手軽にかぶれ、また形がきちんとしたものでないために、かぶりこなしのむずかしい帽子でもある。スペイン北東ピレネー山脈西部に住むバスク人がかぶる帽子に似ているのでバスク・ベレー（Basque béret）ともいう。→ぼうし

ベレー・ハンチング　béret hunting

ベレー型の帽子に、前だけにつばをつけたもの。

ベロア　velour

けばのある毛織物で、密に織ってあるために柔らかで光沢があり、主に婦人コート地として使われる。最近では毛のほか、絹、木綿、化繊、それらの交織もある。また帽子に使われるベルベットのようなフェルトの一種もベロアとよぶ。フランス語ではブルールと読み、ビロードのことをいう。とくにつづりが大文字で始まっているベロアの場合は、子牛の皮をなめした柔らかい革の商標名である。

ペンシル・スカート　pencil skirt

ペンシルは、鉛筆のことで、鉛筆のようにほっそりしたシルエットのスカートのことをいう。

ペンシル・ストライプ　pencil stripe

ペンシルは、鉛筆という意味で、鉛筆で書いたような細さの棒縞のこと。したがって、チョーク・ストライプよりやや細めの縞である。→ストライプ

ペンダント　pendant

垂れるという意味で、アクセサリー用語では、垂れ下がる耳飾りや、首から胸へ鎖で宝石類を下げる形の首飾りをいう。またベルトに下げたり、象徴的な意味で用いるキリスト教信者が首から下げているものもペンダントとよぶ。

ベンツ　vent

洋裁用語で馬乗りのこと。背広やコート

の裾の中央、または両脇の裾を切り開いたもののことをいう。中央を開いたものはセンター・ベンツ（center vent）、脇を開いたものはサイド・ベンツ（side vents）とよぶ。正しくはベント。

ベンベルグ　Bemberg（独）

再生繊維の一種。同じ再生繊維のビスコース・レーヨンよりも細くて強く、水にも強くて、絹のようなしなやかさと光沢があり、薄地の織物としてドレスやブラウス、裏地、下着類に広く使われる。ドイツのベンベルグ社が1918年に発明したもので、名称もそのままつけられた。別名キュプラ、または製法から銅アンモニア・レーヨンともよばれる。レーヨンの部に属する。

ヘンリー・シャツ　Henley shirt

薄手のニットのシャツで、丸首で前中心が胸のあたりまでボタン掛けになっており、襟ぐりと前あきの部分に線の飾りがある。これはイギリスのテームズ河畔のヘンリーで行なわれるボート・レースの選手のユニフォームが起こりで、1960年代の初めごろからカジュアル・シャツとして一般に着られるようになった。この襟ぐりのことをヘンリー・ネックラインという。

ホ

ボー bow
　蝶結びのこと。衣服を留め合わすために最も古くから使われた、いちばん原始的な方法である。古代エジプトのころにはすでに使われていた方法で、現在に至るまでベルトやたすき、ひもなどを留める自然な方法として使用されている。また女らしい、自然な飾りとしても扱われ、ドレスにアクセントをつける効果もある。

ホイップコード whipcord
　斜めに畝目をはっきり出した綾織物。ホイップとは〝むち〟のことで、斜めの畝がむちを打つような感じに似ているためにこの名がある。多くは梳毛糸が使われるが、化繊、木綿、または交織のものもある。無地とともに霜降りのものが多く、スポーツウエア、スーツ、コート、乗馬服などスポーティな感じのものに使われる。ウイップコードともいう。

ボイル voile
　しなやかで透けるような薄地の平織物。経、緯とも強く撚った細い糸を用いて織ったもので、ドレスやブラウスに多く使われる。素材は絹、木綿、化繊など。夏の服地。

ポインテッド・カラー pointed collar
　先がとがって長いシャツ襟のこと。

ぼうし 帽子
　さまざまの素材でできているかぶり物。本来の目的は、防寒、防暑、外傷から頭を守るものであったが、徐々に装飾的になり、現在では服装の一部として、重要なアクセサリーの役目を果たしている。わが国で洋風の帽子が用いられたのは、明治16年（1883年）、鹿鳴館時代からである。
　フランス語ではシャポー（chapeau）。英語のハット、キャップ、ボンネット、フードなどを含んでいる。（図は次ページ）

ぼうちょうしょく 膨張色
　収縮色の反対語で、周囲の色との関係で実際よりもその形が大きく見える色のことをいう。明度の高い明るい色や、赤などの暖色系がこれに属する。したがって洋服に使う場合は、やや大きく、太って見える色である。進出色ともいう。

ぼうばり 棒針
　編み物用具。棒状で、竹、金属、プラスチック製がある。号数が大きくなるに従って太くなる。→ぼうばりあみ

ぼうばりあみ 棒針編み
　棒針を用いて、手で編む編み方。（図は218ページ）

ぼうもう 紡毛
　梳毛に対する語。比較的短い羊毛繊維を使い、この繊維固有の縮れを生かして紡績した糸を紡毛糸といい、それで織った織物を紡毛織物という。

ボー・カラー bow collar
　前で蝶結びにした襟。ブラウスやワンピースに使われる。1971～72年へかけて、このボー・カラーのブラウスやワンピースが流行した。女らしくクラシックな感じが特徴である。

ボクサー・ショーツ boxer shorts
　ボクシングの選手がはくような、ウエストにゴム入りのゆったりしたショート・パンツ。これに似た男性や男児用の下着用の

帽子の種類

ブルトン	カスケット	ターバン	トーク	テンガロン
ベレー	キャプリーヌ	チロリアン	フード	セーラー
ハンチング	カノチエ	ピルボックス	山高帽	パナマ
中折帽	シルク・ハット	シニヨン	ボンネット	クローシュ
クーリー	ソンブレロ			

パンツや女性用のカジュアル・パンツもこういう。厳密には下着用のパンツはボクサー・パンツと区別してよぶ。

ポケット pocket

衣服につけられている物入れ。ポケットには、かくし、物入れ、穴などの意味があり、最初は実用で内側についていたが、のちに装飾的になり、デザイン上の重要な役割を果たすようになった。切りポケット、はりつけポケット、インサイド・ポケットなどに大別される。

ポシェット pochette（仏）

小さなポケットという意。転じて、小さなポケット風のバッグのことをいう。首からペンダント式につるした小さな財布、ベルトに取りつけた小さな小物入れなど、さまざまの種類がある。→バッグ

ほしぬい　星縫い

表に針目を表わさないように縫って、止めていく方法。無飾り仕立てのときなどに、ミシン・ステッチの代わりに、前端やポケット口などを落ち着かせるために用いられる。

ほしよく　補色

棒針編みの基礎

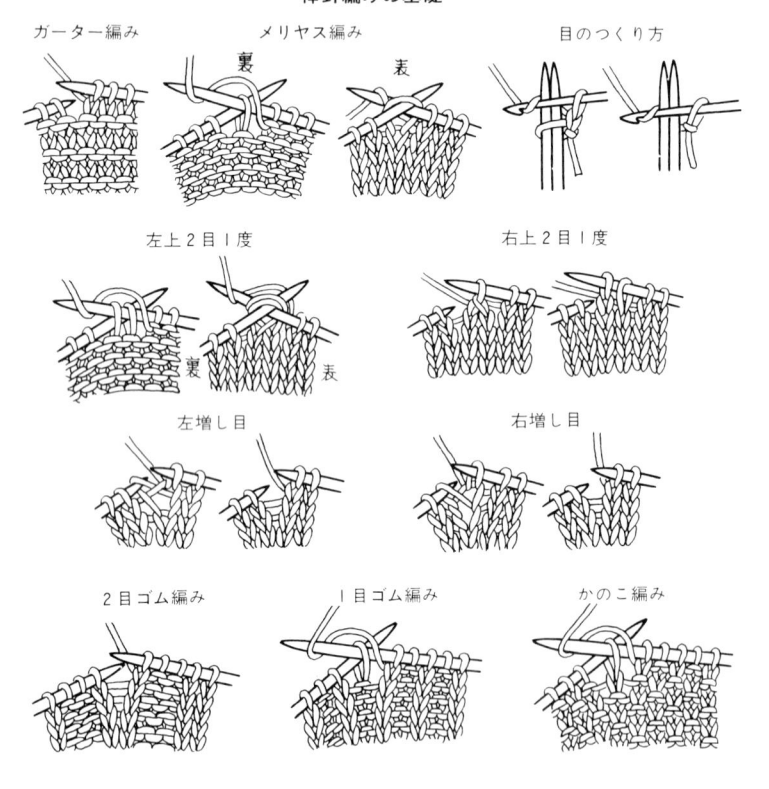

ガーター編み　　メリヤス編み　　目のつくり方

左上2目1度　　　　右上2目1度

左増し目　　　　右増し目

2目ゴム編み　　1目ゴム編み　　かのこ編み

色相の関係をいうことば。赤と青緑、橙（だいだい）と緑み青、黄橙と青、黄と青紫、黄緑と紫、緑と赤紫のような関係を補色関係という。つまり、まぜると色相では無彩色に、色光では白色光になる正反対の性格の２つの色をいう。たとえば、赤を見つめていると、その残映として青緑の感覚が目に映る。

このように補色は生理的、物理的根拠によって成り立っている色の関係である。色環の向かい側の色どうし、または一般にいう反対色も補色に近いものだが、正しい補色関係とはいえない。補色のことを余色ともいう。

ホーズ hose

靴下全般をさすことばで、ソックス、タイツ、ストッキングもこれに含まれる。

ホースシュー・ネックライン horseshoe neckline

Ｕ字形の襟あきをやや深めにくり下げた襟あきで、馬蹄（ばてい）の形に似ている襟あき。

ほせい　補正

型紙を体型に合わせて直すことを〝補正する〟という。原型や型紙は一般に標準体型をもとに割り出されているので、いかり肩、なで肩、反身体、屈身体、あるいは首、腕の位置などと、着る人の体型によってしわやゆがみが出る。仮縫いで、その箇所を訂正し、さらに型紙を直すことをこうよぶ。

ほそばんて　細番手

番手とは糸の太さを表示する単位で、これは細い糸。→ばんて

ボーダー border

境、境界の意味で、プリントや織り柄を端にあしらったもの、または縞のようになったものをボーダー・プリント、ボーダー柄という。さらに編み物では、別編みにした袖口、裾口、襟などもこうよぶ。織物では、織り始めと終わりをボーダーといい、ヘムと同じ意味にも使われる。

ボタン button

打合せやあきを留めたり、アクセントとしての飾りに使うもの。素材は、プラスチック、陶磁、ガラス、金属、木、貝、骨、布、毛糸など、さまざまなものが使われ、それらを加工して形を作り、糸で洋服につける。穴は二つ穴と四つ穴、さらに裏穴のものがある。

ボタンダウン・カラー button-down collar

シャツカラーの襟先をボタンで身頃に留めつけたカラーで、スポーティな感じのカラー。→カラー

ボタンダウン・スカート button-down skirt

あきを縦に裾まであけ、ボタン留めにしたスカートのこと。前中央をあけることが多いが、デザインにより脇寄りにする場合もあり、その位置は一定ではない。前中心にあけたものはボタン・フロント・スカート（button front skirt）という。

ボタンホール buttonhole

ボタン穴のこと。玉縁穴とボタンホール・ステッチの２種類が主として使われている。ボタンホール・ステッチには、片止め、両止め、鳩目（はとめ）つきの穴、鳩目などの種類がある。

また、編み物では、ボタンの大きさに合わせて２目から数目を伏せ目にし、次の段

にその同じ目数を作り目にして編み、編みながらボタンホールを作る。編み上げてさらにその穴を共糸でかがる。

ボタンホール・ステッチ buttonhole stitch

穴かがりのこと。主にボタン穴に使う方法で、男子服、子供服、スポーティなものに用いられる。針運びはブランケット・ステッチの要領でよく、布がほつれないように、また摩擦に強くするために、密にしっかりとかがることがたいせつである。→あなかがり

ホック hook

かぎになった留め具で、一般にかぎホックといわれるもの。突合せになった場合に使われ、スカートのインサイド・ベルトの留め、立ち襟などのときに多く使われている。正しくはフックと発音する。

ボックス・カーフ box calf

生後数週間までの子牛の皮をクロムなめしで仕上げた革のこと。キッド（子ヤギの革）よりややなめらかで、密なために高級なバッグや靴に使われる。

ボックス・プリーツ box pleat

ボックスとは〝箱〟のことで、表ひだの折り目が突合せになり、箱のような感じに作られたプリーツなのでこの名がある。ボックス・プリーツの裏は、常にインバーテッド・プリーツ（inverted pleat）になる。わが国では箱ひだという。→プリーツ

ボックス・ライン box line

箱形のシルエット。肩から裾へ向かってまっすぐに落ちるラインを描くシルエットである。ワンピースなら、ボックス・ドレスとなり、コートなら、ボックス・コートとなり、またツーピースならボックス・ジャケットとストレート・スカートの組合せとなる。

ホット・パンツ hot pants, Hotpants

特に短いショーツ。1971年春夏のパリ・コレクションで発表され、若い女性の間でブームとなった。従来リゾート用やスポーツ用であったものを、町着用や夜の服用に取り入れた点に斬新さがあった。

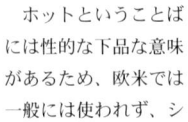

ホットということばには性的な下品な意味があるため、欧米では一般には使われず、ショート・ショーツ（short shorts）といわれた。しかし、アメリカの服飾業界紙「ウイメンズ・ウエア・デイリー」がこの語を使ったので、業界ではこれを用い、またわが国ではそのまま使われた。

ポップ pop

身近なものを主題に、単純明快な構成で写実的に表現するポップ・アート調なもの。図案、配色、装いなどを表わすのに用いられる。

ホップサック hopsack

綿、レーヨン、リネン、毛、絹、アクリル、ポリエステルなどの繊維で織られた、ざっくりした風合いの平織り織物の総称。リゾート・ウエア、スポーツウエアなどに用いられる。

元来ホップサックとは、ホップの実の包装に使った、黄麻、大麻の極太糸で平織りにした麻布のことであったが、現在ではこのもとのホップサックは商業上バーラップ（burlap）とよばれていて、現在いわれているホップサックとは別のものである。

ホッブル・スカート hobble skirt

1910年ごろ流行した、非常に細く長いスカートのこと。とくに膝から下が細くなっており、歩幅の運動量が足りないため、スリットが入れられた。歩きにくいため、ホッブル（歩行の不自由）とよばれたものである。

ボディ body

体のことで、人台のことをさす。洋服を着せて感じを見たり、人体の代用として簡単な仮縫いのために使うもので、首からヒップ・ラインの下くらいのものが多い。腕は別になって、ピンで取りはずしのきくものもある。技術用語としては身頃のこともさす。胴体を包むマイヨ（水着）のようなオールインワンのこともボディとよぶ。肌色のストッキング用薄地ナイロンなどでできていて、下着として着るため股下がボタン留めになっている。今では下着としてだけでなく、そのままジャケットの下に着たりするので、伸縮性のあるさまざまな素材が使われている。

ボディ・コンシャス body conscious

肉体意識的。衣服が体にぴったりついて作られ、体の線がくっきりと現われるものをさしていう場合に使われることば。

ボディス bodice

婦人服のウエストから上の部分のこと。1枚の衣服はボディスとスカートの組合せでできており、ボディスは服の2要素の一つである。スカートや袖、襟などをつける土台となり、また人体の胴の部分に欠点がある場合は、これらをカムフラージュするものとしてたいせつな役目を果たす。

ボディ・スーツ body suit

体に直接つける下着から、アウター・ウエアにまで応用される、フィットした水着のようなスーツ。多くはスパンデックスやトリコット、ニット・ジャージーなどの伸縮のきくオールインワン・スタイル。

ボディ・ストッキング body stockings

バレリーナが着るレオタードと19世紀初頭のマイヨ（水着）が起源。トランスパラントな服の下に着るものとして1960年代に現われ、流行した。薄地やニット物のカラフルなものが多い。細い2本のストラップがついたキャミソール・トップで足先までぴったりとタイトフィットしたもの。

ボディ・ピアス body pierce

耳以外の体に突き刺すメタル飾りのこと。1990年代後半に見られるストリート・ファッションとしては、鼻、眉、唇、腹部、乳首にまで及んでいる。

ほてつ 補綴

衣服の破損を繕うことをいう。つぎ方には色紙つぎ、穴つぎ、角穴つぎ、突合せつぎ、かけはぎなどの種類があり、いずれも破損箇所を目だたないようにすることが大事である。補綴は〝ほぜつ〟〝ほてい〟とも読む。

ボート・ネックライン boat neckline

船底形の襟あきのことで、横に長く浅くくられ、両肩の縫い目の位置に鋭角の角ができる形をいう。→ネックライン

ボトム bottom

下、底、下部、という意。スカートやパンツなど、下半身に着用する服を総称していう。これに対して上半身に着用するブラウス、ジャケット、セーター、ベストなどはトップ（top）という。

ボトム・ライン bottom line

ボトムとは〝底〟のことで、裾線をいう。

ボニー・ルック Bonnie look

1930年代を背景にしたアメリカ映画「俺たちに明日はない」（ボニー・アンド・

ボニー・ルック

クライド）の女主人公ボニーの衣装が一般化した服装。膝下の丈のスカート、Vネック、ベレー帽というのが代表的なスタイルである。

ポピー poppy

罌粟の花の意で、その罌粟の花の中でもオリエンタル・ポピーに見られる鮮やかな色調の橙(だいだい)みの赤をいう。

ポプリン poplin

緯(よこ)に経(たて)よりもやや太い糸を使った琥珀(こはく)織りの一種。主として綿、毛が使われ、綿のものは夏の婦人服、子供服、ユニフォーム地などに、毛のものは背広地に使われる。現在では化繊も使われて、一般的な布地の一つである。

ポペリスム paupérisme（仏）

英語ではポバティズム。貧乏主義、あるいは質素主義。豊かな物質文明を批判する反体制の新価値観。ヒッピー時代の古着ルックやチープ・シックにもあるが、1980年代の豪華絢爛、金ぴか主義へのアンチテーゼとして現れ、1990年代を特徴づけるエスプリとなる。1981年パリ・モード界に進出した山本耀司と川久保玲たちの日本モードの影響が強い。ボロ・ルック、プア・ルック、グランジ・ルック、切りっぱなし、ほどけたり、ほつれたりした未完成クチュールなどが、この範疇に入る。

ホームスパン homespun

家庭で紡いだという意味で、手で紡いだ感じの紡毛糸を使った織物、手で織ったような素朴でラフな感じの織物のことをいう。現在では機械で織られるものが多いが、元来はこの名のように、手で紡ぎ、手で織った平織り、綾織りのものであり、イギリスで起こった。スコッチ種の羊毛を使って、仕上げの縮絨(しゅくじゅう)もしない粗い手触りを特徴としている。主にコート、スポーツウエアなどに使われる。

ホーム・ドレス home dress

ハウス・ドレスのこと。→ハウス・ドレス

ボーラー bowler

かたいフェルト製で、クラウンが丸い山高帽。アメリカでいうダービーとほぼ同じであるが、ダービー・ハットよりもブリムがやや広く、強い反り方のものが多い。この帽子は現在、英国紳士の一部と乗馬用を除き一般にはかぶられない。イギリスの製帽業者ウィリアム・ボーラーの名にちなむ。ボーラー・ハットの略。→ダービー・ハット

ポーラ poral

サマー・ウーステッドの一種。英語のポーラス（porous）から生まれた名称で、ポーラスとは〝気孔〟という意味。したがってサラサラとして、涼感のある布地のため、もっぱら夏の男子服に使われる。経緯糸ともに3本を強く撚った糸を使った平織りのもので、3本のうちの1本を別色にするなどによって霜降りの効果があるため、そのバラエティに富んだものが好まれる。ほかに縞、無地のものがある。正しくはポ

ポリアミド　polyamido

ポリアミド繊維ともよばれる。ナイロンのこと。ナイロンはアミド結合によって長く連続した鎖状の合成高分子を紡糸して繊維化した、ポリアミド系合成繊維の総称。

ポリウレタン　polyurethane

合成繊維の一種。スパンデックスともいう。ゴムのように伸縮自在で、水を吸わず、下着類、ベルトなどや、従来ゴムを使用していた部分に利用される。

ポリエステル　polyester

合成繊維の一つ。石炭、石油、天然ガスを粗原料とし、1941年イギリスで発明され、日本では、テトロンまたはエステルという名で商品化された。この繊維は、強度が大で張りがあり、熱可塑性が大で、水を吸いにくいが、帯電性によって汚れやすい。他の繊維と混紡して、各種生地に利用されているほか、産業界の用途も広い。

ホリゾンタル・ストライプ　horizontal stripe

水平な縞。横縞のこと。

ポリプロピレン　polypropylene

石油分解ガスを粗原料として得られるプロピレンを重合して作る合成繊維。繊維中最も軽く（比重0.91）、強度が大で吸水性がない。酸やアルカリに対しても抵抗性がある。ただ耐光性、耐熱性はやや劣り、染まりにくいという難がある。

ステープル（短繊維）として生産されることが多く、単独、または綿、レーヨンなどと混紡されて服地、メリヤス製品などになる。またフィラメント（連続した長繊維）は織物、編み物などに使われる。

1955年、イタリアのモンテカチーニ社によって開発された繊維である。

ポルカ・ドット　polka dot

水玉模様の一種。コイン・ドットとピン・ドットの中間くらいの大きさで、最も一般的な水玉模様である。→ドット

ボルサリーノ　Borsalino

イタリアの男性の帽子メーカーのブランド名。フランスの大きな帽子店で豊富な経験を積んだジュゼッペ・ボルサリーノは1857年アレッサンドリアに帽子店を創立。23歳のときだった。1900年に創立者が亡くなったとき、従業員は1000人を数え、1年に75万個の帽子を生産していた。その3分の2は輸出用だった。ボルサリーノのものはエレガントで他を寄せつけない男物の帽子として有名。1980年代には帽子の生産をやめて、婦人服のメゾンと組んだり、紳士服や皮革物を扱うようになった。

ホールター・トップ　halter top

ホールターとは、牛馬の端綱の意で、そんな感じのひも、または前身頃から続いた布で、首につるようにした上衣。→ホールター・ネックライン

ホールター・ドレス　halter dress

ホールターとは、牛馬の端綱という意で、襟の部分がそのような形式になったワンピースをいう。多くの場合、ひも、または前身頃から続いた細い布で、首につるようになっており、背中の部分があらわになっている点が特徴。→ホールター・ネックライン

ホールター・ネックライン　halter neckline

ひも、または前身頃から続いた布で、首につるようにしてできた

ネックラインのこと。腹掛けのように腕や肩から背中があらわになっていて、イブニング・ドレスや夏のドレス、海浜着によく用いられる。ホールターとは〝牛馬の端綱〟の意。→ネックライン

ボルドー bordeaux

ボルドー産の赤葡萄酒。転じて、赤葡萄酒色のことをさしていう。別名はワイン・レッド。

ボールド・ルック bold look

ごつい感じの装い。1930年代に起こり、第二次大戦後にアメリカで流行した男子背広のスタイルをいう。特徴としては、パッドを入れて肩をいからせ、幅の広い襟、たっぷりした身頃、幅広のネクタイなど。全体の感じがごつくて、線の太い感じがするのでこの名がある。

ボレロ bolero

ウエストくらいまでの丈の短いジャケット。スペインの民族衣装から取り入れたもので、袖はあってもなくてもよく、前は打合せがなく開いているのが特徴。肩を出したカクテル・ドレスやサン・ドレス、または袖なしのドレスの上にはおって着用される。

ホログラフィ holography

レーザー光線などを利用した立体映像。この方法でプリントした立体画像的な柄が、さまざまなバリエーションで出されている。

ポロ・コート polo coat

剣襟で、両前六つボタンのスポーティなコート。キャメル・ヘア(ラクダの毛)、またはそのイミテーションで作られることが多い。

バック・ベルトのついたもの、または片前のものもある。イギリスの貴族が、ポロ競技の行き帰りに着用したところからきた名前。

ポロ・シャツ polo shirt

ボレロ

半袖、襟つきのシャツのこと。なかには襟なしのもの、長袖のものもあり、形は一定していない。ゴルフなどのスポーツ用に着られる。もとはポロ・ゲームで着られたので、この名がある。素材はニットやタオル地が多い。→シャツ

ポロ・ルック polo look

ポロ・シャツ、ポロ・シャツ・ドレス、ポロ・シャツ・スーツなどの服を総括していう。シャツ・ルックの新しいスタイルとして、1974年春夏のパリ・プレタ・ポルテ・コレクションで人気をよんだ。その後、このスタイルは時のシルエットを採用し、ビッグになったり、スリムになったりしてシルエットの変化を伴いながら定着している。

ポワンティリズム pointillism(仏)

美術用語で、フランス印象派の点描法のことをいう。スーラやシニャックなどの絵画に見られる、点または点に近い短い線のタッチで描く技法のこと。

この点描法に似たプリント柄をさしていう場合に使われる。しかし、本来の点描とはかなり違ったもので、一般に点々模様と解したほうがわかりやすいものである。

点々によって、フラットな模様を描き出したもの、ある図柄の一部を点々によって埋めたもの、点々と他のモチーフの組合せ、点々と線との組合せなど、いろいろある。

ホンコン・シャツ　Hong-Kong shirt

　男子の半袖シャツで、ネクタイを締めて上着を着ればワイ・シャツになり、ネクタイをはずせば開襟シャツ風になるもの。亜熱帯気候の香港のイメージで名づけられ、売り出された夏のシャツである。

ポンジー　pongee

　絹紬(けんちゅう)のこと。柞蚕糸(さくさんし)を平織りにしたもので、ひなびた趣の絹織物である。色は自然のままをいかしたものが多い。また、綿のポンジーもある。夏用のドレス、シャツ、カーテン、裏地、夜具地などに利用される。

ボン・シック・ボン・ジャンル　Bon Chic Bon Genre（仏）

　フランス上流階級のシックな装いのこと。→ビー・シー・ビー・ジー

ポンチョ　poncho

　中南米の男女の用いる外衣のことで、原始的な衣服である貫頭衣型のもの。一枚布の真ん中に穴をあけて頭を通し、前後に垂らして着用する。肩を覆う程度の短いものや、体を覆う長さのものなどがあり、国により、柄、色彩に特色がある。この型を寒いときの肩掛けなどに応用して、世界各国で愛用されている。

ポンチョ・ドレス　poncho dress

　ポンチョを長くしたようなドレス。ワンピースの裾の部分が三角に下がり、長めのフリンジがついているもの、丈は膝下のものが多い。

ボンディングかこう　ボンディング加工

　異なる2枚の布地をベニヤ板の要領で張り合わせる加工のこと。織物とジャージー、レースとジャージー、無地と柄物、織物どうしなど、さまざまな組合せがある。リバーシブル、ダブルフェースの効果、ボアを張り合わせた防寒効果など、新しい特性をもった1枚の生地ができ上がる。加工方法には接着剤での接着や溶解性樹脂での融着などがある。

ほんぬい　本縫い

　仮縫いに対し〝縫いかえない〟という意味で、仕上げるために縫うことをいう。ミシンの場合も、手縫いの場合もこうよぶ。

ボンネット　bonnet

　帽子の一種。帽子の基本型の一つで、フロント・ブリム（前の縁）がなく、頭上から後ろへ深くかぶる型。19世紀ごろ、あごの下でリボンを結んで留める麦わらのボンネットが流行したが、現在ではベビー・ボンネットをはじめ、子供用として多く使われている。また、しわづけの美しさを出せることから、柔らかい布製の帽子の型として婦人物にも用いられる。→ぼうし

ホンバーグ　Homburg

　柔らかいフェルトの男子用の帽子。クラウンにくぼみをつけた軽快な感じのもので、日常、または旅行用に使われる。ドイツのホンブルクに始まったことからこの名がある。

ボンバー・ジャケット　bomber jacket

　〝ボンバー〟とは「爆撃手」の意で、第二次大戦中、イギリス空軍の爆撃手が着用したジャケット。ウエスト丈のゆったりしたブルゾン型で、前ファスナーあき、袖口がギャザーやゴム入りでぴったりしている。襟に毛皮やボアつきのものが多い。

ボンボン　pompon

　切り玉のこと。羽毛、毛糸、リボンなど

で作った玉房で、子供用の帽子や靴先、その他の部分に飾りとして用いられる。

ボンボン・ピンク bonbon pink

パステル調のピンク。菓子のボンボンからついた名称で、甘くかわいい感じの色である。キャンディー・ピンクともいう。

ほんらくだ　本駱駝

ラクダの毛を使った紡毛織物のこと。ラクダの毛に長いヘアをまぜた柔らかな厚手のもので、色も原毛のままの薄茶が多い。主としてコート地に使われる。

マ

マイクロ・ミニ micro mini

マイクロ・ミニ・レングス（micro mini length）の略で、極端に短い着丈のこと。太ももの中央、またはそれよりも短い。別名を、ウルトラ・ミニ（ultra mini）ともいう。太ももの中央丈のことは、ミッド・サイ・レングス（mid thigh length）という。

マウス・ベール mouth veil

口から下をおおうベールで、中東の一部の婦人が用いるベールのこと。

マウンテン・バイク・ウエア mountain bycicle wear

アクティブ・スポーツ・ウエア分野で注目される、極限のスポーツといわれる山野用の自転車に乗るための機能（運動性、耐風雨性、体温調節など）を備えた軽量のスポーツ・ウエア。登山、トレッキング、モトクロスなど、各種の機能性を備えた装いが、カジュアル・アイテムの一つとしても受け入れられている。

まえかた　前肩

体型的に肩甲骨関節が前に出ていることをいう。これは日本人に多い体型で、パッドなどで補正することができる。

また肩縫い目より前の部分をさしていうこともある。

まえたて　前立て

前あきにつける細長い布のこと。またはその作りをいう。

ズボンやブラウスなどの前あきに見られ、普通、縦地に裁つが、ブラウスなどで縞や格子柄などを使う場合には、横地やバイアスに扱うことが多い。

マオ・カラー Mao collar

チャイニーズ・カラーの変形で、中国の毛沢東の名をとったカラー。カジュアル傾向の強いメンズ・ジャケットのなかで、代表的デザインになりつつある。

中国ルックそのものは、男女ともに身近な民族調ファッションとして、ジャケット、ブラウス、ドレス、バッグなどそれぞれに定着している。

マキシ・スカート maxi skirt

マキシマム（maximum）からとったスカート名。マキシマムとは〝最大限度〟の意で、極端に長いくるぶしまでのスカートのことをいう。1968年に現われ、話題になった。

まきスカート　巻きスカート

体に巻きつけてはくスカート。ラップ・スカートのこと。

まきぬい　巻き縫い

オーバーカスティング・ステッチ、またはロール・ステッチと同じ。→ロール・ステッチ

マクラメ・レース macrame lace

ジオメトリックなパターンの結びレース。アラビアが起源のマクラメ・レースの大半は現在では、イタリアのジェノバ産のもの。19世紀には備え付けの家具のフリンジに使われていた。1960年代のリバイバルで初めて、ドレスやトップに取り入れられた。

マーケティング marketing

生産者から消費者のために商品の販売や

サービスを円滑に図るいっさいの企業活動をいう。その内容は商品化計画、販売促進、広告宣伝、市場調査などである。

ましめ　増し目
編み物用語で、目数を増やすことをいう。編む途中で目数を増す場合と、端から新しく目を作って増す場合とがある。

マスキュリン　masculine
男性の、男性的なの意。女性が男物を着たり、男っぽい感じの装いをしたりするときに使われることば。反対語はフェミニン（feminine＝女性の、女性的な）。

マスタード　mustard
西洋芥子(がらし)の意で、その種の粉またはそれを溶かして作った香辛料に見られる黄色をいう。中彩度で高明度のわずかに赤みを含んだ黄色である。俗にいう西洋芥子色。

マス・ファッション　mass fashion
マスとは〝多数〟〝大衆の〟という意味で、大衆のために大量生産されたファッションをいう。オート・クチュールのモードとは対照的なものである。

マーセライズかこう　マーセライズ加工
綿糸または綿布に、特殊な方法で絹のような光沢をほどこす加工法のこと。一般にシルケット加工とよばれる。→シルケットかこう

またがみ　股上
ズボンやパンツの股より上部をいう。

またした　股下
ズボンやパンツの股より裾までの下部をいう。

マタニティ・ドレス　maternity dress
妊婦服。妊娠中に着るドレスで寸法の調節が自由にできるように考案されていて、ギャザー・スカートや巻きスカートで調節を考えたゆるやかなライン。体の線をカバーするデザインになっている。

まち　襠
衣服の幅の足りないところに補う布のこと。たとえばキモノ・スリーブの袖下などに入っている布で、三角形や菱形など、その形はいろいろある。目的は動きを楽にしたり、あるいは布の傷むのを防ぐために用いられる。

マーチャンダイジング　merchandising
商品化計画。アメリカ・マーケティング協会の定義によると、「適正な商品を、適正な場所へ、適正な時間に、適正な数量で、適正な価格をもって、提供するために立案すること」であるとされている。市場調査などを行なって、消費者の需要と利益に合致した、商品の提供を目ざして行なわれる。

生産業者の商品化計画は、新製品開発、品種改良、製品のデザイン、色彩、パッケージ、商標などの研究などであり、販売業者にとっては、どんな商品を仕入れるかという商品選定の問題となる。

マーチンゲール　martingale
部分的なベルトのこと。ジャケットやコートなどの後ろにつけるバック・ベルトのことをいう。フランス語ではマルタンガルと読む。

マッキントッシュ　mackintosh
ゴムびきの防水布、またはゴムびきの防水布で作られたレーンコートのことをいう。袖はラグラン・スリーブ、または普通袖で、襟は二重襟のものが多く、外套(がいとう)の上からも着られるように

ゆったりした型。この名称は、1823年にチャールズ・マッキントッシュが発明したことから名づけられたもの。

マッチ・メート

マッチとは〝つりあうもの〟、メートとは〝仲間〟という意味で、感覚的にお互いに調和し合った服装または服飾品のセットをいう。多くの場合、同じ色、同じ柄、同じ材質などでそろえたものをいう。たとえば、セーターと帽子、手袋を同じ毛糸で編んで作ったものなどがそれである。日本で作ったことば。

まつばどめ　松葉止め

かんぬき止めの一つで、松の葉を抽象的に描いたような三角形に刺していく方法。スカートのひだの縫い止まりのところに配するなど、補強と装飾性を目的として使われる。
→さんかくかがり

まつり　まつり

表に針目をほとんど出さないで縫う方法。針目が縫い進む方向に対して斜めになる斜めまつりと、平行になる縦まつりがある。裾や袖口をくけるのに使用する。

縦まつり
奥まつり
渡しまつり

まつりぬい　まつり繡い

線を表現する日本刺しゅうの刺し方の一つ。→にほんししゅう

マーティン　marten

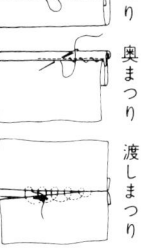

イタチ科のテンのこと。この毛皮は褐色で非常に柔らかく、ショールやケープ、襟や縁飾りなど、部分的にも使われる。正しくはマートン。

マテリアル　material

材料、原料、素材、服飾品の作られているあらゆる素材をさす。そのなかで最も多く使われる材料は布地であり、その他、革、毛皮、金属、プラスチックなど、さまざまな種類がある。

マドラス　madras

細糸で繻子(しゅす)織り、バスケット織り、紋織りにした軽量の綿織物で、縦縞や格子柄が多い。もとインドのマドラスで、水夫の頭に巻いた布であったのでこの名がつけられた。インディアン・マドラスとよばれるものは、元来は手織りで格子柄である。シャツ、ドレス、エプロンなどに使われる。このチェックをマドラス・チェックという。

マトラッセ　matelassé（仏）

マトラッセとはフランス語で〝パッド入り〟という意味で、キルティングしたように模様を浮き出させた織物のこと。絹、毛、木綿、化繊などと素材も広くあり、主としてコートやスーツに使われている。手芸用語ではキルティングのこと。

マニッシュ　mannish

男のような、男性的な、男っぽい、という意味。婦人服で男物の感じを取り入れたデザインのものをさしていうことば。マニッシュ・スーツといえば、男っぽい感じのスーツ。

マヌカン　mannequin（仏）

オート・クチュールの

コレクションを一点一点顧客に見せるためのモデルのこと。1990年代に入ってマヌカン自身の個性そのものに憧れる風潮が強くなった。そのなかから、ナオミ・キャンベル、クラウディア・シファー、ケイト・モスなどのように、巨額な出演料を得るいわゆるスーパー・モデルが出現している。元来は、服を着せて陳列するための人形をさした。ちなみに写真のモデルはカバー・ガール。

マネキン manikin

マヌカンと同じ。→マヌカン

マフ muff

手を温めるための筒状のもので端から手を入れる。ほとんど毛皮で作られるが、毛織物などを用いることもある。また、小物入れの役をするものもある。

マフラー muffler

襟巻きといわれているもので、ショールより幅の狭いものである。

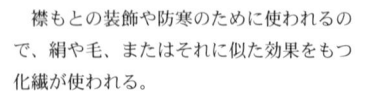

襟もとの装飾や防寒のために使われるので、絹や毛、またはそれに似た効果をもつ化繊が使われる。

マーメード・ライン・スカート mermaid line skirt

マーメードとは人魚の意。人魚のように下のほうまで体にそい、裾で尾びれのようにフレアやプリーツ、ギャザーなどを入れて開いているスカートのこと。→スカート

マリニエール marinière（仏）

水兵服。セーラー服。セーラー・カラーで、前あきが胸まであり、ゆったりとして、まっすぐな形の身頃が特徴である。
→セーラー・ブラウス

マリーン・ルック marine look

マリーンとは〝海の〟〝海浜の〟という意味で、水兵服の感じを取り入れた装いをいう。セーラー・ルックに同じ。→セーラー・ルック

マルチカラー multicolor

多色。3色以上が同時に使われているとき、こうよばれる。プリント、織物、装いなどに適用されることば。

マルチ・レイヤード multi-layered

マルチとは〝多い〟という意で、レイヤードとは〝重ねられた〟という意味。つまり、多く重ねられた、ということで、多種多様にいろいろ組み合わせて重ね着をする装い方のことをさしていう場合に使われる。マルチ・レイヤード・ルックとか、マルチ・レイヤードの装いなどというぐあいに用いられる。別名として、スーパーレイヤード（superlayered）ということばもある。

マロン marron（仏）

栗。栗の皮の色。この栗色は、スペイン産のものをさしたもので、日本の栗よりもやや赤みがかった色をしている。したがって、濃いえび茶色のことをこうよぶ。

マンシュ manche（仏）

袖の意。→スリーブ

マンダリン・カラー mandarin collar

　チャイニーズ・カラーのこと。→カラー

マンダリン・ジャケット mandarin jacket

　マンダリンとは、かつての中国の官吏のことで、そのマンダリンが着ていたような服をいう。特徴はスタンド・カラーと袖口の広がった袖である。

マンダリン・スリーブ mandarin sleeve

　普通の袖つけで、肘から袖口にかけてやや広がり、袖口は外側に開いてゆったりした袖のこと。かつての中国の官吏をマンダリンとよんでいたが、そのマンダリンが着用していた服の袖からとったために、この名がある。

マンテーラード man-tailored

　男仕立ての、という意味。婦人服で男子服のような部分デザインのあるもの、たとえば背広襟などのあるものをさしていうときに使われる。

マンネリズム mannerism

　言行などが型にはまること。表現上の作風、文体、感じ方が進展しないことをさしていう。

マンボ・スタイル mambo style

　マンボとはキューバの民族的なダンス音楽で、リズムはルンバ調、強烈なブラスバンドや掛け声を入れて演奏されるもの。このマンボを演奏する楽団員の服装からヒントを得たものをマンボ・スタイルという。ふんわりと体を包むブラウス、ごく細いネクタイ、狭いジャケットの襟、裾幅の狭い細いズボンなどがその特徴である。とくにマンボ・ズボンは代表的なもの。

みかえし　見返し

襟ぐり、裾、袖口などの縁の始末に用いられる布、あるいは縫い代の始末の一種をいう。多くは共布が用いられるが、非常に厚い布や透ける布の場合は、共色で違う布や裏布、またはオーガンジーなどが使われる。英語でフェーシングという。

ミシン　machine

衣服を縫い合わせるための機械で、手回し式、足踏み式、電動式、コンピュータ・ミシンがある。

わが国には万延元年（1860年）ジョン万次郎がアメリカから持ち帰り、大正時代に国産化が行なわれた。

戦後の洋装化で広く普及するようになり、現在では世界的なミシン生産国の地位を確立している。

ミシン・ステッチ　machine stitch

ミシンの縫い目を表に出して飾りにしたり、縫い代を押さえたりするミシン縫いのこと。また丈夫にするためにかける場合もある。ワイ・シャツの襟回り、カフス、前端にかかっているステッチがその典型的なもの。

ミシンどめ　ミシン止め

ミシンかんぬき止めともいう。丈夫にするために、ミシンを同位置で3～4回往復させて止めること。あき止まりやポケット口によく使われる。

ミスマッチ　mismatch

不適当な組合せの意。従来の考え方では調和しないとされる組合せをわざと意識的に行ない、新しい調和美をつくることをいう。たとえば、毛皮のコートとジーンズ、ジージャンの下にレースのブラウスなど。

みつあや　三つ綾

太い糸で織った木綿の綾織物。緯糸を3本、または2本とばした綾目からこの名がある。厚くて丈夫なため作業服、スポーツウエアなどに向く。ドリル（drill）ともいう。

みつおりぬい　三つ折り縫い

3つに折ってミシンをかけたり、まつったりする布端の始末の一つ。幅は、スカートの裾のようなところは3～5センチ、また布地の厚さや場合によって2～3ミリのものもあり、一定ではない。

ミッシー　missy

本来は若い娘、お嬢さんの意であるが、ファッション業界用語としては25～35歳ぐらいのヤング・ミセスのことをさしていうことば。

みつぞろい　三つ揃い

上着とズボンとチョッキが、同じ布地で仕立てられた背広服のこと。三つ組みともいう。

ミッド・カーフ　mid calf

ふくらはぎの中央。スカートの丈をさすことばとして使われる。ふくらはぎの中央までの長めのスカート丈のことを、ミッド・カーフ・レングスという。

ミッド・カーフ・ブーツ　mid calf boots

脚のふくらはぎ中央までの丈のブーツ。

ミッド・サイ・レングス　mid thigh length

大腿部の中央丈。着丈を表わすことばで、ミニ丈のなかでもかなり短いものであ

る。なお、これよりも短い超ミニもあるが、これをマイクロ・ミニという。

ミディ midi

着丈を表わすことばで、ふくらはぎの中央を中心にして、上下するくらいの丈をいう。これよりも長いものはマキシという。

ミディ・ジャケット middy jacket

ウエストをしぼらない短めのジャケットのこと。セーラー・カラーのついたものが多い。米英海軍の制服からとったため、この名がある。→ミディ・ルック

ミディ・スカート midi skirt

ふくらはぎの中央を中心にして上下移動した丈のスカート。1967年ごろファッション線上に浮かび上がって話題となった。

ミディネット midinette（仏）

お針子、服飾店の女性の売り子のこと。

ミディ・ルック middy look

ミディとは、ミッドシップマン（midshipman）の略で、意味はイギリスでは海軍少尉候補生、アメリカでは海軍兵学校生徒のこと。したがって、ミディ・ルックとは彼らが着ている制服に似た装いのことをいう。特徴はセーラー服のような、ウエストをしぼらないシルエットで、服種としてはジャケット、ブラウス、ワンピースなどがある。マリーン・ルック、セーラー・ルックともいう。

ミドリフ・トップ midriff top

横隔膜までの短い上着という意味で、バストの下あたりまでのごく短いものをいう。着たときおなかの部分が露出される。一般にリゾート・ウエアとして着用されるもの。

ミドル・ティント middle-tint

中間色、二次色。濁色のこともいう。

ミトン mitten

4本の指が一つになり、親指のみが分かれている手袋のこと。一般に防寒用、スポーツ用としてはめられ、材料は毛織物、毛糸、革、防水布などが用いられる。元来ミトンは、手や手首を保護するための武具の一種であった。

ミニ・スカート mini skirt

ミニマム（minimum）、最小限のスカートの略。膝上10〜20センチの超ショート・スカート。創始者はイギリスのデザイナー、マリー・クワント。1966年春よりロンドンのカーナビー・ストリートで生まれ、記録的な速さで全世界に流行した。

これまでタブーとされていた膝や大腿部を大胆に露出し、軽快に、活動的な女性の美しさを表現して革命的であった。1987年ごろにもミニ・スカートが復活した。

ミニマリズム minimalism

最小限度主義の意。1960年代に美術や建築の様式を表わすことばとして使われたもので、装飾的な要素をいっさい省いて最小限度の表現で作ろうとする芸術運動をさしている。ファッションでも同じ考え方をこうよぶ。

ミニマル minimal

最小限度の、という意。1960年代に美

術や建築の様式を表わすことばとして使われたもので、装飾的な要素をいっさい省いて最小限度の表現で作ろうとする考え方をミニマリズム（minimalism）といったが、これはその形容詞。ファッションではシンプルで装飾性を省いたデザインをミニマル・デザインという。これで有名なのはニューヨークのデザイナー、ゾランである。→ミニマリズム

みみ　耳

織物の織り幅の両端のことをいう。普通は洋服に仕立てるときには切り落とすが、デザイン上でとくに効果がある場合や、耳が美しく織り上がっている場合などには飾りとして残すこともある。

ミモレ　mi-mollet（仏）

ふくらはぎの中央という意味で、着丈を表わすことばとして使われる。英語ではミッド・カーフ（mid calf）。一般に膝中央から膝下あたりまでの丈がミモレといわれているが、これはまちがいである。

ミュール　mule

かかと部分がなく、甲とヒールで構成されている靴。16世紀からフランス革命までしばしば布で作られ、繊細できゃしゃな作りで男女ともに履いたが、女性のものは細くて高いヒールだった。20世紀になって女性だけに用いられるようになったが、室内履きとしては相変わらず男女ともに使われている。→くつ

ミラノ・コレクション　Milano Collection

1976年以降、イタリアを代表するメーカーやデザイナーたちがミラノに集合してコレクションを発表している。1960年代には職人的な手工芸と高度なデザイン・センスで知られたフィレンツェ・コレクションがあったが、生産、流通の双方からミラノが中心となった。

ミリタリー　military

軍隊の、軍人の、という意味。軍服の感じを取り入れた装いのことを〝ミリタリー・ルック〟などという。

ミルド　milled

正しくは、ミルド・ウーステッド（milled worsted）。経緯（たてよこ）とも梳毛糸（そもうし）を用いて綾織りをし、縮絨（しゅくじゅう）仕上げをしたものである。メルトンやフラノに似た外観をもつが、それらよりも耐久力に優れている。背広地のほか、婦人服や子供服地に使われる。

ミンク　mink

イタチに似た小動物。その毛皮。毛量が豊かで柔らかいなど、毛皮のもつ特長をすべてもっている高級毛皮の一つ。色は褐色が多く、白っぽいものや灰褐色のものもある。しかし、現在は養殖されて色もいろいろと作り出され、紫がかったもの、緑がかったもの、ピンクがかったものなど、多種に及んでいる。名称も主に色によってよび分けられている。ケープ、コート、ショールなどに使われる。

ミント・グリーン　mint green

ミントとは、植物の薄荷（はっか）、の意。その葉に見られる灰みを帯びた緑をいう。

ム

むさいしょく　無彩色

　白、灰色、黒などのように色みをもたない色を総称していう。色みをもつ色を有彩色というのに対して、この名がある。白から黒までの段階をいくつもに分け、色の明度の基準にも使われている。

むしょく　無色

　透明で、光も色もない。しかし、このような完全な無色はないに等しく、一般に無色といえば、無彩色をさしていう。

むなぐせ　胸ぐせ

　胸の部分を立体的に仕上げるために入れるダーツのこと。英語で、フロント・ダーツ（front dart）という。

むねはば　胸幅

　胸の幅のこと。前の腕のつけ根から反対側の腕のつけ根までの寸法をいう。

むねまわり　胸回り

　胸囲、バストと同じ。腋（わき）の下からバスト・ポイントを通って胸を一周したもので、採寸の場合は指3本が入るくらいのゆとりをもたせ、これを胸回り寸法という。

ムームー　muumuu

　ハワイの民族服で、ウエストをしぼらないストレートな型のゆったりしたワンピース。丈は床までの長さのものから短いものまでいろいろある。大きなはでな柄のプリント物が好んで使われる。

ムリネ　mouliné（仏）

　〝撚った〟という意味の形容詞。織物の糸に使われることば。ムリネ糸は2本、または数本を集めていっしょに撚り合わせて1本の糸にしたもの。元来は絹が用いられていたが、今ではすべての糸で作られる。異なった色糸を撚り合わせたムリネ糸で布を織った場合、表面に色の節が現われる。ウールで織ったときにはツイード風の節表面になる。

メ

めいしょく　明色
　明度の高い色のことをいう。色には明るい色から暗い色までいくつもの段階があり、中明度までの明るい色をさしていう。これをさらに明清色、明濁色に分ける場合もある。

めいど　明度
　色の三属性（色相、明度、彩度）の一つで、色の明るさの度合いを表示することば。日本工業規格（JIS）では白から黒の間を9等分してこの基準にしている。明るい色のことを、明度が高い、暗い色のことを、明度が低いというように使い、工業面で広く使われているマンセル表色系ではこの明度のことをバリュー（value）とよんでいる。

めうち　目打ち
　錐のように先のとがったもので、洋裁用具の一つ。襟先のように角になっているものを縫い返したときに整えたり、ミシンの縫い目をほぐすとき、または小さな穴をあけるときなどに使う。

めくらじま　盲縞
　経緯ともに藍染めの糸を使って織った、平織りの紺木綿。織り上がりは無地だが、先染め織物であるのを、しゃれてこうよんだのであろう。

メタル・クロス　metal cloth
　金糸、銀糸を緯糸に入れて織った布。木綿、シルク、合繊などいろいろある。

メッシュ・ニット　mesh knit
　網状の目に編まれたものを総称していう。プルオーバー、カーディガン、ベスト、ブルゾン、パーカなどがある。

メリヤス
　メリヤス機で編んだものの総称。この名称はスペイン語の靴下、メジアス（medias）のなまりである。漢字では〝莫大小〟と書かれる。なお、編み物用語でメリヤス編みといえば、表側は表目ばかりになり、裏側は裏目ばかりになる、最も一般的な編み方をいう。

メリヤス・ステッチ
　メリヤス編みの目のようにでき上がる刺し方で、メリヤス編みの服にこのステッチで刺しゅうする。

メルトン　melton
　紡毛糸を平織り、または綾織りにしたものをさらに起毛し、その毛を短く刈ったもので、織り糸は見えず、手触りの温かい感じの布である。現在では化繊のものもあり、婦人、子供のコート、ジャケットに使われている。語源は創製者のハーロ・メルトンにちなむという説と、イギリスの地名メルトン（Melton）によるという2説がある。

メロン・スリーブ　melon sleeve
　メロンのように短くふくらんだ袖。バルーン・スリーブのこと。→スリーブ

めんギャバジン　綿ギャバジン
　ギャバジンの織り組織を使って、木綿で

織ったもの。やや厚地で丈夫なため、防水してレーンコート、スポーツウエアやジャンパーなどに使われる。略して綿ギャバともいう。

めんちぢみ　綿縮

　コットン・クレープといわれるもので、表面にしぼを出した木綿の平織物。楊柳縮、ガス・ジョーゼット、うずら織り縮など、しぼの変化などで多くの種類がある。主として夏の和服、洋服、下着などに使われる。

めんネル　綿ネル

　平織り、または綾織りしたものを起毛した柔らかい肌触りの木綿織物。暖かで吸湿性があることからパジャマ、ネグリジェ、和服の寝巻き、シーツなどに使われる。両面起毛したものと、片面だけ起毛したものがある。

めんポプリン　綿ポプリン

　木綿で織ったポプリンのこと。横にごく細い畝がある平織りで、夏の洋服地として広く使われている。

モ

モアレ moiré（仏）

モアレは木目をつけた、波模様をつけたという意味で、布面に、光沢の強弱によって現われる木目模様をつける仕上げ工程、またその仕上げをした織物のこと。

絹、レーヨン、綿などにほどこしたものは効果が一時的で、洗濯などによって消えてしまうが、アセテートや合繊など熱可塑性の織物にほどこすと消えない。

モアレはドレッシーな雰囲気をもっており、イブニング・ドレス、カクテル・ドレス、ウエディング・ドレスなどに用いられる。

モアレ・タフタ moiré taffeta

木目模様を浮き出させた、薄地で平織りの絹織物。美しい光沢があり、イブニング・ドレス、カクテル・コートなどに用いられる。

モガ

大正末期から昭和の初期、デモクラシーの波にのって現われた、進歩的な思想をもつおしゃれなモダン・ガールのこと。男性はモボ（モダン・ボーイ）。断髪、濃い口紅をつけ、眉を描き、ショート・スカートにハイ・ヒールという装い。男性はもみあげ、ちょびひげ、帽子をかぶりステッキを持ち、いずれも流行の最先端をいく格好をしていた。

関東大震災（1923年）後、洋服の需要が増えて、洋装が日本に定着しようとしていた時期で、ヨーロッパの衣服が買える特権階級だけのものだった男女の服装が、一般の人たちにまで広まるころの流行現象だった。

モカシン moccasin

甲の部分をU字形に切り替えた靴のこと。古くは北アメリカのインディアンが履いていた柔らかい革で作った靴の型である。一般にスポーツ用、室内履きなどに使われる。一般にヒールは低いが、最近では高いヒールのものもある。→くつ

もくめこはく 木目琥珀

ムーア・シルクともいい、琥珀地をローラーで圧して木目模様を表わした布のことをいう。

モケット moquette

けばを短く直立させた毛織物で、二重ビロードとよばれているもの。汽車やバスのシートなどに使われるが、最近ではカジュアルな服にも用いられる。

モス・グリーン moss green

モスとは苔のことで、苔のように黄色がかった鈍い暗色の緑色のことをいう。

モスリン muslin

単にモス、またはメリンスともよび、細い梳毛糸を使った薄い平織物のこと。現在では木綿、化繊などでも作られ、外衣、下着、寝具と用途も広い。歴史は古く、この織物の生まれはメソポタミアの都市、モスル（Mosul）といわれる。日本では和服地として親しまれてきた。

もちだし　持出し

あきの部分に作る重ね分のこと。裁ち出しにする場合や、別布にする場合がある。

モチーフ　motif

動機、主題などの意味。服飾用語としてはデザインや作品制作の動機、作品の主題などをいう。

毛糸編みやレース編みの場合は、別個に編んだ小片をつなぎ合わせて作るときの個々の小片をいう。これをモチーフ編み、モチーフつなぎとよんでいる。元来は、楽曲を編成する最小の単位をさす音楽用語であり、芸術、造形用語としては作品制作の動機や素材などの意味に使われる。

モック・タートルネック　mock turtleneck

モックとは〝偽の〟という意で、偽のとっくり襟。普通のタートルネックはいったん折り返すが、これは一重のままになった点が特徴。ハイ・ネックの一種であるが、いうまでもなく襟が高い。

モッサ

表面が苔のようになった、毛足の短く密な織物のこと。主に毛織物でコート地に使われる。和製英語。

モッズ・ルック　mods look

1960年代初頭イギリスに現われた若者風俗とモードの動き。モッズとはトラッド、伝統主義者に対するモダニストの略で、1950年代末に現われたニューオーリンズ・ジャズのリバイバル信奉者。中産階級の下のほうに属する若い労働者が大半で、彼らの生活は働くことを否定しレジャーを好み、クリーンな格好を目ざした。ショート・ヘア、長いパーカかボルドー色やグリーンのスエードのジャケットにタートルネックのプルや革の細幅ネクタイを締めたボタンダウンのシャツ、ヒップスターの細いパンツ、足には砂漠の靴クラークという中産階級のダンディ・ルック。ベスパ（イタリア製スクーター）に乗り、ブライトン（ロンドン南の海岸）のディスコへ毎週金曜日の夜出かけた。彼らのライバルは同じ階級だが、革ジャンパーにジーンズ姿のロッカーズ族だった。1960年代の世界的な社会現象、とりわけモードの動きにおいて、モッズは重要な役割をもつ。

モデリスト　modeliste（仏）

服のデザインを、創作し、モデル（原型）を作る人。またはデザインを考え、イラストを描く人。つまり、広い意味では、デザイナーに属するが、個人の顧客のためにデザインしたり、仕立てをしたりせず、特定のクチュリエに雇われて、その補佐的役割をする人である。

モード　mode

様式、方法、流行。もとはフランス語であるが、現在では英語としてもそのまま使われている。ファッションと同意語として使われる場合が多いが、服飾専門家たちの間ではこの２つは使い分けられている。モードはシーズンにさきがけて創作されたもので、たとえばパリ・コレクションなどで発表されるオート・クチュールの作品などはそれにあたる。一方、ファッションのほうは、モードが一般の人たちによって多く着られるようになった状態のことをいう。

モーニング・コート　morning coat

男子の昼間の半礼服。わが国では単にモーニングといっているもので、フロック・コートの代わりとして着用されていたが、現在では正式礼服として通用している。地色は黒、濃紺で、襟はノッチド・ラペル（並襟）、またはピークド・ラペル（剣襟）。ボタンは一つ、または二つボタンである。縞ズボンと組み合わせて着る。

モーニング・ドレス　mourning dress

喪服のこと。欧米で、近親者の死後6か月から1年喪に服するが、その間、故人の死をいたみ、しのぶ心情を表わすために着る服である。

ネックラインに白のクレープを用いる以外は、くすんだ黒に近い色を用い、アクセサリー類も黒いものが使われる。宝石などきらびやかなものはつけられない。正式なのはディープ・モーニング（deep mourning）という。

ハウス・ドレスと区別して、モワニング・ドレスということもある。

モーニング・ベール　mourning veil

喪中の人がかぶるベールのこと。とくに主人に先立たれた婦人が喪に服しているときに使うもので、色は黒、またはそれに近い色で、半透明の薄い布を用いる。

モノキニ　mono-kini

婦人用の水着で、ごく短いビキニ型のパンティだけのものをいう。つまり、ビキニのブラがないもの。したがって、着用すればノー・ブラということになる。このことばはビキニをもじったものであるが、正確には誤用とされる。ビキニとは、アメリカが初めて水爆実験をした太平洋にあるビキニ環礁であり、そこで着られた水着というのでこの名があるが、英語で〝ビ〟（bi）は「2つ」の意味があるので、ビキニという水着は上下2つあるが、上がなくて1つであると考えて1つを意味する〝モノ〟（mono）をつけた命名である。

モノグラム　monogram

組合せ文字のこと。普通、氏名のかしら文字を組み合わせて紋章風の飾りに用いられるもので、ハンカチーフ、ナプキン、レター・ペーパーなどに応用される。また、ブラウス、ドレス、セーターなどにも飾りとして使われる。

モノクローム　monochrome

単色相のことで、1つの色の濃淡だけで描かれた絵などのことをいう。一般に白黒の写真のことをこうよんでいる。

モノクローム・プリント　monochrome print

モノクロームとは単色画、白黒写真の意で、色を使わず黒と白だけで作られたプリントをいう。

モノトーン　monotone

単色相の明暗の調子をいう。つまり、1つの色の明るさ、暗さの調子を表現するときに使うことば。

モノトーン・ルック　monotone look

装い全体を同色の濃淡で統一したものをいう。自然で落ち着いた感じのするおしゃれである。

モーブ　mauve

紅藤色。

モヘア　mohair

アンゴラヤギの毛のことで、美しい光沢のある長い毛である。これを使って織った平織り、または綾織りのものをモヘア・クロスといい、アルパカ（南アメリカのラクダ科の動物。その毛で織った織物）の代用として使われる。また、ふわふわした柔らかい毛の感覚をいかして毛糸にしたものを

紋の種類

上り藤 　丸に五三桐 　糸輪に覗き梅鉢 　梅鉢

沢瀉 　抱茗荷 　菊菱 　亀甲に花菱

モヘア・ヤーンとよんでいる。

もみ　紅絹

紅染めした生絹のことで、本紅とも書く。昔はよく胴裏地として用いた。

もん　紋

紋様や記号が図案化され、家族、同族の合い印として先祖代々用いられたもの。

紋の起こりは、平安時代中期、公家の牛車、衣服、調度につけた紋様に始まるが、家紋の形態をとったのは、鎌倉時代の戦場での旗印にあるといわれる。

現代では、和装の正装の場合に、男子の羽織、長着、女子の振袖、留袖、喪服などに用いられる。正式なものは紋を白く抜いた表紋で、陰紋は略式、繍い紋はさらに略式のものとなる。

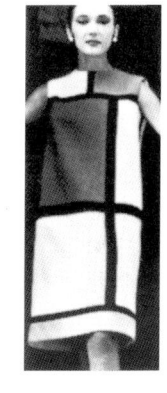

モンドリアン・ルック
Mondriaan look

オランダの画家、モンドリアンの描いた抽象絵画を服装の柄にいかした装いをいう。特徴としては、直線構成のあらゆるバリエーションで、正方形、長方形の連続、水平線、垂直線のくり返しなど。1965年、パリ・コレクションでサンローランが発表した。

もんはぶたえ　紋羽二重

地紋のある羽二重のこと。地を平織りにし、斜文織りなどで模様を表わした混合組織の織物である。

もんビロード　紋ビロード

模様を浮き出させたビロードのこと。模様をけばで表わし、模様でない部分を輪奈で表わしたり、またはこの反対で模様を表現したものもある。婦人コートなどに使われる。

もんぷく　紋服

紋のつけられた長着、羽織で、礼服に用いる。五つ紋、三つ紋、一つ紋などがある。紋付き。

ヤッケ Jacke（独）

　本来は英語のジャケットにあたることば。わが国では、一般にスキーや登山などのスポーツウエアとして着用されるアノラックと同義に用いられている。ドイツ語のヴィントヤッケ（Windjacke）のことをいう。

やばね 矢羽根

　弓の矢を模様化した図案の名称。

ヤール yard

　イギリスの長さの基本単位。1ヤールは36インチ、約91センチである。かつては日本でも用尺（布の使用量）はヤールを使っていたが、現在はメートルである。英語ではヤードで、ヤールはオランダ語続みである。

ヤーン yarn

　糸のこと。生糸（きいと）や化学繊維のフィラメントのような連続繊維から作られる糸、また綿、羊毛、麻などのような短繊維から作られた糸で、ひも、網、織物、メリヤスなどの原料として第一次的な用途に使われる場合をヤーンという。縫い糸のように第二次的製品となった糸はスレッド（thread）という。

ヤーンダイ yarn-dyeing

　糸染め、つまり先染めのこと。織物を織る前に、あらかじめ糸を決められた色に染めておくこと。後染めよりも染色の堅牢度は確かであり、色に深みがある。

ユ

ゆうきつむぎ　結城紬
茨城県結城市を中心とする地区で産する、真綿を手で紡いで作られる精細な絣や縞の織物。

ゆうさいしょく　有彩色
無彩色以外の色みをもつ色のすべてをいう。色の数は無限であるが、一般に識別できる色の数は750万種といわれ、これらは各種の系統に整理されている。

ゆうぜんぞめ　友禅染
元禄（1688～1704年）のころ、扇絵師、宮崎友禅が京都で始めたといわれる、手描きの模様染め。花鳥、風景など多彩な色を使って染めた、華やかな染め物。もともとは描き友禅であるが、明治のころより型染めも考案された。技法もさまざまである。京都を中心とした京友禅と、金沢の加賀友禅が代表的。

ゆき　裄
後ろ首つけ根の中心から、手を水平に上げ、肩先を通って手首に至る線をいう。裄丈の場合はこの寸法をいう。

ユニセックス　unisex
単性という意。ファッション用語としては、男性、女性の性別のないルックのことをこうよぶ。婦人物の場合は、主としてパンツ・ルックをさしていることが多く、代表的なスタイルとしては、サファリ・スーツがあげられる。

ユニバーサル・ファッション　universal fashion
一般的な、共通の、自在なファッションという意味。従来のように若者世代のみに重点をおいたり、健常者のみを対象にすることなく、広く着用できる服装のこと。個々のボディが必要とする機能性をデザイン化したもの。

ユーブイカットせんい　UVカット繊維
ウルトラバイオレット・レー（UV＝紫外線）よけの加工をした素材のこと。皮膚の老化やがんの原因ともなる紫外線に対して、防止するためのファッションとして、傘や帽子、靴下、ブラウスなどに応用されている。

ヨ

ようさいようぐ　洋裁用具

衣服製作上に必要な用具。作図用具、裁断用具、縫製用具、仕上げ用具など。

ようじゃく　用尺

一つの衣服を作るのに必要最小限の布の長さのこと。裁断後、不足のないように表布、裏布、芯地など別々に必要な長さを見積もる。布の使用量。

ようりゅう　楊柳

クレープの一種で、不規則な縦のしぼが全体に出たもの。普通、シルク、レーヨンが使われるが、木綿やウールのものもある。さらっとした肌触りがあるため、夏のワンピースやブラウスの生地としてとくに使われる。一般に楊柳クレープという。→クレポン

ヨーク　yoke

身頃やスカートの上部に入れる切替え布のこと。ヨークの形には、丸、角、弓形、スカラップなどいろいろある。胸の小さい人は、胸の位置にヨークを入れてギャザーやタックで量感を出すとよく、子供服に用いるとかわいらしさが強調される。

ヨーク・スカート　yoke skirt

ヒップのあたりで切り替えられたスカートのこと。切替えより下の部分はギャザーやひだなどを入れてゆったりした形のものもあるが、セミタイト・スカートなどで、腰にそわせるためにヒップで切り替えたものもある。→スカート

ヨーク・スリーブ　yoke sleeve

肩ヨークから続けて裁断された袖のこと。

よこいと　緯糸

織物用語で、経糸(たて)に対して、緯(よこ)の糸をいう。一般に経糸は布の長さに整えられているが、緯糸はシャトル(杼(ひ))に巻いて経糸の間を通して織り上げられていくので、一定ではない。織物はすべてこの経と緯の糸で成り立っている。

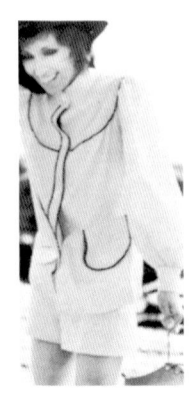

ヨーク

よしょく　余色

補色に同じ。→ほしょく

ヨット・パーカ　yacht parka

ヨットに乗るときに着るフードつきのジャケットのこと。

よつみ　四つ身

5〜12、13歳用の子供の着物。中裁ちともいう。身丈の4倍の使用量で裁つ。

よりぐけ　撚りぐけ

裁ち目にミシンを1本かけ、このミシンの縫い目を芯にして左指で布端を撚りながら細くくけることをいう。ボーの端、またはジョーゼットのような薄地の場合の始末などに用いる。

よろけじま　よろけ縞

ストレートな縞ではなく、よろけたゆがんだ縞のこと。

ヨーロピアン・カジュアル

ヨーロッパ調のカジュアル。アメリカン・カジュアルと対比して使うことばで、

アメリカン・カジュアルが若々しく開放的要素が強いのに対して、これは優美感があり、落ち着いた感じである。わが国でつくった造語。略してＥＣという。アメリカン・カジュアルのほうはＡＣという。→アメリカン・カジュアル

ヨーロピアン・チンツ European chintz

ヨーロッパ風の更紗。繊細な写実的表現による更紗で、その代表的なものはビクトリアン・チンツである。モチーフとしては花が多い。→ビクトリアン・チンツ

よんぶんのさんたけ ４分の３たけ three-quarter length

七分丈。ロング・ジャケットやショート・コートの着丈をいう場合に使われる。基準は服の着丈である。

ラ

ライクラ lycra

ポリウレタン系合成ゴム繊維、スパンデックスの商標名。1959年アメリカのデュポン社が生産開始した。初めは下着類、パンティやストッキング、ガードル、水着などに使われたが、1980年代ストレッチ・ファブリックとして一般化し、スポーツ・ウエアをはじめ、その他のファッションの重要な素材となる。テクノ・ファブリックの一種。

ライディング・コート riding coat

乗馬服のこと。丈は背広より少し長めで、ウエストを細くして裾を張り出し、必ず後ろ縫い目にベンツが入れてある。布地はツイード、ホイップコードなどがよく使われる。

ライディング・スカート riding skirt

乗馬用の巻きスカートのこと。婦人が横向きに乗馬するときに使われる。

ライディング・スーツ riding suit

乗馬に適するように作られた服装のことで、乗馬用ズボンとジャケットの組合せである。乗馬用ズボンは、腰部がふくれていて長靴を履くのに便利なように先が細くなっている。ジャケットは、腰が隠れるくらいの丈で背広襟である。乗馬の服装は馬に乗る場所によって異なる。ライディング・ハビット（riding habit）ともよばれる。

ライニング lining

裏地、あるいは裏打ちをすること。保温やすべりをよくするためばかりでなく、服のシルエットを強調するために裏地をはることも多い。普通、表地と同色の裏地が用いられるが、保温のために毛皮や毛織物の裏地を用いたり、コートやスーツの裏地とブラウスの布地とをそろえて、アンサンブルの効果をねらうこともある。

ライラック lilac

一般にリラともよばれている紫丁香花（はしどい）のこと。この花の色に似た、青みを帯びた明るい紫、または淡いラベンダー色のことをいう。

ラインストーン rhinestone

水晶の一種で、模造ダイヤのこと。イアリングやブローチなどの装飾品、またはドレスに刺しゅうするときの材料などに用いられる。

ラウンジ・ウエア lounge wear

家庭でくつろぐときに着る服の総称。デザインの特徴としては、全体にゆったりとしたものが多い。仕事着としてのホーム・ウエアよりもおしゃれな要素が強く、また部屋着のドレッシングガウンよりも着用範囲は広い。ラウンジとは、ぶらぶら歩く、くつろぐ、などの意がある。

ラウンジ・ジャケット lounge jacket

イギリスで使われることばで、背広のことをいう。アメリカではサック・コートとよぶ。→サック・コート

ラウンド・カラー round collar

丸い形をした襟の総称。形はいろいろあり、前の角がとれただけのロール・カラー、ピーター・パン・カラーのように襟つけ線から襟全体が丸い感じになったものなど、その種類は多い。

ラウンド・ショルダー round shoulder

丸い肩。ラグラン・パッドを入れて肩先に丸みをもたせた肩線のこと。1986年ごろから1988年ごろまで流行の肩線であった。反対語がスクエア・ショルダー。

ラウンド・ネックライン round neckline

丸い襟ぐりのこと。首のつけ根にそってあいたもので、最も自然の形である。また、つけ根よりも少しえぐられたものもいう。→ネックライン

ラグラン raglan

ラグラン・スリーブのついたコートのこと。身頃はゆったりしたボックス型である。着やすいため、普段着、レーンコートなどに広く使われている。したがって布地もその目的によって適応したさまざまのものが用いられている。

この名は、クリミア戦争のときに、イギリスのラグラン将軍（1788～1855年）が、戦地で負傷した際楽に着られるように考案したもので、以後、この袖をもつコートをラグランとよび、袖をラグラン・スリーブという。

ラグラン・スリーブ raglan sleeve

袖つけ線が、襟ぐりから袖下にかけて斜めになった袖のこと。形はいろいろ工夫されて変形が見られる。一枚袖、二枚袖、三枚袖などいろいろある。→スリーブ

ラシャ 羅紗

厚地の毛織物。経緯とも紡毛糸を使い、平織りまたは綾織りにしたあと、縮絨起毛したもので、織り目も密になって表から見えず、起毛した毛も柔らかである。一般向きには経に綿糸、または化繊糸を用いて、価格を安く、丈夫にしたものもある。主にコート、ジャケットなどに使われる。

また、厚地の紡毛織物の総称としても使われている。語源はポルトガル語のラックサ（raxa）から出たもので、ラックサとは毛布のことである。

ラスティック rustic

田舎の、粗野な、粗面の、という意味。布地の風合いがざらざらしている場合に使われることば。

ラッカー・クロス lacquer cloth

エナメル・クロス。ナイロン、テトロン、タフタなどにラッカーをコーティング加工した布地。

ラッセル・レース raschel lace

ラッセル機で編んだ、簡単な網模様のレース。大量生産がきくため、安価な点が特徴である。

素材は木綿のほかに毛、化繊など広く使われる。正しくはラッシェル・レース。

ラップ wrap

巻く、包む、くるむなどの意味で、体に巻きつけるようにした衣服のことをいう。ラップ・コート、ショール、膝掛けなどがこれにあたる。

ラップ・アンド・タイ wrap and tie

巻いて結ぶ、という意味。前をボタン掛けにしないで、巻きつけてベルトでむぞうさに結んで着ること。コートやドレスの場合に使われる。

ラップ・コート wrap coat

婦人用のコートの一種で、ボタンはなく、体に巻きつけるようにして前を打ち合わせて着るコートのこと。胴回りはゆるく、ベルトを使わないものもある。

ラップ・コート 　　　ラップ・スカート

ラップ・スカート　wrap skirt
　巻きスカートのこと。ちょうど日本のきもののように両端を重ね合わせて、体に巻きつけるスカート。普通、1枚の布でできていて、重ね合わせることにより、裾のゆとりをもつことができる。デザインによって、前、横、後ろなどでいろいろな合わせ方をする。

ラップ・ブラウス　wrap blouse
　ラップとは、包む、巻く、という意で、体を包んで巻きつけるようにして着るブラウスのこと。きものの打合せになったスタイルのブラウスである。

ラッフル　ruffle
　ギャザーやプリーツによってひらひらするように作られた、ひだべり飾り布のこと。衣服の縁やはぎ目、スカートの裾などに装飾として用いられる。一方の端を縫い止めたものと両端をひらひらさせたものとがある。

ラッフル・スカート　ruffle skirt
　ラッフルで飾ったスカートのこと。

ラップ・ルック　wrap look
　巻きつけ式に着るルック。きものやガウン式に巻きつけたものや、巻きスカートなどがある。

ラティネ　ratiné（仏）
　粗い節が表面に表われた、綿または毛織物。用途はドレス地やスーツ地など。

ラテックス　latex
　パラゴムノキからとれる白色の乳液のことで、この中に含まれたゴム分が天然ゴムとなる。乳化重合で製造される合成ゴムラテックスもある。

ラフ　rough
　粗雑な、粗いなどの意味。布地の表面が粗く、手触りがゴツゴツした感じの場合や、布地などのすべりが悪い場合、または型にはまらないで自由で、くだけた装いを表現するときなどに使われることば。

ラフィア　raffia
　アフリカ南東沖のマダガスカル島産のヤシ科の植物ラフィアの繊維のこと。一般的にバッグや帽子に使うが、今では服地にまで使われるエコロジーな素材。

ラペル　lapel
　コートやジャケットの襟の折返し、折襟、返り襟のこと。幅広く折り返したラペルはリバース（revers）とよばれる。ラペルを大きく分けると、ノッチド・ラペル（notched lapel）とピークド・ラペル（peaked lapel）の2つになる。
　前者は並襟、または菱襟、後者は剣襟である。

ラベンダー　lavender

ラベンダーは、芳香のある灌木の花で、この花のように明るく、やや赤みを帯びた藤色をいう。

ラーマ llama

南米のチリやペルーの山地に産するラクダ科の動物の名称であるが、その毛（正しくは畜産変種したパコの毛、つまりアルパカをさす）を用いた織物や、ラーマ毛の表面をもった紡毛織物のことをいう。わが国では俗にラクダということが多い。厚手のものはオーバーコート地に、薄手のものはシャツ地などに主として使われる。

ラムスキン lambskin

子羊の皮のこと。生後2か月足らずの子羊の皮は非常に柔らかでなめらかなため、婦人用の手袋に使われる。生後1～2年たったものは弾力があって、主に靴に用いられる。また、織物で、ラムスキンのような手触りをもった綿繻子(じゅす)のこともいう。主としてコートに使われている。

ラメ lamé（仏）

経(たていと)糸に金糸、または銀糸を織り込んだ布地。イブニング・ドレスなどドレッシーな夜の装いに用いられていたが、そのメタリックな感覚は、セーター、ストッキングなど昼間の装いにも取り入れられるようになった。

ランジェリー lingerie（仏）

スリップやネグリジェなど、婦人の下着、または部屋着に総称的に使われる名称。ランジェリーを着て部屋の外部に出ることはできない。語源はフランス語のランジュ（linge）からで、麻という意味である。つまり、古くは麻を主に使ったためであり、現在では絹、化繊、木綿、毛を使い、さらに組織も織物からニットまで多種多様である。白を主に、淡い色が多く、レースや刺しゅうを配し、優美にデザインされる。正しくはランジュリー。

ランジェリー・ドレス lingerie dress

下着のランジェリーのようなドレス。素材は薄くて透けるものを用い、セクシーな感じが特徴。

ランジェリー・ルック lingerie look

下着ルック。元来はランジェリーのデザインであったものが、素材を変えて、上衣として着用することを総称していうとき使われることば。スタイルとしては、スリップ・ドレス、キャミソール・トップなどが代表的なもので、スリップ、キャミソール、ペチコートなどの形を取り入れ、素材を薄い服地にした装い。セクシーな女らしさを表現するルックとして、とくに夏物として採用される。

ランターン・スリーブ lantern sleeve

ちょうちんを提げたような感じにふくらんだ袖をいう。実際には、真ん中のいちばん幅の広いところで切り替えてあるため、そろばん玉のような感じのものである。普通、短めの袖に多いが、ときには長袖にも用いられる。

ランニング・ステッチ running stitch

ぐし縫いのこと。普通の縫い方で、主に下縫いや、地埋めに使われる。針足は糸や布によって異なるが、表裏とも2～3ミリが標準である。1針ずつ縫うのではなく、2～3針縫っては糸をしごいて進める。→ステッチ

ランバー・ジャケット lumber jacket

ヒップ丈のシングル打合せのスポーティなジャケットで、ウエストバンド、多くの雨(あま)ぶたつきポケットがついている。別名をバトル・ジャケット（battle jacket）、またはアイゼンハワー・ジャケット

(Eisenhower jacket) ともいう。ランバーとは〝材木切出し人〟という意味で、彼らが着ていたのが起こりである。

リ

リガッタ　regatta

丈夫な綾織りの木綿地。普通、青と白の太い縞物になっている。

リケット　liquette（仏）

シャツの俗称といわれるが、シャツと全く同じものではない。普通のシャツは裾をスカートやパンツの中に入れて着るが、リケットはオーバーブラウスとして着るシャツのこと。シャツより少し厚手の素材で作られることが多い。

リサイクル・ショップ　recycle shop

再生服を扱う店。環境保全を目ざす21世紀には重要な存在。回収量、販売店ルートなどのシステムが開発されている。ブランド品の再利用も扱われる。

リサイクル・ファッション　recycled fashion

再生ファッションのこと。フランス語ではモード・レキュペラシオン。ジーンズなどの古着を愛して、さまざまに再生して着たりしていたヒッピー時代からあるものだが、1980年代後半、若いイギリスのアーチストたちによる、古くなった鍋やフライパン、いすなどの家庭用品を材料にしたリサイクル・アートが現われてモードに影響を与えた。古くなったソックスやストッキング、シャツ、中古衣料などを材料としてデザインしている。1990年代を特徴づけるモードの一つ。エコロジーなものとして注目されている。

リセエンヌ・ルック

リセエンヌとはフランスの公立高等中学校の女子生徒という意味で、彼女たちが着ているようなベーシックで簡素な装いをいう。単品の組合せが多い。略してリセ・ルックともいう。これはわが国でつくられた造語。

リゾート・ウエア　resort wear

リゾートは、よく行く、行きつけの場所、などの意味で保養地や行楽地で着る服装の総称。とくに避暑地、避寒地などで着られることが多い。スポーティなデザインのものが中心で、一定の形はないが、開放的なくつろいだ感じのものが多い。

リゾート・ファッション　resort fashion

避暑地や避寒地での流行をいう。それらの地では非常に開放的で、各自で個性を発揮したものが見られ、色も形も町の流行とは違った流行が生まれる。こうしたリゾート・ファッションの誕生の地としてはアメリカのカリフォルニアや、フランスのニースなどが有名である。

リック・ラック　rick rack

ジグザグ形をした平らなブレードのこと。色や大きさ、素材もいろいろで、縁飾りに使われる。わが国では波テープ、蛇腹などとよんでいる。また、婦人服の内ポケット口に装飾としてつけられる山形の飾りのこともいう。

りったいさいだん　立体裁断

人の体や人台に布を当てて、直接裁断することをいう。布を広げて型紙を置いて裁断する平面裁断よりも高度で、体に合い、美しいものができる。ドレーピング（draping）ともいう。

リップ　rip

裂く、破る、裂ける、破れるの意味で、ノン・リップ（non rip）といえば、裂けない、破れないことである。

リップル ripple

加工でさざなみ形の凹凸をつけた布地をいい、これをリップル加工という。ちょうど楊柳縮のような感じで、肌につかず涼感があるので夏物に主として使われる。

リーディング・グラス reading glasses

文字を読むためのめがねのこと。老眼鏡の一種ともいえる。ファッショナブルな小型のフレームなど、機能性だけでなく、デザインもバリエーションが増加した。

リトル・ブラック・ドレス little black dress

シンプルな黒いドレス。フランス語ではプチット・ローブ・ノワール。カクテル・ドレスの一種。アメリカ映画「ティファニーで朝食を」（1961年）のオードリー・ヘップバーンが着た、小さな黒いドレスから流行した。それ以来、リトル・ブラック・ドレスはワードローブになくてはならないものとなった。このドレスの原型は1926年のシャネル作のもの。

リネン linen

亜麻糸で織った平織り、または綾織りの織物のこと。

強くて光沢があり、なめらかなために薄地のものはハンカチーフ、婦人服、ワイシャツに使われ、厚地のものは男女の夏のスーツや、テーブルクロスに用いられる。ベージュ系の半ざらし、未ざらしの色もよく、そのままの色で服に用いられることもある。いうまでもなく、さまざまの色に染められる。

リノ leno

薄くて透けた綿織物で、綿紗ともよばれるもの。絽織り、紗織りになっている。

リバーシブル reversible

裏返しできるという意味。ツーフェースと同じ意味で、リバーシブル・ジャケットといえば、表裏の両面を着られるジャケットのことをさし、リバーシブル・ファブリックは、両面織りの布地で、裏に返しても使えるものをいう。

リバーシブル・コート reversible coat

表も裏も両面着られるコートのこと。リバーシブル織りの布地を使う場合もあり、また別の2枚の布地を中裏に合わせて仕立てる場合もある。後者の場合は、綿バーバリーと毛織物を合わせるなど、防雨と防寒を兼ねたものが多い。表と裏で着たときの雰囲気が変わるので、実用とおしゃれも兼ねて重宝なコートの一つである。

リバース・プリント reverse print

プリントをした裏面を表地に用いた服地。男女を問わずに使われているのはシャツ地やティーシャツ地。ハワイアンのアロハ・プリントがその代表だが、少しにじんだり、落ち着いた色合いがナチュラルな効果を生んでいる。綿やポリエステル混紡などの素材に多く使われる。

リバティ・プリント Liberty print

リバティとは、元来はロンドンの布地会社の社名で、その会社独特のプリント柄をいう。素材は主として木綿で、その代表的な柄は、多色使いの小花の全面密集柄である。現在では、そのような感じのプリント

柄を一般にこうよんでいる。最近では、綿素材のほかに合繊物やウール、シルクにも広く適用されている。

リーバー・レース leaver lace

イギリス人リーバー（John Leaver）の発明したレース機によって作られるレースの総称。ラッセル・レースよりもさらに繊細な柄が出るのが特徴。縁飾りやドレス装飾、高級カーテンなどに使われる。

リブ rib

肋骨、植物の葉脈、鳥の羽軸などの意味で、服飾用語としては織物や編み物の畝をさす語である。また、こうもり傘や扇などの骨のこともいう。

リファイン refine

精練する、上品にする、優美にする、という意味で、リファインされたデザイン、といえば非常に洗練されたデザインのことをいう。リファイン・クロスは、メリノ種の羊毛を使った無地ラシャの上等品のことである。

リーファー・ジャケット reefer jacket

両前のジャケットのこと。昔は主として船員用の両前ジャケットのことをさしたが、最近では、一般の両前ジャケットも含めていうようになった。単にリーファーともいう。

リブあみ　リブ編み

ゴム編み、畦編みのこと。総ゴム編みのセーターはリブ・セーターという。

リフォーム reform

改良、更生などの意味で、流行遅れになったり、小さくなった服、着古した服を工夫して、新しい形に仕立て直すこと。

リーフ・ステッチ leaf stitch

リーフとは、木の葉のことで、木の葉の形に刺してゆく刺し方をいう。葉の中心から左右へ交互に斜めに針を出してゆく方法で、葉を全部うずめたり、糸と糸の間隔をあけて刺したり、好みに刺す。→ステッチ

リブレス・コージュロイ ribless corduroy

コージュロイは畝があるのが本来のものであるが、これはそれがなくスムーズな表面効果のもの。

リュックサック rucksack

リュックは〝背中の〟という意味のドイツ語。サックは英語で〝袋〟の意。登山用の背負い袋の総称。重い荷物の負担を軽くしたい人や、両手を自由にさせたい人が使う。現在は素材開発が進み、機能化、軽量化され、デザインも多種。1980年代中期からタウン用に進出し、今では若者たちの必須アイテムとなった。

りょうたまぶち　両玉縁

あきの両側とも玉縁で始末することをいう。ボタン穴の両玉縁がその代表的なもので、ポケット口、途中まであいた前あきな

どに使われる。→たまぶち

りょうまえ　両前

ダブル・ブレストのこと。→ダブル・ブレスト

リング　ring

指輪、耳輪のこと。

リンクス　lynx

山猫の毛皮。北米に産する山猫で、黄褐色か灰色の地に、黒または茶、あるいは白の斑点があるヒョウに似た毛皮である。毛は柔らかで長く、コートの裏や襟など、またはスポーティなものに使われる。なお、スペインのスパニッシュ・リンクスは保護されている。

リング・ヤーン　ring yarn

甘撚りの芯糸に、やや強い撚りの糸をからませ、糸面に輪奈を表わした糸のこと。

りんず　綸子

染め生地として使われる絹織物のこと。繻子織りの一種で、なめらかで光沢がある。紋織りと無地織りがある。また縮緬織りと組み合わせて、模様のところを綸子織りにしたものを、綸子縮緬という。

リンネル

リンネルはリンネン、リニン、リネンなどの同義語で、亜麻糸で織った広幅の薄地織物の総称。洋服地、芯地、シーツ、ナプキンなどに用いられる。

ル

ルイ・ヒール Louis heel

ハイ・ヒールの一種で、ヒールの外側の線がカーブしており、底は少し広がっている型のこと。

フランスのルイ15世時代に流行したのでこの名がある。

ルージュ rouge（仏）

赤色。紅色。また、口紅、ほお紅のこともいう。

ルーシング ruching

服の内ポケット口や、襟ぐりなどにつける飾りひも。布を約1センチ幅に折ったうえ、糸を引っかけながら引き締めて作る。

ルーズ loose

ゆるやか、ゆるい、散漫な、という意味。したがってルーズ・フィッティングといえば、ゆるやかに体につくことをいう。同様にルーズ・スリーブはゆるやかな袖、太い袖をいう。つまりタイトの反対の語である。

ルダンゴト redingote（仏）

体にフィットし、プリンセス・ラインのように胴をしぼった、いわゆるシェープト・コートの総称。英語のライディング・コート（riding coat）から転化したフランス語で、18世紀初期、乗馬をするときに用いられた型である。

現在では普通、ルダンゴトはあまりウエストをしぼらず、裾の開きも大きくなく、適当なしぼりと裾の広がりを出したデザインになっている。

ルック look

外観、様子。服装などの全体の感じを表現するときに用いられることば。ミリタリー・ルックといえば、服装全体の感じが軍服の感じをもったものをいう。

ルネサンス Renaissance

再生、再現の意味で、14世紀にイタリアに起こり、16世紀には全ヨーロッパを風靡した文芸復興運動をさす。文芸、美術などが精神的な人間復興をうたったのに対して、服装のほうは、人工的、技巧的へと変転したのが特徴である。初めはイタリア、次いでスペイン、のちにはフランス的なものが中心になった。

代表的なものは、スペインから起こったファージンゲールという輪骨の登場である。クジラの骨などでいく段にも輪を作り、スカートを極端にふくらませたものである。このスカートを強調して、コルセットでウエストを細く締めたのもこのころからである。パフ・スリーブや開いた袖、何段にもレースのついた大きな襟あきなどと、部分的にも装飾的になった。スカート

のシルエットは、初めは釣鐘形であったが、16世紀半ばからはダイヤ形へ移行し、スカートの中心にウエストから裾までのスリットを入れ、レース飾りのついた別布をその間にのぞかせるなどさらに豪華さを増し、襟も立ち襟やひだ襟などといっそう技巧的になった。これらのスタイルを総称してルネサンス・スタイルとよんでいる。

ルバシカ　rubashka（露）

ロシアの民族衣装で、男子の着用するブラウス風の衣服のこと。立ち襟で、前は左寄りの途中までのあきをボタンで留め、ウエストもしぼらず、全体にゆったりとしたものを腰ひもで締めて着用する。襟、前あき、袖口などにロシア風の刺しゅうをして、民族的な雰囲気を強調している。

ループ　loop

糸やひもの輪のこと。ベルト通し、突合せになったあきのボタン穴などに使われる方法で、いろいろの方法がある。布で作る場合は、バイアス布を2〜3ミリ幅に縫って表に返し、半円形につけてゆく方法で、布ループという。糸の場合は、3〜4本の糸を芯にしてブランケット・ステッチでかがらげてゆく方法で、ワークト・ループという。コードの場合は、そのまま輪にして使い、コード・ループとよんでいる。また、毛糸や穴糸を細編みにしてループにすることもある。

ループ・ツイード　loop tweed

紡毛織物のツイードの一種。毛先が丸く輪になっている。

ルレット　roulette

洋裁用具の一つ。トレーシング・ホイール（tracing wheel）ともよばれ、ダーツやプリーツの位置、縫い目線などを型紙から布地にしるすときに使うもの。小さい歯車のついたのみ型のもので、型紙の線をたどってうつしてゆくが、先がとがっているため、傷のつきやすい薄地のものや高級品への使用はさけたほうがよい。

レ

レイヤード・ルック layered look

重ね着による装い。ニットによるプルオーバーとカーディガンの組合せから始まったが、最近ではニットばかりでなく、布帛物も使われ、服種もワンピース、ツーピース、コートまで広く重ねるようになった。

レオタード leotard

体にぴったりしたワンピース型のニットの衣服。袖なし、半袖、長袖などで、襟はハイ・ネックか襟なし、裾はブリーフ式になっている。元来はバレリーナや曲芸師が着用したものであるが、最近はエアロビクス用をはじめとしてボトムにパンツやスカートをはいてカジュアルな着こなしも流行している。起こりは19世紀のフランスの曲芸師レオタールが着用したことから。

レギンス leggings

脚部をぴったりと包むズボンのことで、主として幼児用に使われる。通しひもをつけ、足の土踏まずの部分に掛けて留めるもの、足先まですっぽり包むものなどがあり、素材は主にジャージーや毛糸編みなど伸縮のきくものが使われる。また軍人の用いる膝上くらいの丈の脚半(ゲートル)のこともいう。

レクタンギュラー・ライン rectangular line

長方形のシルエット、の意。全体にまっすぐな形で、いわゆるストレート・ラインの一種である。

レザー leather

革、なめし革のこと。外国ではレザー、スキン、ファーが区別されているが、日本ではスキンとレザーを混用している場合が多い。また、イミテーション・レザーはさまざまの素材で作られた模造皮革のことで、スキン風の模造皮革も同様によばれている。

レジメンタル・タイ regimental tie

レジメンタルとは〝連隊の〟という意で、ここではイギリスの陸軍をさす。イギリスの陸軍の連隊旗の色を取り入れた縞のネクタイのこと。地色は暗い色で鮮やかな色の縞が入っている。この縞をレジメンタル・ストライプ(regimental stripe)とよぶ

レース lace

糸を撚り合わせたり、編み合わせたりして、透かし目の多い模様を作り、布状にしたもの。また、この模様の一部分。レースは西洋文明の発祥地、シリア、エジプトなどをへて14世紀にはヨーロッパ全土に伝わった。

わが国には明治維新以後、宣教師や外交官夫人などによりその他の手芸とともに伝授された。

レースアップ・ブーツ lace-up boots

編上げ式ブーツのこと。足首までの短いアンクル・ブーツ(ankle boots)から膝までのニーハイ・ブーツ(knee-high boots)まで、いろいろある。→くつ

レースアップ・フロント lace-up front

ひも締めになった前あき。多くの場合は、鳩目（はとめ）をあけてひもを交差させて締めるようになっている。

レゼー・デージー・ステッチ lazy-daisy stitch

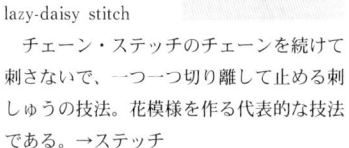

チェーン・ステッチのチェーンを続けて刺さないで、一つ一つ切り離して止める刺しゅうの技法。花模様を作る代表的な技法である。→ステッチ

レタス・グリーン lettuce green

レタスのような中明度のグリーン。

レッグ・ウォーマーズ leg warmers

脚を温めるもの、という意で、ニットの脚半（きゃはん）式のものをいう。足首から膝下までの長さになっている。

レッグ・オブ・マトン・スリーブ leg of mutton sleeve

袖山でギャザーやタックをとって袖の上部を丸くふくらませ、肘のあたりからしだいに細くして袖口でぴったり合わせた袖をいう。羊の脚のような感じからこの名称がある。クラシックな感じの袖である。→スリーブ

レディメード ready-made

既製品、できあいのことで、洋服だけでなくアクセサリーから日用品のすべてに使われることばである。あつらえでなく、買ってすぐ着られる、使える、という意味で、レディツーウエア（ready-to-wear）と同意語である。すべての点において合理的で、今日的であるため、第二次大戦以後わが国でも非常な発展を遂げた産業部門の一つで、ファッション・ビジネスはその一環である。洋服だけの場合、正しくはレディメード・クロージングという。

レトロ retro

レトロスペクティブの略語。→レトロスペクティブ

レトロスペクティブ retrospective

懐古的、旧懐の、という意味。レトロスペクティブ・ファッションといえば、懐古的なファッションということで、いわゆるリバイバルものである。これには常に時代の設定があるが、多くの場合、1920年代、1930年代が中心となる。最近ではそれに加えて1940年代、1950年代も含まれる。なお、別の言い方として〝ノスタルジック〟（nostalgic＝郷愁の、旧懐の）ということばも使われる。

レプタイル reptile

爬虫類（はちゅうるい）という意。レプティルとも読む。蛇、ワニ、トカゲなどを含む爬虫類動物の総称である。

爬虫類動物特有の、あのぬめりとした無気味な感覚がスリリングな感じにつながって、ファッション線上にクローズアップされた。本物の爬虫類の皮をはじめとして、そのイミテーション物のいろいろや、プリント物、型押し物などさまざまある。

従来は、主としてベルト、靴、ハンドバッグなどにしか使われなかったが、新しくはこれを服の素材としてまで使っている。色もリアルなものばかりでなく、ファッション・カラーを自由に使ったものがある。

レモン・イエロー lemon yellow

レモンの黄色のことで、熟したレモンの皮のような中明度の黄色をいう。

レーヨン rayon

人造絹糸のことで、略して人絹ともいう。光沢があり、絹に似ていることからこの名がある。木材パルプを原料とした再生繊維の代表的なもので、正しくはビスコース・レーヨン（viscose rayon）という。絹のように黄変せず、すべりがよく、吸湿性、染色性も優れている点から夏物、裏地などに多く使われている。ただし、水にぬれると強度が落ちるなどの欠点もある。長繊維にしたものはレーヨン・フィラメントといい、これを綿状にしたものをレーヨン・ステープル（rayon staple）とよぶ。このステープルを紡績したものがスパン・レーヨンである。これは天然繊維と異なり、自由に長さ、太さ、光沢などが変えられるために、多種多様の感覚をもったものがある。したがって用途も、夏冬を問わず衣服に使われ、毛布にも適応されたり、多方面に活用されている。

レーンコート raincoat

雨の日に着るコートのこと。形は一定したものはないが、袖はラグラン・スリーブや袖山の低いゆったりした袖が好んで用いられる。素材は防水加工した綿のギャバジン、ポプリン、またはナイロン、ビニールなどが使われる。

また帽子やフードを共布で作ったり、裏に柄物を扱ったりして、雨の日のおしゃれを楽しむような工夫もされる。

レーン・シューズ rain shoes

雨靴のこと。俗にいう長靴もレーン・シューズである。ゴム、ビニールでできたものが主で、ときにはナイロンの織物などを使ったものもある。長靴の形をしたもの、前あきでボタン留めのもの、またはハイ・ヒールを履いた上にかぶせるオーバーシューズのようなものもある。いずれも雨水を防ぐために甲を深く覆っていることが特徴である。

レーン・ハット rain hat

雨のときにかぶる帽子のこと。レーンコートと共布、またはビニールのものなどがあり、つばの広い六枚はぎ、八枚はぎの形が多い。

ロ

ロイアル・ブルー royal blue

　イギリスの王室、または王家の外衣に用いる色で、鮮やかな紫みを帯びた紺色。

ロー・ウエスト low waist

　ウエスト線より下がった位置に切り替えられた線のことで、ハイ・ウエストに対して使われる語。その時代の流行のシルエットにより、ロー・ウエストになったり、ハイ・ウエストになったりする。とくに、1920年代にはロー・ウエストのドレスが流行した。

ろうけつ 﨟纈

　手工芸的染色の一つ。ろうを使って染める方法で、地色をろうで描いて防染し、その上から染料を塗り、染めたあとでろうを除いて模様を表現していく。精巧なものは二重染め、三重染めを行なうものもある。奈良時代からの古い染色法で、「ろうけち」ともいわれている。

　ろうの割れ目に染料がにじんだり、単純でないおもしろさが特徴。

ロー・カラー low collar

　深い襟ぐりに、フラット・カラーのついた襟のことをいう。ハイ・カラーに対する反対語。

ロゴ logo

　ロゴタイプ（logotype ＝社名、商品名などの意匠文字）の略語で、デザイン化された文字のこと。ファッションではロゴ・プリントとか、ロゴ・アクセントというように使う。たとえば、ジーンズの脇にブランド名の文字をプリントしたり、ティーシャツの胸や背中にそれをプリントしたりしたものをいう。

ロココ Rococo

　ロココ式、ロココ式のもの、という意味。ロココとは、18世紀のフランスの建築、美術の様式で、華美で極端に装飾的な点が特徴である。服装史でロココ・スタイルというのは、腰の両脇を大きくふくらませたパニエ・スタイルのことをいう。また、ビクトリア時代（1819～1901年）にかぶられた帽子の型もロココという。

　なお、装飾過剰で俗悪なものをさしていう場合にも使われることがある。

ロー・サージ low serge

　日本で〝ヘル〟とよんでいる毛織物。サージの種類で、経糸に雑種の羊毛の梳毛糸を使い、緯糸に粗い紡毛糸を使ったもので、丈夫で実用的な素材である。

ロシア・バレエ Russian ballet

　フランス語でバレエ・リュス。20世紀初頭（1909～29年）の20年間、セルゲイ・ディアギレフがロシア・バレエをパリをはじめ、ヨーロッパ、アメリカに紹介した。現代美術を愛したこの主宰者は、バレエ団のアート・ディレクターだったレオン・バクストやミハイル・ラリオノフだけでなく、ピカソ、マチス、キリコ、ソニア・ドローネーたちのアーチスト、ポワレ

やシャネルといったクチュリエ、音楽ではストラヴィンスキーなどと組んで、20世紀初頭のアーティスティックな生活シーンにおいて卓越した位置を占めた。ダンサーではニジンスキーが有名。彼らの仕事はファッションに多大な影響を与えた。

ロー・ショルダー low shoulder

なで肩、下がり肩のこと。ハイ・ショルダーの反対語である。なで肩の人は、肩にパッドを入れていかり肩のように見せることもできる。また、流行により、なで肩を強調した女らしいシルエットもある。

ロー・タートルネック low turtleneck

首のつけ根から下に低く垂れ下がったとっくり襟。

ローデン・クロス loden cloth

オーストリアのチロル地方の農家で作られた厚手で密にけばで覆われた紡毛織物。丈夫で撥水性がある粗毛織物である。主としてコート地に使われ、この布地で作ったコートをローデン・コートという。

ローデン・コート loden coat

ローデン・クロスで作られたコート。さまざまの色があるが、とくに濃いオリーブ・グリーンのものが代表的である。ちなみに、このグリーンのことをローデン・グリーンという。

ロー・ネック low neck

襟あきを大きめにし、前を深くくった襟ぐりのこと。→ネックライン

ローブ robe

英語では、裾まである長いゆるやかな外衣のことをいう。

ワンピース仕立てになった婦人服、長いベビー服、または礼服、官服、法衣という意味もあり、とくに弁護士や裁判官などが着用する法衣をさす場合が多い。なお、複数になると衣服の総称となる。

フランス語では、衣服の意味をもつが、主として婦人のドレスをさす場合が多い。そのほかに、裁判官や弁護士の着る法服もいう。

ローブ・ウース robe housse（仏）

ウースとは家具や衣料のカバーのことで、服のカバーのようにゆったりと大きい服をさす。ビッグ・モードが流行した1970年代に現われてはやった。

ローブ・コロンヌ robe colonne（仏）

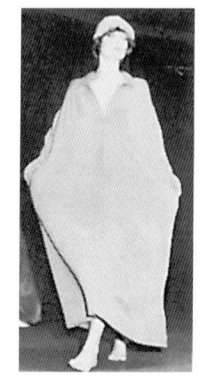

コロンヌとは円柱という意味。円筒形の服のことをいう。英語ではチューブ・ドレス。

ローブ・タブリエ robe tablier（仏）

英語ではエプロン・ドレス。タブリエとはろうびきトワルやプラスチック素材などで作られた服で、体の前面を保護するもの。タブリエの起源はテーブルを保護する1枚の布。16世紀には今の意味をもつタブリエの古語 "ドバンチェ= devantier"（服を保護するため体の前面につけるもの）があった。

ローブ・デコルテ robe décolletée（仏）

デコルテとは、襟ぐりを大きくあけたという意味で、襟あきが深く大きくカットされたドレスの総称。→デコルテ

ローブ・ド・シャンブル robe de chambre（仏）

部屋で着るドレスのこと。室内で着る男女の長い服。一般的に、ゆったりとして前

はボタン留めだったり、羽織ってひもベルトで結んで着る形式のものだったりする。英語ではドレッシング・ガウン。

ローブ・ド・ソワレ robe de soirée（仏）

夜会服のこと。単にソワレともいう。英語のイブニング・ドレスにあたることば。

ローブ・デコルテ

ローブ・ド・マリエ robe de mariée（仏）

マリエは新婦の意。花嫁衣装のこと。英語ではウエディング・ドレス。

ロープ・ベルト rope belt

ひも状のベルト。丸ぐけ式や組みひも式で結ぶものが多い。

ローブ・モンタント robe montante（仏）

モンタントとは、上がる、登る、高まる、などの意味。襟が上着から続いて高くなっているところから、この名がつけられたと思われる。スカート丈は床までが普通で、肩も背もあらわになっていないもの。ローブ・デコルテに対照する婦人服である。

ロマネスク Romanesque

10世紀後半から12世紀までを風靡(ふうび)したロマネスク様式、またはロマネスク時代をさし、東ローマ帝国に文化の範を求めて、新しい美を追求しようとした時代である。ロマネスクとは〝ローマ風〟ということであるが、服装では必ずしもローマ風のスタイルの復活ではなく、それを土台とし、当時十字軍の東方遠征によってもたらされたビザンチン的な要素を加えたことが特徴である。つまり、東方的感覚が初めてヨーロッパへ入ったわけである。その代表的スタイルは、ブリオーとよばれるもので、身頃は体にそい、袖口が扇状に広がっている袖のついたもの。

ローマン・ステッチ Roman stitch

縫い渡した糸の真ん中を同じ糸で十字に止めていく刺し方。ただし、あとから十字に止める糸はごく短い。木の葉などを刺すのに使われる。

ロマンティック romantic

ローマン主義の、という意味。芸術のうえでは、古典主義に対抗して19世紀の初頭に起こったローマン主義のことをいう。服装のうえでは大きなリボンや造花や羽根飾りのついたボンネット帽、パフ・スリーブ、フリル飾り、ほっそりしぼったウエスト、大きく広がるフル・スカートなどのスタイルをロマンティックという。感覚的には、華麗で装飾的な点が特徴である。

ロール・カラー roll collar

襟腰があり、首回りに巻きついた感じで折り返っている襟の総称。ハーフ・ロール・カラーとフル・ロール・カラーがある。ハーフ・ロール・カラーは、後ろから肩線のあたりまで、襟の半分ぐらいが首にそい、あとははねている襟のことで、フル・ロール・カラーは後ろから前まで全部首にそった襟のことである。

ロール・ステッチ roll stitch

下縫いした上、または渡した糸を管状に巻き縫いするステッチ。オーバーカスティング・ステッチ（overcasting stitch）ともいう。→ステッチ

ローン lawn

もともとはフランスのルアンが原産地である薄地のリネン織物のことであったが、

現在では、平織りで地薄な軽い綿織物のことをいう。柔らかく、適度の張りがあってさらりとした感触がある。

夏のブラウスやドレス、ネグリジェ、ハンカチーフ、襟飾りなどに使われる。

ロング・トルソー long torso

長い胴、という意味。服飾用語としては、ロー・ウエストにして胴の部分を長く見せるスタイルのことをいう。

ロンゲット longuette（仏）

細長い、という意。1970年ごろ、それまでのミニ・スカート全盛時代に対して、新しく長めの丈のスカートが出現したが、その長めのスカート全般をさしていうとき使われたのがこのことばである。一般に膝よりも長いものすべてをこういう。

ロンドン・コレクション London Collection

1960年代のスインギング・ロンドン、モッズ・ルック、ミニ・スカート、1970年代のパンク・ファッションなど若者文化の発祥の地として、ストリート・ファッションの代表ラインを生みつづけてきたロンドンのコレクション。1990年代はジョン・ガリアーノ、ステラ・マッカートニー、アレキサンダー・マックイーンなどの輩出により、さらに世界的な注目を集めている。セント・マーチン美術学校の才能教育の存在も重要視されている。

ロンパース rompers

上下に続いた子供用の遊び着の一種で、主として夏に着ることが多い。材料は洗濯のきく木綿などが適している。ロンパースだけを着たり、ブラウスとともに着たりする。また、少女などが用いる上下続いた運動着のこともいう。正しくはロンパーズ。

ワ

ワイ・シャツ

英語のホワイト・シャツが日本でなまって、こうよばれるようになった。現在では、襟つき、カフスつきのものが一般にワイ・シャツとされている。英語では単にシャツ、フランス語ではシュミジエとよんでいる。またYシャツと書くのも日本独特の当て字である。もとは白地だけであったが、最近では色物や、身頃は白、襟とカフスに色を使ったツートーン・カラー（2色配色）や縞、格子の柄物も着られるようになった。素材も木綿を中心に、麻、絹、化繊などのものがある。

なお、この襟つき、カフスつきの型をカッター・シャツともよんでいる。正しくはカラー・アタッチド・シャツ（collar-attached shirt）という。→シャツ

ワイド・パンツ　wide pants

幅広パンツの総称。丈は長いものから短いものまでいろいろある。1988年ごろ、それまでのスリム・パンツの反動としてさまざまのスタイルが登場。代表的なものとしては、くるぶしまでの丈のロング・パンツ、ふくらはぎ中央より少し下までの丈の、ワイド・クロップト・パンツ（wide cropped pants）またはガウチョ・パンツ（gaucho pants）、膝上丈のワイド・バーミューダ・ショーツ、ボクサー・ショーツなどがある。

ワイ・ライン　Y line

1955年秋冬のパリ・コレクションで、ディオールが発表したシルエット。

アルファベットのYの字のように、肩から胸へかけての部分をゆったりとさせ、ウエストから下の部分をほっそりとさせた点が特徴である。

ワイルド・ルック　wild look

野性的な感じのおしゃれ。1970年にはとくに爬虫類、またはそのイミテーション物を使ってワイルドな感じを出すファッションが流行した。

ワイン・レッド　wine red

赤葡萄酒色。青みを含んだ暗色の赤で、ボルドーと同じ色のこと。

わきあき　脇あき

スカートやワンピースの左脇をあける〝あき〟のこと。脱ぎ着を楽にするために、あきを目だたせたくないときに使われる。婦人物に多く、留め具としてはファスナーが主に用いられる。

わきぐせ　脇ぐせ

脇下でバスト・ポイントに向けて入れるダーツのことをさす。脇ダーツ。英語でサイド・ダーツという。デザインによっては、切替え線を利用して入れる場合もある。→ダーツ

わきたけ　脇丈
脇下またはウエストラインから裾までの寸法。とくにスカート、ズボンに必要となる寸法。

ワーキング・ルック　working look
労働の装い、という意味で、労働服からヒントを得たカジュアル・ウエアのことをいう。たとえば、ジーンズ、サロペット・パンツ、スモック、エプロン・ドレスなどはその代表的なスタイルである。ワーク・ルック（work look）とか、ワーク・ウエア・ルック（work wear look）、ファティーグ・ルックともいう。

わたしまつり　渡しまつり
布の折り山と折り山を突き合わせてかがることである。背広襟の上襟にラペルをつけるときなどに用いる手法で、縫い糸を表に見せないようにかがる。はしごまつりともいう。→まつり

ワッシャーかこう　ワッシャー加工
しわ加工。水洗いや熱処理によって、わざと布地の表面にしわをつける加工法のことをいう。

ワトー　Antoine Watteau
アントワヌ・ワトー（1684～1721年）はフランスの画家。ルーベンスから影響を受ける。洗練された社会やイタリアン・コメディのシーンを描写して〝フェート・ギャラント（優雅な宴）の画家〟とよばれる。18世紀初期のフランス社会風俗、とりわけエレガントな女性の生活が明細なタッチで表現されている。18世紀のモードが語られるとき、彼の名前が登場する。ワトー・スタイルのドレス、ワトー・プリーツなどといわれる。

ワードローブ　wardrobe
元来は、衣装戸棚、衣装だんす、衣装室などの意味であり、転じて個人の集合的な衣装や衣類をさす。単に、衣装という意味にも使われるが、個人の持っている衣服、という意味にも用いられる。

わなてん　輪奈天
タオル地のように織り糸を輪奈にして織ったもので、輪奈を切らないものをいう。タオル地、輪奈ビロードなどがある。

わばり　輪針
輪編み針。金属製、プラスチック製で、針を替えずに筒形に編む場合に使う。

わふく　和服
日本在来の衣服で、普通、きものという語と同義語。明治時代に西洋の服が輸入され、洋服とよぶようになったが、これに対して従来の日本の衣服を和服といった。現在、礼装、晴れ着、中年の日常着などと愛好者は多く、また洋装の感覚も取り入れられている。

わりぬい　割り縫い
布を中表に合わせて地縫いしたあと、縫い代を左右に割ることで、厚地のものの場合、または、肩、袖下、脇縫いなどに使われる。

わりミシン　割りミシン
割り縫い目の両端に、表からミシンをかけて縫い代を押さえること。エプロンなどのように丈夫に作るものに用いられる。

ワンピース・ドレス　one-piece dress
上衣とスカートが一続きに作られている衣服、あるいは上衣とスカートがウエストではぎ合わされている衣服の総称。これにはホーム・ドレスからイブニング・ドレスまですべて含まれる。

西洋服装の変遷

古代エジプト 〈BC3000〜BC525〉

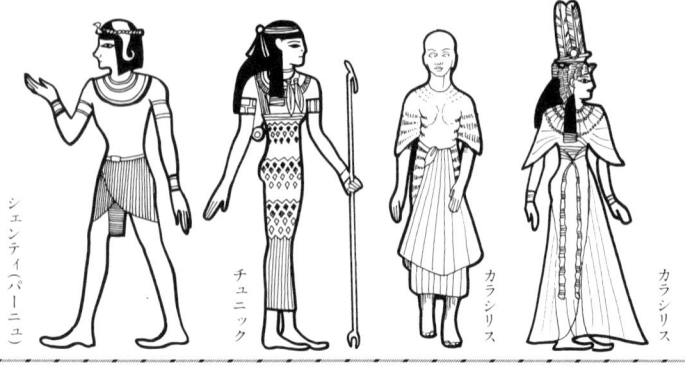

- シェンティ（パーニュ）
- チュニック
- カラシリス
- カラシリス

西アジア 〈BC2800〜BC331〉

- シュメール カウナケス
- アッシリア チュニックとドレイパリー
- ペルシア カンディス
- ペルシア チュニックとズボン

クレタ文明 〈BC3000〜BC1400〉

- ロインクロス
- ボディスとスカート

古代ギリシア 〈BC800〜BC146〉

- ドーリア式キトン
- イオニア式キトン
- クラミュス

エトルリア〈BC1000〜BC300〉

テベンナ

ローマ帝国時代〈BC753〜AD395〉

チュニカとトガ

ストラとパラ

ビザンチン

ダルマティカ

ビザンチン帝国時代〈395〜1453〉

チュニカとパルダメントウム

ストラとパルダメントウム

ロマネスク〈11、12世紀〉

ブリオー

ゴシック

コタルディ

ゴシック〈13、14、15世紀〉

シュルコ・トゥーヴェール

ウプランド

ウプランド

エナン帽とローブ

プールポワンとショース

ルネサンス 〈14、15、16世紀〉

イタリア ローブ

イタリア プールポワンとショース

スペイン ローブ

フランス ジャケットとプールポワンとオード・ショースとバ・ド・ショース

ルネサンス | バロック 〈17世紀〉

フランス ローブ

イギリス ローブ

オランダ

オランダ ローブ

バロック

オランダ プールポワンとラングラーブ

フランス プールポワンとラングラーブ

フランス ローブ

フランス シュミーズとプールポワンとラングラーブ

フランス ジュストコールとキュロット

ロココ〈18世紀〉

- ワトー襞のローブ
- ローブ・ア・ラ・フランセーズ
- アビとベストとキュロット
- ローブ・ア・ラ・ポロネーズ

フランス革命〈1789〜1799〉

- カルマニョールとパンタロン

執政政府時代〈1799〜1804〉

- シュミーズ・ドレス
- フラックとパンタロン

ナポレオン第一帝政

- エンパイア・スタイル（シュミーズ・ドレス）

〈1804〜1814〉

- フラックとパンタロン

王政復古〈1814〜1848〉

- ロマンティック・スタイル
- ロマンティック・スタイル
- ルダンゴト

ナポレオン第二帝政 〈1852～1870〉

新ロココ（クリノリン）・スタイル

クリノリン・スタイル

フラックとベストとパンタロン

ジャケットとパンタロン

19世紀末 〈1870～1890〉

バッスル・スタイル

バッスル・スタイル

ジャケットとズボン

フラックとベストとズボン

アール・ヌーボー 〈1890～1909〉

S字ライン

S字ライン

チェックのコートとズボン

⟨1910〜1914⟩	⟨1920〜1925⟩	⟨1926〜1929⟩	⟨1930〜1938⟩
ホッブル・スカート	ボーイッシュ・スタイル	ギャルソンヌ・スタイル	スリム・ロング

⟨1943⟩	⟨1947⟩	⟨1953⟩	⟨1954⟩
ミリタリー・ルック	ニュー・ルック	チューリップ・ライン	Hライン

⟨1955⟩	⟨1958⟩	⟨1961⟩	⟨1965⟩
Aライン	サック・ドレス	ミニ・ドレス	モンドリアン・ルック

〈1966〉 ポップ・アート調	〈1969〉 パンタロン・スタイル	〈1970〉 パンタクール	〈1971〉 ホット・パンツ
〈1972〉 ヒッピー・ルック	〈1973〉 サン・クチュール（非縫製）	〈1974〉 ビッグ・ルック	〈1975〉 パンク
〈1977〉 フォークロア・ルック	〈1978〉 ミニ・サック・ドレス	〈1982〉 マルチ・レイヤード	〈1983〉 プア・ルック

〈1985〉 アンドロジナス	〈1986〉 ペプラム・スーツ	〈1987〉 ボディ・コンシャス	〈1989〉 ビザンチン

〈1990〉 フェイク・ファー	〈1992〉 ネオ・アンドロジナス	〈1993〉 グランジ	〈1995〉 リアル・クローズ

〈1996〉 ミニマリズム	〈1997〉 エンパイア・ドレス	〈1998〉 イージー・ライン	〈1999〉 ネオ・フォークロア

デザイナー・リスト (50音順)

あさつき・しんじろう　朝月真次郎

1950年東京都生まれ。立正大学卒業。㈱JUNのマーチャンダイザー、メンズのデザイナーをへて、1997年に㈱アサツキ・デザイン・オフィスを設立。JUN時代より手がけていた舞台衣装の制作、プランニングなどに加え、ブランド・イメージの作成、マーチャンダイジングなどもマルチに手がける。また、1997年クチュール・ブランド「MOODetMOON MODE etMOON」を発足させた。

あしだ・じゅん　芦田淳

1930年京都府生まれ。1948年中原淳一に師事。㈱高島屋の顧問デザイナーをへて、1964年より芦田淳コレクションを発表。美智子皇后の皇太子妃時代のデザイナーをつとめたほか、皇室、政財界、大使夫人、芸能人などに顧客が多く、オリンピックのユニフォームなども手がける。東京コレクション参加。1971年日本ファッション・エディターズ・クラブ賞（以下FEC賞）、1989年イタリア共和国有功勲章カバリエリ章、1991年紫綬褒章を受賞、受章。著書に『髭のそり残し』（徳間書店刊）。

あしだ・たえ　芦田多恵

1964年デザイナー芦田淳の次女として東京都に生まれる。ロードアイランド造形大学（アメリカ）で学び、ジャン・パトゥ、クリスチャン・ラクロワのもとでデザインの研修を積む。1988年㈱ジュン アシダ入社。1991年より「ミス アシダ」コレクション発表。以来東京コレクションに参加。

アズディン・アライア　Azzedine Alaïa

1937年チュニジア生まれ。チュニスの美術学校で彫刻を学ぶ。1957年パリに来て、短期間だが「ディオール」や「ギ・ラロッシュ」で働く。1960〜70年代、作家のルイーズ・ド・ヴィルモランをはじめ、女優のアルレッティ、グレタ・ガルボなどプライベートな顧客の服作りをする。1981年、初めてのコレクションを発表。アワーグラス・シェープ、メタルの穴あき、ジッパー使いの黒革の服や手袋を得意とする。1980年代中期のボディ・コンシャス・モードのリーダー格の一人。1985年10月のオスカー・ド・ラ・モード賞で2つの賞を獲得。

アナ・スイ　Anna Sui

アメリカ・デトロイト生まれ。パーソンズ・デザイン学校卒業。1981年会社設立。1992年アメリカ・ファッション・デザイナー協議会よりペリー・エリス賞を受賞。ニューヨークに住み、アーバン・トライバリズム（都会的な部族生活）をテーマに、エスニック感覚の作品や化粧品を発表している。

アニエス・ベー　Agnès B.

1941年フランス・パリ生まれ。B.は、最初の結婚相手の苗字ブルゴワのかしら文字。ベルサイユ美術学校卒業後、エル誌のジュニア向けジャーナリストとして2年働く。デザインの仕事を学ぶため、「ドロテビス」に入る。1964年フリーランスとして「ヴェ・ド・ヴェ」、「ピエール・ダルビー」、「キャシャレル」のデザインをする。1975年レ・アルに自分のブティックをオープンし、ブランドを設立、初めてのコレクションを発表。サロペットやティーシャ

ツ、ペンキ塗りのジャケットなどアンチ・モードを打ち出す。シンプルでリラックスした服を目ざし、のちにフレンチ・カジュアルとよばれる日常着スタイルを作る。レディス、メンズ、子供服と広範囲な創作活動を展開。

あべ・けんしょう　安部兼章

1954年東京都生まれ。中央大学、文化服装学院卒業。「KENSHO」ブランドで作品を発表。1980年装苑賞受賞。1987年毎日ファッション大賞新人賞受賞。

あらかわ・しんいちろう　荒川眞一郎

1966年群馬県生まれ。東海大学卒業。1992年にパリの服飾専門学校卒業後、パリでデザイン活動を開始。1995年東京コレクションに参加。1996年パリ・マレ地区にブティックを開く。「SHINICHIRO ARAKAWA」ブランドで作品を発表。

アレキサンダー・マックイーン　Alexander McQueen

1968年イギリス・ロンドン生まれ。16歳のときサビル・ローの伝統的テーラーのアトリエで働き、テーラードをマスターする。ミラノの「ロメオ・ジリ」で、レディスとメンズのコレクション制作に加わる。22歳のときロンドンに帰り、セント・マーチン美術学校のマスター・コースで2年間学ぶ。1993年3月初めてのミニ・コレクションを、リッツ・ホテルで展示。16世紀のメソードをもつパターン・カッティングを駆使して、胴の長さを強調した長いシルエットのものを得意とする。「バムスター」と名づけた股上の浅いパンツを発表。シャープなカットのモダンなフォルムに仕上げた。1996年イギリス最優秀デザイナーに選出され、1997年1月から「ジバンシィ」のオート・クチュールとプレタ・ポルテのデザイナーとなる。ロンドンでは自分のブランドのコレクションを発表。

アン・ドムルメステール　Ann Demeulemeester

1959年ベルギー生まれ。アントワープ王立美術学校卒業。"アントワープの6人"の一人。1986年から4シーズン、コレクションをロンドンで発表。1992年からパリ・コレクションに参加。白と黒のアンドロジナスなモードが特徴で、現実的だが詩的な雰囲気の作風。1999年8月、アントワープにブティックをオープン。

アンドレ・クレージュ　André Courrèges

1923年フランス・ポー生まれ。1946年パリに出て服産業高等学校へ通う。1951年「バレンシアガ」に入り、カッターとして11年間働く。1961年クレベール通り48番地にメゾンを設立。1962年"昼も夜もはくパンタロン"のコレクションを発表。1965年1月、スペース・エイジの白いパンツと"ミニ・ルック"を発表してセンセーションを巻き起こす。同年秋、現在のフランソワ1世通り40番地へ移る。1967年デラックスなプレタ・ポルテのライン"クチュール・フューチュール"を展開。

イヴ・サンローラン　Yves Saint-Laurent

1936年アルジェリア・オラン生まれ。1954年パリに来てシャンブル・サンジカルの学校へ通う。1955年アシスタント・モデリストとして「ディオール」に入る。1957年ディオール亡き後、後継者となり、1958年第1回のコレクションで"トラペーズ・ライン"を発表。彼の兵役中、「ディオール」はマルク・ボアンが後継する。1961年ピエール・ベルジェと組んで自分

のメゾンを設立。1962年第 1 回のコレクションではピー・ジャケットや作業着のスモックを取り上げ、ストリート・ファッションをオート・クチュールに取り入れた。1966年 1 月、従来は男性のものだったスモーキングを女性に着せる。同年プレタ・ポルテのブティックをオープン。1968年シースルーを発表。1974年メゾンをマルソー通り 5 番地に移す。1970年代イヴ・サンローランの服はキャリア・ウーマンの理想のものとなる。1967年に『醜いリュリュ』と題した漫画を出版している。

いちのせ・ひろのり　一之瀬弘法

1970年山梨県生まれ。文化服装学院卒業。1998年より東京コレクション参加。「VANDALIZE」ブランドで作品を発表。1999年第 1 回モエ・エ・シャンドン新人賞受賞。

いづみ・みちこ　和泉道子

1942年大阪府生まれ。大阪モード学園卒業。「いづみみちこ」のブランドでデザイン活動。

いとう・かずえ　伊藤和枝

1947年東京都生まれ。杉野学園ドレスメーカー女学院卒業。伊藤すま子に師事、オート・クチュールの服作りを学ぶとともに、「Sumako Ito」ブランドの制作に携わる。1987年、「Kazu Ito」ブランドでデビュー。皇太子妃雅子さま、秋篠宮妃紀子さまの衣装なども手がける。

いなば・よしえ　稲葉賀惠

1939年東京都生まれ。文化学院、原のぶ子アカデミー洋裁学園卒業。1970年、友人らと㈱ビギ設立。「BIGI」、「MOGA」ブランドで作品を発表。1981年、「yoshie inaba」ブランドを発足させる。同年FEC賞受賞。1988年「L'EQUIPE YOSHIE INABA」ブランド発足。コスチューム・デザインのほかに、アクセサリー、バッグ、寝装品、日本航空客室乗務員ユニフォームなども手がけている。

いまい・ちえ　今井千恵

1950年鹿児島県生まれ。「ロイヤル　チエ」のブランドで作品発表。1989年アントレプレナー賞（㈳ニュービジネス協議会）受賞。

いりえ・すえお　入江末男

1946年大阪府生まれ。大阪総合デザイナー学院在学中から「コシノヒロコ」で働く。1970年渡仏し、「ケンゾー」に入る。10年間働いたのちフリーランスに。東京の㈱ヴィヴィッドで「スタジオV」のデザインを 7 年間受け持つ。1987年パリでブランドを設立して、サンジェルマン・デプレにブティックをオープン。コレクションは自分のブティックでしか発表しない。シンプルで着やすいリアル・クローズを得意とする。ストレッチ使い、オリジナル・プリントに特徴がある。

ヴィヴィアン・ウェストウッド　Vivienne Westwood

1941年イギリス生まれ。17歳のとき家族共々ロンドンへ。1970年代マルコム・マクラーレンとともに、キングス・ロード430番地にブティックを持ち、レコードをはじめ、ティーシャツ、手作りの服を売った。1981年店の名を「ワールズ・エンド」にして"海賊"コレクションを作り、初めてのショーをする。1982年パリ・コレクションに加わる。イギリスの伝統をベースにしたウィットに富む服作りで人気を得る。1987年ロンドンに帰り、ロンドン・

コレクションに加わる。デービス通りにブティックをオープン。1989～91年ウィーンの応用美術大学で教鞭をとり、生徒の一人と結婚。1990年と1991年続けてイギリス最優秀デザイナーに選ばれる。1997年普及版のレッド・ラベルが登場し、それ以前のものはゴールド・ラベルとなる。

ヴィヴィアン・タム　Vivienne Tam

中国・広東省に生まれ、香港で育つ。1981年ニューヨークに渡り、香港とニューヨークで EAST WIND CODE社を設立。1982年初めてのショーを開き、成功を収める。"ZEN"をテーマにするなど、モダン・オリエンタル・テーストを特徴とする。

うじ・まさひと　宇治正人

1952年山梨県生まれ。桑沢デザイン研究所卒業。1987年「ミューゼ・ドゥ・ウジ」設立。

エルザ・スキャパレリ　Elsa Schiaparelli

1890～1973年。イタリア・ローマの名門の生まれ。哲学を学んだのち、24歳で結婚。1919年ニューヨークへ行き一子を生む。ダダイストのマルセル・デュシャンやピカビアと知り合う。1922年パリに移住。1927年平和通り4番地にブティック「プル・ル・スポール」をオープン。1929年第1回のコレクションを発表。1935年、バンドーム広場21番地にメゾンを構える。シュルレアリストのダリやコクトーと組み、ファンタジーあふれる奇抜なモードを作り、「スキャップ」と愛称されシャネルのライバルに。若き日のジヴァンシーやフィリップ・ヴネ、カルダンもここで働いた。1954年にメゾンを閉める。

おおた・のりひさ　大田記久

1949年佐賀県生まれ。ニットメーカーのデザイナーをつとめたのち、1984年に独立。「C'EST VRAI」、「NORIHISA OTA」ブランドで作品を発表。1988年毎日ファッション大賞新人賞、FEC賞受賞。1992年㈲デザインスタジオ・オン設立。

おおの・たかし　大野隆

1957年兵庫県生まれ。大阪モード学園卒業。「o･d･o」、「TAKASHI OHNO」、「o･d･o by o･d･o」などのブランドを展開する。

かとう・かずたか　加藤和孝

1943年岐阜県生まれ。メンズ・デザイナーとして、「テットオム」、「ガルニエ」、「カズタカ　カトウ」ブランドを発表。

かねこ・いさお　金子功

1939年山口県生まれ。文化服装学院卒業。1973年「ピンクハウス」ブランドを設立。その後、「インゲボルグ」、「カールヘルム」、「ベビーピンクハウス」などで独特のデザインを発表する。1994年から、「KANEKO　ISAO」、「WONDERFUL WORLD」を、1997年からは「MEN'S KANEKO ISAO」ブランドを手がける。

ガブリエル・シャネル　Gabrielle Chanel

1883～1971年。フランス・ソーミュール生まれ。小さいころ歌っていたキャバレー時代から「ココ」の愛称でよばれる。1910年、カンボン通り21番地に帽子店をオープン。1914～16年にドービルとビアリッツにブティックを開店。男の下着用だったジャージー・ニットを使ったり、白絹のパジャマ・スタイルを発表したりした。1920年カンボン通り31番地にメゾンを構え、1921年香水「No.5」を発表。1924年イギリス人のウエストミンスター公と知り合

い、イングリッシュ・スピリットのツイードやセーター、マニッシュなジャケットを発表。1926年イブニング用の小さな黒いドレスを発表。またバロックなビジュー・ファンタジーも作る。1939年戦争のため閉店。1954年71歳のとき再オープンし、ツイードのシャネル・スーツや黒とベージュのコンビの靴、金色チェーンつきのバッグなど、いわゆるシャネル・スタイルが作り出され、1960年代の流行となる。没後プレタ・ポルテ部門が設けられ、フィリップ・ギブルジェが担当。1983年からすべてカール・ラガーフェルドが引き継ぐ。

カルバン・クライン　Calvin Klein

1942年アメリカ・ニューヨーク生まれ。ニューヨーク州立ファッション工科大学（F. I. T.）卒業。1968年友人と二人でアパレル会社設立。メンズ、レディス・ファッションに加え、ジーンズ、アンダーウエア、ファッション小物など幅広く国際的にデザイン活動を続ける。フレグランスも好評。アメリカのファッション界の権威ある賞、コティ賞を1973年、1974年、1975年の3回受賞。1993年、アメリカ・ファッション・デザイナー協議会よりメンズ、ウイメンズのデザイナー・オブ・ザ・イヤー賞を受賞。同年に両部門の受賞を果たした初めてのデザイナーとなる。

カール・ラガーフェルド　Karl Lagerfeld

1938年ドイツ・ハンブルク生まれ。1952年パリに来て、1954年ウール・マークのコンクールでサンローランとともに優勝し、審査員の一人だったピエール・バルマンに雇われる。1958年「ジャン・パトゥ」へ移り、2つのメゾンでオート・クチュールを学ぶ。1963年フリーランスとなり、プレタ・ポルテや靴のデザインをする。1964年高級プレタ・ポルテ「クロエ」に入り、20年近く働く。1965年からローマの高級毛皮店「フェンディ」のデザインも手がけている。1983年「シャネル」と契約、オート・クチュールとプレタ・ポルテのディレクターとなり、ニュー・シャネルのイメージを作り出す。1984年に自社を設立し、コレクションを発表。才能豊かで、イラストレーターとしても有名。現在はフォトグラファーとしても活躍中。著作も多い。

かわくぼ・れい　川久保玲

1942年東京都生まれ。慶應義塾大学卒業後、1964年旭化成㈱に入社。2年後フリーランスとなり、1969年ごろから「コム・デ・ギャルソン」の名称で服作りを始める。1973年㈱コム・デ・ギャルソンを創立し、1975年第1回コレクションを東京で発表。1981年パリに進出し、コレクションを発表。1982年パリに会社を設立して、ブティックをオープン。同時期パリへ来た、山本耀司とともに行なった、ヨーロッパにはないポペリスムな黒いモードによるパリへのアプローチは効果的で、反響は大きかった。1989年東京・青山にメイン・ブティックをオープン。1994年香水「コム・デ・ギャルソン」を発表。今までにないクリエーションを追求するアバンギャルドな姿勢は、パリ・モード界に影響を与えつづけている。1983年、1989年毎日ファッション大賞受賞、1993年フランス芸術文化勲章シュバリエ位受章。

きくち・たけお　菊池武夫

1939年東京都生まれ。文化学院、原のぶ子アカデミー洋裁学園でデザインを学ぶ。「BIGI」ブランド設立メンバーの一

人。ファッションに敏感な若者にカリスマ的な人気をもつ。2000年現在、「TAKEO KIKUCHI」をはじめとして、「TAKEO KIKUCHI SCULPTURE」、「TAKEO KIKUCHI GENTLEMAN」および「TK TAKEO KIKUCHI」などのクリエーティブ・ディレクターとして活躍中。

クリスチャン・ディオール Christian Dior

1905～57年。フランス・ノルマンディのグランビル生まれ。1935年ごろ新聞社やブティックにクロッキーを描く。1938年「ロベール・ピゲ」でモデリストとして働く。1941年「ルシアン・ルロン」でバルマンとともに働いた。1946年テキスタイル界の大物、マルセル・ブサックに出会い、彼の後援でメゾンを創立。1947年2月初めてのコレクションでは細いウエストで花冠のように広がるスカートの"コロル・ライン"を発表して、新しい女性のモードを提案。これを見た「ハーパース・バザー」のカーメル・スノーは"ニュー・ルック"と名づけた。チューリップ・ライン（1953年）、Hライン（1954年）、AラインとYライン（1955年）など次々とニュー・ラインを発表し、オート・クチュールの黄金期をきずいた。1955年からイヴ・サンローランがアシスタントをつとめ、ディオールの没後、彼が店を引き継いだ。サンローランが兵役のためにはずされると、マルク・ボアンに、そしてジャンフランコ・フェレ、ジョン・ガリアーノと引き継いだ。

クリスチャン・ラクロワ Christian Lacroix

1951年フランス・アルル生まれ。1973年パリに出る。ジャン・ジャック・ピカールのプレス・オフィスで働く。1978年「エルメス」に入る。1981年ピカールがアドバイザーだった「ジャン・パトゥ」に移り、ロイ・ゴンゼレスの後を継ぐ。あらゆるものがミックスされ、パッチワークされた、バロック的なダイナミズムのある作風が、オート・クチュールに新風を吹き込む。1987年ピカールと二人でフォーブル・サントノレ73番地にオート・クチュールのメゾンを創立。同年7月からコレクションの発表を続ける。1989年プレタ・ポルテに進出。

クリストバル・バレンシアガ Cristobal Balenciaga

1895～1972年。スペイン生まれ。20歳のときサン・セバスチャンにブティックを持ち、テーラードを得意とした。マドリッドやバルセロナにも母の名前「エルザ」をつけたブティックを持つ。スペイン内乱が勃発するや1936年パリに来て、1937年、今のジョルジュサンク通り10番地にメゾンを創立。完璧な技術によって作られる服は、構築的で彫刻的であり、抽象的でもあった。ローブ・チュニック（1955年）、サック・ドレス（1958年）などを次々と打ち出して、1950年代オート・クチュール黄金期のキー・パーソンとなった。1968年五月危機直後メゾンを閉める。没後ミッシェル・ゴマ、ジョゼフュス・ティミスター、ニコラ・ゲスキエールと引き継ぐ。現代のデザイナーたちが最も多く手本にするクチュリエである。

クロード・モンタナ Claude Montana

1949年フランス・パリ生まれ。1972年レザー・メーカー、マック・ダグラス社と契約。1973年「ミッシェル・コスタ」を

4シーズン、レザー・メーカーのイデアル・キュイール社、ニットのフェレ・イ・サンチェス社の仕事をする。1975年自分の名のコレクションを発表。1979年メゾンを構えブランドを設立。1982年ブティックをグルネル通りにオープン。1985年オスカー・ド・ラ・モード賞受賞。1990年1月から1991年1月まで3シーズン、「ランバン」のオート・クチュールをデザインした。

くわはら・すなお　桑原直

1960年広島県生まれ。バンタンデザイン研究所卒業。フリーランスをへて㈱三宅デザイン事務所へ。1994年より、㈱イッセイ・ミヤケへ移籍して、「I.S. Sunao Kuwahara」ブランドを手がける。

こうが・まりこ　甲賀真理子

1949年広島県生まれ。文化服装学院卒業。1974年㈱ニコル入社。「ニコル」、「ゼルダ（のちに「マリコ　コウガ」と改称）」ブランドのデザイナーをへて、1998年ニコルを退社、㈱マリコ・コウガ設立。

こしの・じゅんこ　コシノジュンコ

1939年大阪府生まれ。文化服装学院卒業。1960年装苑賞受賞。1978年FEC賞受賞。「JUNKO KOSHINO」のブランドで、メンズ、レディス、子供服のほか、生活全般のデザインを手がける。

こしの・ひろこ　コシノヒロコ

1937年大阪府生まれ。文化服装学院在学中に日本デザイナー・クラブのデザイン・コンクール第1位受賞。卒業後、銀座小松ストアー（現ギンザコマツ）専属デザイナーをへて、1964年大阪・心斎橋にオート・クチュールのアトリエを開く。1982年、ヒロコ・コシノ・インターナショナル㈱を設立、「HIROKO KOSHINO」ブランドでプレタ・ポルテのデザイン、ライセンス・ビジネスを開始。1993年パリ・コレクション参加10年を機に、さらに広い国際的活動を行なうことを目的としてコレクション参加を打ち切る。1997年毎日ファッション大賞を受賞。

こしの・ゆま　小篠ゆま

1968年大阪府生まれ。㈱ヒロココシノデザインオフィス、㈱ミチコジャパン・ロンドンスタジオ、既製服会社デザイナーをへて、㈱ヒロココシノデザインオフィス入社。1998年にデビュー・コレクションを開く。

こにし・よしゆき　小西良幸

1950年三重県生まれ。文化服装学院卒業。「ヨシユキ・コニシ」、「フィッチェ・フィッチェジーンズ」のブランド名で作品発表。1991年毎日ファッション大賞受賞。1998年FEC賞受賞。

こばやし・ゆきお　小林由紀雄

1951年新潟県生まれ。桑沢デザイン研究所卒業。1976年㈱ニコル入社。メンズ、レディスのチーフ・デザイナーをへて、1999年㈱小林デザイン事務所設立。1996年、ニューヨーク・ザ・アートディレクターズ・クラブ賞受賞。

さとう・こうしん　佐藤孝信

1948年富山県生まれ。「ARRSTON VOLAJU」のブランド名で作品を発表。1985年FEC賞受賞。

さとう・ひさこ　佐藤ヒサコ

文化服装学院卒業後、アパレルメーカーや、「無印良品」のデザイナーをへて、「beige shop」ブランドを立ち上げる。1999年よりパリで作品を発表している。

さわだ・みゆき　沢田みゆき

文化服装学院卒業。㈱メンズ・ビギ、㈱ワールドをへて、㈱サンエー・インターナショナルへ入社。1991年、「NATURAL BEAUTY」ブランドを発足。

しまざき・りゅういちろう　嶋崎隆一郎

1966年生まれ。文化服装学院卒業。デンマーク留学後、天野勝デザイン室をへて独立。「無印良品」のデザイナーをつとめたのち、「beige shop」ブランドを立ち上げる。1994年東京コレクションに参加。1997年に自身のメンズ・ブランドである「RYUICHIRO SHIMAZAKI homme」を発表。2000年よりレディスの「Quequi」ブランドのディレクションを手がける。

しまだ・じゅんこ　島田順子

1941年千葉県生まれ。杉野学園ドレスメーカー女学院卒業。1966年渡仏後、デザイナー集団マフィアをへて、キャシャレル社で子供、紳士、婦人服のチーフ・デザイナーをつとめる。1981年パリにデザイン・スタジオを開設する。以後、「49 AV JUNKO SHIMADA」、「JUNKO SHIMADA PART2」、「JUNKO by Junko Shimada」ブランドで作品を発表。1995年ＦＥＣ賞受賞。パリ、東京などに店を持つ。また、服飾小物、ジュエリー、眼鏡、傘、子供服、メンズなどをライセンス発売。

しむら・まさひさ　志村雅久

1940年東京都生まれ。伊東茂平に師事し、オート・クチュールの技術を習得。その後、ニューヨークでスポーツウエアのデザインを学ぶ。1973年に日本初のデザイナーによるスポーツウエア・コレクションを発表。以後、レディスウエアのコレクション、新素材の開発などに意欲的に取り組み、映画、演劇、テレビの衣装制作にも携わる。1985年「志村雅久 Best」を発表。第1回東京コレクション参加。以降、毎年コレクションを発表。1992年毎日ファッション大賞受賞。1996年「Ｂ＆Ｓコレクション」、「シムラＳライン」発表。

ジャック・ファト　Jacques Fath

1912～54年。フランス・パリ近郊生まれ。1937年ボエシー通り32番地にメゾンをオープンし、ファンタジーあふれる服を発表。1939年、のちに"ニュー・ルック"とよばれたアワーグラス・シェープを打ち出す。1948年アメリカへ進出し世界的に有名となる。1950年代初期は自邸で華やかな舞踏会を度々催し、話題となる。映画スター並みの美貌でいくつかの映画にも出演している。

ジャン・コロナ　Jean Colonna

1955年アルジェリア・オラン生まれ。3年間医学を学んだが、1975年パリに来てオート・クチュール組合の学校に入り、卒業後「バルマン」で2年間働く。1980年「コントワール・デュ・キッド」でアクセサリーを作る。1989年秋自分の名前で初めてコレクションを発表。クラシックなフォルムをナイロンやスカイ（家具用のフェーク・レザー）などを使った軽い仕立てで、"第二の肌"のような着やすい日常着を作り、成功した。

ジャンニ・ヴェルサーチ　Gianni Versace

1946～97年。イタリア生まれ。1972年ミラノへ行き、「カラガン」、「ジェニー」、「コンプリーチェ」などのコレクションを作る。1978年自分のブランドを設立し、レディスとメンズのコレクションを発表。

新しい素材使いでクラシックな服作りをする。セクシーなフォルムが特徴。1992年からパリのオート・クチュール・コレクションに「アトリエ・ヴェルサーチ」として加わり、客員メンバーとなる。1997年マイアミで殺害された。

ジャン・パトゥ　Jean Patou

1887〜1936年。フランス生まれ。毛皮商の伯父のところで働きはじめ、1910年サン・フロランタン7番地に自分のメゾンを創立。戦争のためデビュー期はたいへんだったが、1923〜32年までパリ・モードを代表するメゾンだった。テニス界のスター、シュザンヌ・ラングランのテニス・ウエアを作るなど、スポーティでモダンなものを得意とした。神話的な香水「ジョイ」は1930年に発表。彼の没後ここで働いたデザイナーはマルク・ボアン、ミッシェル・ゴマ、アシスタントだったがジャンポール・ゴルチエ、カール・ラガーフェルド、アンジェロ・タルラッツィ、クリスチャン・ラクロワなど。

ジャンフランコ・フェレ　Gianfranco Ferré

1944年イタリア生まれ。1969年ミラノの工科大学建築科卒業。すぐアクセサリーのデザインを始める。1974年からフリーランスとしていくつかのブランドの仕事をする。1978年自分のブランドを設立。1982年にメンズ・コレクションを発表。1986年ローマのオート・クチュール「アルタ・モーダ」に参加。1989年「ディオール」のオート・クチュールのチーフ・デザイナーに選ばれ、1996年まで働く。ジオメトリック・カットを使ったグラフィカルでクリーンなフォルム作りを得意とする。

ジャンポール・ゴルチエ　Jean-Paul Gaultier

1952年フランス・パリ近郊アルクイユ生まれ。1970年「ピエール・カルダン」に入る。「ジャン・パトゥ」に移り、ゴマ、タルラッツィのアシスタントをつとめる。1976年、初めてのコレクションを発表。コレクションには「ジェームス・ボンド」、「ハイ・テク」、「ダダイスム」、「リンドナー」などのタイトルがつけられた。1982年ジャンポール・ゴルチエ社創立。1984年メンズのオート・クチュール「オム・オブジェ」を発表し、1985年「神は男を作った」で、スカートを男性に提案。「ジョリ・ムッシュー」、「フレンチ・ジゴロ」など、ユーモアあふれるメンズ・コレクションを作る。1988年「ジュニア・ゴルチエ」が登場。1990年マドンナの衣装をデザイン。1980〜90年代にわたり、"アンファン・テリブル"（恐るべき子供）とよばれる、自由奔放でクラシックだが独特なユーモアをもつ、パリジェンヌ・ルックを作りつづける。1997年オート・クチュールに参加。2000年1月正式メンバーとなる。

ジョルジオ・アルマーニ　Giorgio Armani

1934年イタリア・ピアセンツァ生まれ。ミラノ大学医学部で学ぶ。兵役後リナシェンテ百貨店のバイヤーのアシスタントをへて、1961年「セルッティ」に入る。メンズのジャケット・メーカー、ヒットマン社のスティリストもつとめた。1974年メンズ・コレクションを発表。1975年自分の会社を設立し、レディス・コレクションを発表。「セルッティ」時代につちかったテーラーの技術をもとに作った、新しい感覚のテーラード・ジャケットには定評があり、そのスーツは1980年代モード界を席巻した。1981年セカンド・ラインの「エ

ンポリオ・アルマーニ」を打ち出す。

ジョン・ガリアーノ　John Galliano

1960年ジブラルタル生まれ。セント・マーチン美術学校卒業。1984年卒業制作が有名ショップ「ブラウンズ」のウィンドーを飾る。1984年から自分の名前のコレクションを作り、ロンドン・コレクションで発表。1987年、1990年、1995年と3回、イギリス最優秀デザイナーに選ばれる。1990年からパリ・コレクションに参加。イギリスの伝統技術に、ヴィオネ張りのバイアス・カットを駆使して歴史的服を再現し、国際的評価を得る。初期は18世紀、とりわけフランス革命期、最近はプリンセスや伯爵夫人などがイメージ・ソース。彼の求める新しい美には肉体美だけでなく、心の躍動美も含まれる。1995年秋「ジバンシィ」の後継者に選ばれ、1996年の2シーズン、コレクションを作る。1997年から「ディオール」に移る。自分の名前のブランドは常に別に続けている。

しらはま・りつこ　白浜利司子

1956年東京都生まれ。成蹊大学卒業後、バンタンデザイン研究所を卒業し、デザイン活動に入る。1984年より「RITSUKO SHIRAHAMA」ブランドで作品発表。

ジル・サンダー　Jil Sander

1943年ドイツ生まれ。テキスタイルの学校を出て、カリフォルニア大学に通う。ニューヨーク、次いでハンブルクでモード・ジャーナリズムに携わる。1968年ハンブルクにブティックを持つ。1973年初めてのコレクションを発表。ミニマリズムで、アンドロジナスな服作りと上質素材を使った贅沢な味が特徴。1980年代中期からミラノ・コレクションに加わる。1993年パリ・モンテーニュ通り50番にブティックをオープン。

ジル・スチュアート　Jill Stuart

アメリカ・ニューヨーク生まれ。1960年代、15歳のときにシルバーとレザーでできたチョーカーとフリンジつきスエード・バッグを「ブルーミングデール」に売って以来、ファッションに興味をもち、ロードアイランド・デザイン学校でデザインを学ぶ。「JILL STUART」ブランドで、アクセサリーと小物を中心に商品展開。ニューヨークのソーホーを中心に世界に30以上の店舗を持つ。

シンシア・ローリー　Cynthia Rowley

1958年アメリカ・イリノイ州生まれ。シカゴ美術学校在学中から自作の服がデパートのバイヤーの目をひき、注文を受けた。1983年ニューヨークのソーホーでデザイン活動を開始。1988年セブンス・アベニューにオフィス移転。1995年アメリカ・ファッション・デザイナー協議会（CFDA）のペリー・エリス賞を受賞。

すずき・けいこ　鈴木慶子

1953年東京都生まれ。学習院大学卒業。ニヘイ服飾研究所でデザインを学ぶ。「KEIKO SUZUKI」のブランドで作品発表。東京コレクション参加。

ステラ・マッカートニー　Stella McCartney

1971年イギリス・ロンドン生まれ。ビートルズのメンバー、ポール・マッカートニーの娘。セント・マーチン美術学校で学び、1995年6月の卒業制作ショーではナオミをはじめ、スーパー・モデルたちが友情出演して話題になった。在学中、サビル・ローの名高いテーラー、「エドワード・セクストン」でテクニックの経験を積

む。1997年4月「クロエ」のチーフ・デザイナーに抜擢された。古いレースやガラスのボタン、昔の下着風のセクシーなドレスやテーラードのパンツ・スーツなど、若い女性好みの服作りをする。

せいけ・ひろゆき　清家弘幸

1963年滋賀県生まれ。大阪モード学園卒業。「SEIKE」ブランドで作品発表。

ソニア・リキエル　Sonia Rykiel

1930年フランス・パリ生まれ。1962年夫の経営していたブティック「ローラ」のために妊婦服を作りはじめた。子供が着るようなサイズの小さいニットを得意とし、1968年サンジェルマン・デプレにブティック「ソニア・リキエル」をオープン。黒を好み、縞のニットをはじめ、ソフィスティケートされた新しい感覚のニットを扱い、"ニットの女王"とよばれた。1973～93クチュリエのプレタ・ポルテ組合とクレアトゥール・ド・モード組合の副会長をつとめた。

たかだ・けんぞう　高田賢三

1939年兵庫県生まれ。文化服装学院卒業。1965年船旅で渡仏。クロッキーをルイ・フェローやエル誌に売る。ピサンチ社、ルラシオン・テキスチル社で働いたのち、1969年独立し、1970年ブティック「ジャングル・ジャップ」をギャルリー・ビビエンヌに開店して、第1回のコレクションを発表。カラフルで冬にも木綿を提案し人気を得る。1972年「ドロテビス」やテレバンチンとともにオルセー・ホテルで、同年秋には証券取引所で男女まじえたコレクションを発表。この時期から今のようなスペクタクル・ショーが始まる。1978年ポルト・マイヨのテントでは、白い馬まで登場。重ね着の"ルーマニア・ルック"、中国、ポルトガル、ジプシー、インディアンなど、次々と得意なフォークロアを打ち出し、1970年代の流行を支配した。1980年映画「夢、夢のあと」を初監督。30周年記念の1999年10月、「ケンゾー」ブランドを離れる。1984年フランス芸術文化勲章シュバリエ位受章、1985年毎日ファッション大賞受賞。1998年紫綬褒章受章。

たかはし・じゅん　高橋盾

1969年群馬県生まれ。文化服装学院卒業。在学中より友人と「アンダーカバー」ブランドを始める。1994年より東京コレクションに参加。1997年毎日ファッション大賞新人賞受賞。

たかはし・もとき　高橋元希

1967年静岡県生まれ。京都芸術短期大学、マロニエファッションデザイン専門学校卒業。アパレルメーカー勤務ののちイタリア、フランスの数社のブランドで、デザイン、パターンなどを担当。帰国後、㈱コム・デ・ギャルソンをへて、1996年「マリア　ヴェルジネ」ブランド設立。1996年より東京コレクション参加。

たかやま・しょうじろう　高山昇次郎

1949年神奈川県生まれ。四谷文化服飾専門学院卒業。1993年メゾン「TNTS」を設立する。1994年より東京コレクション参加。

ダーク・ビッケンバーグ　Dirk Bikkembergs

1959年ドイツ生まれ。1982年アントワープ王立美術学校卒業。"アントワープの6人"の一人。1985年カネッド・ドール賞を受賞して、独特なメンズ・シューズでモード界にデビュー。1988年1月初めてのメンズ・コレクションをミラノで発表

し、2月にパリでも発表。以後パリ・メンズ・コレクションに参加。1993年レディス物をメンズ・コレクションで打ち出し、ユニセックスとはいわないで、男女同じコンセプトで作った。メンズでは革やメタルのかたい素材使いが独特だ。

ダナ・キャラン　Donna Karan

1948年アメリカ・ニューヨーク生まれ。「Donna Karan New York」、「DNKY」のブランドで作品発表。ニューヨークだけでなく、世界のキャリア・ウーマンの人気を集めている。1985年、1990年、1996年にアメリカ・ファッション・デザイナー協議会のデザイナー・オブ・ザ・イヤー賞を受賞。

たやま・あつろう　田山淳朗

1955年熊本県生まれ。文化服装学院卒業。㈱ワイズに入社。ヨージ・ヨーロッパ社をパリに設立のため渡仏。1982年独立し、「A.T」ブランドをスタートさせた。1989年A.Tフランス社を設立し、「アツロウ・タヤマ」のブランド名で初めてのコレクションを発表。1990年キャシャレル社のチーフ・デザイナーに就任。テクスチャー効果をもつ、オリジナル素材使いでシンプルな服を得意とする。1986年毎日ファッション大賞新人賞、1997年同特別賞受賞。1997年からパリ在住。

チャールズ・フレデリック・ウォース　Charles Frederick Worth

1825〜95年。フランスではウォルトとよぶ。イギリス・リンカンシャー、ブールヌ生まれ。1845年パリへ来て小間物商「ガジュラン」に入る。初めは外套(がいとう)やショールを担当したが、ドレス部門を設けて、扱うようになる。1857年オットー・ギュスターブ・ボベルグと共同経営の「ウォース&ボベルグ」を持つ。第二帝政のユージェニー皇妃をはじめ上流階級の女性や、女優たちを顧客に持ち、パリ・モードを支配する。その顧客のために服の見本を季節ごとに作り、"ソジ（瓜二つ）"とよばれた生きたマヌカンに着せて見せ、注文をとった。パターンやトワルは外国、とりわけアメリカに売った。いわゆるオート・クチュールのシステムをきずいた人。1870年普仏戦争が起こり、第二帝政が崩壊した際メゾンを閉めるが、1年後自分だけの名前で再オープン。二人の息子が後を継いだ。

つむら・こうすけ　津村耕佑

1959年埼玉県生まれ。「KOSUKE TSUMURA」、「FINAL HOME」ブランドで作品発表。1982年装苑賞受賞、1994年毎日ファッション大賞新人賞受賞。

つもり・ちさと　津森千里

埼玉県生まれ。文化服装学院卒業。1990年「TSUMORI CHISATO」ブランドで作品発表。1985年毎日ファッション大賞新人賞受賞。

ティエリー・ミュグレー　Thierry Mugler

1948年フランス・ストラスブール生まれ。14歳でストラスブール・オペラ座のバレエ団へ入団。20歳のときパリへ来るが、ミラノやロンドンでスティリストとして働いた。1971年パリのブティック「グデュール」に入り、「カフェ・ド・パリ」の名でコレクションを作る。1973年から自分の名のブランドのためにコレクションを作り、1974年会社設立。パッド入りの肩がポイントのシルエット、宇宙的でアマゾーヌのような強い女性像、またハリウッド・スター風なセクシーさを常に求めてい

る。写真が趣味でキャンペーン写真は自分で撮る。1993年今のウルス通り416番地へ移転。1997年ゴルチエとともにオート・クチュール・コレクションに参加した。

ときた・のぶひで　時田信秀

1952年長野県生まれ。東京デザイナー学院卒業。アパレルメーカー数社をへてフリーランスに。1993年メゾン「TNTS」を設立。1994年より東京コレクション参加。

とりい・ゆき　鳥居ユキ

1943年東京都生まれ。文化学院卒業後、デザイン活動に入る。母君子が始めた銀座の店を継ぎ、パリ・コレクションに参加。「YUKI TORII」、「YUKI TORII DEUX」、「YUKI TORII INTERNATIONAL」のブランドで、デザイン活動を展開するほか、ライセンス・ビジネスも数多く手がける。1976年、1988年FEC賞、1995年には同特別賞、毎日ファッション大賞を受賞。

ドリス・ヴァン・ノッテン　Dries van Noten

1958年ベルギー・アントワープ生まれ。1981年アントワープ王立美術学校を卒業。"アントワープの6人"の一人。メンズから始め、1985年小さなブティックを持つ。1986年メンズ・コレクションをロンドンで発表。1991年7月パリのメンズ・コレクションに初めて参加。1993年からレディス・ラインを始め、パリでショーを続ける。1996年子供服のコレクションを発表。いずれもクラシックで軽快なモードで、控えめな贅沢さが特徴。

ながさわ・よういち　永澤陽一

1957年京都府生まれ。モード学園卒業。1980年よりパリの「TOKIO KUMAGAI」にてデザイン活動開始。1988年「TOKIO KUMAGAI」のデザイナーとして東京コレクション参加。1991年に独立、㈱STIL設立、「YOICHI NAGASAWA」を発表。1992年毎日ファッション大賞新人賞受賞。「無印良品」（衣料品）のデザイン監修。1993年に「NO CONCEPT BUT GOOD SENSE」を発表。1996年より、「YOICHI NAGASAWA」でパリ・コレクション参加。映画のコスチュームや航空会社のユニフォームなども手がける。

なかの・ひろみち　中野裕通

1951年宮城県生まれ。1984年より、「HIROMICHI NAKANO」のブランドで作品発表。1989年毎日ファッション大賞新人賞、1999年同特別賞受賞。

にしだ・たけお　西田武生

1922年富山県生まれ。伊東衣服研究所で服飾デザインを学ぶ。1963年より全国の専門店、百貨店でプレタ・ポルテを展開。1975年プレタ・クチュールをはじめる。1997年、デザイン生活45周年記念コレクションを開く。1998年、長野パラリンピック冬季競技大会・祭典コスチュームのデザインを担当する。

パコ・ラバンヌ　Paco Rabanne

1934年スペイン生まれ。スペイン内乱勃発後パリへ移住。1952〜64年パリ国立美術学校で建築を学ぶ。在学中からフランク・ラバンヌの名前でバッグや靴のデザインを手がけたり、ボタンやプラスチックのアクセサリーを作って「バレンシアガ」や「ジバンシィ」などに売った。1965年、「コンテンポラリーな素材で作った着られない12のローブ」と題して、初めてのコレクションを発表。服に使われたことのない素材、アルミ、紙、プラスチックなどを

使って、センセーションを巻き起こした。1999年7月にオート・クチュールをやめるまで研究をつづけ、未来感覚の服を作った。オート・クチュール組合に入ったのは1971年。メゾンは1966年に創立。「バーバレラ」（1967年）をはじめ映画やテアトル・バレエの衣裳も作り、著作も多い。

はたけやま・たくみ　畠山巧

1961年岩手県生まれ。東京モード学園卒業。フランスでライセンス・ビジネスに携わる。1994年、「T・H・D La maison」ブランドで東京コレクションに参加。

はない・ゆきこ　花井幸子

セツ・モードセミナー卒業後、㈱アドセンターをへて、アトリエを開きデザイン活動を開始する。1970年より「YUKIKO HANAI COLLECTION」で作品を発表。1973年ブティック展開によるＤＣブランドの普及により、ＦＥＣ賞受賞。生活の場はすべてがデザインの場であるとの考えのもと、服飾だけでなく、きもの、インテリア、食器、生活雑貨など、多岐にわたるデザイン活動を続けている。通産省各委員を歴任。経済同友会会員。㈱ザ・ファッショングループ会長。東商婦人会会員。

ピエール・カルダン　Pierre Cardin

1922年イタリア・ベニス近くのサン・ビアジオ・ディ・カラルタ生まれ。14歳のときサン・テチエンヌのテーラーで働く。18歳のときビシーのテーラー「メンビー」でこの職業のすべてを学ぶ。デザインして、カットし、縫うことのできる数少ないクチュリエの一人。解放直後のパリに来て「パキャン」に入る。ここでコクトーやベラールに会い「美女と野獣」の衣裳を作る。「スキャパレリ」をへて、1946年「ディオール」開店時、タイユールのアトリエの第一手となった。1950年に独立。1953年フォーブル・サントノレ118番地にメゾンを移す。1958年日本で立体裁断を講演し、デザイナーたちに影響を与えた。1954年「イヴ」、1958年「アダム」と男女のプレタ・ポルテのブティックをオープン。1962年プランタンをはじめ各国のデパート内にコーナーを開設。1970年「エスパス・カルダン」を発表。1981年に「マキシム」の持ち主となる。1980年代初期、世界じゅうに持つライセンスは540件にものぼった。1992年モード界では初のアカデミー・フランセーズ会員に選ばれた。

ピエール・バルマン　Pierre Balmain

1914〜82年。フランス・サン・ジャン・ド・モーリエンヌ生まれ。建築家への夢を捨てて、1934年「モリヌー」に入る。1939年「ルシアン・ルロン」に移り、クリエーション部門で働く。1945年独立してフランソワ1世通り44番地にメゾンを創立。同年秋に発表した第1回のコレクションはディオールの"ニュー・ルック"と同じラインを打ち出したものだった。1949年香水の「ジョリ・マダム」を発表し、以後ジョリ・マダム向けの服を作る。多くの国のプリンセスや上流階級の女性を顧客に持つ。没後、長い間アシスタントをつとめたエリック・モルテンセンが継ぎ、現在はアメリカ人のオスカー・デ・ラ・レンタ。1999年春からプレタ・ポルテはジル・デュフールが引き継いだ。

ひが・きょうこ　比嘉京子

1953年沖縄県生まれ。文化服装学院卒業。既製服メーカー勤務、ロンドン留学をへて、1987年「ROSE IS A ROSE by

KYOKO HIGA」ブランドを展開。1989年モナコの国際リネンフェスティバルで銀の糸賞、1990年毎日ファッション大賞新人賞を受賞。1991年、「KYOKO HIGA」ブランド設立。きもの、ユニフォーム、リゾートウエア、陶器などにデザインの幅を広げる。2000年九州・沖縄サミットのためにサミット首脳用ウェアのデザインを手がける。

ひさだ・ひろし　久田尋史

1968年長野県生まれ。織田デザイン専門学校卒業。1994年に「Mixed-Up Confusion」設立。1996年より東京コレクションに参加。

ひしぬま・よしき　菱沼良樹

1958年宮城県生まれ。文化服装学院中退後、㈱三宅デザイン事務所をへて、1987年自社設立。1992年からパリ・コレクション参加。1996年毎日ファッション大賞受賞。意欲的な素材開発と斬新なデザインで注目される。

ひらこ・れいこ　平子礼子

1950年埼玉県生まれ。文化服装学院卒業。同デザイン科在学中に遠藤賞受賞。既製服メーカーのデザイナーをへて、1993年レイコヒラコデザイン事務所設立。既製服、和装、眼鏡などのメーカーと組んで作品を発表。1999年「pim ＊ liko」ブランドを発足。

ふじた・きょういち　藤田恭一

1960年東京都生まれ。桑沢デザイン研究所卒業。㈱イッセイ・ミヤケをへて、1994年「ギルド」設立、「Kyoichi Fujita」ブランドで作品、コレクション発表。1999年毎日ファッション大賞新人賞、資生堂奨励賞受賞。

フセイン・チャラヤン　Hussein Chalayan

キプロス・ニコシア生まれ。ロンドンのセント・マーチン美術学校を卒業と同時に、自分のブランドをスタート。現在までイギリスだけでなく海外のエキシビションに多数参加。1998年、TSE ニューヨーク社のコンサルティング・ファッション・ディレクターとなる。

ヘルムート・ラング　Helmut Lang

1956年オーストリア・ウィーン生まれ。ワイネル・モダン・アカデミー卒業。1979年からデザインを始め、ウィーンにブティックを持つ。1986年ポンピドー・センターで「ウィーン展（1880～1938）」が開催された際、レディスのプレタ・ポルテのショーをした。翌年メンズ・ラインを作る。ティーシャツ・スタイルがメインで、色も黒を主に中性色使い。着る人のキャラクターを重視した極めてミニマリスムなモード作りを行なう。ユニセックスの傾向が強い。1998年からニューヨークに拠点を移した。

ほそかわ・しん　細川伸

1949年兵庫県生まれ。1979年メンズファッションの「PASHU」ブランドを発表。1982年ニューヨーク・デザイナーコレクティブ出展。イタリアのアレグリ社でのデザイン活動をへて「SHIN HOSOKAWA」を発表。東京コレクション参加。1998年「SHIM SHIN HOSOKAWA」発表。

ポール・ポワレ　Paul Poiret

1879～1944年。布地商の息子としてフランス・パリに生まれる。1894年、ジャック・ドゥーセのタイユールのアトリエに入る。兵役後、ウォースのメゾンをへて、1903年自分のメゾンを創立、コルセット

なしでハイ・ウエストの、紡錘形ドレスを発表。それまで女性の体をしばってきたコルセットから解放された、ソフトなラインが特徴。ロシア・バレエからの影響でオリエンタルなモードを得意とした。画家ラウル・デュフィのデザインによる布やタピストリーを作るアトリエを設けたり、舞台衣装、テキスタイル・デザイン、香水や化粧品まで手がけ、今のオート・クチュールのシステムを早々と実現している。

マイケル・コース　Michael Kors

1959年アメリカ・ニューヨーク生まれ。ニューヨーク・ファッション工科大学(F. I. T.)卒業後、1981年コレクション・デビュー。1983年デュポン社主催の第1回アメリカン・オリジナル賞を受賞。1996年全米の一流百貨店で販売を開始。1997年「セリーヌ」のクリエーティブ・ディレクターとなり、1998年初のコレクションを発表。1999年、アメリカ・ファッション・アワーズのウイメンズウエア・デザイナー・オブ・ザ・イヤー賞受賞。

まえだ・とくこ　前田徳子

1947年岐阜県生まれ。文化服装学院卒業。1983年よりマックスマーラ社と契約、「Sports Max」を担当する。1989年より「TOKUKO 1er VOL」でコレクションを発表。

まき・ひろしげ　真木洋茂

1957年愛知県生まれ。名古屋モード学園卒業。㈱ワイズをへて、1989年㈱マキヒロシゲ　アトリエ設立。「gomme」ブランドで作品発表。1993年東京コレクション参加。1998年パリ・コレクション参加。「GOMME HOMME」発表。2000年「GOMME FEMME」発表。

マーク・ジェイコブス　Marc Jacobs

1963年アメリカ・ニューヨーク生まれ。パーソンズ・デザイン学校で学び、24歳でアメリカ・ファッション・デザイナー協議会より、ペリー・エリス賞・金の指貫賞を受賞。1993年にニューヨークの小粋さを特徴とするブランドを友人とともにスタートさせる。1995年日本でファースト・ライン発表。また、ルイ・ヴィトン社のプレタ・ポルテ・コレクションのデザインも手がける。

まつい・えり　松居エリ

愛知県生まれ。武蔵野美術短期大学卒業。グラフィック・デザイナーをへて、アメリカでファッション・デザインを学ぶ。1988年、エリ松居 JAPAN を設立、オート・クチュールとプレタ・ポルテのデザイン活動を始める。「ERI MATSUI」ほかのブランドをもつ。

まつしま・まさき　松島正樹

1963年愛知県生まれ。文化服装学院卒業。「TOKIO KUMAGAI」をへて、1992年「マサキ・マツシマ」ブランドを発表。1994年よりパリ・コレクション参加。

まつだ・みつひろ　松田光弘

1934年東京都生まれ。早稲田大学卒業後、文化服装学院でデザインを学ぶ。1967年、「ニコル」ブランド設立。1971年に㈱ニコル設立後、「ムッシュニコル」、「マダムニコル」、「ゼルダ（のちにマリコ　コウガと改称）」、「ニコルクラブ」などのブランドと、才能ある若いデザイナーを育ててきた。

マドレーヌ・ヴィオネ　Madeleine Vionnet

1876〜1975年。フランス・シラール・オ・ボワ生まれ。パリの平和通りにあった

「ヴァンサン」でランジェリーを扱う見習いとして働きはじめる。離婚後ロンドンの「ケイト・レイリー」に入る。1901年パリに帰り、「キャロ」姉妹店のフルー・アトリエの第一手となる。1907年「ジャック・ドゥーセ」に入る。1912年独立してリボリ通り222番地にメゾンを創立。1919年布の垂れや三角布の襠を多用したギリシア風ドレスを発表し、それ以後バイアス・カットに取り組む。バイアス使いは前から存在したが、バイアスのみで服を作り"バイアス・カットのヴィオネ"と称される。1922年メゾンをモンテーニュ通り50番地に移す。1930年代は20以上のアトリエを持ち、働く人も1000人を超えた。1940年戦争のためメゾンを閉める。

マリー・クワント　Mary Quant

1934年イギリス・ロンドン生まれ。ゴールド・スミス美術大学で学ぶ。ここで未来の夫アレクサンダー・プランケット・グリーンと出会い、1955年二人でキングス・ロードにブティック「バザー」をオープン。ミニ・スカートをはじめ、カラー・タイツ、スキニー・リブ・ニット、ロースラング・ベルト、PVCのものなど、安価なヤング・ファッションを次々と打ち出し、1960年代スインギング・ロンドンの先駆者となる。"ミニ・スカートの女王"ともよばれる。

マルタン・マルジェラ　Martin Margiela

1957年ベルギー・ゲンク生まれ。アントワープ王立美術学校のグラフィック科とファッション科で学び、1981年に卒業。ミラノでスティリストをしたのち、1984～87年ゴルチエのアシスタントとして働く。1988年パリに会社を設立。カフェ・ド・ラ・ガールで初めてのコレクションを発表。肩幅が狭く、アナトミー・カットでロング・シルエットのものが多く、蚤の市で集めた古着などのリサイクルも多い。スコッチテープやショッピング・バッグまで使用。白と黒のコレクションを同時に発表したり、ブラスバンドの音楽で町を行進して見せたり、マヌカンに着せてマリオネット風に見せたりするなど、すべてが革新的でアバンギャルドなクレアトゥールだ。1997年より「エルメス」のプレタ・ポルテも手がけている。

マルティーヌ・シットボン　Martine Sitbon

1950年モロッコ・カサブランカ生まれ。10歳のときパリに移住。スタジオ・ベルソーで学ぶ。1974年ニューヨーク、メキシコ、インドを旅行し、1982年ミラノへ行き、いくつかのブランドのスティリストをした。1985年パリで自分のコレクションを発表。1988年の夏物から9シーズン、「クロエ」のデザインをする。1960～70年代の英米の音楽からインスパイアされた、アンドロジナスなモードを作る。

まるや・ひでし　丸屋秀之

1967年秋田県生まれ。メンズファッション専門学校卒業。「アバハウス」の企画をへて、1994年より「5351 POUR LES HOMMES」ブランドを発表し、1995年「5351 POUR LES HOMMES ET LES FEMMES」でメンズ、レディスの両方でデザイン展開。

まるやま・けいた　丸山敬太

1965年東京都生まれ。文化服装学院卒業。既製服デザイナーをへて、1990年にフリーとなり、タレント、ミュージシャンなどのコスチュームを手がける。1994年

には「KEITA MARUYAMA TOKYO PARIS」のブランド名でメンズ、レディスの作品を発表。1996年毎日ファッション大賞新人賞、資生堂奨励賞受賞。1998年ＦＥＣ賞受賞。1997年パリ・コレクション参加。

ミウッチャ・プラダ　Miuccia Prada

1949年イタリア・ミラノ生まれ。ミラノ大学卒業。祖父によって1913年設立された革製品ブランド「プラダ」を夫とともに継ぐ。祖父が開発した「ポコノ」という特別なナイロンで作ったバッグを1978年に発表し、大流行させる。1988年初めてプレタ・ポルテのコレクションを発表し、すべての女性に着られる"リアル・クローズ"を提案。ミラノ・コレクションに加わる。1990年代後半、新素材によるリアル・クローズは「プラダ現象」とよばれ再び大流行した。

みずはら・まさよ　水原雅代

鳥取県生まれ。文化服装学院卒業。「マルティプル　マーマレード」ブランドを展開する。

みやけ・いっせい　三宅一生

1938年広島県生まれ。多摩美術大学卒業。1965年パリへ行き、オート・クチュール組合の学校へ通う。卒業後、「ギ・ラロッシュ」、「ジバンシィ」、ニューヨークの「ジェフリー・ビーン」で働く。帰国後、1970年㈱三宅デザイン事務所を設立。1973年よりパリ・コレクションに参加。"一枚の布"のコンセプトで服作りをし、クリエーティブな素材使いにおいても知られる。1988年よりプリーツの仕事をスタートし、1990年代にそのバリエーションが続き、"イッセイのプリーツ"として世界的な支持を得る。「ボディーワークス」、「A UN」、「MAKING THINGS」など世界各地で数々の展覧会を催す。1992年香水「ロー・ドゥ・イッセイ」を発表。1999年秋 ISSEY MIYAKE ラインを滝沢直己にバトンタッチし、未来の服の研究に専念する。1984、1989年毎日ファッション大賞、1993年フランスのレジオン・ドヌール勲章シュバリエ位、1998年文化功労者など多数の受賞、受章がある。

もり・はなえ　森英恵

1926年島根県生まれ。東京女子大学卒業。東京・新宿にブティックを開く。映画の衣装制作なども手がけ、次第に国際的な企業に発展した。1977年パリ・クチュール組合に加盟。西洋と東洋の融合をテーマにしている。スポーツウエア、アクセサリー、オリンピックの公式ユニフォーム、バレエや演劇の舞台衣装、新作能の衣装など、創作活動は多岐にわたる。1988年に紫綬褒章、1989年にフランスのレジオン・ドヌール勲章、1996年に文化勲章など多数受章。

やました・たかお　山下隆生

1966年長崎県生まれ。摂南大学中退。「beauty:beast」、「2beauty:beast」ブランドで作品発表。

やまだ・ゆうじ　山田裕二

1957年東京都生まれ。文化服装学院卒業。「YUJI YAMADA」のブランド名で作品を発表。

やまふじ・のぼる　山藤昇

山梨県生まれ。桑沢デザイン研究所卒業。企画会社をへて1983年、㈱サンエー・インターナショナル入社。「ノーベスパジオ」チーフ・デザイナーをへて、1995年、

「プリモパラッツォ ノーベスパジオ」を東京コレクションで発表。

やまもと・かんさい　山本寛齋

1944年岐阜県生まれ。1967年装苑賞受賞。「KANSAI」のブランドで、さまざまなデザイン活動をしている。鮮やかな色彩、大胆な柄など元気なデザインが特徴。1977年ＦＥＣ賞受賞。ファッション・ショーの概念を超えた大型イベントを開催することでも有名。服飾に限らず、インテリア、リビング用品、自動車、携帯電話などのデザインも手がけ、グローバルに活躍している。

やまもと・ようじ　山本耀司

1943年東京都生まれ。慶應義塾大学卒業。文化服装学院卒業。1972年㈱ワイズを設立。1977年東京で初めてコレクションを発表。1981年パリへ進出し、第１回めの発表を行なう。黒を基調とした新しい概念に基づくモードで世界に衝撃を与える。1989年ポンピドー・センターからの提案を受けて、ドイツの映画監督、ヴィム・ヴェンダースによる「都市とモードのビデオノート」と題するフィルムに主演する。リヨン・プッチーニ・オペラ「蝶々夫人」（1990年）やバイロイト祝祭劇場で行なわれたワーグナー・オペラ「トリスタンとイゾルデ」（1993年）のための衣裳を制作。1996年香水「YOHJI」を発表。毎日ファッション大賞、フランス芸術文化勲章シュバリエ位など受賞、受章多数。

ユベール・ド・ジヴァンシー　Hubert de Givenchy

1927年フランス・ボーベ生まれ。1945年「ジャック・ファト」で１年間働いたのち、パリの美術学校でデッサンを学ぶ。1946年「ロベール・ピゲ」に入り、1947年６カ月だが「ルシアン・ルロン」で働き、同年「スキャパレリ」に入り、４年間ブティックのすべてを任される。1952年アルフレッド・ド・ビニ通り８番地にメゾンを創立。1953年オードリー・ヘップバーンと出会い、映画「ティファニーで朝食を」、「麗しのサブリナ」などの衣裳を手がけて、彼女個人の服もデザインしたため、ヘップバーンはメゾンのシンボルとなる。1959年現在のジョルジュサンク通り３番地に移転。1995年引退。後継者はジョン・ガリアーノ、アレキサンダー・マックイーン。

よしだ・ひろみ　吉田ヒロミ

1941年東京都生まれ。セツ・モードセミナーにてファッション・イラストを学ぶ。卒業後渡仏。日本人として初めてジバンシィ社に入社。帰国後母親の経営する「オートクチュール Setsu」でデザイン活動開始。1972年に「イグレグ」、1980年に「CLOVE vs CLOVES」ブランドを発表。1992年プレタ・クチュールの「HIROMI YOSHIDA」を発表。現在「CLOVE vs CLOVES」、「HIROMI YOSHIDA」を中心にデザイン活動を展開。

ラルフ・ローレン　Ralph Lauren

1939年アメリカ・ニューヨーク生まれ。1967年に「POLO」のネクタイを発表して以来、メンズ、レディス、子供服、ホーム・コレクションなどのトータル・デザインを「POLO／RALPH LAUREN」のブランドで発表している。そのデザインは、自然のエレガンス、永遠のアメリカン・スタイルを表現しているといわれる。

レベッカ・テイラー　Rebecca Taylor

デザイナー・リスト補遺

アルベール・エルバス　Alber Elbaz

1961年モロッコ・カサブランカ生まれ。イスラエル・テルアビブのシャンカール・カレッジ卒業。ニューヨークの「ジェフリー・ビーン」で右腕として7年間働く。1996年9月パリのメゾン「ギ・ラロッシュ」でプレタ・ポルテのクリエーティブ・ディレクターとなり、1997年秋冬物から4シーズンにわたってコレクションを発表。1998年11月「イヴ・サンローラン・リヴ　ゴーシュ」のアーティスティック・ディレクターに就任、2000年秋冬物まで3シーズンのコレクションを作った。2001年10月より「ランバン」のアーティスティック・ディレクターとなる。

ヴィクター&ロルフ　Viktor & Rolf

ヴィクター・ホースティングは1969年オランダ・ヘルドロ生まれ。ロルフ・スヌーレンは1969年オランダ・ドンゲン生まれ。2人ともオランダのアーネム美術アカデミーで学ぶ。1993年デュオを組み、南フランスのイエールにおける若いスティリストのヨーロピアン・サロンに出品し、プレス賞、審査員賞、イエール市大賞を獲得。まずオート・クチュールに参加してコレクションを発表していたが、女性より服のほうが重要という考えのもとにアートとモードの間でのデザイン活動を行ない、作品は美術館や画廊に収められた。コンセプチュアル・モードを得意とし、パフォーマンス的ショーを行なう。2001年からプレタ・ポルテも目ざす。2003年秋、デザイン活動10年間を回顧したヴィクター&ロルフ展を自ら催した。「ムッシュー」と名づけたメンズも始める。

エディ・スリマン　Hedi Slimane

1968年フランス・パリ生まれ。エコール・デュ・ルーブルでアートの歴史を学ぶ。1990年から1994年まで友人のメンズ・デザイナーであるジョゼ・レヴィのアーティスティック・ディレクターをつとめ、1994年から1996年までコンサルタントとして著名なジャンジャック・ピカールのアシスタントになる。1996年7月、イヴ・サンローラン社のメンズのアーティスティック・ディレクターに就任し、6シーズンにわたってコレクションを発表。2000年7月、「ディオール・オム」のアーティスティック・ディレクターとなる。いちばん小さいサイズのものはマドンナなど女性たちが好んで着る。

ジュリアン・マクドナルド　Julien Macdonald

1973年イギリス・ウェールズのマーサーティドビル生まれ。ブライトン大学、続いてロンドンのロイヤル・カレッジ・オブ・アートに入学。1997年卒業後、すぐに自分のブランドを設立。在学中に「シャネル」でニット・ウエアのチーフ・デザイナーの経験を持ち、ハイブリッドなニットを得意とする。28歳のとき、ジョン・ガリアーノ、アレキサンダー・マックイーンの後、3人めのイギリス人デザイナーとして「ジバンシィ」のアーティスティック・ディレクターとなり、オート・クチュール、プレタ・ポルテ、アクセサリーのデザインを受け持つ。

トム・フォード　Tom Ford

　アメリカ・テキサス州オースティン生まれ。サンタフェで育ち、ニューヨークのパーソンズ・デザイン・スクールで学ぶ。1988年クリエーティブ・ディレクターとしてペリー・エリス社に入る。1990年ミラノのグッチ社に入り、1992年アーティスティック・ディレクターとなって、グッチ・グループの世界的成功を成し遂げる。2000年1月グッチ・グループによるイヴ・サンローラン社の買収の際、クリエーティブ・ディレクターに就任。プレタ・ポルテ・ラインの「イヴ・サンローラン・リヴ　ゴーシュ」と「イヴ・サンローラン・オム」を作る。1996年アメリカの最優秀デザイナーに選ばれ、2001年日本のFEC賞デザイナー・オブ・ザ・イヤーを受賞。

ニコラ・ゲスキエール　Nicolas Ghesquière

　1971年ベルギーとの国境近くフランス・コミヌ生まれ。15歳のときモードのデッサンをジャンポール・ゴルチエとアニエス・ベーに送ったところ、学校の夏休みにアニエス・ベーから見習いを許される。バカロレアを獲得後、1991年から1993年までゴルチエでアシスタントとして働く。その後フリーランスとなり、ニットで有名な「ポール」や「ティエリー・ミュグレル」のニット・ウエアを受け持つ。1995年「ニナ・リッチ」のコンサルティング・デザイナーとなり、2シーズンのコレクションを発表。靴の「ステファン・ケリアン」でコンサルタントをしたのち、1995年9月ライセンス係として「バレンシアガ」に入る。26歳のとき、「バレンシアガ」のデザイナーとなりコレクションを作りはじめた。

ほしの・さだはる　星野貞治

　1978年福島県生まれ。1997年から2000年まで文化服装学院で学ぶ。在学中、第26回神戸ファッションコンテストで大賞受賞、1年間海外留学の副賞にてイギリス・ノッティンガム芸術大学に入学。2001年、第16回イエール国際モードフェスティバルにノミネート。同年アレキサンダー・マックイーンに認められてアメリカン・エクスプレス革新賞に選ばれる。すぐ彼のアトリエで見習い。続いて2シーズンにわたり彼のコレクション制作にかかわる。2002年1月、IFM（フランス・モード学院）の奨学金を得てクリエーション科に入り1年間学ぶ。2003年5月、自分のブランド「ES」を設立。同年10月、パリ・プレタ・ポルテ・シーズンに1回めのコレクションを展示形式で見せた。2004年3月からプレタ・ポルテ・シーズンの正式カレンダー入り。

まきの・かつひろ　牧野勝弘

　1977年千葉県生まれ。1996年から2000年まで文化服装学院で学ぶ。在学中に第36回遠藤賞グランプリを受賞し、卒業時に学年間デザイン賞を受けた。2001年第27回神戸ファッションコンテスト特別賞を取り、副賞として2002年パリのオート・クチュール組合学校に1年間留学。在学中にエール・フランス国際新人クリエーターコンクールでフランス代表。卒業ショーでグランプリを獲得した。2002年9月から2003年3月まで「ソニア・リキエル」でアシスタントデザイナーをつとめる。2003年1月に自らのブランド「アスキカタスキ（ASKI KATASKI）」を設立し、10月に1回めのコレクションをパリ・プレタ・ポルテ・コレクション期に展示形式で発表した。

ニュージーランド生まれ。ウエリントン・デザイン学校卒業。「バーニーズ・ニューヨーク」、「サックス・フィフスアベニュー」、「ヘンリ・ベンデル」、「フレッド・シーガル」などで、デザインを手がける。
ロメオ・ジリ　Romeo Gigli

1949年イタリア生まれ。建築を学んだのち、1983年ザマスポーツ社と組んでミラノで自分のコレクションを作りミラノで発表。同時にブランドを設立。モダンで、エスニックな女性像は保守的なミラノ・モード界に新風を吹き込む。1986年メンズ・コレクションも作る。自分のブティックを1988年にオープンし、同年パリ・コレクションに参加。微妙な色調、繊細で独特な素材を使ったユニークなモードで定評を得る。1997年から再びミラノで発表を続ける。
わかばやし・けいじ　若林ケイジ

1964年長野県生まれ。文化服装学院卒業。1986年㈱ワイズ（のちに㈱ヨウジデザイン研究所と改称）入社。ニット、カットソーの企画チーフをへて、1995年4月「national standard」設立。同年より東京コレクション参加。女性のための新しいスタンダードをメインテーマにした、シンプルでハイクオリティなデザインで注目される。
わたなべ・じゅんや　渡辺淳弥

1961年福島県生まれ。文化服装学院卒業。㈱コム・デ・ギャルソン入社。1987年「トリコ・コム　デ　ギャルソン」のデザイナーとしてスタート。1992年「ジュンヤ・ワタナベ・コム　デ　ギャルソン」ブランドで作品を発表。1993年毎日ファッション大賞新人賞受賞。1994年よりパリ・コレクション参加。1995年ＦＥＣ賞受賞。現在両ブランドのデザイナーとして活動。
わたなべ・ゆきさぶろう　渡辺雪三郎

1949年東京都生まれ。1972年㈱ミッチを設立し、婦人服プレタ・ポルテを発表。1975年オート・クチュール部門を設立。「美は唯存在する」という創作理念を基盤に上品で優雅なコスチュームを作る。著書に『雪三郎のエレガンス』、『モード』（淡交社刊）、『気品ある女性のおしゃれ学』（講談社刊）がある。

新・実用服飾用語辞典
総　索　引

ア

あい……………………………………………5
あいじるし……………………………………5
アイゼンハワー・ジャケット……………249
アイテム………………………………………5
アイビー・リーグ……………………………5
アイビー・ルック……………………………5
アイボリー……………………………………5
アイリッシュ・ツイード……………………5
アイリッシュ・リネン………………………5
アイレット……………………………………5
アイレット・ステッチ………………………5
アイレット・レース…………………………6
アイレット・ワーク…………………………6
アウター・ウエア……………………………6
アウト・ウエア………………………………6
アウト・オブ・ファッション………………6
アウトサイド・ポケット…………………19
アーガイル……………………………………6
あき……………………………………………6
あきみせ………………………………………6
アクア…………………………………………6
アクアマリン…………………………………6
アクセサリー…………………………………6
アクセソワール………………………………6
アクセント……………………………………6
アクリルせんい………………………………7
あごぐせ………………………………………7
アコーディオン・プリーツ…………………7
あさ……………………………………………7
あさのは………………………………………7
アシッド・カラー……………………………7
アシメトリー…………………………………7
アース・カラー………………………………8
アスコット・タイ……………………………8
アストラカン…………………………………8
あぜあみ…………………………………8, 253
アセテート……………………………………8
アタッシェ・ケース…………………………8
アタッチメント………………………………8
アップリケ……………………………………8
アップリフト…………………………………8
アップル・グリーン…………………………8
アーティフィシャル…………………………8
あとぞめ……………………………………9, 186
アート・ピケ………………………………9, 185
アート・フラワー……………………………9
あないと………………………………………9
あなかがり……………………………………9
アナトミー……………………………………9
アニス…………………………………………9
アニマル・プリント…………………………9
アノラック……………………………………9
アパレル………………………………………9
アーバン・ウエア……………………………9
アバンギャルド……………………………59
アフガン………………………………………9
アブストラクト………………………………9
アフターダーク………………………………9
アフタヌーン………………………………10
アフリカン・ルック………………………10
アプリコット………………………………10
アプレ………………………………………10
アプレゲール………………………………10
アプレミディ………………………………10
あま…………………………………………10
アマゾン……………………………………10
あまぶた……………………………………10
あまより……………………………………10
あみだま……………………………………10
あみぼう……………………………………10
アーミー・ルック…………………………11
アーミン……………………………………11
アーム・スリット…………………………11
アーム・バンド……………………………11
アームホール………………………………11
アーム・リング……………………………11
アームレット…………………………11, 205
アーム・レングス…………………………11
アメジスト…………………………………11
アメリカ・ファッション・デザイナー協議会
………………………………………………158
アメリカン・カジュアル…………………11
アメリカン・スリーブ……………………11

アメリカン・トラディショナル…………………11
アラベスク………………………………………11
ア・ラ・モード…………………………………11
アラン・アイランド・セーター………………12
アラン・セーター………………………………12
アーリー・アメリカン・ルック………………12
アリゲーター……………………………………12
ありまつしぼり…………………………………12
アルスター………………………………………12
アール・ティ・ダブリュー……………………12
アール・デコ……………………………………12
アール・ヌーボー………………………………13
アルパルガータ…………………………………29
アロハ・シャツ…………………………………13
アンクル・ストラップ…………………………13
アンクル・ソックス………………………13, 123
アンクル・ブーツ………………………………13
アンクル・レングス……………………………13
アンクレット………………………………13, 123
アンクロワイヤブル……………………………140
アンゴラ…………………………………………13
アンコンストラクテッド………………13, 77, 141
アンサンブル……………………………………13
アンサンブル・コスチューム…………………14
アンサンブル・セーター………………………137
アンダーウエア…………………………………14
アンダーシャツ…………………………………14
アンダーシャツ・ドレス………………………14
アンダースカート………………………………14
アンダードレス…………………………………14
アンチ・クチュール………………………14, 86
アンチ・コンフォルミスム………………14, 86
アンティーク……………………………………14
アンドロジナス…………………………………14
アントワープの6人……………………………213
アンバー…………………………………………14
アンバランス……………………………………14
アンフィッテッド………………………………15
アンプル・ライン………………………………15
アンブレスト・プリーツ………………………124
アンブレラ………………………………………15
アンブレラ・プリーツ…………………………15
アンボタン………………………………………15
アンマンシュール・アメリケーヌ……………11

イ

イアリング………………………………………16
イエロー…………………………………………16
イエロー・オーカー……………………………16
イエローグリーン………………………………16
イカット…………………………………………16
いかりがた………………………………………16
いけいだんめんし………………………………16
いげた……………………………………………16
ＥＣ………………………………………………245
イージー・オーダー……………………………16
イージー・パンツ………………………………16
いしょくぞめ……………………………………16
いせ………………………………………………17
いせかたがみ……………………………………17
イタリアン・カラー……………………………17
イタリアン・クロス……………………………17
いちまいそで……………………………………17
いちまつ…………………………………………17
市松格子…………………………………………206
一文字……………………………………………113
いとじるし………………………………………17
いとぞめ…………………………………………17
イートン・カラー………………………………17
イートン・ジャケット…………………………17
イニシャル………………………………………18
イブニング・シューズ…………………………18
イブニング・ドレス……………………………18
イブニング・バッグ……………………………18
イブニング・ラップ……………………………18
イミテーション…………………………………18
イミテーション・カフス………………………19
イミテーション・ファー………………………194
イミテーション・ポケット……………………95
イミテーション・レザー…………………70, 71
イレギュラー・ストライプ……………………19
イレギュラー・ヘム……………………………19
色立体……………………………………………88
いんぷ……………………………………………19
インサイド・ベルト……………………………19
インサイド・ポケット…………………………19
インサーション…………………………………191
インターカラー…………………………………19
インターメディエート…………………………19
インターロック・ニット………………………115
インチ……………………………………………19
インディアン・ヘッド…………………………19
インディアン・ルック…………………………19
インディゴ………………………………………20
インディゴ・ジーンズ…………………………20
インディゴ・ブルー……………………………20
インドししゅう…………………………………20
インナー・ウエア………………………………20
インバーテッド・プリーツ………………20, 25
インバネス………………………………………20
インベストメント・クローズ…………………20

ウ

ウイグ……………………………………………21

ウイング・カラー	21
ウイング・ショルダー	21
ウイング・チップ	21
ウインザー・ノット	21
ウインター・コットン	21
ウインター・パステル・ルック	21
ウインター・ホワイト	21
ウインドブレーカー	21
ウインドーペーン	21
ヴィントヤッケ	242
ウエスキット	21
ウエスコット	22
ウエスタン・シャツ	22, 42
ウエスタン・ブーツ	22, 43
ウエスタン・ルック	22
ウエスト	22
ウエストコート	22, 209
ウエスト・シンチャー	22
ウエスト・ダーツ	22
ウエスト・ニッパー	22
ウエストバンド	22
ウエスト・ポケット	22
ウエスト・マーク	22
ウエストライン	23
ウエッジ	23
ウエッジ・スリーブ	23
ウエッジ・ソール	23
ウエット・クロス	23
ウエット・ルック	23
ウエディング・ドレス	23
ウエディング・ベール	24
ウエディング・リング	24
ウエーブ・ブレード	24
ウエルト・シーム	24
ウエルト・ポケット	169
ウォーキング・シューズ	24
ウォーキング・ショーツ	177
ヴォーグ	24
ウォータープルーフ	24
ウォッシュアウト・ジーンズ	24
ウォッチ・ポケット	24
ウォーム・カラー	131
ウーステッド	24
ウーステッド・サージ	24
ウーステッド・シェットランド	25
ウーステッド・ダマスク	25
ウーステッド・チェビオット	25
ウーステッド・ヤーン	25
うちあわせ	25
うちそで	25, 158
うちひだ	25
ウッド・ビーズ	25
うねおり	25
ウプランド	25
馬	194
うまのり	25, 122
うらあみ	25
うらえり	26
うらがわ	26
うらしおり	26
ウーリーかこう	26
ウーリー・ナイロン	26
ウール	26
ウール・クレープ	26
ウルトラ・フェミニン	26
ウルトラ・ミニ	227
ウール・ボイル	26
ウール・ポプリン	26
ウールン・ヤーン	26
うろこ	26
うわえり	26
うわぎたけ	26
上袖	158
うわまえ	26, 89
うんさい	27

エ

エイティーズ	28
エイビエーター・ジャケット	28
エキゾチック	28
エクステンデッド・ショルダー	28
エクリュー	28
エクルー	28
エコロジー・ルック	28
ＡＣ	11, 245
エスカルゴ・スカート	28
エスじライン	28
エステル	142
エスニック	28
エスパドリーユ	29
エス・ピー・エー	29
エスプリ	29
エタミーン	29
えちごちぢみ	29
エッジ	29
エッジング	29
エッチ・ライン	29
エッチングちょう	30
えどこもん	30
エドワーディアン	30
エナン	73
Ｎ．Ａ．Ｐ．	186
エバーグリーン	30
エバーグレーズ	30
えばばおり	30

えばもよう……30
エフ・アイ・ティ……31
エプロン・スカート……31
エプロン・ドレス……31, 188
エプロン・トレーン……31
エポーレット……31
エポンジュ……31
エメラルド・グリーン……31
えもん……31
エー・ライン……31
エラスティック……32
えりぐり……32
えりこし……32
えりしん……32
えりづり……32
えりづりネーム……32
えりみつ……32
エルゴノミクス……32
エルボー……32
エルボー・スリーブ……32
エルボー・パッチ……32
エルボー・ライン……32
エルメス……32
エレガント……32
エレクトリック・ブルー……32
えんかビニリデン……32
えんかビニールせんい……32
エンゲージ・リング……32
エンジニアリング・カット……33
エンパイア・スカート……33, 166
エンパイア・スタイル……33
エンパイア・ライン……33
えんびふく……33
エンブレム……33
エンブロイダリー……33
エンブロイダリー・レース……34
エンボスかこう……34

オ

おうごんぶんかつ……35
おかづけカフス……35
おがみあわせ……35
おがみひだ……20, 35, 169
おかめ……21
オーガンザ……35
オーガンジー……35
おきじつけ……35
オーキッド……35
オストリッチ……35
オーセンティック……35
オーダー・ブック……35
オーダー・メード……36

オックスフォード……36
オックスフォード・グレー……36
オックスフォード・シューズ……36
オッター……36
オッド・ジャケット……36
オットマン……36
オート・クチュール……36
おとしミシン……36
オートミール……37
おにコール……37
おにちりめん……37
オニックス……37
オーバーオール……37
オーバーコーティング……37
オーバーコート……37
オーバーサイズ・ルック……37
オーバーシューズ……37
オーバースカート……37
オーバー・ステッチ……38
オーバー・ストライプ……38
オーバーナイト・ケース……38
オーバーブラウス……38, 198
オーバル……38
オーバル・ネックライン……38
オーバル・ライン……38
オプ・アート……38
オフィサー・カラー……38
オフ・ザ・フェース……39
オフショルダー・ネックライン……39
オフ・タートル……39
オプティカル・アート……38
オフ・ネックライン……39
オフブラック……39
オフ・ボディ……39
オフホワイト……39
オブリーク……39
オブリーク・ライン……39
オブロング……39
オープン・カラー……39, 94
オープン・シャツ……40
オープン・ファスナー……40
オープン・フロント……40
オープン・フロント・スカート……40
オープン・ワーク……40
おめし……40
おもてあみ……40
表紋……241
おりえり……40
おりかえし……40
オリジナリティ……40
オリジナル……40
おりしろ……40
おりテープ……40

オリーブ	40
おりもの	40
オールインワン	41
オールオーバー・プリント	41
オールオーバー・レース	41
オール・シーズン・コート	41
オルターネート・ストライプ	41
オールド・ファッション	41
オールド・ローズ	41
オレンジ	41
オンス	41
オンブレ・ストライプ	41
オンライン・ショッピング	41

カ

かいき	42
かいきんシャツ	40, 42
かいとうめん	42
ガウチョ・パンツ	42
カウチン・セーター	42
カウボーイ・シャツ	22, 42
カウボーイ・ハット	42
カウボーイ・ブーツ	22, 42
カウル・ネック	43
ガウン	43
かえしぬい	43
かえしばり	43
かえり	43
かえりあな	43
かえりざし	43
かえるまた	43
かがくせんい	43
かがゆうぜん	44, 243
かがる	44
カーキ	44
かぎばりあみ	44
かぎホック	220
かくしじつけ	44
カクテル・ドレス	44
カクテル・バッグ	44
カグール	44
かけはぎ	45
かげひだ	45
陰紋	241
かざりあな	45
かざりミシン	45
カシミヤ	45
カジュアル・ウエア	45
カジュアル・ジャケット	45
カシュ・クール	45
カシュ・ブーシエール	45
カスケット	45

カスケード	45
カスケード・ストライプ	111
カスタムメード	36, 46
かすり	46
ガーゼ	46
ガーター	46
ガーターあみ	46
かたいれ（肩入れ）	46
かたいれ（型入れ）	46
かたうら	46
かたがえし	46
かたがみ	46
かたがみそうさ	46
かただい	47
かたダーツ	47
かたたまぶち	47, 130
かたはば	47
かたはぶたえ	47
ガーター・ベルト	47
かたまえ	47
片面タオル	126
カタンいと	47
カーチーフ	47
カッシュ・モレ	47
カッター	47
カッタウエー	47
カッタウエー・コート	47
カッター・シャツ	48, 264
カッター・シューズ	48
カッティング	48
カッティング・テーブル	48
カッティング・ルーム	48
カット	48
カットアウト	48
カット・アンド・ソー	48
カットオフ・パンツ	48
カット・ワーク	48
かつらぎ	48
カーディガン	49
カーディガン・スーツ	49
カーディガン・ドレス	49
カーディガン・ネック	49
ガードル	49
かなきん	49
カナディエンヌ	49
ガーネット	49
かのこあみ	49
かのこしぼり	49
カノチエ	50
カバーアップ	50
カバーナ・セット	50
カフ	50
カーフ	50

カフェ・オ・レ	50
カフタン	50
カフド・スリーブ	50
カーブド・ヨーク	50
カフ・ボタン	50
カーブ・メジャー	50
カフ・リンクス	50
カーマイン	50
カマーバンド	50
かまぶか	51
かみどうせん	51
カムフラージュ	51
カムフラージュ・プリント	51
カメオ	51
ガーメント	51
カラー	51
からアイロン	51
からくさ	51
からげる	51
カラコ	51
カラー・コンビネーション	51
カラー・サークル	51
カラー・スキーム	53
カラー・ハーモニー	53
からみおり	53
苧	135
カラーレス	53
かりぬい	53
カルゼ	53
カルソン	53
カレッジ・スタイル	53
カンガルー・ポケット	53
カンカン・ドレス	54
ガン・クラブ・チェック	54, 168
かんしょく	54
かんどう	54
カントリー・ウエア	54
ガントレット	54
カントン・クレープ	54
かんぬきどめ	54
ガン・パッチ	54
かんれいしゃ	55

キ

きがた	56
きくかがり	56
きざみえり	56
きじゃく	56
きせ	56
きそぬい	56
きたけ	56, 123
キッカー・ブーツ	56
キック・プリーツ	56
きっこう	56
キッチュ	56
キッチン・クロス	56
キッド	57
キップ	57
キトン	60
きなり	57
絹天	214
きはちじょう	57
ギピュール	57
ギブソン・ガール・スタイル	57
キーホール・ネックライン	57
きもの	265
キモノ・カラー	57
キモノ・スリーブ	57
ぎゃくこまあみ	57
ぎゃくひだ	20, 57
ぎゃくまつり	57
ギャザー	58
ギャザー・スカート	58
キャスケット	58
キャップ	58
キャップ・スリーブ	58
キャノチエ	58
ギャバジン	58
キャバン	58
キャプリーヌ	58
キャミソール	58
キャミソール・ドレス	58
キャメル	58
キャメル・ヘア	58
キャリコ	59
ギャルソンヌ	59
ギャルソンヌ・ルック	59
キャロット	59
キャンディー・ピンク	226
キャンバス	59
キャンバス・ウエア	59
キャンバス・シューズ	59, 113
キューバン・ヒール	59
キュービスム	59
キュブラ	59
キュロット	59
きょう	60
きょうい	60
きょうど	60
京友禅	243
ギリー	60
きりかえ	60
きりこみ	60
ギリシア・ローマ・スタイル	60
きりじつけ	60
きりだま	60, 225

キルティング‥‥‥‥‥‥‥‥‥‥‥‥‥‥‥60
キルト‥‥‥‥‥‥‥‥‥‥‥‥‥‥‥‥‥60
ギンガム‥‥‥‥‥‥‥‥‥‥‥‥‥‥‥‥61
キング・サイズ‥‥‥‥‥‥‥‥‥‥‥‥‥62

ク

クイック・レスポンス‥‥‥‥‥‥‥‥‥‥62
クイーン・サイズ‥‥‥‥‥‥‥‥‥‥‥‥62
クォーター・スリーブ‥‥‥‥‥‥‥‥‥‥62
くげんししゅう‥‥‥‥‥‥‥‥‥‥‥‥‥62
くさりあみ‥‥‥‥‥‥‥‥‥‥‥‥‥‥‥62
ぐしぬい‥‥‥‥‥‥‥‥‥‥‥‥‥‥62, 249
くせ‥‥‥‥‥‥‥‥‥‥‥‥‥‥‥‥‥‥62
くちぬの‥‥‥‥‥‥‥‥‥‥‥‥‥‥‥‥62
クチュリエ‥‥‥‥‥‥‥‥‥‥‥‥‥‥‥62
クチュリエール‥‥‥‥‥‥‥‥‥‥‥‥‥62
クチュール‥‥‥‥‥‥‥‥‥‥‥‥‥‥‥62
くつ‥‥‥‥‥‥‥‥‥‥‥‥‥‥‥‥‥‥63
くびまわり‥‥‥‥‥‥‥‥‥‥‥‥‥‥‥63
クラウン‥‥‥‥‥‥‥‥‥‥‥‥‥‥‥‥63
クラーク‥‥‥‥‥‥‥‥‥‥‥‥‥‥‥‥63
クラシック・スーツ‥‥‥‥‥‥‥‥‥‥‥64
クラスター・ストライプ‥‥‥‥‥‥‥‥112
クラスター・タック‥‥‥‥‥‥‥‥‥‥‥64
クラッチ・バッグ‥‥‥‥‥‥‥‥‥‥‥‥64
グラデーション‥‥‥‥‥‥‥‥‥‥‥‥‥64
グラニー・バッグ‥‥‥‥‥‥‥‥‥‥‥‥64
グラニー・プリント‥‥‥‥‥‥‥‥‥‥‥64
クラバット‥‥‥‥‥‥‥‥‥‥‥‥‥‥‥64
クラブ・チェック‥‥‥‥‥‥‥‥‥‥‥‥54
クラフト・ワーク‥‥‥‥‥‥‥‥‥‥‥‥64
グラマー‥‥‥‥‥‥‥‥‥‥‥‥‥‥‥‥64
グランジ・ルック‥‥‥‥‥‥‥‥‥‥‥‥64
クラン・タータン‥‥‥‥‥‥‥‥‥‥‥‥64
グリッター・ヤーン‥‥‥‥‥‥‥‥‥‥‥64
グリッター・ルック‥‥‥‥‥‥‥‥‥‥‥65
クリノリン‥‥‥‥‥‥‥‥‥‥‥‥‥‥‥65
クーリー・ハット‥‥‥‥‥‥‥‥‥‥‥‥65
クリンギー‥‥‥‥‥‥‥‥‥‥‥‥‥‥‥65
クリンクルド・パテント・レザー‥‥‥‥124
クリンプ‥‥‥‥‥‥‥‥‥‥‥‥‥‥‥‥65
クリーン・ルック‥‥‥‥‥‥‥‥‥‥‥‥65
クルー・ネックライン‥‥‥‥‥‥‥‥‥‥65
グループ・モード・エ・クレアシオン‥‥179
くるみぬい‥‥‥‥‥‥‥‥‥‥‥‥‥‥‥65
くるみボタン‥‥‥‥‥‥‥‥‥‥‥‥‥‥65
くるめがすり‥‥‥‥‥‥‥‥‥‥‥‥‥‥65
クレアトゥール・ド・モード‥‥‥‥‥‥‥66
グレイッシュ‥‥‥‥‥‥‥‥‥‥‥‥‥‥66
グレコ・ローマン‥‥‥‥‥‥‥‥‥‥‥‥60
グレージュ‥‥‥‥‥‥‥‥‥‥‥‥‥‥‥66
グレーディング‥‥‥‥‥‥‥‥‥‥‥‥‥66
クレトン‥‥‥‥‥‥‥‥‥‥‥‥‥‥‥‥66
クレバネット‥‥‥‥‥‥‥‥‥‥‥‥‥‥66
クレープ‥‥‥‥‥‥‥‥‥‥‥‥‥‥‥‥66
クレープ・ソール‥‥‥‥‥‥‥‥‥‥‥‥66
クレープ・デシン‥‥‥‥‥‥‥‥‥‥‥‥66
クレポン‥‥‥‥‥‥‥‥‥‥‥‥‥‥‥‥67
クレリック・シャツ‥‥‥‥‥‥‥‥‥‥‥67
グレン・チェック‥‥‥‥‥‥‥‥‥‥‥‥67
クローク‥‥‥‥‥‥‥‥‥‥‥‥‥‥‥‥67
グログラン‥‥‥‥‥‥‥‥‥‥‥‥‥‥‥67
グログラン・リボン‥‥‥‥‥‥‥‥‥‥‥67
クロコダイル‥‥‥‥‥‥‥‥‥‥‥‥‥‥67
クローシュ‥‥‥‥‥‥‥‥‥‥‥‥‥‥‥67
クロス・ステッチ‥‥‥‥‥‥‥‥‥‥‥‥67
クロース・ツー・ボディ‥‥‥‥‥‥‥‥‥39
クロッキー‥‥‥‥‥‥‥‥‥‥‥‥‥‥‥68
クロッケ‥‥‥‥‥‥‥‥‥‥‥‥‥‥‥‥68
クロッシェ‥‥‥‥‥‥‥‥‥‥‥‥‥67, 68
クロッシェ・ボタン‥‥‥‥‥‥‥‥‥‥‥68
クロッシェ・レース‥‥‥‥‥‥‥‥‥‥‥68
クロップト・ジャケット‥‥‥‥‥‥‥‥‥68
クロップト・セーター‥‥‥‥‥‥‥‥‥‥68
クロップト・パンツ‥‥‥‥‥‥‥‥‥48, 68
グローブ‥‥‥‥‥‥‥‥‥‥‥‥‥‥‥‥68
クロマティック・カラー‥‥‥‥‥‥‥‥‥68
クロム・レザー‥‥‥‥‥‥‥‥‥‥‥‥‥68

ケ

けいいりょう‥‥‥‥‥‥‥‥‥‥‥‥‥‥69
けいちょうもよう‥‥‥‥‥‥‥‥‥‥‥‥69
けがわ‥‥‥‥‥‥‥‥‥‥‥‥‥‥‥‥‥69
ゲージ‥‥‥‥‥‥‥‥‥‥‥‥‥‥‥‥‥69
けしぬい‥‥‥‥‥‥‥‥‥‥‥‥‥‥‥‥69
けじゅす‥‥‥‥‥‥‥‥‥‥‥‥‥‥‥‥69
けしんじ‥‥‥‥‥‥‥‥‥‥‥‥‥‥‥‥69
ゲートル‥‥‥‥‥‥‥‥‥‥‥‥‥‥‥‥69
けぬきあわせ‥‥‥‥‥‥‥‥‥‥‥‥‥‥70
ケープ‥‥‥‥‥‥‥‥‥‥‥‥‥‥‥‥‥70
ケープ・カラー‥‥‥‥‥‥‥‥‥‥‥70, 169
ケープ・コート‥‥‥‥‥‥‥‥‥‥‥‥‥70
ケープスキン‥‥‥‥‥‥‥‥‥‥‥‥‥‥70
ケープ・スリーブ‥‥‥‥‥‥‥‥‥‥‥‥70
ケープ・ドレス‥‥‥‥‥‥‥‥‥‥‥‥‥70
ケープレット‥‥‥‥‥‥‥‥‥‥‥‥‥‥70
けまわし‥‥‥‥‥‥‥‥‥‥‥‥‥‥‥‥70
ケミカル・ウォッシュ‥‥‥‥‥‥‥‥‥‥70
ケミカル・レザー‥‥‥‥‥‥‥‥‥‥‥‥70
ケミカル・レース‥‥‥‥‥‥‥‥‥‥‥‥71
ケリー・バッグ‥‥‥‥‥‥‥‥‥‥‥‥‥71
けんえり‥‥‥‥‥‥‥‥‥‥‥‥‥‥56, 71
げんけい‥‥‥‥‥‥‥‥‥‥‥‥‥‥‥‥71
げんしょく‥‥‥‥‥‥‥‥‥‥‥‥‥‥‥71

げんろくもよう……………………………71

コ

ゴアード・スカート……………………72
コイン・ドット…………………………72
こうしょく………………………………72
ごうせいせんい…………………………72
こうたいしょく…………………………72
こうど……………………………………72
こぎん……………………………………72
こくさいりゅうこうしょくいいんかい……72
コーサージ………………………………73
コサック・ジャケット…………………73
こしうら…………………………………73
こしじん…………………………………73
こしたけ…………………………………73
ゴシック…………………………………73
こしまわり………………………………73
コージュロイ……………………………73
ごしょどきもよう………………………74
ゴーズ…………………………………46, 74
コスチューム……………………………74
コスチューム・ジュエリー……………74
ゴーズ・ファブリック…………………53
コズミック………………………………74
コスモコール・ルック…………………74
コースレット……………………………74
コーチマン・コート……………………74
コットン・サテン………………………74
コーディネート…………………………74
コーティング・クロス…………………74
コート……………………………………74
コート・ドレス…………………………75
コード・パイピング……………………75
コードバン………………………………75
コート・ブリーチズ……………………201
コード・ブレード………………………75
コードレーン……………………………75
こはく……………………………………75
コバルト・ブルー………………………75
碁盤縞…………………………………206
ゴブラン…………………………………75
コーラル・ステッチ……………………75
コーラル・レッド………………………76
コラン……………………………………76
コルサージュ……………………………76
コル・シュミネ…………………………76
コルセット………………………………76
コールてん………………………………76
ゴールド…………………………………76
コールド・カラー………………………76
コレクション……………………………76
コロニアル・ルック……………………77
コロル・ライン…………………………77
コワフュール……………………………77
コンケーブ・ショルダー………………77
コンサバティブ…………………………77
コンサバティブ・ファッション………77
コンサバリッチ…………………………77
コンシール・ファスナー………………77
コンストラクテッド……………………77
コンチネンタル…………………………77
コンテンポラリー………………………77
コントア・ベルト………………………77
コントラスト……………………………77
コントラスト・ハーモニー……………77
コンパウンド・パターン………………78
コンバーティブル・カラー……………78
コンビネーション………………………78
コンビネゾン……………………………78
コンフェクション………………………78
コンプレックス・カラー・ハーモニー……78
こんぼう…………………………………78
コンポジション…………………………78

サ

サイクル・パンツ………………………79
サイケデリック…………………………79
サイズ……………………………………79
サイズ・リボン…………………………79
さいすん…………………………………79
さいせいせんい…………………………79
さいだん…………………………………79
さいど……………………………………79
サイド・ダーツ…………………………264
サイド・プリーツ………………………80
サイド・ベンツ………………………25, 80
サイド・ポケット………………………80
さかげ……………………………………80
さがりがた………………………………80
さきぞめ…………………………………80
さきテープ………………………………80
サーキュラー・スカート………………80
サクソニー………………………………80
サクソン・ブルー………………………80
サーコート………………………………80
ささべり…………………………………81
サザール・コート………………………81
サージ……………………………………81
さしこ……………………………………81
さしこみ…………………………………81
ザズー……………………………………81
サスペンダー……………………………81
サスペンダー・スカート………………82

サスペンダー・パンツ……………………82
サッカー……………………………………82
サック・コート ………………………82, 246
サックス・ブルー…………………………82
サック・ドレス……………………………82
サッシュ……………………………………82
サッシュ・ブラウス………………………82
サッチェル・バッグ………………………82
サップル……………………………………82
さつまがすり………………………………82
サーティーズ………………………………82
サテン………………………………………83
サテン・クレープ…………………………83
サテン・ステッチ…………………………83
サテン・ステッチ・ダーツ………………83
サテン・バック……………………………83
サドル・シューズ…………………………83
サファイア…………………………………83
サファリ・ルック…………………………83
サーファー・ルック………………………84
サープリス…………………………………84
サープリス・ネックライン………………84
サブリナ・パンツ…………………………84
サベッジ……………………………………84
サボ…………………………………………84
サマー・ダーク……………………………84
サーマル・ファブリック…………………84
サモン・ピンク……………………………84
サラサ………………………………………84
さらし………………………………………85
サラン………………………………………85
サリー………………………………………85
サルエル……………………………………85
サロペット・パンツ………………………85
サロメ………………………………………85
サロン………………………………………85
さんかくかがり……………………………85
サン・クチュール ……………14, 85, 141
さんげんそしき……………………………86
サンジカ……………………………………86
サンダル……………………………………86
サン・トップ………………………………86
サンド・ベージュ…………………………86
サン・ドレス………………………………86
サンフォライズかこう……………………86
サンフラワー・イエロー…………………86
サンレー・プリーツ………………………86

シ

仕上げ馬…………………………………194
シェットランド……………………………87
ジェード……………………………………87

シェパード・チェック……………………87
シェープ……………………………………87
ジェラバ・トップ…………………………87
シェル・トップ……………………………87
ジェンダー・フリー………………………87
しおぜはぶたえ……………………………87
ジオメトリック……………………………87
シガレット・パンツ………………………87
しきかん……………………………………87
しきそう……………………………………88
しきたく……………………………………88
しきちょう…………………………………88
ジグザグ……………………………………88
シクスティーズ……………………………88
ジゴそで……………………………………88
ジー・ジャン………………………………88
縅織り………………………………………92
ジス…………………………………………88
シース・シルエット ……………… 89, 203
シース・スカート…………………………89
シースルー…………………………………89
したぎ………………………………………89
したそで……………………………… 89, 158
したまえ……………………………………89
シーチング…………………………………89
シック（thick）……………………………89
シック（chic）……………………………89
しつけ………………………………………89
ジッパー……………………………… 90, 191
ジップ・アップ・ジャケット……………90
ジップ・フロント…………………………90
シティ・ランジェリー……………………90
シート・シーム……………………………90
シード・ステッチ…………………………90
シニヨン・キャップ………………………90
じぬい………………………………………90
シネ…………………………………………90
じのし………………………………………90
ジーパン……………………………………90
シビライズド………………………………90
ジフ…………………………………………90
シフォン……………………………………91
シフォン・ベルベット……………………91
ジプシー・ルック…………………………91
シープスキン………………………………91
シフト・ドレス……………………………91
しぼ…………………………………………91
シーム………………………………………91
シームレス…………………………………91
しもふり……………………………………91
しゃ…………………………………………91
ジャカード…………………………………92
ジャガード…………………………………92

ジャカード・ジャージー	92
しゃかむすび	92
シャギー	92
シャギーいと	92
ジャーキン	92
シャークスキン	92
ジャケット	92
しゃざし	92
シヤサッカー	92
ジャージー	92
シャジュブル	93
シャツ	93
シャツウエスト	93
シャツウエスト・ドレス	93
シャツウエスト・ブラウス	93, 94
シャツ・オン・シャツ	93
シャツ・カラー	94
シャツ・スリーブ	94
シャツ・ブラウス	94
シャーティング	94
シャネル・スーツ	94
シャネル・レングス	94, 154, 165
蛇腹	251
シャーベット・トーン	94
シャポー	94, 216
ジャボ	94
ジャポニスム	94
ジャーマン・ナッツ・ステッチ	94
シャム・ポケット	94
シャーリング	95
シャルトルーズ	95
シャルロット	95
シャンジャン	95
シャンタン	95
シャンティイ・レース	95
ジャンパー	95
ジャンパー・スカート	95
ジャンパー・ドレス	95
ジャンプスーツ	78, 96
シャンブレー	96
じゅういりょう	96
しゅうしゅくしょく	96
じゅうぶんのきゅうたけ	96
しゅくじゅう	96
じゅしかこう	96
しゅすおり	96
シューストリング	96
シューツリー	96
ジュート	97
ジュニア	97
ジュニア・スタイル	97
シュニーユ	97
ジューブ	97

ジュポン	97
シュミジエ	97, 264
シュミーズ	97
シュランク	97
シュリンク	97
シュルレアリスム	97
じゅんしょく	98
ジョギング・ルック	98
ジョーゼット	98
ショーツ	98
ショッキング・ピンク	98
ショート・ショーツ	220
ジョドパーズ	98
ショール	98
ショール・カラー	99
ショルダー・ケープ	99
ショルダー・シーム	99
ショルダー・ストラップ	99
ショルダー・ダーツ	47
ショルダー・バッグ	99
ショルダー・パッド	99
ショルダー・ポイント	99
ショルダー・ライン	99
シリコンぼうすい	99
シール	99
シルエット	99
シルク・ハット	99
シルケットかこう	99
シールスキン	100
シルバー・グレー	100
シレ	100
ジレ	100
シレジア	117
シレーヌ	100
シロセットかこう	100, 177
しろも	100
シングル	100
シングル・カフ	100
シングル・ストライプ	100
シングル・ツイスト	100
シングル・ブレスト	100
人絹	259
しんごしらえ	100
しんじ	100
しんしゅつしょく	101
ジーンズ	90, 101
しんすえ	101
じんぞうけんし	101
じんだい	101
シンチ・ベルト	101
新貧乏主義	160
シンプル・シェープ	139
じんべえ	101

ス

ズアーブ・パンツ……………………………102
スインギング・ロンドン……………………88
スイング・スカート…………………………102
スエット・シャツ…………………102, 150
スエード………………………………………102
スカイ・ブルー………………………………102
スカート………………………………………102
スカート・オン・スカート…………………102
スカート・ハンガー…………………………102
スカーフ………………………………………102
スカーフ・カラー……………………………105
スカラップ……………………………………105
スカラップ・ステッチ………………………105
スカーレット…………………………………105
すぎあや………………………………………105
スキー・ウエア………………………………105
スキニー………………………………………105
スキー・パンツ………………………………105
スクエア………………………………………105
スクエア・ショルダー………………………105
スクエア・スリーブ…………………………105
スクエア・ネックライン……………………105
スクープト・ネックライン…………………106
スクランブルド・パターン…………………106
スクール・ガール・ルック…………………106
スケーティング・コスチューム……………106
スコッチガードかこう………………………106
スコッチ・ツイード…………………………106
すずらんそで…………………………………106
すそまわり……………………………………106
スタイリスト…………………………………106
スタイル………………………………………106
スタジアム・ジャンパー……………………106
スタジアン……………………………………107
スタックド・ヒール…………………………107
スターラップ・パンツ………………………107
スタンド………………………………………107
スタンド・カラー……………………………107
スチール・グレー……………………………107
スーツ…………………………………………107
スティラップ・パンツ………………………107
スティリスト…………………………………107
ステッチ………………………………………107
ステッチド・プリーツ………………………107
ステープル・ファイバー……………………109
すてミシン……………………………………109
ステン・カラー………………………………109
ズート・スーツ………………………………110
ストッキング・ブーツ………………………111
ストーブパイプ・パンツ……………………111
ストライプ……………………………………111
ストラップ……………………………………112
ストラップド・カフ…………………………112
ストラップ・パンプス………………………112
ストラップレス………………………………112
ストラップレス・ブラ………………………112
ストリート・ファッション…………64, 112
ストリームライン……………………………112
ストリング……………………………………112
ストール………………………………………112
ストレッチ・ファブリック…………………112
ストレッチ・ブーツ…………………………113
ストレート・コート…………………………113
ストレート・スカート………………………113
ストレート・ステッチ………………………113
ストレート・ティップ………………………113
ストーン・ウォッシュ・ジーンズ……………24
スナップ………………………………………113
スニーカー……………………………………113
スノー・ウォッシュ……………………………70
スノー・ホワイト……………………………113
スパイス・カラー……………………………113
スパイラル・スカート…………………………28
スパゲッティ・ストラップ…………………113
スパッツ……………………………107, 113
スーパーポジション…………………………113
スパルシアト…………………………………114
スーパーレイヤード…………………………230
スーパーレイヤード・ルック………………114
スパングル……………………………………114
スパンコール…………………………………114
スパンデックス…………………………114, 223
スパン・レーヨン……………………………259
スフ……………………………………………109
スプリング・コート…………………………114
スペア・カラー………………………………114
スペース・エイジ……………………………114
スペース・ルック………………………………74
スペンサー……………………………………114
スポーツウエア………………………………114
ズボン…………………………………………115
ずまわり………………………………………115
スムース………………………………………115
スモーキー・トーン…………………………115
スモーキング…………………………………115
スモーク・グレー……………………………115
スモッキング…………………………………115
スモック………………………………………115
スモック・ドレス……………………………115
スライド・ファスナー………………………116
スラックス……………………………………116
スラッシュ……………………………………116
スラブ・ヤーン………………………………116

スラント・ポケット	116
スリークォーター	116
スリット	116
スリップ	116
スリップ・ドレス	116
スリッポン	116
スリーピング・スーツ	169
スリーブ	117
スリーブレス	117
スリム	117
スレーキ	117
スレッド	242
スレンダー	117
スレンダー・ライン	117
ズロース	151
スローン・レンジャー	186
スワガー・コート	117
すわり	117
スワール・スカート	28
スワローテールド・コート	33, 117

セ

せいがいは	119
精好仙台平	121
せいしょく	119
正バイアス	166
セカンド・バッグ	119
セーター	119
せたけ	119
セーター・コート	119
セーター・スーツ	119
セットイン・スリーブ	119
セットイン・ベルト	119
せぬい	119
せぬき	119
せはば	120
セパレーツ	120
せびろふく	120
ゼブラがら	120
セーブル	120
セブンティーズ	120
セミ	120
セミ・イブニング・ドレス	120
セミ・ウインザー・ノット	21
セミ・フォーマル	120
セミ・ラグラン・スリーブ	120
セームかこう	120
セームがわ	120
セーラー・カラー	120
セーラー・ハット	121
セーラー・パンツ	121
セーラー・ブラウス	121
セーラー・ルック	121, 164
セル	121
セルフ・ベルト	121
セルロース	121
セレクト・ショップ	121
センシュアス	121
せんだいひら	121
センター・シーム	121
センター・ベンツ	25, 122, 215
セント・マーチン美術学校	263

ソ

そううら	123
双糸	131
そうたけ	123
そうもよう	123
ソックス	123
そで	123
ゾーディアック	123
そでうら	123
そでぐり	123
そでしん	123
そでたけ	124
そでつけ	124
そでまくら	124
そでやま	124
外袖	158
そとひだ	124
ソニア・ドローネー	124
ソフィスティケーテッド	124
ソフト・エナメル	124
ソフト・カラー	124
ソフト・プリーツ	124
そもうおりもの	124
梳毛フランネル	200
ソール	124
ソワレ	262
ソンブレロ	124

タ

タイ	160
ダイアゴナル	125
タイガー・プリント	125
タイ・カラー	125
タイ・シルク	125
タイダイ・デニム	125
タイツ	125
タイト・スカート	125
タイト・スリーブ	125
タイト・フィッティング	125
タイピン	125

タイ・ベルト	125
タイ・ホールダー	160
タイユール	107, 126
タイロッケン	126
タウン・ウエア	126
ダウン・ジャケット	126
ダウン・ベスト	126
タオル	126
タキシード	126
タキシード・カラー	126
だきじわ	127
だきわた	127
ダーク	127
だくしょく	119, 127
ターコイズ・ブルー	127
たすきじわ	127
ダスター	127
ダスター・コート	127
ダスト・クローク	127
ダスト・コート	127
タータン	127
たちあわせ	127
たちえり	107, 127
たちきり	127
ダーツ	127
タック	127
タックイン	128
タックイン・ブラウス	198
ダックじん	128
タッサー	128
タッセル	128
タッターソール・チェック	128
ダッフル・コート	128
たていと	128
たてじ	128
たてまつり	128
タートルネック	129
たなじわ	129
タバード	129
ターバン	129
ターバン・スカーフ	129
ダービー・ハット	129
タブ	129
タフタ	129
タブリエ	129
ダブル	129
ダブル・カフ	129
ダブル・クロス	130
ダブル・ジャージー	130
ダブル・ステッチ	130
ダブル・ストライプ	111
ダブル・スリーブ	130
ダブル・フェース	130
ダブル・ブレスト	130
タペストリー	130
タペストリー・プリント	130
ダマスク	130
たまぶち	130
たまぶちあな	130
たまぶちポケット	130
たまむしおり	130
玉虫タフタ	129
ダミー	131
ダル	131
タン	131
ダンガリー	131
タンク・トップ	131, 142
たんざくあき	131
たんし	131
だんしょく	131
ダンディ	131
ダーンドル・スカート	131

チ

チェスターフィールド	132
チェスト	132, 170
チェック	132
チェビオット	132
チェビオット・ツイード	132
チェリー・ピンク	132
チェンジ・ポケット	132
チェーン・ステッチ	133
チェーン・ベルト	133
チェーン・ホール	133
ちからボタン	133
ちどりがけ	133
ちどりごうし	133, 168
チノクロス	133
チノーズ	133
チノパン	133
チープ・シック	133
チャイナ・グラス	135
チャイナ・ボタン	92
チャイニーズ・カラー	107, 133
チャコ	133
チャコール・グレー	134
チャック	134, 191
ちゅういりょう	134
ちゅうかんしょく	134
中差色相配色	19
チュチュ	134
チュニック	134
チュニック・スーツ	134
チュニック・セーター	134
チュニック・ドレス	134

チューブ・ライン	134
チューリップ・ライン	135
チュール	135
チュール・レース	135
チョーカー	135
チョーク・ストライプ	111, 135
チョーク・ホワイト	135
ちょま	135
ちりめん	135
チルデン・セーター	136
チロリアン・テープ	136
チロリアン・ハット	136
チンチラ	136
チンツ	136

ツ

ツイギー・ルック	137
ついたけ	137
ツイード	137
ツイル	137
ツイン・セーター	137
ツイン・セット	137
つきあわせ	137
つきじわ	137
つけさげ	137
つづみボタン	138
つづれおり	138
つなぎ	85
ツーピース	138
つま	138
つむぎ	138
つめえり	138
つりテープ	138

テ

ティアード・スカート	139
ティアード・スリーブ	139
ティー・シェープ	139
ディー・シー・ブランド	139
ティーシャツ	139
ティーシャツ・ドレス	139
ディッキー	139
デック・シューズ	113
ティップ	139
ディテール	139
ディナー・ジャケット	126, 139
ディナー・スーツ	139
ディナー・ドレス	140
ディバイデッド・スカート	140
ティー・ピー・オー	140
ディープ	140

ディレクターズ・スーツ	140
ディレクトワール	140
ティント	141
テクスチャー	141
テクノ・ファブリック	141
テクノロジカル・テキスタイル	141
デコルテ	141
デコレーション	141
デコントラクテ	14, 141
デザイナー	141
デザイン	141
デッサン	141
テディ・ベア	141
テトロン	142
テニス・シューズ	113
テニス・セーター	136
デニム	142
デニム・ジャージー	142
デニール	142
テーパード・パンツ	142
デバルドゥール	142
テープ	142
テープ・メジャー	142
デュベ	142
テーラー	142
テーラード・カラー	143
テーラード・スーツ	143
テーラーメード	143
テリー・クロス	143
テール・コート	33, 143
てんかいず	143
テンガロン・ハット	42, 124, 143
てんじく	143
テント・シルエット	143
てんねんせんい	143
てんびょうがら	144

ト

トー	145
ドイリー	145
どううら	145
トゥエンティーズ	145
とうざん	145
動態学	32
どうたいがたじんだい	145
唐天	214
ドゥドゥーヌ	145
トゥルニュール	145
トガ	60
とぎれ縞	206
トーク	146
ドスキン	146

トータル・ルック	146
ドッグ・カラー	146
トッグル・コート	146
トッグル・ボタン	146
ドット	146
ドット・ボタン	147
トッパー	147
トッパー・コート	147
トップ	147, 221
トップぞめ	147
トート・バッグ	147
ドニゴール・ツイード	5, 147
ドネガル・ツイード	147
トパーズ	147
ドビー・クロス	147
トブラルコ	147, 208
トマト・レッド	147
ドーム・シルエット	147
ドーム・リング	147
とめそで	147
ともぬの	147
ドライ・クリーニング	147
トラウザーズ	148
トラッド	148
トラペーズ・ライン	148
トランスパランス	148
トランペット・スカート	148
トリコ	148
トリコット	148
トリコロール	148
トリミング	148
トリム	148
鳥目織り	170
ドリル	232
トルソー	149
ドルマン・スリーブ	149
トレアドール・パンツ	149
トレーシング・ホイール	256
ドレス	149
ドレス・アップ	149
ドレス・シャツ	149
ドレス・シューズ	149
ドレス・ダウン	149
ドレス・トラウザーズ	149
ドレスメーカー	150
ドレスメーキング	150
ドレッシー	150
ドレッシングガウン	150
トレーナー	102, 150
ドレーピング	150, 251
ドレープ	150
ドレープド・ネックライン	150
トレーン	150
トレンチ・コート	150
トレンディ	151
トレンド	151
トレンド・セッター	151
ドレーンパイプ・パンツ	87
トロ	151
ドローストリング	151
ドローストリング・ドレス	151
ドローストリング・ネックライン	151
ドローストリング・ブラウス	151
ドロップ・ショルダー	151
トロピカル	151
ドロワーズ	151
トロンプロイユ	151
ドロン・ワーク	152
トワル	152
トーン	152
トーン・オン・トーン	152
トング	152
トーン・コントラスト	152

ナ

ナイトガウン	153
ナイト・キャップ	153
ナイトシャツ	153
ナイトドレス	153
ナイフ・プリーツ	153
ナイロン	153
ナイロン・ファスナー	153
ナイロン・メッシュ	153
ながあみ	153
なかおもて	153
なかとじ	153
なしじおり	154
ナチュラル	154
ナチュラル・カラー	154
ナチュラル・ショルダー	154
ナチュラル・レングス	94, 154, 165
なっせん	154, 202
ナッピー・ツイード	154
ナッピング	154
ナップ	154
ナップ・クロス	154
ななこ	154
ななめじつけ	154
ナポレオン・カラー	154
並襟	56
波テープ	251
なみぶとけいと	155
ナロー	155

ニ

にげる ……………………………………156
にしき ……………………………………156
二次色 ……………………………………134
にじんおり ………………………………156
ニー・スラックス ………………………156
ニー・ソックス …………………………156
ニッカーボッカーズ ……………………156
ニッティング ……………………………157
ニット ……………………………………157
ニット・ファブリック …………………157
ニート ……………………………………157
にどぬい …………………………………157
ニードル …………………………………157
ニーハイ・ソックス ……………123, 156
ニーハイ・ブーツ ………………………157
にほんししゅう …………………………157
にまいそで ………………………………158
ニュアンス ………………………………158
ニュー・クチュール ……………………158
ニュートラル・カラー …………………158
ニュートラル・トーン …………………158
ニューヨーク・コレクション …………158
ニュー・ルック …………………………158
ニー・レングス …………………………158
人間工学 …………………………………32

ヌ

ぬいしろ …………………………………159
ぬいしろのしまつ ………………………159
ぬいとり …………………………………159
ぬいもん ……………………………159, 241
ぬきえもん ………………………………159
ぬのめ ……………………………………159

ネ

ネオプレン ………………………………160
ネオ・ポペリスム ………………………160
ネオン・カラー …………………………160
ネクタイ …………………………………160
ネクタイ・ピン …………………………160
ネグリジェ ………………………………160
ネッカチーフ ……………………………161
ネック ……………………………………161
ネックウエア ……………………………161
ネック・シーム …………………………161
ネックバンド ……………………………161
ネック・ポイント ………………………161
ネック・ホール …………………………161
ネックライン ……………………………161
ネックレス ………………………………161
ネット ……………………………………161
ネービー・ブルー ………………………161
ネーム ……………………………………161
ねむりあな ………………………………161
ネルー・カラー …………………………161
ネルー・ジャケット ……………………161
ネンスーク ………………………………163
ねんねこばんてん ………………………163

ノ

ノイル ……………………………………164
のしめもよう ……………………………164
ノスタルジック ……………………164, 258
ノッチ ……………………………………164
ノッチド・ラペル ……………………56, 164
ノット ……………………………………164
ノーティカル・ルック …………………164
ノのじあや ………………………………164
ノーフォーク・ジャケット ……………164
ノー・ブラ・ルック ……………………164
ノーブル …………………………………164
ノマード …………………………………165
ノーマル …………………………………165
ノーマル・レングス ……………………165
ノワール …………………………………165
ノン・ウォーブン・ファブリック ……196
ノンシャランス …………………………165

ハ

バイアス …………………………………166
バイアス・スカート ……………………166
バイアス・テープ ………………………166
ハイ・ウエスト …………………………166
ハイ・ウエスト・スカート ……………166
ハイ・ウエスト・パンツ ………………166
パイエット ………………………………166
バイオレット ……………………………166
バイ・カラー ……………………………166
ハイク ……………………………………166
ハイ・ゲージ ……………………………166
はいけん …………………………………167
はいけんじ ………………………………167
バイシクル・パンツ ……………………79
ハイ・ショルダー ………………………167
ハイ・ソックス ……………………156, 167
ハイ・テク ………………………………167
ハイ・ネック ……………………………167
ハイパーフェミニン ……………………167
ハイ・ヒール ……………………………167

パイピング	167	パッチワーク	173
ハイ・ファッション	167	パッチワーク・プリント	173
ハイモ	167	パッディング	174
パイルおり	167	ハット	174
ハイ・レッグ	168	パッド	174
ハウス・ドレス	168	バットウイング・スリーブ	174
ハウス・マヌカン	168	パット・デルファン	174
パウチ	168	ハット・ピン	174
ハウンドツース	168	バティスト	174
ハウンドツース・チェック	87	バティック	174
パーカ	168	パテント・レザー	174
パーカ・フード	168	はとめ	174
バーガンディ	168	バトル・ジャケット	175, 249
バギー・パンツ	168	パナマ・クロス	175
バゲット	169	パナマ・ハット	175
パゴダ・スリーブ	169	パニエ	175
はこひだ	169, 220	ハニコーム・スモッキング	175
はこポケット	169	バニティ・ケース	175
バーサ・カラー	169	パネル	175
はざし	169	パネル・スカート	175, 176
はしごまつり	265	パネル・ドレス	176
はしミシン	169	パネル・プリント	176
パジャマ	169	バーバリー	176
パジャマ・ルック	169	バー・ピン	176
バージン・ウール	169	パーフェクト	176
バーズアイ	169	ハーフ・コート	176
バスク	170	バブーシュ	176
バスク・ベレー	170, 214	ハーフ・スリーブ	176
バスケット・ステッチ	170	パフ・スリーブ	176
パステル・カラー	170	はぶたえ	176
バスト	170	ハーフ・ベルト	176
バスト・ポイント	170	ハーフ・ミット	177
バスト・ライン	170	ハーフ・メード	177
パスマントリー	170	パフりぶん	177
バスローブ	170	パープル	177
バタフライ・スリーブ	171	バブル・ジャケット	177
パターン	171	バブル・スカート	177
パターン・オン・パターン	171	バブル・ドレス	177
パターン・ミックス	171	バブル・パンツ	177
パターン・メーカー	171	バブル・ライン	177, 180
はちすおり	171	パーマネント・プリーツ	177
はちぶんのななたけ	171	バーミューダ・ショーツ	177
バッグ	171	パーム・ビーチ	177
バック・サテン・ジョーゼット	171	ハーモニー	178
バックスキン	171	バヤデール	178
バック・ストラップ	171	パラシア	178
バック・ストラップ・シューズ	173	パラシュート・スカート	178
バック・フルネス	171	パラソル	178
バックラム	173	パラッツォ・パンツ	178
バックル	173	バランス	178
バックレス	173	バリア・フリーしょうひん	178
バッスル・シルエット	173	バリア・フリー・ファッション	145
パッチ・ポケット	173	バリ・クチュール組合	63, 86, 179

パリ・コレクション	179
ハリス・ツイード	179
バリュー	236
パルカ	179
バル・カラー	179
バルカン・ブラウス	179
バルキー・ルック	179
パール・グレー	179
パルトー	179
バルドゥシュ	180
バルマカン	180
バルーン・スカート	177, 180
バルーン・スリーブ	180
バルーン・ドレス	180
バルーン・パンツ	177
バルーン・ライン	180
パレオ	180
バレット	180
ハーレム・スカート	180
ハーレム・パンツ	181
バレル・スカート	181
バロック・スタイル	181
ハンカチーフ	181
ハンカチーフ・ヘムライン	181
ハンカチーフ・リネン	181
ハンガリアン・ステッチ	181
パンク・ファッション	182
はんごうせいせん	182
はんたいしょく	182
パンタクール	42, 182
バンダナ	182
ハンター・ブリーチズ	201
パンタロン	182
パンタロン・エヴァゼ	214
ハンチング	182
パンツ	115, 182
パンツ・スーツ	183
ぱんて	183
パンティ	183
パンティ・ガードル	183
パンティ・ストッキング	183
パンティ・ホーズ	183
ハンティング・ドレス	183
バンド・カフ	183
ハンドクラフト・ルック	183
ハンド・ステッチ	183
ハンドバッグ	183
ハンドワーク	183
パンプ	183
パンプス	183
パン・ベルベット	184
はんもう	184

ヒ

ピエ・ド・プール	185
ビエラ	185
ビキニ・スタイル	185
ひきぬきあみ	185
ビキューナ	185
ピークド・ラペル	56, 185
ビクトリアン・チンツ	185, 245
ピケ	185
ピーコックかくめい	185
ピーコック・ブルー	185
ピコット	186
ピー・コート	186
ひしえり	186
ビー・シー・ビー・ジー	186
ピー・ジャケット	186
ピジャマ	169
ビショップ・スリーブ	176
ビスケット・ベージュ	186
ビスコース	186
ビスコース・レーヨン	259
ビーズししゅう	186
ビーズダイ	186
ピストル・ポケット	187
ピース・ミックス	186
ピーター・パン・カラー	186
ビーチウエア	187
ビーチ・ケープ	187
ピッグスキン	187
ヒッピー・スタイル	187
ヒップ	187
ヒップスター	187
ヒップ・ハガー・スカート	187
ヒップ・ポケット	187
ヒップボーン・スカート	187
ヒップ・ライン	187
ひとこしちりめん	187
ひとめゴムあみ	188
ピナフォア・ドレス	188
ビニール・コーティング	188
ビニロン	188
ビーバー	188
ビーバー・クロス	188
ビーバー仕上げ	188
ビビッド	188
ビブ	188
ビブ・カラー	188
ビブ・ヨーク	188
ひもボタン	188
ビュスチエ	188
ビュスチエ・コンビネゾン	189

ビュスチエ・ドレス	189
ピューリタン・カラー	189
ひょうじゅんすんぽう	189
ひよく	189
ひらおり	189
ピラミッド・コート	189
ピラミッド・ライン	189
ビリヤード・グリーン	189
ピリング	189
ビルトアップ・ネックライン	167
ピルボックス	189
ひろいめ	189
ビロー・ザ・カーフ	47
ビロード	189
びんがた	190
ピンキング	190
ピンクッション	190
ピン・ストライプ	190
ピン・タック	190
ビンテージ	190
ピン・ドット	190
ピン・ヒール	190
ピンヘッド	190

フ

ファイユ	191
ファイン・ゲージ	166
ファー・クロス	191
ファゴティング	191
ファスナー	191
ファッショナブル	191
ファッション・アドバイザー	191
ファッション・エディター	191
ファッション・コーディネーター	191
ファッション・サイクル	191
ファッション・ショー	192
ファッション・トレンド	192
ファッション・バイヤー	192
ファッション・ビクティム	192
ファッション・ビジネス	192
ファッション・フォーカスト	192
ファティーグ・ルック	192
ファド	192
ファブリック	192
ファー・ライニング	192
ブア・ルック	192
ファンシー	193
ファンデーション	193
フィギュラティブ	193
フィギュラティブ・ジャカード	193
ブイ・ゾーン	193
フィッシャーマン・セーター	193

フィッター	193
フィッティング	193
フィッティング・ルーム	193
フィッテッド・スリーブ	125
フィット	193
フィット・アンド・フレア	193
フィニッシャー	193
フィニッシュ	194
フィニッシング・ボード	194
フィフティーズ・ルック	194
フィラメント	194
フィレ・レース	194
フィンガー・ティップ・レングス	139
フィンガーティップ・レングス	139
風通タオル	126
フェア・アイル・セーター	194
フェイク・ファー	194
フェーシング	194
フェーシング・シルク	167
フェズ	194
フェルト	194
フォアインハンド	195
フォー・カマイユ	195
フォーク調	195
フォークロア	28, 195
フォーティーズ・ルック	195
フォービスム	195
フォーマル	195
フォーマル・ウエア	195
フォーマル・ドレス	195
フォーム	195
フォーレスト・グリーン	195
ふくごうがら	196
ブークレ	196
ブークレ・ヤーン	196
ふくろあみ	196
ふくろぬい	196
ふくろぬの	196
ブーケ	196
ふじぎぬ	196
ふしょくふ	196
ふせどめ	196
ふせぬい	197
ふせめ	197
ふためゴムあみ	197
ブーツ	197
普通袖	119
プッシュアップ・スリーブ	197
ブッファン	197
ブッファン・パンツ	177
ブティック	197
フード	197
フートル	197

フープ	197
フープ・イアリング	197
フープ・スカート	197
フューシャ・ピンク	197
フゾー	107, 197
フューチャリズム	198
ブラ	198
フライ	189, 198
ブライダル	198
ブライダル・ガウン	198
ブライド	198
プライマリー・カラー	198, 201
ブラウジング	198
ブラウス	198
ブラウズド・ライン	198
フラウンス	198
フラウンスド・ドレス	198
プラケット	6
フラゴナール	198
ブラシエール	199
ブラジャー	199
プラストロン	199
プラス・フォアーズ	157
ブラック・タイ	199
ブラッシュド・デニム	199
フラット・カラー	199
フラット・ヒール	199
フラッパー・ルック	59
フラップ	10, 199
フーラード	199
フラノ	199
フラメンコ・ドレス	200
ブランケット	200
ブランケット・ウエア	200
ブランケット・ステッチ	200
プランジング・ネックライン	200
フランスししゅう	200
フランスちりめん	200
ブランド	200
フランネル	200
フリース	200
フリーズ	200
ブリーチ	201
ブリーチアウト	201
ブリーチアウト・ジーンズ	24
ブリーチズ	201
プリーツ	201
プリーツ・スカート	201
ブリーフ	201
プリミティブ・カラー	201
ブリム	201
フリュオ	201
ブリュム	201
フリル	202
フリンジ	202
プリンセス・スタイル	202
プリンセス・ライン	202
プリント	202
フル	202
ブルー	202
プル	203
プルオーバー	203
フル・カラー	98
フル・シルエット	203
フル・スカート	203
ブルゾン	203
ブルゾン・スーツ	203
ブルゾン・ノワール族	176
フル・ドレス	203
ブルトン	203
フルファッション・ストッキング	203
フルフル	203
プールポワン	170
ブルーマー	204
フル・ライニング	204
フル・ライン	15
フル・レングス	204
フレア	204
フレア・ショーツ	204
フレア・スカート	204
ブレザー	204
プレス	204
プレス・スタッド	113
ブレスト	204
ブレスト・ポケット	204
ブレスト・ライン	204
ブレスレット	205
プレタクチュール	205
プレタ・ポルテ	205
プレッピー・ルック	205
ブレード	205
プレード	205
フレーム	205
プレーン	73, 205
フレンチ・カフ	129, 205
フレンチ・スリーブ	206
フロア・レングス	206
ブロークン・ストライプ	206
ブロケード	206
ブローチ	206
ブロック・コート	206
ブロック・ストライプ	111
ブロック・チェック	206
フローティング・アップリケ	8
ブロード	206
ブロードクロス	206

ブロード・ショルダー	206
プロバンサル・プリント	206
プロポーション	207
プロモート	207
フローラル	207
フローラル・パターン	207
フローラル・プリント	207
フロント	207
フロント・ダーツ	235
フロント・ホック・ブラ	207

ヘ

ヘアクロス	208
ヘアコード	208
ベア・ショルダー	208
ベア・スタイル	208
ベア・トップ	208
ベア・バック	208
ベア・ミドリフ	208
ヘアライン	208
ヘアリー	208
ベア・ルック	209
ペザント・スカート	209
ペザント・ルック	209
ページボーイ・スタイル	209
ベージュ	209
ベスト	209
ベスト・スーツ	209
ベスト・ドレッサー	209
ベースボール・キャップ	209
ベースボール・ジャケット	209
ペーズリー	210
ベズレー	210
ベー・セー・ベー・ジェー	210
ペダル・プッシャー	210
ペダル・プッシャーズ	157
ペチコート	210
へちまえり	210
ペッカリー	187, 210
ぺっちん	210
ヘッド・サイズ	210
ヘッドフォード・コード	210
ヘッド・ベール	211
ベニョワール	211
ベネシャン	211
ペーパー・ドレス	211
ヘビー・デューティ・ウエア	211
ベビードール・ルック	211
ベビー・ピンク	211
ベビー・ブルー	211
ベビー・ボンネット	211
ペプラム	211
ペプラム・スーツ	211
ヘム	212
ヘム・ライン	212
へやぎ	212
ベランぼうすい	212
ヘリオトローブ	212
ベリューク	212
ヘリンボーン	212
ヘル	212, 260
ベール	212
ペール	212
ベル・エポック	213
ベルギーは	213
ベルクロ	213
ベル・スカート	213
ベル・スリーブ	213
ベルテッド・スーツ	213
ペール・トーン	213
ベルベット	213
ベルベット・ウール	213
ベルベティーン	213
ベルボトム・パンツ	214
ヘルメット	214
ベレー	214
ベレー・ハンチング	214
ベロア	214
ペンシル・スカート	214
ペンシル・ストライプ	111, 214
ペンダント	214
ペンツ	214
ベント	25
ベンベルグ	215
ヘンリー・シャツ	215
ヘンリー・ネックライン	215

ホ

ボー	216
ホイップコード	216
ボイル	216
ポインテッド・カラー	216
ぼうし	216
ぼうちょうしょく	216
ぼうばり	216
ぼうばりあみ	216
ぼうもう	216
ボー・カラー	216
ボクサー・ショーツ	216, 264
ポケット	218
ポシェット	218
ほしぬい	218
ほしょく	218
ホーズ	219

ホースシュー・ネックライン	219
ほせい	219
ほぜつ	221
ほそばんて	219
ボーダー	219
ボタン	219
ボタンダウン・カラー	219
ボタンダウン・スカート	219
ボタン・フロント・スカート	219
ボタンホール	219
ボタンホール・ステッチ	220
ホック	113, 220
ボックス・カーフ	220
ボックス・プリーツ	169, 220
ボックス・ライン	220
ホット・パンツ	220
ポップ	220
ポップサック	220
ホップル・スカート	220
ほてい	221
ボディ	221
ボディ・コンシャス	221
ボディス	221
ボディ・スーツ	221
ボディ・ストッキング	221
ボディ・ピアス	221
ほてつ	221
ボート・ネックライン	221
ボトム	221
ボトム・ライン	221
ボニー・ルック	221
ポピー	222
ポプリン	222
ポペリスム	222
ホームスパン	222
ホーム・ドレス	168, 222
ポーラー	222
ポーラ	222
ポリアミド	223
ポリウレタン	223
ポリエステル	223
ホリゾンタル・ストライプ	223
ポリプロピレン	223
ポルカ・ドット	223
ボルサリーノ	223
ホールター・トップ	223
ホールター・ドレス	223
ホールター・ネックライン	223
ボルドー	224, 264
ボールド・ルック	224
ボレロ	224
ホログラフィ	224
ポロ・コート	224
ポロ・シャツ	224
ポロ・ルック	224
ホワイト・タイ	199
ボワンティリズム	224
ホンコン・シャツ	225
ポンジー	225
ボン・シック・ボン・ジャンル	225
ポンチョ	225
ポンチョ・ドレス	225
ボンディングかこう	225
ほんぬい	225
ボンネット	225
ハンバーグ	225
ボンバー・ジャケット	225
ポンポン	225
ボンボン・ピンク	226
ほんらくだ	226

マ

マイクロ・ミニ	227
マウス・ベール	227
マウンテン・バイク・ウエア	227
まえかた	227
まえたて	227
マオ・カラー	227
マキシ・スカート	227
まきスカート	227
まきぬい	227
マクラメ・レース	227
マーケティング	227
ましめ	228
マスキュリン	228
マスタード	228
マス・ファッション	228
マーセライズかこう	228
マーセリゼーション	100
またがみ	228
またした	228
マタニティ・ドレス	228
まち	228
マーチャンダイジング	228
マーチンゲール	228
マッキントッシュ	228
マッチ・メート	229
まつばどめ	229
まつり	229
まつりぬい	229
マディーラ・エンブロイダリー	6
マーティン	229
マテリアル	229
マドラス	229
マドラス・チェック	229

マトラッセ……………………………………229
マニッシュ……………………………………229
マヌカン………………………………………229
マネキン………………………………………230
マフ……………………………………………230
マフラー………………………………………230
マーメード・ライン・スカート……………230
マリニエール…………………………………230
マリーン・ルック…………………………164，230
マルタンガル…………………………………228
マルチカラー…………………………………230
マルチ・レイヤード…………………………230
マルチ・レイヤード・ルック………………114
マロン…………………………………………230
マンシュ………………………………………230
マンダリン・カラー………………………133，231
マンダリン・ジャケット……………………231
マンダリン・スリーブ………………………231
マンテーラード………………………………231
マンネリズム…………………………………231
マンボ・スタイル……………………………231

ミ

みかえし………………………………………232
ミシン…………………………………………232
ミシンかんぬき止め…………………………232
ミシン・ステッチ……………………………232
ミシンどめ……………………………………232
ミスマッチ……………………………………232
みだれ縞………………………………………206
みつあや………………………………………232
みつおりぬい…………………………………232
三つ組み………………………………………232
ミッシー………………………………………232
みつぞろい……………………………………232
ミッド・カーフ………………………………232
ミッド・カーフ・ブーツ……………………232
ミッド・カーフ・レングス…………………232
ミッド・サイ・レングス……………………232
ミディ…………………………………………233
ミディ・カラー………………………………121
ミディ・ジャケット…………………………233
ミディ・スカート……………………………233
ミディネット…………………………………233
ミディ・パンツ………………………………42
ミディ・ブラウス……………………………121
ミディ・ルック………………………………233
ミドリフ・トップ……………………………233
ミドル・ティント……………………………233
ミトン…………………………………………233
ミニ・スカート………………………………233
ミニマリズム…………………………………233

ミニマル………………………………………233
みみ……………………………………………234
ミモレ…………………………………………234
ミュール………………………………………234
ミラノ・コレクション………………………234
ミリタリー……………………………………234
ミリタリー・ルック…………………………234
ミルド…………………………………………234
ミンク…………………………………………234
ミント・グリーン……………………………234

ム

ムーア・シルク………………………………238
むさいしょく…………………………………235
むしょく………………………………………235
むなぐせ………………………………………235
むねはば………………………………………235
むねまわり……………………………………235
胸回り寸法……………………………………235
ムームー………………………………………235
ムリネ…………………………………………235

メ

めいしょく……………………………………236
めいど…………………………………………236
めうち…………………………………………236
めくらじま……………………………………236
メタル・クロス………………………………236
メッシュ・ニット……………………………236
メリヤス………………………………………236
メリヤス編み…………………………………40
メリヤス・ステッチ…………………………236
メリンス………………………………………238
メルトン………………………………………236
メルベイユーズ………………………………140
メロン・スリーブ…………………………180，236
綿ギャバ………………………………………237
めんギャバジン………………………………236
綿紗……………………………………………252
めんちぢみ……………………………………237
めんネル………………………………………237
めんポプリン…………………………………237

モ

モアレ…………………………………………238
モアレ・タフタ………………………………238
モガ……………………………………………238
モカシン………………………………………238
もくめこはく…………………………………238
モケット………………………………………238

モス	238
モス・グリーン	238
モスリン	238
モダン・レングス	165
もちだし	239
モチーフ	239
モチーフ編み	239
モチーフつなぎ	239
モック・タートルネック	239
モッサ	239
モッズ・ルック	239
モデリスト	239
モード	239
モーニング	240
モーニング・コート	240
モーニング・ドレス	168, 240
モーニング・ベール	240
モノキニ	240
モノグラム	240
モノクローム	240
モノクローム・プリント	240
モノトーン	240
モノトーン・ルック	240
モーブ	240
モヘア	240
もみ	241
モワニング・ドレス	240
もん	241
モンドリアン・ルック	241
もんはぶたえ	241
もんビロード	241
もんぷく	241

ヤ

ヤッケ	242
やばね	242
ヤール	242
ヤーン	242
ヤーンダイ	242

ユ

ゆうきつむぎ	243
ゆうさいしょく	243
ゆうぜんぞめ	243
ゆき	243
ユニセックス	243
ユニバーサル・ファッション	243
ユーブイカットせんい	243

ヨ

ようさいようぐ	244
ようじゃく	244
ようりゅう	244
楊柳クレープ	244
ヨーク	244
ヨーク・スカート	244
ヨーク・スリーブ	244
よこいと	244
よしょく	219, 244
ヨット・パーカ	244
よつみ	244
よりぐけ	244
よろけじま	244
ヨーロピアン・カジュアル	244
ヨーロピアン・チンツ	245
よんぶんのさんたけ	245

ラ

ライクラ	246
ライディング・コート	246
ライディング・スカート	246
ライディング・スーツ	246
ライディング・ブリーチズ	201
ライニング	246
ライラック	246
ラインストーン	246
ラウンジ・ウエア	246
ラウンジ・ジャケット	246
ラウンド・カラー	246
ラウンド・ショルダー	246
ラウンド・ネックライン	247
ラグラン	247
ラグラン・スリーブ	247
ラシャ	247
ラスティック	247
ラッカー・クロス	247
ラッシェル・レース	247
ラッセル・レース	247
ラップ	247
ラップ・アンド・タイ	247
ラップ・コート	247
ラップ・スカート	227, 248
ラップ・ブラウス	248
ラッフル	248
ラッフル・スカート	248
ラップ・ルック	248
ラティネ	248
ラテックス	248
ラフ	248

317

ラ

- ラフィア ··· 248
- ラベル ··· 248
- ラベンダー ··· 248
- ラーマ ··· 249
- ラムスキン ··· 249
- ラメ ··· 249
- ランジェリー ··· 249
- ランジェリー・ドレス ························· 249
- ランジェリー・ルック ························· 249
- ランジュリー ··· 249
- ランタン・スリーブ ····························· 249
- ランニング・ステッチ ························· 249
- ランバー・ジャケット ························· 249

リ

- リアル・クローズ ································· 158
- リガッタ ··· 251
- リケット ··· 251
- リサイクル・ショップ ························· 251
- リサイクル・ファッション ················· 251
- リセエンヌ・ルック ····························· 251
- リセ・ルック ··· 251
- リゾート・ウエア ································· 251
- リゾート・ファッション ····················· 251
- リック・ラック ····································· 251
- りったいさいだん ································· 251
- リップ ··· 251
- リップル ··· 252
- リーディング・グラス ························· 252
- リトル・ブラック・ドレス ················· 252
- リネン ··· 252
- リノ ··· 252
- リバーシブル ··· 252
- リバーシブル・コート ························· 252
- リバース・プリント ····························· 252
- リバティ・プリント ····························· 252
- リバー・レース ····································· 253
- リブ ··· 253
- リーファー ··· 253
- リファイン ··· 253
- リーファー・ジャケット ····················· 253
- リブあみ ··· 253
- リフォーム ··· 253
- リーフ・ステッチ ································· 253
- リブレス・コージュロイ ····················· 253
- リュックサック ····································· 253
- りょうたまぶち ·························· 130, 253
- りょうまえ ··· 254
- 両面タオル ··· 126
- リング ··· 254
- リンクス ··· 254
- リング・ヤーン ····································· 254
- りんず ··· 254
- 綸子縮緬 ··· 254
- リンネル ··· 254

ル

- ルイ・ヒール ··· 255
- ルージュ ··· 255
- ルーシング ··· 255
- ルーズ ··· 255
- ルダンゴト ··· 255
- ルック ··· 255
- ルネサンス ··· 255
- ルバシカ ··· 256
- ループ ··· 256
- ループ・ツイード ································· 256
- ルレット ··· 256
- ルンバ・ドレス ····································· 200

レ

- レイヤード・ルック ····························· 257
- レオタード ··· 257
- レギンス ··· 257
- レクタンギュラー・ライン ················· 257
- レザー ··· 257
- レジメンタル・ストライプ ········ 112, 257
- レジメンタル・タイ ····························· 257
- レース ··· 257
- レースアップ・ブーツ ························· 257
- レースアップ・フロント ····················· 258
- レーズド・ネックライン ····················· 167
- レゼー・デージー・ステッチ ············· 258
- レタス・グリーン ································· 258
- レッグ・ウォーマーズ ························· 258
- レッグ・オブ・マトン・スリーブ ····· 258
- レディメード ··· 258
- レディメード・クロージング ············· 258
- レトロ ··· 258
- レトロスペクティブ ····························· 258
- レプタイル ··· 258
- レモン・イエロー ································· 259
- レーヨン ··· 259
- レーンコート ··· 259
- レーン・シューズ ································· 259
- レーン・ハット ····································· 259

ロ

- ロイアル・ブルー ································· 260
- ロー・ウエスト ····································· 260
- ろうけち ··· 260
- ろうけつ ··· 260

ロー・カラー …………………………………260	わばり ……………………………………………265
ロゴ ……………………………………………260	わふく ……………………………………………265
ロココ …………………………………………260	わりぬい …………………………………………265
ロー・サージ …………………………………260	わりミシン ………………………………………265
ロシア・バレエ ………………………………260	ワンピース・スリーブ ……………………………17
ロー・ショルダー ……………………………261	ワンピース・ドレス ……………………………265
ロー・タートルネック ……………………39, 261	
ローデン・グリーン …………………………261	
ローデン・クロス ……………………………261	
ローデン・コート ……………………………261	
ロー・ネック …………………………………261	
ローブ …………………………………………261	
ローブ・ウース ………………………………261	
ローブ・コロンヌ ……………………………261	
ローブ・タブリエ ……………………………261	
ローブ・デコルテ …………………………141, 261	
ローブ・ド・シャンブル ……………………261	
ローブ・ド・ソワレ …………………………262	
ローブ・ド・マリエ …………………………262	
ローブ・ベルト ………………………………262	
ローブ・モンタント …………………………262	
ロマネスク ……………………………………262	
ローマン・ステッチ …………………………262	
ロマンティック ………………………………262	
ロール・カラー ………………………………262	
ロール・ステッチ ……………………………262	
ローン …………………………………………262	
ロング・トルソー ……………………………263	
ロンゲット ……………………………………263	
ロンドン・コレクション ……………………263	
ロンパース ……………………………………263	
ロンパーズ ……………………………………263	

ワ

ワイ・シャツ ……………………………………264
ワイド・クロップト・パンツ …………………264
ワイド・バーミューダ・ショーツ ……………264
ワイド・パンツ …………………………………264
ワイ・ライン ……………………………………264
ワイルド・ルック ………………………………264
ワイン・レッド ……………………………224, 264
わきあき ………………………………………264
わきぐせ ………………………………………264
わきたけ ………………………………………265
ワーキング・ウエア・ルック …………………192
ワーキング・ルック ………………………192, 265
わたしまつり …………………………………265
ワッシャーかこう ……………………………265
ワッペン …………………………………………33
ワトー …………………………………………265
ワードローブ …………………………………265
わなてん ………………………………………265

編者略歴

山口好文（やまぐち・よしふみ）
1925年広島県生まれ。東京外国語大学卒業。文化出版局編集部をへて、髙島屋本社商品本部ファッション・オフィス嘱託、ハナヱ・モリ・ファッション・ビジネス・スクール顧問、日本色研事業「ファッション・カラー」誌の編集顧問、東京装粧品協同組合の服飾顧問などを歴任。1989年物故。

今井啓子（いまい・けいこ）
北海道生まれ。明治大学卒業。文化出版局「ハイファッション」編集部、髙島屋商品本部、資生堂商品開発部、ライフグッズ部より㈱ザ・ギンザ取締役をへて、現在、資生堂企業文化部ファッション・ディレクター、日本流行色協会顧問、日本ユニバーサル・ファッション協会会長。

藤井郁子（ふじい・いくこ）
広島県生まれ。文化服装学院デザイン科卒業。文化出版局に入り、「ハイファッション」、「ミセス」の創刊に参加。1967年より文化出版局パリ支局勤務。同支局長をへてフリー。パリ・コレクションを草創期から取材し続けた数少ない日本人ジャーナリスト。2004年物故。

新・実用服飾用語辞典

2000年5月28日　第1版第1刷発行
2013年1月18日　第2版第5刷発行

編者
山口好文
今井啓子
藤井郁子

発行者
大沼　淳

発行所
学校法人文化学園　文化出版局
〒151-8524　東京都渋谷区代々木3-22-7
電話
03-3299-2437（編集直通）
03-3299-2540（営業直通）

印刷・製本
凸版印刷株式会社

© Bunka Publishing Bureau 2000 Printed in Japan

本書のコピー、スキャン、デジタル化等の無断複製は著作権法上での例外を除き、禁じられています。本書を代行業者等の第三者に依頼してスキャンやデジタル化することは、たとえ個人や家庭内での利用でも著作権法違反になります。

文化出版局のホームページ　http://books.bunka.ac.jp/
書籍編集部情報や作品投稿などのコミュニティサイト
http://fashionjp.net/community/